夏国平 著

Walking In Summer

文匯出版社

图书在版编目(CIP)数据

夏的行走 / 夏国平著. —上海：文汇出版社，
2021.8
　　ISBN 978-7-5496-3575-7

Ⅰ.①夏… Ⅱ.①夏… Ⅲ.①散文集-中国-当代
Ⅳ.①I267

中国版本图书馆CIP数据核字(2021)第108314号

夏的行走

封面题词 / 蒋学权

| 作　　者 / 夏国平
| 责任编辑 / 鲍广丽
| 封面装帧 / 王　峥

出 版 人 / 周伯军

出版发行 / 文汇出版社
　　　　　　上海市威海路755号
　　　　　　（邮政编码200041）
经　　销 / 全国新华书店
排　　版 / 南京展望文化发展有限公司
印刷装订 / 上海丽佳制版印刷有限公司
版　　次 / 2021年8月第1版
印　　次 / 2021年8月第1次印刷
开　　本 / 720×1000　1/16
字　　数 / 340千字
印　　张 / 20.25

ISBN 978-7-5496-3575-7
定　　价 / 88.00元

序言：我见青山多妩媚

要么读书，要么旅行，身体和灵魂，总有一个在路上。人的本性在于回归自然，于是乎，山一程，水一程，徜徉在春风十里的温婉江南，跋涉在瀚海阑干的茫茫大漠，移步在碧海蓝天的西沙群岛，攀登在世界屋脊的雪域高原，行走在长城逶迤的河西走廊，辗转在绝世美景的川藏公路。流转的时光，异域的风情，眸底生烟雨，脚下踩韵律，伟大的中华文明折叠于这片古老的土地，将我的胸腔与大地贴近，我能感受古老文明带来的心灵震撼，热泪情不自禁地滴落在这片热土。

《夏的行走》共三十四篇，伟大祖国的锦绣河山犹如一部风光大片次第映入眼帘。塔克拉玛干沙漠以亘古不变的荒芜与长空对峙，以一种对生命的背叛隐匿于祖国的西域，伫立在高高的沙丘惊叹"大漠孤烟直，长河落日圆"的壮观，自己的心绪也会跟着激动，也会浮想联翩。远古时代的造山运动与沧海更迭经过千万年的酝酿，最终在黄土高原陕北靖边呈现出天下奇观"波浪谷"，它的每一条皱褶都是涅槃重生，每一道纹理成就羽化登仙，置身其间，享受着这道视觉盛宴。鲜花怒放，绿草茵茵的草场；潺潺流淌，叮咚歌唱的小溪；五光十色，古朴幽深的海子，这是我在雪域圣地稻城亚丁看到的旷世美景。中国最美的公路独库公路则被赞誉为一天穿四季，一季一美景，一景一世界，一界一仙境。穿行这条人间天路，欣赏四时美景的同时，我不由对修筑这条天路而捐躯的官兵肃然起敬。展读《夏的行走》，我想起了在红其拉甫口岸挥动五星红旗的场景，我为自己能够在西沙群岛参加升国旗的庄严仪式而自豪；展读《夏的行走》，游历德天瀑布归来后我在归途中的历险至今还难以忘怀，金泽古镇陷入窘境一筹莫展之时恰遇学生时的喜出望外，都使得旅途生活更加丰富多彩。《夏的行走》再度让我走进泸沽湖畔，探寻母系氏族最后的秘境，感受人类的原始文明，领略摩梭人宗亲制度的远古密码；《夏的行走》伴我走进坐落在赣南青山绿水间的客家围屋，客家围屋以其厚重的历史感与独具魅力的文化品位向我诉说客家人的历史，如同一部展开在阳光下的古典书籍；《夏的行走》还伴随我走进蚩尤后裔建立在崇山峻岭中的西江千户苗寨，心静如水的我能够听到风在耳畔掠过的声音，冥冥中会感受到神灵的召唤，恍若来到一个与世隔绝的仙境；转眼间我又跟随《夏的行走》盘旋在阴山深处，但见北国风光扑面，古朴中不失厚重，苍凉中透着淳华，令我遥想冷兵器时代，金戈铁马、壮怀激烈的场面，一首"不教胡马度阴山"的战争史诗浮现在我的眼前。《夏的行走》忽而又引我来到北部湾，海岸边的红松林有疍民在欢迎自己，漂泊南海的疍民自元代以降，没有部落和田地，不准与岸上的原住民通婚，不准读书，被称为海上吉卜赛人，其前世今生令人感慨。此外，恩施大峡谷与张家界武陵源的世界自然奇观，贵州黄果树大瀑布的磅礴气势，浮悬于北部湾的涠洲岛独具南国特色的秀美风光，丽江古城令人缱绻难忘的小资情调，还有美食之都顺德的精致美食，我在《夏的行走》中都有细致入微的描写。手执一卷《夏的行走》，你可以从渤海一路南下到南海，辽东半岛渤海湾的大连，山东半岛黄海边的青岛，雷州半岛西侧依偎于南海的北海，还有海南岛南端的三亚，四座海滨城市的文化风貌与内地的湘西凤凰古城、黔地的青岩古镇、江南的同里古镇以及西部边陲喀什古城各自呈现出风格迥异的城市个性，城市鲜明的建筑特色和民族风情都跃然纸上。我见青山多妩媚，料青山见我应如是，《夏的行走》带着你行走在祖国的山山水水。

　　人生是一场修心的旅行，旅行是对人生的感悟。背上行囊，寻找诗和远方。人在旅途，拥抱山川大地，日月星辰，人会豁然开朗，步入旅行的最高境界：看淡风云，宠辱不惊。展读《夏的行走》，多少会适应这个世界。这个世界，远比想象中的宽阔。

　　《夏的行走》所收集的三十四篇文章，每篇都配两幅照片，除署名的摄影者外，其余都为本人或同行的亲友学生所摄。

夏国平
2021 年 2 月 28 日

目 录

西山美景有严宿……………………… 001
醉美扬州瘦西湖……………………… 009
风情万种话大连……………………… 017
京畿门户旅顺港……………………… 026
茶马古道青岩镇……………………… 034
千户苗寨桃花源……………………… 043
师生奇遇"黄果树"…………………… 053
江南古镇赞同里……………………… 062
金泽古镇奇遇记……………………… 070
西沙归来不看海……………………… 078
三亚小城领风骚……………………… 088
遍地修篁莫干山……………………… 100
静听历史走南疆……………………… 110
风情万种是喀什……………………… 120
世界屋脊帕米尔……………………… 128
人间仙境独库路……………………… 139
北疆草色绿无涯……………………… 149
最美青岛八大关……………………… 157
黄海之滨明珠闪……………………… 168

恩施峡谷叹神奇 …………………… 178

凤凰古城有凤凰 …………………… 189

我见青山多壮美（一）…………… 199

我见青山多壮美（二）…………… 208

不负时光走北海 …………………… 217

海上蓬莱涠洲岛 …………………… 225

德天归来历险记 …………………… 233

美食美景在顺德 …………………… 242

失落惊艳叹围屋 …………………… 251

河西走廊话长城 …………………… 260

北魏重镇新武川 …………………… 271

金风送爽走陕北 …………………… 281

风光无限川藏路 …………………… 290

泸沽湖畔摩梭人 …………………… 300

我在丽江等着你 …………………… 309

西山美景有严宿

江南好，风景旧曾谙。江南，是中国独有的一种文化符号，一个令世人为之倾倒的诗情画意之地。江南是"西塞山前白鹭飞，桃花流水鳜鱼肥"；江南是"南朝四百八十寺，多少楼台烟雨中"。江南的太湖，独得上苍的垂爱与眷顾，集江南之钟灵毓秀大成，秀美风光甲天下。太湖美景处处是，独领风骚洞庭山。太湖有东洞庭山和西洞庭山，东洞庭山亦称东山，乃延伸于太湖中的一个半岛，三面环水，万顷湖光山色，风景这边独好。西山是西洞庭山的简称，与毗邻的东山称谓相呼应。西山乃四面环水的岛屿，南北宽11公里，东西长15公里，面积约90平方公里，系太湖第一大岛，也是我国淡水湖泊中最大的岛屿。西山有缥缈峰，海拔336.6米，为太湖七十二峰之首。登临缥缈峰巅俯视太湖，36 000顷太湖水烟波浩渺，横无际涯，壮哉美哉。西山，物华天宝，是流淌着蜜汁的江南福地。西山，春夏秋冬鲜果不断，碧螺春茶名冠天下，太湖"三白"妇孺皆知。西山，山峦起伏，奇石嶙峋，峰回路转，曲径通幽，西山风景这边更好。人称太湖美，窃以为美就美在太湖的东山和西山，且西山尤为最。

朋友严氏伯仲，浸淫商界经年，陶朱事业，端木生涯，风生水起，银两渐丰。功成业就，萌生退隐江湖之意，选择赏心乐事太湖岸边，吟诗作画缥缈峰下的生活意境，遂别离都市的喧嚣繁华，择西山缥缈峰下福地，一栋严氏民宿若春雨之后的野花悄然绽放在西山岛，闲云野鹤逍遥自在的生活由此开始。缥缈峰下自飘逸，太湖之畔享太平，躬耕于田畴，泛舟在湖面，一壶清茶执手，琴棋书画相伴，仿陶朱公范蠡大夫，淡出江湖大隐隐于乡野间，自在又逍遥，令人何等羡慕的生活境界。严氏伯仲之西山民宿冠名"体育文化民宿"，简称"严宿"，盖因热衷于体育事业，尤其酷爱马拉松比赛，"上马""北马""厦马"等赛事年年不落，兴之所至，严氏兄弟常常环西山岛随时随地举办一场严氏独行侠的"西山马拉松"赛跑。"西马"赛事，"观者"甚众，太湖流水拍打水岸犹如啦啦队呼喊"加油"的喝彩声，缥缈峰巅飘浮

西山严宿

的祥云好似空中舞动的助威的旗帜。

西山,上海后花园,常来常往。严氏兄弟屡屡相邀至其民宿小憩,盛情难却,春和景明之时,偷得浮生半日闲,下榻"严宿",赏春踏青游西山。西山风景荟萃太湖名胜的精华,以群岛风光、花果丛林、吴越古迹见长,拥有湖中群岛、湖湾山水、山中坞谷、山顶峰峦四个风景层次,再加之西山两千多年来深厚的人文文化沉淀从而形成了西山独特的以景抒情的八大美景和七大名胜。西山美景处处,最喜爱的还是以民俗文化为主的明月湾古村落,以自然风光为主的石公山、林屋洞,以佛教文化为主的包山禅寺,当然还有西山最高峰缥缈峰的无限风光。

石公山以西1.5公里处的明月湾自然村依山傍湖,三面群山环绕,终年葱绿苍翠,因2 500多年前的春秋时期,吴王夫差携美女西施在此共赏明月而得名。明月湾,诗一般的名字,画一般的村落,起源于绝代佳人西施的传说,披着神秘的面纱,隐藏于湖山深处,一隐就是千百年岁月,深得桃花源之意境。自唐代以降,明月湾的名声逐渐远扬。大诗人白居易、皮日休、陆龟蒙、刘长卿等都亲临于此,留下盛赞明月湾的诗词。南宋金兵南侵,大批高官贵族到西山隐居,在明月湾定居的有以写诗反对宋徽宗大办花岗石而闻名的谏官邓肃,抗金名将四川宣抚使吴璘的儿子吴挺等。至今明月湾的原住民以邓、吴及黄、秦姓氏为多,多为南宋退隐贵族繁衍的后裔。明清两代,大批居住在明月湾的乡民加入了号称"钻天洞庭"的洞庭商帮,靠外出经商发家致富。清乾隆、嘉庆年间,明月湾的兴盛达到了顶峰时期,修建了大批精美的宅邸,以及祠堂、石板街、河埠、码头等共用建筑。这些宅邸和祠堂,有精致典雅的砖雕、木雕、石雕,建筑极富地方特色。村内设有南北两条东西走向的主要街道,两条街之间又有多条横巷,纵横交叉,井然有序,俗称棋盘街。街面均以花岗岩条石铺设,下为沟渠,排水系统设计得非常科学,有"明湾石板街,雨后穿绣鞋"的民谚。街道两旁多为明清建筑,高低错落,斑驳苍古。房前屋后栽植四季花果,清代诗人沈德潜称之谓"人烟鸡犬在花林中"。另一位清代诗人凌如焕称之谓"水抱青山山抱花,花光深处有人家"。

石公山因山前原来有一巨型太湖石,其形状若一老翁而得此名。"石有族聚,太湖为甲",宋代闻名天下的"花石纲"就采自于石公山。石公山不高,以石为奇,为多,少土壤,山上柏树居多;石公山三面临水,岩石奇秀,翠柏葱郁。山上亭台楼阁,高低错落,轩廊倚山,疏密有致。石公山上有归云洞、浮玉北堂、来鹤亭、断山亭、一线天、明月坡等景观,湖光山色举目入画，在石公山上远眺西南湖面，隐约可见天目山余脉巍峨起伏，构成了一幅岛中有岛，湖中有湖，山外有山，天外有天的壮观景色。

西山又称金庭，源于林屋洞内有金庭。林屋洞号称"天下第九洞天"。据《云笈七签》等道教经典记载，称天下有十大洞天，三十六小洞天，七十二福地，皆为仙人所居。林屋洞属石灰岩地下厅室溶洞，是一座精心构筑的地下宫殿。洞内广如大厦，立石成林，顶平如屋，故称林屋。林屋洞内路平水静，人行其中，似闲庭信步。抬头仰望，钟乳倒挂，鬼斧神工。洞中有洞，洞洞相连，时而狭窄，时而开阔，既幽且深，既曲而折，深幻莫测，扑朔迷离。洞内有石室、龙床、石钟、石鼓、隐泉、乳泉、金庭等诸多石景。出洞登山，暮色中远眺飞鸟归巢，渔帆疏影，袅袅炊烟冉冉升起，此为西山著名十景之一"林屋晚烟"。置身山顶"驾浮阁"，可观赏梅园胜景，早春二月，3 000亩梅花盛开蔚为壮观，"林屋梅海"现在已成为全国最大的赏梅基地。

得严氏伯仲西山营造"严宿"之便，西山漫游更为从容悠然。明月湾访古，石公山猎奇，林屋洞探幽，在第九洞天沾得一身仙风道骨之气，游兴未减披着晚霞沿太湖款款迈步归向"严宿"，清风徐来，水波不兴，暖风熏得人微醉，湖光潋滟晴偏好，能不爱西山？夕阳挂在西山，西山晚霞满天，归巢的鸟雀叽叽喳喳在头顶盘桓，静谧的山乡平添一分灵动，不由得效仿一次苏东坡，吼一声"老夫聊发少年狂，左牵黄，右擎苍"；学一回诸葛孔明，唱一曲"我本是卧龙岗散淡的人"。西山醉人，人醉西山，未曾把酒人已醉。"我有一所房子，面朝大海，春暖花开"，这"严宿"不正是海子心心念念心向往之的理想伊甸园？严氏友人"严宿"庭院具鸡黍，相邀庭院把酒话桑麻。太湖珍馐上餐桌：白水鱼、白银鱼、白米虾，太湖"三白"让都市的老饕垂涎欲滴，自家院落刈一茬挂着水珠的韭菜，就着土鸡蛋旺火爆炒，香气扑鼻，食欲大开，还有那砂锅里用文火炖了半天的老母鸡汤，黄澄澄的一层清亮的鸡油不由得你不大快朵颐。满桌都是绿色有机食品，严氏伯仲捧出一坛自酿的米酒，每人眼前一海碗。人生得意须尽欢，千金散尽还复来，背依青山，面朝太湖，在人与自然合二为一的"严宿"齐刷刷端着海碗高歌一曲："喝了咱的酒，上下通气不咳嗽。"举杯投箸，觥筹交错，不醉不休。"严宿"，西山的民宿，放松自我的好归宿。严氏兄弟，告别灯火酒绿的都市繁华之地，沉醉于山村乡野的平淡宁静，安之若素，怡然自得。生活的最高境界莫过于此，反璞归真，融于自然，敬佩严氏兄弟放下一切归隐乡野的选择。

夜阑人静，醉意蒙眬中信步于"严宿"庭院小径。恰是三月既望，冰轮

严宿小景

高悬,但见明月松间照,又听清泉石上流,在这春风沉醉的晚上吮吸着清新的空气,顿觉心境清纯如水。太湖西山,恍若桃花源,置身"严宿",何需知晓世上风云变幻,无论魏晋。稍顷,回下榻之处,枕着太湖万顷波涛悄然进入香甜的梦乡。

  一宿酣睡,在鸟儿啁啾声中轻柔惺忪的睡眼迎接崭新的一天。慵懒地仰卧床上,看窗外的蓝天云卷云舒变幻出各种各样的造型,听欢快的鸟雀在庭院外的参天大树间跳跃鸣唱,闻关不住的花香送进宽大的居室任由花香四溢。又有缕缕檀香间或渗入,乃严氏伯仲焚香做早课,虔诚贵在持之以恒。西山人信佛者居多,与人为善,乐于助人是西山人千年修行化来的秉性。忽地想起游太湖西山,理当拜谒千年名刹包山禅寺,求得佛祖庇佑此生平安。遂沐浴更衣,心香一瓣在胸中冉冉,不食人间烟火,先行膜拜佛祖为要。

  包山禅寺始建于南朝梁代大同二年(536),距今有近1500年的历史。包山禅寺坐落于西山林屋洞的包山坞中,三面青山环抱,坐北朝南,寺前山溪淙淙,花香鸟语,寺内香火缭绕,梵音袅袅,历隋、唐、宋、元、明、清及民国,香火从未间断,乃出世修行者的绝佳福地。历代名人骚客心中有佛,拜访不绝，如唐朝的皮日休，陆龟蒙，南宋的范成大，明代的俞木贞、王宠、徐崧，清代的魏源、朱彝尊以及近现代的田汉、程小青、周瘦鹃等纷纷前来朝拜，留下了无数诗文辞赋，为这座千年古刹在晨钟暮鼓之外增添了别样的诗意和文采。据史志资料记载，包山禅寺初创于南朝之初，最早的寺名为福愿寺。唐朝上元九年，唐高宗李治赐予该寺之名为"显庆禅寺"，因西山四面为太湖水所包，俗称包山，该寺又是山上第一大寺院，唐肃宗李亨又赐名为包山寺，所在的山坞亦得名为包山坞，该称谓一直沿用至今。自唐朝一直延续到清朝的这千年岁月，包山禅寺一直列为江南名刹，旧时规模极为宏大，全盛时有僧房1048间，有"大丛林，庇千僧"之说。宋人王钰《包山禅院纪略》中称"兹院自六朝之后为胜地"，是历代文人墨客礼佛拜谒之地。包山禅寺也是高僧辈出之地，清顺治年间，该寺主持山晓和尚应召进京主持董鄂妃丧礼的佛事，受到顺治帝的赏识，并赐御笔"敬佛"二字。现竖立在石公山御墨亭中的"敬佛"碑，即为光绪年间摹刻之物。寺中原有明万历年间刻本《大藏经》，为目前国内仅有的两部之一，弥足珍贵，现珍藏于南京博物院。

  包山禅寺"文革"中受到破坏，千年古刹瞬间残壁断垣，大量珍贵文物惨遭暴殄，令人痛心疾首。包山禅寺最终于1972年被迫强行拆除，千年寺庙被夷为平地。1000多年来，包山禅寺是西山先民思想寄托之所，精神慰藉之地。千年不断的香火在"文革"中戛然而止，包山禅寺消失在西山，然包山禅寺传播的佛教思想却始终根植在西山人的心中。屹立西山千年的包山禅寺物质虽灭，但西山先民在包山禅寺中接受的佛家思想依然在西山人的心中代代延续，千年不辍。佛家思想提倡的和睦相处，与人为善精神正是西山人善良淳朴秉性的缘由之一，西山人的心头始终在祈盼包山禅寺有朝一日能够重新屹立在西山。

  改革开放，欣逢盛世，宗教迎来了新的春天。1995年经宗教局批准恢复包山禅寺，并于1996年重建，占地80亩。包山禅寺经历了千百年的风风雨雨，几度兴废。盛世来临，一座更加宏伟庄严的包山禅寺又重现于西山包山坞，包山寺禅光重现，时任中国佛教协会会长赵朴初为包山禅寺题写了寺名和大雄宝殿匾额。在旧址重建的包山禅寺改原来的坐北朝南为坐西朝东，建筑格局则沿袭旧貌，现建有牌楼、石雕弥勒佛像、山门殿、天王殿、大雄宝殿、藏经楼、大云堂、玉佛殿、御碑亭、钟鼓楼、念佛堂、方丈楼等佛教建筑，总计有400余间楼宇。如今，包山禅寺这座江南名刹从南朝的烟雨中走来，披一身岁月沧桑，洒一路虔诚梵音，以蔚为壮观的殿阁建筑，历史悠远的宗教文化，在这片净土上继续弘扬博大精深的佛学文化。

沐浴着佛恩，移步缥缈峰。前面有马拉松爱好者"严宿"主人早起跑步锻炼，一溜小跑追随其至缥缈峰山麓。西山缥缈山峰，山色湖光，美不胜收。缥缈峰下西山严氏民宿，隐于乡野，田园人家，唯我乐陶。羡慕严氏伯仲怎会如此自在逍遥？回复于我：登上缥缈峰，答案全知晓。

缥缈峰位于太湖西山国家森林公园的中心地带，为太湖七十二峰中的最高峰，峰顶有一形似鹰嘴的巨石上镌刻着"缥缈峰"三字。太湖风云多变，缥缈峰常隐于云雾之中，缥缥缈缈，犹似仙山隔云海，西山八大胜景之一即为"缥缈晴峦"。太湖地区旧时有重阳节登缥缈峰的习俗，历代的文人骚客登缥缈峰留下许多传世佳作。宋代诗人范成大在登临缥缈峰后留下绝句："满载清闲一柞孤，长风相送入仙都。莫愁怀抱无消豁，缥缈峰头望太湖。"

缥缈峰主要景点有"水月观音"造像的发祥地水月禅寺、"碧螺春"茶的发源地墨佐君坛、唐代"茶圣"陆羽像、梁羽生武侠小说中的八阵图石阵（百臼馆）、传说是明代风流才子唐伯虎聚会的琴台（百墩馆），还有碑廊、峰顶瞭望塔等20余处景点。登临缥缈峰顶的瞭望塔极目远眺，36 000顷湖光山色尽收眼底，人称"吴中泰山"，名至实归。"严宿"主人悄然耳语："会当临绝顶，一览众山小。若想看得远，就得站得高，有付出，肯攀登才能站得高。站得高了，看得远了，很多烦恼也就烟消云散了，36000顷的太湖水足以洗却你的一身烦恼。人生的很多烦恼都是欲望所致，正可谓欲壑难填。"一番颇有哲思的话语令人频频叩首，于是乎收回遥望太湖的目光，侧身与"严宿"主人面对面，真心祝福："看得出这'严氏'民宿承载着你的幸福，我觉得你很满足你的当下。""严宿"主人首肯："老师您说得正是，我是觉得自己很幸福，幸福的定义在于你的价值观。有朋自远方来，不亦乐乎。清茶一杯书一卷，清风之中阅古今，不亦乐乎。"这是一种境界，心存阳光者，人心向善者方能有这种境界。举目太湖烟波浩渺处，想起了陶朱公当年携西施隐遁于太湖的故事。2500年前，范蠡辅佐一个濒临灭亡的国家成为春秋五霸之一，政治生涯达到顶峰适时隐退。范蠡的后半生从商，他19年中三度富甲天下，财富过千金，在国家危难，百姓流离失所时又散尽家财，救济苍生，被后人奉为文财神陶朱公。范蠡官至卿相却辞官为民大隐隐于江湖，经商富甲天下却散尽千金拯救黎民，孑然一身与西施泛舟于太湖之上自在逍遥。范蠡的这种境界又有多少人能理解能达到？这才是千古大家之人，必然名垂千史。

"严宿"主人继续侃侃："我是马拉松运动的爱好者。长跑者，必得承受得了体力的极限考验，体力的极限考验必得有精神力量的支持。跑马拉松，我看作是对自己人生的挑战，战胜自我，超越自我。每次参加马拉松比赛，不在于名次，而在于过程，坚持到最后一刻，这种胜利的愉悦只有参与者最能体会。挑战了极限，超越了自我，那就是胜利。长跑马拉松，是对体力极限的挑战，经营民宿，是回归自然的生活选择，这也是一种挑战。这个过程就像我们爬缥缈峰一样的困难，登临缥缈峰，才知道这个攀登的过程有多么的困难，只有登到峰顶的人才能够理解坚持到底的乐趣所在。人都有自己的志向，能够实现的少之又少，因为坚持到底的人很少。"很为"严宿"主人的推心置腹感动，坚信他的"严宿"能够越办越红火，包山禅寺每天在为人心向善者传播袅袅梵音，缥缈峰下的"严宿"主人有佛祖的庇佑，"严宿"的主人心存善念，"严宿"焉能不红火？真心赞美西山"严宿"。罗曼罗兰曾言：世界上只有一种英雄主义，那就是认清生活的真相后，依然热爱生活。生活之经典，经典在至简，大道至简，大象无形，大音希声，此中有真意，欲辩已忘言。

2018年3月24日游览西山

醉美扬州瘦西湖

最是一年好光景，春风又绿江南岸，踏青赏春的最佳时节。弟子国栋居住于杭州，偶然的机会来到了扬州，秀美的江城风光，闲适的生活节奏，让国栋再也不愿意离开这座城市，夫妇俩就此在扬州安身立业。国栋曾数度相邀畅游瘦西湖，今年又和苏州的学生登荣一起力邀我务必到扬州一游，欣然应允，于是乎烟花三月下扬州。

20世纪90年代初，我曾和童教授一起由镇江乘坐渡轮前往扬州，拥抱名闻遐迩的瘦西湖。京口瓜州一水间，暮霭即将四合的黄昏，伫立在渡船的甲板，和煦春风徐徐吹拂微敞的胸襟，远眺西边极目之处那灿烂的晚霞映染在江面的景色，怎一个心旷神怡了得。那时候，我还不到四十岁，正值人生最风华正茂的阶段，身披晚霞，沐浴春风，踌躇满志之际，信口吟诵："不尽长江滚滚来。"如今，这岁月的流逝恰似不尽长江东流去，二十五年后，"春风十里扬州路""二十四桥明月夜"的人间美景又来亲近你、拥抱你，记忆中瘦西湖景区的五亭桥、二十四桥、钓鱼台、小金山，还有白塔、熙春楼等景观瞬间如风光大片一般在眼前逐一闪现。今日之瘦西湖想必是欣逢盛世景更美，大好风光依旧在，然我已是年过花甲，两鬓斑白容颜改。四分之一世纪的岁月转眼从指缝间流逝，暗自嗟叹这人生的大好时光如同白驹过隙，指缝太宽，时间太窄，倏尔之间，年华不再。再度游历瘦西湖，其间恰恰跳过了人生中最美好的那一段岁月。

清晨即乘坐高铁从上海到苏州，半小时后，抵达苏州，苏州的学生登荣在车站迎接，随后我们自驾直奔扬州。一路向北不消两个小时我们就跨越润扬大桥抵达扬子江和大运河交汇处的千年古城，国栋早已在下榻宾馆的大堂恭候。稍事休息后，扬州城内驱车缓慢行。二十五年过去，记忆中的扬州城市容市貌早就荡然无存，城市建设翻天覆地，换了人间。及至来到瘦西湖风景区，站在桥上远眺，瘦西湖景色依然，"弱柳从风疑举袂，丛兰泡露似沾巾"，一幅精美绝艳的山水国画在眼前次第展开，温婉多姿，柔情似蜜，我

扬州瘦西湖五亭桥

恨不得立马变成一只小小小鸟飞到湖中的画舫，在荡漾的绿波中一路寻觅瘦西湖的经典景观。

瘦西湖原名保障湖，位于扬州城西北。瘦西湖是由隋、唐、五代、宋、元、明、清等不同时代的城濠连缀而成的带状景观，并始终与大运河保持着水源相通。清乾隆初年，扬州的盐业兴盛。瘦西湖由于年长日久，湖心淤塞，盐商出资疏浚，并在东西两岸兴建起诸多亭台楼阁，瘦西湖的景观由此形成基本格局，并逐渐享有"园林之盛，甲于天下"之美誉。

瘦西湖之名最早见于扬州籍的清初词人吴绮所作的《扬州鼓吹词序》："城北一水通平山堂，名瘦西湖，本名保障湖。"乾隆元年（1736），钱塘（杭州）诗人汪沆慕名下扬州，在饱览瘦西湖的美景之后，遂与家乡的西湖作比较，赋诗道："垂杨不断接残芜，雁齿红桥俨画图。也是销金一锅子，故应唤作瘦西湖。"诗中描述了瘦西湖一带的景致与风光，在诗人眼中，扬州和杭州一样，市井繁华，故称"销金锅子"，诗人将扬州的瘦西湖与杭州的西湖作一比较，认为瘦西湖之名确实形象而贴切。

瘦西湖主要分为十四大景点，包括大虹桥、五亭桥、二十四桥、荷花池、钓鱼台、熙春台和月观等著名景观。1988年瘦西湖被国务院列为"具有重要历史文化遗产和扬州园林特色的国家重点名胜区"，2014年被列入《世界文化遗产名录》。国栋引领我们进入瘦西湖景区，以新扬州人自居如数家珍一般介绍景区内的每一处景观。一路行至大虹桥，清代扬州二十四景之一，始建于明崇祯年间，横跨保障湖水。原桥为木质红栏，故名红桥。清代乾隆年间改建为石桥，如同长虹卧波，改名为虹桥。如今瘦西湖上的大虹桥已经改建为7.6米长的三孔低坡青石板桥。

长堤春柳景区人流熙熙攘攘。长堤长六百余米，三步一桃，五步一柳，恍若行走在杭州西湖的苏堤。阳春三月，桃红柳绿，春花缤纷烂漫，柳丝婀娜起舞，飞飏如烟，满目春景，美不胜收。国栋如数家珍：相传当年隋炀帝杨广到扬州，下令开挖南北大运河。河道开挖好之后，翰林学士虞世基建议在河两岸种植柳树，一来可以遮阴，同时也可以保护堤坝。隋炀帝当年还亲手栽种柳树一株，并赐姓为杨，后来人们就称柳树为"杨柳"。吹台即钓鱼台，和登荣紧随国栋的步伐来到钓鱼台。国栋告知：相传乾隆曾在此处钓鱼而得名。吹台的最大亮色就在于巧妙地运用了"框景"手法，成为中国园林"框景"艺术的经典之作。

再度游览瘦西湖，一为登五亭桥观白塔，二为走二十四桥赏琼花。五亭桥是清乾隆二十二年（1757），巡盐御史高恒及扬州盐商为恭迎乾隆皇帝下江南而仿北京北海的五龙亭桥和十七孔桥所建。五亭桥建造在瘦西湖莲花堤上，好像湖的一根腰带。伫立桥上，瘦西湖东西两端的风光尽收眼底。因桥上建有五亭故得名五亭桥，由于桥建在莲花堤上，又有莲花桥的称谓。五亭桥既是瘦西湖的标志性建筑，也是扬州市的市标，享有中国最美的桥之盛誉。其最大的特点是阴柔阳刚的完美结合，南秀北雄的有机融合，是古代桥梁建筑的杰作。五亭桥造型秀丽，黄瓦朱柱，配以白色栏杆，极富南方特色的五座挺拔秀丽的风亭就像五朵冉冉出水的莲花。亭上有宝顶，亭内彩绘藻井，富丽堂皇，亭外挂着风铃，风过处铃铛声响轻盈。桥下列有四翼，正中有十五个卷洞。五亭桥的桥墩由12大块青石砌成，形成厚重有力的"工"字形桥基。五亭桥的桥身由大小不一、形状不同的卷洞组成。空灵的拱顶卷洞配上敦实的桥基，桥基的直线配上桥洞的曲线，加上自然流畅的比例，取得了和谐统一的视觉效果。镇江籍的中国著名桥梁专家茅以升院士对五亭桥情有独钟，曾如是评价："中国最古老的桥是赵州桥，最壮美的桥是卢沟桥，最秀美、最富艺术代表性的桥，就是扬州的五亭桥了。"再次拾级五亭桥，前后左右凝望烟花三月中的瘦西湖，不由得把栏杆拍遍叩首赞叹，"不登临五亭桥，怎知瘦西湖之美？"清代文人黄惺庵赞曰："扬州好，高跨五亭桥，面面清波涵月影，头头空洞过云桡，夜听玉人箫。"若兴之所至乘坐画舫从桥下穿过，可以细数五亭桥共有15个洞洞相连、洞洞相通的桥洞。《扬州画舫录》中有记载：每当清风月满之时，每洞各衔一月。金色荡漾，众月争辉，莫可名状。想象着天上一轮圆月高悬之时，五亭桥下15个桥洞中每个桥洞都满含一轮圆月的景象，"天下三分明月夜，二分无赖是扬州"的绝妙意境瞬间浮现在眼前。若第三次亲临瘦西湖，必选秋高气爽的月圆之夜，清辉流泻，乘坐画舫缓缓驶过月光下的五亭桥，醉美瘦西湖，"夜听玉人箫"，岂不美哉，妙哉。

　　游览瘦西湖，必得瞻仰白塔。白塔亦称观音寺白塔，通体洁白如玉，是皇家身份的象征。扬州至今还流传着"一夜造白塔"的故事，该故事出自《清朝野史大观》。相传1784年乾隆爷第六次下江南坐船在扬州瘦西湖中游览，从水上看到五亭桥一带的景色后顿觉似曾相识，情不自禁地对身边的扬州陪同官员说道："这里多像京城北海的琼岛春阴，可惜差一座白塔。"第二天清晨，乾隆帝开轩一看，只见五亭桥旁边一座白塔巍然耸立，以为是从天而降，龙颜大悦，欣喜不已。身旁的太监连忙跪奏道："是盐商大贾江春为弥补圣上游瘦西湖之憾，连夜赶筑而成。"这一夜之间在五亭桥旁冒出的白塔，据说是八大盐商之一的江春用万金贿赂乾隆左右，请画师画成图，然后在一夜之间用盐包堆砌成一座白塔。尽管只可远观，不能近看，乾隆帝观之闻之还是不无感慨："人道扬州盐商富甲天下，果然名不虚传。"江春，徽州府歙县人，一生经营盐业，任总商达52年之久，因其"一夜堆盐造白塔，徽菜接驾乾隆帝"的奇迹而被誉为"以布衣结交天子"的最牛的徽商。乾隆皇帝在两淮盐运使离京拜见时说："江春人老成，可与咨询。若有所思，取悦于圣心，自古皆是。"

"一夜造白塔"虽无从考证，但瘦西湖五亭桥旁的白塔，却实实在在是两淮盐总江春集资仿北京北海白塔在原有的旧塔基上建造而成。《扬州画舫录》记载，该塔是"仿京师万岁山塔式"，但形制已大有区别。北海的白塔是寺庙塔，肚大头细，高35.9米，下为高大的砖石台基，塔座为折角式的须弥座。五亭桥旁的白塔虽取喇嘛教寺院的塔制，但在瘦西湖仅为点缀，系园林塔。另外，扬州的建筑都以柔秀见长，因此取其形式，改换面目。一是降低高度，瘦西湖内的白塔高度仅有27.5米；二是外形轮廓变得秀美，使之身子缩小，其相轮（十三层级）也较北海白塔瘦长，可见扬州造园艺术的手法巧妙柔合于外来景致之中。著名园林建筑学家陈从周在《园林谈丛》中曾将北海白塔和瘦西湖白塔作比较，说："然比例秀匀，玉立亭亭，晴云临水，有别于北海塔的厚重工稳。"可见北方之景到了南方也入乡随俗，雄壮之气锐减，窈窕气质倍增。

继续沿瘦西湖一路游览。始建于1921年的凫庄之胜在环于水而又凫于水，反映出当时的园林主人希望自己的生活可以自主沉浮。如今这里有平台雕栏，露天而坐，凭水而眺，惬意舒服。西侧有一道曲廊拂水，于此处能仰视五亭桥之美，俯视湖中鱼之乐。小金山是瘦西湖中最大的岛屿，也是湖上建筑最密集的地方。风亭、吹台、琴室、木樨书屋、棋室、月观，全都集中在此，穿过徐园，就到小金山，这里是最能欣赏瘦西湖主湖区的绝佳之处。

熙春台是二十四桥景区的主体建筑，也是扬州二十四景之一的"春台明月"，这一带的建筑风格最能体现出皇家园林的宏大气派，郁达夫曾有评论说：二十四桥的明月是中国南方的四大秋色之一。"二十四桥"出自唐代杰出诗人杜牧的诗句"青山隐隐水迢迢，秋尽江南草未凋；二十四桥明月夜，玉人何处教吹箫"，千古绝唱让瘦西湖内的二十四桥与杜牧的不朽诗篇一起在中国的文学史中永恒。然二十四桥究竟是一座桥还是二十四座桥，至今未能解开，这是一个无法回避的千古之谜。其实自宋代以降，二十四桥便成为一宗众说纷纭而无法定论的疑案。历代的辞典、诗词注解也都兼收两种说法，不敢轻易取舍。南宋词人姜白石在一个初冬来到扬州，写下了《扬州慢》这一千古绝唱："二十四桥仍在，波心荡，冷月无声。念桥边红药，年年知为谁生？"从《扬州慢》词的具体语言环境来分析，"二十四桥"似乎是指一座桥，但也有人认为"二十四桥"乃是唐代扬州桥梁的总称。最早对此作出解释的是宋朝大科学家沈括，他认为"扬州唐代时最为富盛。旧城南北十五里一百五十步，东西七里三十步，可纪者有二十四桥"。各抒己见者岂止姜白石和沈括，千年来杜牧笔下的"二十四桥"引动了多少文人学者打了一千多年的笔墨官司。《扬州鼓吹词》亦有一说："是桥因古之二十四美人吹箫于此，故名。"据说二十四桥原为吴家砖桥，周围景色秀丽，风光旖旎，本是文人雅集、歌妓吟唱之地。唐代时有二十四个歌女，都出落得姿容媚艳，体态轻盈，曾于明月之夜来此吹箫弄笛，巧遇杜牧，其中一个歌女特地折素花献上，请杜牧赋诗，"二十四桥明月夜"由此千年流传。

　　为重现"二十四桥明月夜"的意境，1986年，国家和地方政府拨款246万元，按《扬州画舫录》记载和珍藏的扬州著名画师袁耀所绘《邗上八景·春台明月》册页、乾隆《南巡盛典图》等有关史料，结合地形地貌现状，重新设计了二十四桥景观群，并于1987年10月动土兴建。之后，一组占地7公顷的古典园林建筑群落成，新建的景观有二十四桥、玲珑花界、熙春台、十字阁、重檐亭、九曲桥等，后又续建望春楼、栈桥、静香书屋等景观。重建的二十四桥，中间的玉状带拱桥长24米，宽2.4米，桥上下两侧各有24级台阶，围以24根白玉栏杆和24块栏板，洁白的栏板上彩云追月的浮雕，桥与水衔接处巧云状湖石堆叠，周围遍植馥郁丹桂，使人随时看到云、水、花、月，体会到"二十四桥明月夜"的妙境。遥想杜牧当年的风流佳话，独具的匠心处处暗合杜牧诗句中所描写的二十四桥意境。从二十四桥逐级而下，桥旁即为吹箫亭，亭临水边桥畔，小巧别致。亭前有平台，围以石座，若在月明之夜，清辉流泻，波涵月影，画舫拍波，有数十歌女，淡妆素裹，在台上吹箫弄笛，婉转悠扬，天上的月华，船内的灯影，睡眠的波光互相交融，使人觉得好像在银河中前行。桥上箫声，船上歌声，岸边笑声交汇在一起，此时再咏诵"天下三分明月夜，二分无赖是扬州"，方能领悟其妙不可言的描绘。

　　人间四月天，琼花盛开时。瘦西湖景区聚八仙处处盛开，恰似"垆边人似月，皓腕凝露霜"，片片洁白如雪花。聚八仙乃琼花别称，因为琼花盛开时共有八片花瓣，且琼花历来被尊为神仙一般的花，故将琼花比作八仙过海中的八位大仙。琼花亦有蝴蝶花之称，取其开花时状如蝴蝶的美丽模样。但见瘦西湖两岸，琼花、牡丹、绣球花团锦簇，争奇斗艳，引得游客赞叹声一

作者和学生的合影

片。绿意盎然的瘦西湖，景不醉人人自醉。烟花三月是春风拂面的柳，醉美扬州是醇厚甘美的酒，国栋、登荣左右陪同浸濡在春风十里的瘦西湖美景之中，目不暇接。乱花渐欲迷人眼，暖风熏得游人醉，直把扬州当杭州。扬州和杭州，大运河边的两座秀美古城各领风骚上千年，纵然是上有天堂，下有苏杭，扬州丝毫不逊苏与杭。

　　游览瘦西湖，如同手执一卷唐诗宋词，瘦西湖处处是美景，遍地是诗词，无怪乎扬州瘦西湖欲与杭州的西湖试比高。杭州西湖圆，扬州西湖瘦。杭州西湖六钓桥风情万种，扬州西湖五亭桥端庄大方；杭州西湖有断桥，演绎白娘子和许仙的爱情故事千古流传；扬州西湖"二十四桥明月夜，玉人何处教吹箫"的绝美意境千年传唱；杭州西湖雷峰塔，法海和尚合钵镇压白蛇于塔下，扬州西湖有白塔，皇家园林风范瘦西湖再现，引无数游客竞折腰；杭州西湖依偎钱塘江，苏轼赞叹"八月钱江潮，天下壮观无"，扬州依傍扬子江，李白喟叹"孤帆远影碧空尽，唯见长江天际流"，无怪乎"故人西辞黄鹤楼，烟花三月下扬州"。扬州，欲与杭州试比高。游罢瘦西湖，弟子相邀水包皮，洗却一身疲惫，大快朵颐皮包水，享受生活在扬州。扬州，爱上你的慵懒和闲适，扬州，你是一座来了就不想离开的城市。生性爱旅游，生命本来就是一趟旅程，每个人都行走在自己的人生旅途中，每个人都在不知不觉中走过一路相伴的风景，千万别错过风景这边独好的那个时刻，用心品味，这道风景只属于此时此刻的你，在这天人合一的情境中，你的享受旁人无法替代和领略。有许多时候，生命若水，石过处，惊涛骇浪；有许多时候，生命若梦，回首处，梦过嫣然。珍惜你的生命中所遇到的每一处风景，这是上苍对你的恩赐。

　　还想第三次来扬州游瘦西湖，那必定是一个皓月当空、秋风轻拂的十五之夜。

2018年4月15日游览扬州

风情万种话大连

千万别再去大连，这是一座来了就不想离开，离开了又马上想回去的城市。大连蓝天碧海，青山奇石，山水融融，绮丽的滨海风光吸引了无数游客纷至沓来。渤海湾吹来的徐徐海风滋润了大连，清凉迷人，成为中国著名的避暑度假胜地。大连，别称滨城，镶嵌在辽东半岛最南端的海上明珠，地处渤海之滨，背依东北腹地，与山东半岛隔海相望，山海风光旖旎，人文景观荟萃，地理位置极佳，素有京津门户之谓。

是否喜欢一座城市首先要看这座城市的建筑。大连的风光美，大连的建筑更美。大连是一座年轻的城市，1879年底，沙俄舰队驶进旅顺港口并决定在青泥洼开港建市，作为沙俄帝国实现远东"黄俄罗斯"梦想的桥头堡。大连的城市建设由此拉开序幕。1899年8月11日，沙皇尼古拉二世发布关于建立自由港的敕令，将此地命名为达里因。达里因，俄语的意思为远处。沙俄建筑师怀揣着建设远方巴黎的梦想，希冀将达里因建设成为远东最完善的城市。1905年日俄战争爆发，沙俄败绩，日本殖民者在沙俄原有的城市建设基础上继续完善这座城市的规划建设，并将达里因转音为大连。百年大连城，半世殖民地，大连的城市建设烙上浓重的异域文化，成为大连这座城市特有的标签。棒棰岛国宾馆风景名胜区的建筑就是大连早期城市建设的典型符号，七栋别墅荟萃欧式、和式和中式等建筑风格散落在坡地。

棒棰岛国宾馆是以山、海、岛、滩为主要景点的风景胜地。三面环山，一面濒海，北部群山环抱，苍松翠柏遍布，满山植被葱茏，山花馨香四溢；南面海域辽阔无涯，海水湛蓝碧透，海鸥展翅翱翔。国宾馆风景区不远处的海面上有一小岛突兀而立，主峰海拔53.1米，形似农家捣衣服用的一根棒槌，棒棰岛由此得名。棒棰岛远看山如黛，近观水微澜，恍若漂浮在渤海湾的仙山琼阁令人神往。若登临峰顶，放眼四望，国宾馆的风景名胜和海滨风光尽收眼底。距棒棰岛不远处的三山岛传说就是三山五岳中的三山，云遮雾障，空蒙迷离，三座仙山恍若蓬莱，被称为神仙居住的地方。

棒棰岛国宾馆是大连的一张城市名片,别墅群散落在山坡的花丛绿荫中,这一栋栋风格迥异的别墅曾作为国家领导人避暑疗养的胜地。棒棰岛宾馆建筑群由宫殿式、楼船式、花园洋房式等七栋风格迥异的别墅组成。1号和7号为民族风格和西式风格相结合,两栋中西融合的别墅掩映在绿树红花丛中,端庄稳重,精致美观;2号和6号是欧式风情船舶形状的别墅建筑,在别墅楼的阳台观海看日升日落,赏浪遏飞舟,仿佛是站在甲板上欣赏着那一派映入眼帘的大海风光;3号别墅系纯粹的日本风情,雅致中透露出一种对大自然的亲和,落英缤纷的季节,漫步于3号别墅楼四周,置身东瀛的感觉尤其明显。4号和5号别墅则完全采用中国民族风的建筑特点:大屋顶,琉璃瓦,颇有几分皇家威仪,置身其间恍若出入帝王之家。

夕阳西下的渤海湾薄雾缭绕,凉风习习中棒棰岛海滩边信步。白色的浪花拍打着海岸卷起千堆雪,瞬间又化成无数细小的水雾,模糊了视线。蓝色的海水中带着一种深邃的灰色,激流涌动的海浪之下蕴藏着一个变幻无穷的未知领域,如同风起云涌的大千世界。

远眺大海,感叹人类在自然面前的渺小,人类只有顺应自然才能支配自然,绝不能主宰自然,主宰的终极目标就是霸权。岂不明白在浩瀚无边的大海面前唯有敬畏自然才是最明智的选择?千万不要凌驾于自然之上。顺应自然才能让自己生命的质量、厚度和内涵得到真正的升华,让有限的生命服务于无限的自然,于个人,于群体,于弱者,于强者,都是颠扑不破的真理。回望掩映在绿荫丛中的一栋栋不同建筑风格的别墅,正可谓今日大连依旧在,昔日郡主却远去。大海后浪推前浪,江山代有才人出,这是亘古不变的真理。

要读懂一座城,先看这座城的建筑。曾有哲人说道:一条特色的街道可以反映出这个城市的人文风貌;一个美丽的广场可以展现出这个城市的文化底蕴。大连的城市建筑别具一格,既有殖民文化的印记,又有中国崛起的标签,这与大连的历史是分不开的。大连曾先后被俄国和日本侵占达五十年之久,建筑风格必然留下这两个国家的印记,所以大连城市的建筑风格既有欧式的,也有日式的。欣逢改革开放,高楼大厦如雨后春笋遍布大连,最具代表性的是摩天大楼拔地而起连排成片的星海湾和东港新区,一个崭新的大连百年之后傲然屹立在渤海湾,昔日日俄帝国梦想的东北亚第一城市如今成为现实,正可谓"旋转还凭革命功"。

传承和创新是大连城市规划的主题。日俄时期的优秀建筑,有的气势端庄稳重,有的充满童话色彩,有的外形静谧雅致,有的让人浮想联翩。有人说,走过大连,就像走过欧洲,横穿到俄罗斯,再折回到日本。100年

大连棒棰岛

前，俄国人在大连建立了第一条街道，这条街以欧洲风格建筑为主，是全国第一条具有俄罗斯建筑风格的大街。俄罗斯风情一条街地处繁华的胜利桥西北，全长五百米。为了再现异国风情，这条老街沉寂百年，所有建筑重新翻建，幢幢楼宇今日又东风，俄罗斯风情街迎来了华丽转身的机遇。好风凭借力，借力倚盛世，盛世铸传奇，传奇是老街。如今俄罗斯风情街彩砖铺地，绿地成片，各种俄式、欧式雕塑点缀其中，还有一座露天表演广场和俄罗斯风情广场，"尖式""塔式"阁楼的俄罗斯风格的建筑鳞次栉比，一座座典雅别致、风姿绮丽的木刻楞房掩映在绿树和花丛之中。这条街道涵盖了俄罗斯乃至欧洲的风土人情、艺术文化和娱乐风格，其中最为著名的是3栋原远东白俄罗斯时的建筑。叮当声响的有轨电车蜿蜒伸向远方，更是将大连还原到复古的时代，行走在俄罗斯风情街，恍若置身在欧洲某个城市的街角。

旅游旺季，俄罗斯风情街天南海北的游客络绎不绝，标志性的历史遗迹，五彩缤纷的建筑正在等着你的到来，游客到此就可以领略到纯粹的他乡风情。3栋原远东白俄罗斯风格的建筑经历百年历史沧桑至今焕发着无限的魅力，哥特式风格的白俄罗斯驻大连地区行政署，外观参差错落，纤细挺秀，是大连地区近代欧式建筑的代表作，现在是大连艺术展览馆的所在地。始建于1900年的俄·达里尼市政厅官邸属于近代俄罗斯建筑风格，现在成为大连船舶技术学校的一部分。建于1898年的俄·达里尼市政厅地上二层，地下一层，为砖混结构，建筑采用红砖、绿瓦、尖顶装饰，体现了古典复兴式建筑艺术特点，被国务院公布为全国重点文物保护单位。有位诗人如是说："不朽的伟大建筑艺术，来自当时建筑艺术家的思想与生活，后人站在前人创造的艺术面前，伟大的艺术是无法模仿的。"历史成就经典，跨界改变生活，这些历经百年沧桑的建筑蕴含着深厚的文化内涵，从而使得俄罗斯风情街声名远扬。原汁原味的异国风光，林林总总的商业店铺，吸引着中外游客来此观光旅游，购物留念，消费休闲，使你不必远涉国外就可尽情享受魅力万千的异域风情，成为大连城市风光的又一张名片。建筑是凝固的音乐，是可以敛神屏息静静地欣赏的；建筑是优美的诗歌，是可以正襟危坐慢慢地吟诵的；建筑是历史的活化石，是可以细细品读挖掘其文化内涵。清风拂面，心旷神怡，选一街头的露天咖啡角随意而坐，午后的时光慢慢消磨，感受着大连这座城市的温度。

大连百年城市进程中，南山风情街上的和式老洋房诉说着层叠的城市往事，这就是日本风情街，位于大连市的黄金地段，占地11公顷，别墅120余栋，规模宏大，依照世界不同别墅风格精心建造。日本风情街的别墅群对于这座城市有着特殊意义，其优雅的结构，略有趣味的装饰风格构成"南山建筑美学"，使依附在建筑上的历史记忆得以延续。日本风情街内有酒店、日本料理店、茶道、花店、表演馆、书店、综合商店等公共休闲场所，总体布局凸显了日本风情特色，追求具有代表性的历史人文居住环境，成为大连市的重点旅游项目之一。相比于俄罗斯风情街的火热，日本风情街提供给游客的是一种闲适和静谧。无论你是属于哪种性格的人，来到了日本风情街，总会找到一处属于自己的清静。远处吹来的海风轻叩你的心扉，无所事事却其乐无穷。一杯咖啡，一种心情；一壶清茶，一种生活；一段音乐，一幅画面；一本书卷，一个世界。带着一份安逸的心情，在日本风情街选择一个角落静静地坐着，时光有时候就是用来奢侈的，也许坐一会儿比匆匆赶路更有收获。大连的日本风情街能让你自觉地停下自己行走匆匆的脚步，安安静静地坐上半晌。四下随意浏览，但见绿荫丛中各式风情的建筑次第延伸至视线所及的最深处，每一户的窗台都有姹紫嫣红的鲜花绽放，每一簇鲜花都承载着每一户人家的快乐和希望，这是日本风情街的魅力。

风情万种的大连，你的自然风光的美，你的人文景观的美交融得如此和谐，这座城市的每一种建筑元素都令人难以忘怀。如果你来到了大连，未曾徜徉过大连的广场，你就不会明白大连何谓大连。大连号称是"全亚洲广场最多的城市"。在俄罗斯风情街的最北端有一座中小型的广场——中山广场，是东北地区最大的圆形广场，是大连建设规划上的绝美之作，是大连文化的符号象征，罗马式、哥特式、文艺复兴风格和折中主义的建筑环绕广场。大连的中山广场始建于1899年，是大连历史最悠久的广场，为城市的原点，10条道路以此为中心，向外辐射，道路之间10幢欧式建筑环形排列，建筑风格各异。广场及周边建筑、街道格局都完好地保存至今，欧式风味十足，反映百年前大连建市之初，世界建筑文化在此融合。人民广场是大连市级行政机关所在的城市中心广场，布局对称，绿草茵茵，长廊悠远，喷泉随着音乐起舞，庄严而又美丽。传承和发展是大连城市建筑的"魂"，时空穿越近百年，一座占地176万平方米号称世界第一的星海广场横空出世，其规模相当于四个天安门广场。

棒棰岛以温婉雅致著称，星海广场则以华丽大气闻名。星海广场，多么富有诗意的名称，徜徉其间，沐浴着阵阵海风，仰望着璀璨的星空，想要不浪漫也不行。星海广场的前身是一个垃圾填埋场，1993年市政府决定将这个垃圾填埋场改造成一座世界一流的城市休闲广场。建设者们用了整整三年的时间填海造陆114公顷土地，其设计与建设充分融合了中华民族传统文化和现代文明的巧妙结合。广场内圆直径为199.9米，寓意着大连于公元1999年建市100周年，外圆直径239.9米，寓意着到公元2399年，大连建市整500周年。沿广场中央大道往北行走500米是大连国际会展中心，往南漫步500米是蓝色的大海，广场最外围是大型音乐喷泉广场。夜幕降临，变幻着各种造型的喷泉在悦耳的乐声中伴随着璀璨的灯光冲天而起，美不胜收，感叹此景只应天上有。美哉，星海广场，无怪乎大连人要引以为豪。星海广场与中山广场都是大连的地标，百年时空穿越大连，两座广场牵手大连，历史和现代的对话，海纳百川的大连，城市建筑融古汇今，大连无愧于东北亚的第一大都市。

啤酒节是夏日星海广场的一大盛事，每年的中国国际啤酒节都在星海广场举办，吸引无数的市民和游客纷至沓来。夜幕降临，星海广场人声鼎沸，热闹非凡。天上星汉灿烂，地上人流熙攘，游客举杯觥筹交错，醉了游客，醉了大连，星海广场成为啤酒的海洋，成为大连又一道美丽的风景线。手握啤酒杯，不事张扬地跻身在人流中静静地享受这美好的时光，呷一大口啤酒，素昧平生的人们互相致以一个微笑，浑身都洋溢着幸福。生命不过电光石火一般转瞬即逝，"且陶陶，乐尽天真。几时归去，做个闲人"。良辰美景需珍惜,把握今天,笑迎明天是智者对待人生的态度。谁都无法预知明天,因为人生总是会有很多的无奈,当我们无力改变时,还不如坦然选择接受或者释然,既然不知晓明天迎接你的是何种景象,何不好好地把握今天。于是乎熟悉的和不熟悉的都彼此觥筹交错,开怀豪饮。广场上成千上万的人流,欢聚在啤酒节,享受着啤酒节带来的人生乐趣,明天这成千上万的人流会走向这座城市的四面八方,组成这浩浩荡荡的人流的每一个个体,迎接各自的是每一个不同的明天,也许明天是欢乐,也许明天是悲伤,"月有阴晴圆缺,人有悲欢离合",此时此刻彼此都欢乐在今宵。顿有感悟,这人生总是从告别中走向明天,只要将今天的美好留存在心底,哪怕是淡淡的也足矣。一丝丝的细雨从天空飘洒而下,一头连着天堂,一头连着尘世,小小的雨滴是天与地之间传送信息的使者,小小的雨滴给沸腾的星海广场营造出一个如梦如幻的景象。人生的际遇,就像这飘飘洒洒的细雨,淋过,湿过,经历过;散了,远了,经历过,人生就是不断解读的过程,星海广场啤酒节的尽兴带来了人生的哲思。

大连不能沉溺于殖民时代的建筑而引以为豪,改革开放给大连的城市建设带来了新的发展契机,20世纪90年代,星海湾的成功开发引领大连走上了城市开发的新跑道;21世纪开始,大连城市建设的至高点转移东港,东港一跃成为大连的钻石港湾,号称大连的"维多利亚湾"。占地面积20平方公里的"钻石港湾"通过合理的规划布局,成为构筑东北腹地与国际市场连接的服务中心。东港新区延伸大连百年历史繁华,与城市传统中心青泥洼桥商圈、中山广场商圈及人民广场商圈融为一体,高端传承大连的历史文脉,东港成为大连集金融、会议、商务、休闲、旅游、文化娱乐功能为一体的交通便利、生态和谐、功能齐全的世界一流的商务区,区位优势独一无二的东港成为引领大连乃至东北老工业基地和辽宁沿海经济带发展的新引擎,百年前沙俄和日本梦想的"远方巴黎"今天傲然雄踞在辽东半岛的最南端。

东港新区有大连国际会议中心,堪称大连的新地标。建筑理念集雄伟、精美、时尚、和谐、绿色和人性化为一体,每年的夏季达沃斯论坛在此举行。东港有一座占地20公顷的音乐广场,春夏秋三季呈现喷泉,冬季则改作滑冰场,这一规模在同类广场中堪称国际罕见。东港有蜿蜒数公里的东方水城,汇集世界各地的著名建筑,一条1.5公里长的内河演绎威尼斯般的水上生活。东港铺设了6公里长、80米宽的木栈道,以绿化带分隔成人行步道、儿童滑轮道、塑胶跑道等不同通道,每隔500米还设有一个休息驿站。东港的五星级酒店,高端商务办公大厦连排成片拔地而起蔚为壮观。东港的规划建设在创新的同时不忘传承,坐落于东港的15号库曾是日本殖民时期日军囤积军需的港口仓库，中国收回大连港后将港内仓库堆场重新排序，编为15号沿用至今。2006年全面改造，以文化、创意、时尚为主题，传承和创新得到了充分的体现，改造后的15号仓库成为各种文化商业形态相结合的复合型创意消费区，为21世纪艺术的发展和时尚的展示提供了一个多层面的探讨场所。老树发新枝，旧貌换新颜，15号仓库本身就是令人印象深刻的现代主义纪念物，改建为创意园区后成为东港新区21世纪国际定位的理想平台，东港新区是大连城市建设发展史上的里程碑。改革开放后的20世纪90年代，大连填海造田建成一个全新的星海湾，21世纪，东港新区崛起，这是继星海湾之后大连人民奉献给世界的又一个全新的大连新地标。

  19世纪末，俄国人在大连兴建了第一个广场，即今天的中山广场，成为大连的地标历经百年而不变。20世纪末，气势恢宏的星海广场一跃成为大连的新地标，成为大连经典的旅游景点。21世纪，东港新区的音乐广场又引领广场文化的最新理念傲然出现在大连，三个世纪分别出现的三座城市广场，脉络清晰地展现出大连的城市建设沿革及其传承和创新的理念。100多年前，沙俄建造的白俄罗斯驻大连地区行政署、达里尼市政厅和市政厅官邸开启大连城市建设的先河，100多年后，大连的城市建设涌现出星海湾、东港等新城区。城市建设飞速发展，日新月异，老城区和新城区互为依存，竞放异彩，和谐统一。100多年前，俄国人在大连兴建了第一条街道，即今天的俄罗斯风情街，大连的城市建设拉开序幕，100多年后，宽敞阔气的条条大道通向大连的四面八方，迎宾路更是一条大连人引以为豪的景观路。殖民时期的大连完成了大连城市规划的雏形，改革开放前的数十年，大连城市建设的脚步几近停滞，城市风貌笼罩在殖民建筑的背景之下。改革开放给了大连新的机遇，大连城市建设者历经几十年的锲而不舍，一个崭新的大连出现在渤海之滨，"远处"出现了东方的巴黎。再度回味叶帅的《远望》，深谙"旋转还凭革命功"的深邃含义。

  大连是一座建在公园里的城市。通往棒棰岛国宾馆的迎宾路如同一座绵延不绝的公园不断向棒棰岛延伸，道路两侧绿化纵深百米，景观小品连缀，鲜花点缀草丛，四季绿树常青。依山傍海的滨海路两侧花儿朵朵，松柏苍翠，别墅成片，处处是景，美不胜收。一条木栈道伴随着滨海路伸向远方。这条木栈道是大连人的骄傲，官方称为大连滨海路健身步道，但更多的年轻人则亲切地称其为情人小道。滨海路健身道全长36公里，或沿着海岸线起伏延伸，或穿梭于绿荫中百回千折，或依山势高低蜿蜒向前，大连的健身者称这条木栈道是全世界最漂亮的健身小道，大连的年轻人称这条木栈道是全世

大连海滩

界最浪漫的情人小道。沿着木栈道漫步，一路繁花相伴，绮丽的山海风光扑面而来，同行的好友个个都心情大悦，真希望就这么慢慢地走路，慢慢地欣赏，慢慢地老去。人这辈子会结交很多的朋友，少时朋友今还在，结伴出游情更浓，山海风光揽入怀抱，"恰同学少年"的友情念念不忘，一起走在全世界最长的情人小道，相视一笑而不语，此时无声胜有声。

  人文情怀浓厚的滨海路有手挽着手彳亍前行的老年伴侣，有青春洋溢步履轻盈的热恋情人，还有你追我赶欢快奔走的少年儿童，更多的是慕名而来的天南海北的行者。真心羡慕大连的市民走在风景如画的滨海路的木栈道上，彼此走着走着一起慢慢变老，一起分担你的所有忧愁，分享你的所有快乐，犹如手足，情深义重；犹如家人，不离不弃，这才是真正的幸福，这才是人生路上的知音，这才是人生的一大财富。彼此一直走到鬓微霜，又何妨？走在这样的小道上，定会自信廉颇未老，当挽雕弓如满月，滨海路健身道能让人们重新找回青春找回自信，因为滨海路健身道蕴含浓浓的人文关怀。

  风情万种的大连，来了就不想离去，离去又想着再来，大连的美景在脑海中挥之不去。大连的景观处处都体现出一个大和一个第一，不是全国最大就是亚洲最大，甚至是世界最大。俄罗斯风情街号称远东第一，滨海路健身道为世界最长的城市木栈道，全长7公里的星海湾跨海大桥为全国唯一的双体跨海大桥，老虎滩海洋公园为亚洲最大，还有世界最大的星海广场，等等。大连以大闻名全国，走向世界，大连更以其独有的山海风光吸引世界各地的游客，成为人们心目中的中国夏都，也成为世界经济论坛（WEF）夏季达沃斯的举办城市。2016年6月14日，中科院对外发布《中国宜居城市研究报告》显示，大连宜居指数在全国40个城市中排名第四，荣膺国际花园城市、中国最佳旅游城市、国家环保模范城市等称号，"东北之窗""北方明珠""浪漫之都"的称谓大连当之无愧。随着北极夏季航道的开通，大连不冻港的地理位置和战略意义也进一步提升，大连港阔水深，往北可以沿太平洋北上过北极抵达北美，向南可沿太平洋经印度洋通往欧亚非，大连的战略地位在东北亚地区无与伦比。纵然国际上有不和谐的声音试图阻止中国发展的脚步，"昏鸦三匝迷枯树，回雁兼程溯旧踪"，中国前进的步伐不可阻挡。中国敞开胸怀向世界开放，"赤道雕弓能射虎，椰林匕首敢屠龙"，中国的"一带一路"倡议得到了越来越多国家的信任和支持。"景升父子皆豚犬"，中国做好了准备，正如《远望》一诗的点睛之句："旋转还凭革命功。"

  大连，你的发展的脚步不会停止。大连，你真的就是一座来了就不想离开，离开了又再次想来的城市。踏遍青山人未老，风景大连这边独好。大连，我们再度相约，何时再见面？我想大约会是在冬季，在大连的新地标东港音乐广场再见。

写于2018年7月15日

京畿门户旅顺港

中国绵延的海岸线的北部起点在辽宁，它的海岸线见证了清朝北洋水师的兴衰，见证了中国的海军由弱到强的兴盛。中国第一艘航母由"瓦良格号"改建而成的航空母舰"辽宁号"诞生在大连，诞生在辽宁省的大连市，航母由此命名为辽宁号。中国的第一艘国产航母同样诞生在大连，第四艘航母也在大连兴建。大连是中国海军走向世界的象征，因为大连拥有远东第一军港旅顺。旅顺港始建于清朝，是世界五大军港之一，与山东半岛的威海形成拱卫京畿之地的海上军事要塞。日渐式微的晚清政府认识到海防建设的重要性，为加强旅顺口海上防务，阻止帝国主义的军舰入侵黄渤沿海，北洋大臣李鸿章奉朝廷之命筹建北洋水师。李鸿章率领部分文武官员抵达旅顺口考察地理形势，得出"旅顺口居北洋要隘，京畿门户"，为"奉直两省海防之要隘""盖咽喉要地，势在必争"的结论，遂在旅顺征民扩大航道，疏浚港湾、填海、筑炮台，建港池，使旅顺口成为世界闻名的军事要塞。

旅顺军港地处辽东半岛西南端，港阔水深，港内常年不冻，隐蔽性能与防风性能极其良好，是远东第一的世界著名良港。登临白玉山巅向南远眺旅顺军港，"一夫当关，万夫莫开"的天然地势尽收眼底。白玉山位于旅顺口区域中央，海拔165米，原名西官山。清朝光绪六年（1880），李鸿章陪同光绪皇帝的父亲醇亲王视察旅顺船坞登临西官山俯瞰旅顺全景，从随员口中听说对面那座拱卫旅顺港口的山称为黄金山，脱口而出"既有黄金，当有白玉"。西官山由此改名白玉山。登上白玉山顶，眼前豁然一亮，被誉为天下奇观的旅顺港东侧为雄伟的黄金山，西侧乃老虎尾半岛，西南是巍峨的老铁山，其天然的地势环守旅顺港。旅顺军港的险要暗藏在航道两侧山上的火力机关，交叉成网，互相支援，敌舰很难靠近。无论是甲午战争还是日俄战争，日军都没有从海上进攻旅顺，军事上有"旅顺一口，天然形胜，即有千军万马，断不能破"之说，旅顺被军事专家称为"虎牢天险"。清代诗人黄遵宪在《哀旅顺》一诗中有曰："海水一泓烟九点，壮哉此地实天险。炮台屹立如虎瞰，红衣大将威望俨。"

历史上无论多么强大的国家，如果不居安思危，保持清醒的头脑看世界，就不可能保持长久的国泰民安，必然会由盛转衰，这是人类历史发展的客观规律。清朝在中国历史上曾经是一个非常强大的国家，清王朝的国力自康乾盛世之后却急转直下走上了衰败之路。乾隆晚年，他自认为大清王朝是世界上最强大的国家，冥顽地奉行闭关锁国的政策。统治者的狂妄自大、骄奢淫逸和腐败无能导致大清王朝从辉煌走向灭亡。同一时期的英国经济迅速膨胀拉开工业革命的序幕，这次工业革命具有世界里程碑的意义。英国急需对外扩张，攫取更多的资源，亚洲的印度成为大英帝国的第一个殖民地，中国更是西方资本主义国家觊觎侵略的对象，中国近代史上就发生过中日甲午战争以及沙俄帝国和日本帝国为争夺旅顺港而公然在中国国土展开的法西斯战争。日俄战争以中日甲午战争后俄、德、法三国干涉日本还辽为伏笔，以俄国强占旅大地区为导火索，以日本偷袭旅顺港俄国舰队为开端，历经575天的海战陆战，日本以伤亡六万人的代价取代了沙俄的地位，日俄战争最终以日本战胜俄国签订《朴次茅斯和约》并夺得旅大地区租借权及长春至旅顺之间铁路使用权而结束。

北洋水师在侵略者的炮火下最终"樯橹灰飞烟灭"，日俄帝国先后统治旅顺达半个世纪之久，中国吞下了落后就要挨打的苦果。为镇压反抗侵略者的爱国志士，沙俄于1902年在旅顺建造监狱，1907年日本扩建这座监狱。当一个民族的统治者失去了理性，丧失了天良，其灵魂里塞满的就是残忍和侵略，明治维新之后寻求对外扩张是这个岛国的基本战略思维。法西斯总是扛起漂亮的旗帜去掩饰最卑鄙的阴谋，打着"大东亚共荣圈"的幌子妄图征服中国，这种"共荣"是通过对中国进行残酷的战争和思想的征服进行的。日本作为一个国家，认为命中注定要统治亚洲，占据亚洲的自然资源和广袤土地被贴上为天皇而战建设东亚共荣圈的标签。二战期间，日本军国主义的滔天罪行罄竹难书，日俄监狱只不过是日本军国主义在其殖民地犯下滔天罪行的一个缩影。日俄监狱占地面积达2.6万平方米，呈"大"字形放射状，灰砖部分系沙俄早期修建，一共85间牢房。红砖部分则是日本帝国后期扩建的253间牢房。日俄监狱修建以来，成为监禁、迫害和屠杀中国人民和国际进步人士的人间地狱，一直到二战结束日本帝国战败投降，这座人间地狱才结束它的暴戾"生涯"。这座由两个帝国主义国家在第三国先后建造的监狱记载着中华民族一段屈辱的历史，是帝国主义列强侵华和反人类的铁证。

夏日的阳光照射进日俄监狱，眼前的这座漂亮的白色洋房呈现的是一种

大连旅顺口

优雅和端庄，它静静地伫立在你的眼前，端详其外表如同欧洲古城的中世纪建筑，实在是难以将其和阴森恐怖的监狱相联系。谁能料想100年前这座古朴的建筑就是活生生的人间炼狱，在这号称"东方奥斯威辛"的魔窟内曾上演过多少惨绝人寰的往事，多少屈死的冤魂至今还在这宁静的上空飘荡，控诉着日俄帝国主义的滔天罪恶。迈着沉重的步履踏进日俄监狱的大门，以目瞻望，用心触摸，历史的言说犹如一面镜子还原曾经上演的那一幕幕悲剧。一件件实物，一幅幅图片，犹如受难者的血泪洒落在参观者的胸膛，令人义愤填膺。唯有敛神屏息，压抑怒火，方能看懂寂静之声中的低语，让你再次实地感受生命的另一种存在。心情犹如阴沉的天空，似乎感觉到腥风血雨扑面而来，呼吸都有些困难。

日俄监狱的东侧牢房共有三层87间，一、二层为普通牢房，每间牢房的面积在11至14平方米之间，通常关押7至8人。三层为单人牢房，主要关押所谓的"政治犯"。暗牢是日本殖民统治者残害被关押者的狱中之狱，被关押在暗牢的都是敢于进行反抗斗争和被认为是严重违反狱规的"囚犯"。日俄监狱可关押2 000多人，所关押的"囚犯"并不完全是中国人，还有反战的日本、韩国进步人士以及不明国籍的犹太人、俄罗斯人、美国飞行员等。

成功刺杀伊藤博文的朝鲜爱国主义人士安重根就是在这里惨遭囚禁和杀害的。据不完全统计，日俄监狱总共囚禁有10万人次。在二楼刑讯室，目睹各种刑具心更是一阵阵地抽紧，日本侵略者剥光抗日爱国志士的衣服，强行把他们捆绑在老虎凳上，用鞭子狠狠抽打，等伤口结疤后再用竹签把这些伤疤挑开，浇上辣椒水，法西斯手段残忍至极。位于监狱东北角的绞刑室至今还是腥风血雨笼罩，这是日本殖民统治者于1934年建立的一座秘密杀人场。在这座杀人魔窟里，到底有多少人被杀害，难以统计，狱中的档案全部都被销毁。意大利作家普利莫莱维曾经被德国法西斯关押在奥斯威辛监狱，他写过一本《被淹没和被拯救的》书。在那本书里他说道，黑暗时代的一个共有特征是：它们常常激起争论，又难以言说。那种极端年代下人们深处的极端处境不但常常令缺乏切身体验的后人难以置信，甚至即便是亲身经历的人，都无法找到合适的语言来描述那种炼狱般的感受。1971年，在筹建监狱展览馆时，工作人员对监狱墓地进行了发掘，尸骨累累，层层堆积。天堂是否有神灵我们无从知晓，但毋庸置疑的是这一堆堆白骨就是一个个屈死的灵魂在控诉日本军国主义的残暴行径。头上三尺有神灵，神灵正在看着这个世界的现代文明如何摧毁残暴走向和平。日俄监狱的死难者，为了和平而献身的天底下所有死难者用他们的生命换来了和平时代，他们的灵魂不死，今天的日俄监狱成为祭奠他们英魂的灵坛。

一个民族最大的恶意就是对被踩躏的民族从身心上进行摧毁。日本侵略者为征服东亚民族，编造"大东亚共荣圈"的谎言，把侵略的祸心当作理所当然的过程来解读，并一直自诩他们代表着正义。在日俄监狱，侵略者从肉体上摧毁"囚犯"的意志只是法西斯残忍手段的表象，只是显露在海平面的冰山一角，精神上的摧残更是殖民者杀人不见血的残暴手段。日本殖民者在监狱内积极推行"大东亚共荣圈"的理论，狂妄宣称"以大和民族的优秀的国民性和它的文化作为中心，结合土著民族固有的文化，建设新的大陆文化中心"。狱方在施政方针中提出狱中进行教诲的宗旨在于"腐蚀和陶冶受刑者的心灵"。日俄监狱设有教诲室，狱方在教诲室摆放佛经，旨在麻痹和消磨被关押者的反抗斗志，公开或秘密地调查被关押者的思想动态和表现，利用集体或个别的方式进行极具欺骗性、名目繁多的教唆宣传。

一个独立民族的历史的走向绝不容许包藏祸心的侵略者恶意设计，掌握历史走向的是这个民族自己。普利莫莱维在《被淹没和被拯救的》一书中继续说：那些被淹没的人多数比被拯救的人更正义更勇敢，然而正是这些美好的品格也让他们在集中营里死得比谁都快。黑暗的日俄监狱地火在燃烧，监

大连旅顺日俄监狱旧址

狱中反抗日本侵略者的斗争从未停止。"予，天民之先觉者也，予将以斯道觉斯民也"，身陷囹圄的爱国志士心怀强烈的民族和历史责任感在狱中播撒革命的火种，抵抗法西斯侵略者的暴力手段和奴化政策。在日俄监狱旧址博物馆绿草如茵的院中，有一块刻有"狱中党支部"的石碑，讲述着1940年关押在狱中的中共党员王其焕、翟清平借放风时机，秘密发展宁学贤入党，建立狱中地下党支部，领导难友开展有组织、有计划的狱中斗争的故事。共产党人刘逢川在狱中留下遗诗："新旧年过在狱中，艰苦常羡烈士风。至死不屈英雄志，革命旗帜旋鲜明。"这首遗诗极其生动地表现了狱中的共产党人面对侵略者宁死不屈的反抗精神。

正义也许会迟到，但永远不会缺席。1945年8月6日，美国投掷原子弹轰炸日本广岛。8月8日，苏联对日宣战，苏联红军出兵中国东北，捣毁日本关东军在旅顺的老巢。8月15日，日本天皇宣布无条件投降。日俄监狱解体，阳光照射进日俄监狱，象征日本侵略者暴政的休止符终于画上。1971年7月，监狱旧址经过修复后作为陈列馆向社会开放。1988年，中华人民共和国国务院将日俄旅顺监狱旧址公布为全国重点文物保护单位，成为一处爱国主义的教育基地，告诫后人勿忘历史，缅怀先烈。历史的硝烟已经散去，剩下的是我们对历史的思考。我们的先烈曾经用反抗证明我们这个民族的存在，用坚贞的品质证明我们这个民族不屈不挠的精神品质。现在的中国不再是任人宰割的中国，我们热爱和平，但我们绝不能忘记那段民族的屈辱历史。忘记过去就意味着背叛。双眼微闭，血腥的画面又不可阻挡地在眼前挥之不去，真正感受到了一个民族一个国家落后的切齿之痛。

我迈着沉重的步履跨出日俄监狱那青红两色的监狱大门，走出了那段沉重的历史。日俄战争是日本"大陆政策"同俄国"远东黄俄罗斯"政策矛盾斗争尖锐化的产物，是两个帝国主义国家为了争夺中国东北权利，进而在中国东北土地上进行的一场罪恶战争，这是一段不该也不能忘记的历史。日俄监狱所展示的遗迹和遗物不仅是侵略者留下的罪证，也揭示着战争给中国人民带来的深重灾难。从1840年鸦片战争起，我们这个民族的灾难接连不断，饱受帝国主义列强的欺凌。雪崩的时候，每一片雪花都是有责任的。20世纪初，中国革命的先行者孙中山先生曾发出这样的感叹："四万万中国人，一盘散沙而已。"构建主义鼻祖、美国人亚历山大·温特说："一个国家在生存、独立和经济财富这三种利益之上，还必须加上第四种国家利益，那就是集体自尊。"集体自尊就是国家尊严，国家利益。我们这个民族不能再任人宰割麻木不仁了，中华民族最终选择了反抗的方式和侵略者作斗争，唯有血性才能彰显国家和民族的尊严。

别离日俄监狱的步履似乎很沉重，怎能轻易地挥一挥手说再见？这段历史是不能被遗忘的。尽管光阴荏苒，岁月仍无法抚平我华夏民族心头永远的痛！铭记这段历史，就是为了让这段历史不再重演，忘记这段历史，就是对民族的背叛，对正义的亵渎。我们不能宽容曾经对历史形成障碍的事件，比如日俄监狱的存在；我们也会铭记推动社会前进的历史事件，比如苏联对日宣战，他们都存在于人类社会的发展进程中不可磨灭。如果历史是峻岭，那么时间就是嶙峋的巨石；如果历史是画卷，那么时间就是绚丽的色彩；如果历史是一棵大树，那么时间就是繁茂的枝叶；如果历史是一部书本，那么时间就是优美的文字；如果历史是一堵砖墙，那么时间就是高墙的砖瓦。历史就是由人类的种种行为组成的形形色色的事件，它们在人类历史发展的长河中虽然沉淀但永远存在，历史就是后人引以为戒的镜子。

日俄监狱一个多世纪来始终静卧在旅顺港，它的前世今生却迎来两种不同的命运。今天的日俄监狱从人间地狱成为一个不忘国耻的爱国主义教育基地，迎来一批又一批爱好和平的人们。我想，每一位参观者，此生不会再将日俄监狱忘却，一定会在某个时候再度回想起，感慨一条颠扑不破的真理存在：不能被动地接受苦难，任由列强的铁蹄侵凌华夏国土，听凭敌寇的屠刀杀戮华夏民族。要了结这份苦难，就必须反抗和斗争，就必须有思想的先驱唤醒民族的觉醒，难言的痛只有经历过这份苦难的民族最懂。再度向日俄监狱的方向投去一瞥，慢慢收回目光，迎着灿烂的阳光朝前走，迎面而来的是和煦的微风，阳光下矗立在远处的苏联红军纪念塔顶端的红星熠熠闪光。这是一座胜利塔，1955年苏联红军撤离旅顺，中苏两国为纪念在中国东北与日军交战而牺牲的苏联烈士而兴建。

胜利塔是灵魂与岁月的灯塔，是光明与和平的象征。纪念塔高45米，塔身呈五角形，用青灰色的花岗岩砌成，围绕着塔身底部是一个五角星的环廊，廊内铺着光洁的大理石。胜利塔的塔身正面镶嵌着一块铜板，上面用中俄两种文字镌刻：一九四五年八月至九月，英勇的苏联武装力量粉碎了日本帝国主义的精锐部队——关东军，并在中国人民武装部队配合下，从日本侵略者手中解放了中国东北。塔身的其他几面都刻有"苏中两国人民的伟大友谊万岁"等字样。塔身上部镶饰着青铜制作的五角星、步枪等组成的花纹图案，最上面是15米高的铜制镀金塔尖，塔尖上镶饰着一颗稻穗环绕的五角星，光芒四射。

在胜利塔前遐思：清王朝在旅顺建造军事港口，兴建北洋水师，这是中国的第一支近代海军。沙俄侵略中国，清朝败绩，沙俄在旅顺建造监狱。日俄战争，俄国战败，日本帝国主义扩建日俄监狱。苏联红军支援中国抗战，出兵东北。中国抗战胜利，修建苏联红军纪念塔，历史就是这么一步步地走了过来。日俄监狱和胜利塔是这一段历史的活化石，它们站在中国历史的交界点，向世界宣告，中国人民受屈辱的时代随着日俄监狱退出历史舞台而宣告一个旧时代的结束。从修建日俄监狱到苏联红军纪念塔的建立，半个世纪的岁月见证着一个全新的中国屹立在世界东方的过程，路漫漫其修远兮的过程最终以"中国人民站起来了"的振聋发聩的声音向世界宣告一个新的人民共和国政权的诞生。

日俄监狱最终关上了大门。2003年5月，旅顺日俄监狱旧址陈列馆更名为"旅顺日俄监狱旧址博物馆"，并增挂大连市近代史研究所的牌子，表明旅顺日俄监狱旧址陈列馆已由单纯的展览馆转变成具有藏品征集保管、科学研究、对外宣传教育三大功能作用的博物馆，半个多世纪前的人间魔窟迈入一个新的历史发展时期。日俄监狱的前身是人间炼狱，是日俄帝国主义侵略中国的罪证；日俄监狱的今生是一座博物馆，是进行爱国主义教育的基地，是让人读史的地方。历史是过去的现实，现实是未来的历史。唐太宗说过："以史为镜，可以知兴替；以人为镜，可以明得失。"读史可以使我们客观了解事件的来龙去脉，理解事物的发展规律。"前事不忘，后事之师"，读史可以在历史中得到宝贵的经验和教训，避免犯重复的错误，走同样的弯路，也就是读史鉴今。历史教育将记忆的训练与灵魂的洗礼作有机的结合，从而衍生出人生有力量的行为和信念。一个民族如果没有对其历史的彻底了解，就不可能永远存在下去，因为只有记忆才能带来真正的原谅，而遗忘就可能冒重复历史的危险。

  再次登临白玉山顶，旅顺军港及市区风光尽收眼底。中国伟大的民主主义先行者孙中山先生曾经预言：世界潮流浩浩荡荡，顺之者昌，逆之者亡。实现中华民族的伟大复兴需要建立起与市场经济相适应的现代政治制度，中国正在逐步与世界接轨，逐步融入全球化进程，世界五大军港之一的旅顺港连接着全世界。威武的战舰犁开一道道雪浪花，飞翔的海鸥追逐着欢叫着，仿佛为远航的水兵送行。还有一艘艘潜艇停泊在军港内，那是新一代的核潜艇，国之重器扬我中华神威。毛主席曾说过："我们一定要建立强大的海军。"今天，一支强大的中国海军正在世界的东方迅速雄起。一个大国，仅凭大熊猫、兵马俑、万里长城、满汉全席、孔子学院不可能立足于世界之林，只有彰显中华民族的血性才能在世界民族之林中获得一席之地。印度大文豪泰戈尔说过：冲突与征服的精神是西方民族主义的根源和核心，它的基础不是社会合作。今天的中国，综合国力提升，北洋水师全军覆没的历史不能重演，中国不能也决不会再次被西方征服，中国的神圣领土绝不能让侵略者再次染指，中国有能力应对侵犯我神圣领土的各种冲突。中国的海军战舰驶出旅顺军港，在祖国的海防线上巡航，保卫着祖国的安全；中国的海军走向更加广阔的世界舞台，为全球的和平作出贡献。再回首西望，旅顺太阳沟矗的苏联红军胜利纪念塔红星照耀，旅顺博物馆门前广场高耸的友谊塔白鸽飞翔，这是和平的象征。

写于2018年7月17日

茶马古道青岩镇

具有600年历史的青岩镇是茶马古道（贵州段）上的一座历史名镇，被美国CNN评选出的中国最美的30个景点之一。其地势险要，还有"南部要塞"之称。青岩与黔东南镇远、赤水丙安、锦屏隆里并称贵州省四大古镇。青岩古镇位于贵阳市南郊的花溪区，最早是由布依族土司主持修建的。青岩古镇当年的用处是"屯兵"，青岩的布依族名字就是"兵城"。青岩，是布依族及其先民的世居地，至今青岩镇域内仍广泛地分布着以布依族为主的村落。

依山傍岭的青岩古镇因明朝屯兵而建，城门城墙均为青色的岩石砌筑，由此而得名。这是一座因军事城防演化而来的山地兵城，作为军事要塞和所占的特殊的地理位置，青岩古镇成为守护贵阳的南大门。明洪武六年（1373），明王朝为了控制西南边陲，置贵州卫指挥使司，控制川、滇、湘、桂驿道。青岩位于广西入贵阳门户的主驿道中段，在驿道上设置传递公文的"铺"和传递军情的"塘"，于双狮峰下驻军建屯，史称"青岩屯"。洪武十四年（1381），朱元璋派30万大军远征滇黔，大批军队进入黔中腹地后驻扎屯田，"青岩屯"逐渐发展成为军民同住的村寨。天启四至七年（1624至1627），青岩土司班麟贵率领所管辖村民，伐树烧荒，炸石平地，自筑城垣。土城竣工后，称为"青崖（岩）"，城东北有巍峨青岩起伏类似一雄狮伏地，可镇八方，遂正式命名土城谓青岩，形象地表示青岩镇作为军事要塞具有雄狮镇守固若金汤之意。当地的布依族人则称青岩为"王城"，汉语意为"兵城"或"营盘"，这便是如今的青岩城的雏形。

占地面积仅为三平方公里的青岩古镇人文底蕴深厚，地域特色浓郁。顺着青岩镇的屏障石长城攀登至高处鸟瞰：小镇沿高低不平的坡面顺势而建，建筑格局呈现立体的美感。穿越城门进入青岩古镇，走在潮湿的青石板路面上四下浏览这座600多岁的古镇，时光倒流，恍若穿越到民国时期乃至明清时期的生活画面。古风犹存的街道，奇山异水的错落，阴郁天空的寂寞，柔风细雨的拂面，偶尔从墙角一隅飘来的一阵咖啡香赶不走弥漫在古镇上空有着数百年传承的猪蹄香，这才是青岩应有的原味，是青岩人的生活标签。青岩，就像是从古代走出来的一座小镇，古镇中的每一块石头都蕴藏着意味隽永的故事，诉说着600年的沧桑历史中那数不尽的人文、道不完的传奇。

月儿高悬夜空，游客逐渐稀少，热闹悄然退隐，是领略古镇原味的大好时光。一盏盏红灯笼点缀在屋檐下，沿着一条条的青石板路，一幢幢的古屋四处延伸，叩击青石板路面的橐橐脚步声声声入耳，不疾不徐，慢生活的享受在夜色正浓的古镇拉开序幕。古意阑珊中的佳境古风古韵，诗歌中的镇，画面中的人，炊烟袅袅芡实香，青瓦蒙蒙问月光，青岩镇笼罩着诗情画意，青岩镇引领我们穿越时空回到百年前的生活场景。青岩镇，你是一个早已远去了硝烟战火折磨的古镇，你是一个正在营造风花雪月浪漫的古镇。行走在青岩镇的年轻情侣，你的一帘幽梦正可对青岩镇诉说，青岩镇让你灵魂深处爱的思恋有了尽情表白的场所，迎面摇曳的红灯笼在悄悄掩映你泛红的两颊；行走在青岩镇的年长老者，你的人生沧桑正可对青岩镇诉说，青岩镇让你苦难岁月的总结有了畅所欲言的地方，头顶高悬的圆月亮在无声地证明你岁月的艰辛。青岩镇，想说爱你不容你，如何评价你？一千个人的心目中自然有一千个哈姆雷特，诚如肖邦所言："还是任意地去想象较好。"

人终其一生都在路上，不是在奔跑就是在徘徊，当外出成为常态，在哪里梦醒，便是一种缘分。偶尔停下匆忙的脚步，在青山绿水乡野之间，在古意盎然的村镇之间留步驻足，让身心回归自然，寻找原来的本我，那是每个人内心都存在的渴望。哪里寻觅桃花源，给你迷茫的人生带来一次梦醒？寻寻觅觅，青岩古镇让你豁然开朗。青岩，谜一样的古镇，就像一块巨大的磁铁，吸引着四面八方的游客。对于厌倦了城市的喧嚣和冷漠，渴望能穿越时空，感受古人静谧温煦生活的游人来说，青岩古镇是最美的小镇，没有之一，无怪乎电影《寻枪》会挑选青岩镇作为外景拍摄基地，青岩镇蕴含的许多天然特色令故事有了强烈的归属感。

青岩是个谜，谜一样的建筑深不可测。每一栋建筑的背后都隐藏着一个谜一样的故事，那是一部青岩的传奇。青岩居高踞险，安全坚固，镇容布局沿袭明清格局，至今仍保存完好的朝门、腰门以及陈旧古老的石柜台和木柜台，给人以悠悠古韵。深入古镇，历经数百年风雨沧桑的巷道交错纵横，地面的每一块青石板都是古镇600年历史的见证。多少叱咤风云的人物曾经走过小镇的青石板路，斯人早已湮没在历史的尘埃，青石板路依旧承载着今人橐橐的脚步。这一块块青石板路面即使再坚固，也被摩擦得如铜镜般光滑明亮，石板与石板的衔接处钻出暗绿的苔藓，四下里悄悄地蔓延。忽而有淅淅

青岩古镇街道

沥沥的小雨飘浮在古镇的上空，霏霏细雨氤氲着几分温润，像极了柔婉的江南小镇。踅入一条人迹寥寥的雨巷，蓦然看见一位布依族少女打着雨伞从雨巷的深处款款走来，明澈的眼神隐隐含有一丝淡淡的伤感，就像遇见了戴望舒《雨巷》中描写的忧愁的丁香姑娘，勾起你无尽的回忆。行走在青岩古镇，仿佛能穿越历史看到它600年的前世今生，它的粗犷和简约，它的精雕与细琢，让你感叹历史的沧桑、自然的和谐。世间岁月最无情，从来不会因为任何悲伤或喜悦而停止脚步，任何激烈的过往都会在匆匆离去的岁月中磨合并逐渐沉淀冷却。制造过往的斯人已去，青岩古镇的建筑犹存，一栋栋古建筑安静地伫立，让后人从斑驳的石头墙面中寻找曾经过往的痕迹。

青岩古镇只不过偶尔有江南小镇的温婉，骨子里则浸透着刚毅。经过数百年战火洗礼的青岩古镇不同于江南小镇的清丽婉约，它以阳刚大气独树一帜。古镇城楼高耸，城墙厚实，镇内谜一样的建筑古朴、传统，渗透着烽火的硝烟，承载着历史的厚重。一条长街斜向南去，长街青石铺面，两侧酒肆饭店林立，木匾门额，旌茶旗酒，古风蔚然。长街中段的坡高处将街巷分为南北两街，房屋建筑风格略异。北街宽敞，为明代所建；南街略窄，巷陡，为清代所建。两巷并称明清街，是古镇的中轴线，商业繁华，人流摩肩接踵，熙熙攘攘。顺着南街北行，有一条绿荫掩映的小巷叫"背街"。背街是青岩镇最具特色的一条街，路面的青石板经过几百年的冲刷、磨砺，早已经光可鉴人，如镜面一般泛着青黑色的光芒，给古老的街巷带来一种独特的时空感和神秘感。背街大石屋连着小石屋，屋顶多以石片作瓦，青石板垒墙，青石板铺路，青岩的青石造就了独特的背街。与青岩镇其他街巷的古建筑相比，背街的大小石屋造型简洁，以岩石为建筑的材料，以简约为建筑的灵魂。极致的建筑一定是素与简，追求的是人与自然、天人合一的和谐境界。素与简不仅仅是因为简单的设计、简单的布局，还因为整个建筑的空间环境有着自然之朴素简单。这些大小石屋的所有布局都源自石头，石头是自然界中常见的元素，石头建筑自然质朴，成为青岩古镇别具一格的建筑亮色。背街的石屋沿山势起伏，路窄而幽深，古道遗风，成为青岩古镇一道特别的景观。

青岩古镇设计精巧、工艺精湛的明清古建筑交错密布，有军事建筑、宗教建筑以及公共建筑和民舍民居。建筑功能多种多样，目不暇接，建筑外观华丽气派，婉约庄重。青岩古镇建筑类型的形成与其自然条件、历史发展密切相关。青岩古镇的发展壮大的主要原因是其军事战略地位使然，故青岩古镇基本上是在军事设施的庇护之中。古镇旧城四周有城墙、皆用巨石构筑于悬崖之上，依山就势，巍峨险要，颇富山寨城堡特色。古镇建有东西南北四座气势巍峨的城门，现在还存有建于清代的城南定广门。清顺治十七年（1660），青岩副总兵班应寿在扩建外城时初建城南定广门，咸丰年间又经青岩团务总理赵国澍整修而成。现今重建的"定广门"，还依稀可见古城墙的遗址残迹，定广门是青岩古镇文化的缩影。

青岩古镇的宗教建筑、公共及民居建筑均混合于古镇城墙之内。古镇有九泉、慈云、观音、朝阳等九寺，有药王、黑神、雷祖等八庙，有奎光、文昌、云龙等五阁，这些寺庙、楼阁画栋雕梁，飞角重檐相间。还有班麟贵土司祠、赵国澍祠以及青岩书院、万寿宫等古建筑37处。这些古建筑承载着青岩600多年的历史，每一栋古建筑都有一段自己的故事。古镇有一栋名声在外的状元府，这是贵州第一个文状元赵以炯的故居，坐落在古镇状元街1号。状元府门前是一副简单的对联，"琴鹤谱志，论语传家"，表达了状元赵以炯一生的心愿。状元府坐北朝南，为两进四合院，均为一正两厢。府第的风格是歇山式，总占地面积700平方米左右。现存前殿、正殿、两厢和朝门，朝门内墙上有许多不同"寿"字的残迹，据说这是赵以炯的曾祖父赵理伦百岁时所留。状元府的建筑以木质结构为主，气派而不张扬，宁静恬淡，一派书香风范。

牌坊是青岩古镇的标志，建筑造型基本相同，属清代石牌坊建筑风格。历史上青岩古镇四门内外有八座牌坊，现保存的只有南门外的周王氏媳妇"刘氏节孝坊"、南门内的"赵理伦百岁坊"和北门外的"赵彩章百岁坊"三座。沿南街行至南门，当街一座牌坊高大挺立，石狮倒挂，称"赵理伦百岁坊"，始建于1843年，有道光皇帝钦赐"七叶衍祥""升平人瑞"题额。因其有创意，一反常规的下山石狮，被艺术大师刘海粟盛赞为"实属罕见而不可多得的艺术精品"。穿过石牌坊，顺着青石台阶漫步古镇，但见街道两旁的老屋旧居都是青砖灰瓦，木雕窗花和隔扇框门，古色古香的商业店铺让青岩古镇透出浓浓的商业气息。

青岩古镇建筑的另一大特色是多样化的宗教建筑，保留至今且结构完整的宗教建筑遍布全镇。明代朝廷派兵进驻青岩实行"永靖边夷"的政策，在军事"铠甲"和坚固城池的保护下，青岩的文化繁荣获得相应宽松的环境，宗教得到了迅速的发展和流传。大约300年前，各种宗教汇集于青岩，使得古镇成为"诸神云集"之地，一些外来的宗教文化与本土文化在互相碰撞中逐渐融合，成为当地百姓日常信仰与精神生活的一部分。时至今日，青岩镇境内还有本土宗教、佛教、道教、天主教和基督教等多种宗教，厚重浓郁的宗教文化全国罕见。一般情况下，宗教建筑与民居之间都会有一定的空间，以营造庄严的宗教气氛。青岩的宗教建筑却与当地民居交融相处，反而能使人产生一种亲和感。两者的和谐共处主要表现于宗教建筑不抢占重要地理位置，与周围民居在建筑布局、空间结构、色彩搭配等方面互相衬托，并沿用当地布依族建筑的石木结构。在选址上，古镇的宗教建筑有的依山就势，有的以石板路、石拱桥互为借景，巧妙安排。青岩的天主教堂已经看不出典型的西方哥特式或是罗马式的痕迹，人们无论从哪个方向靠近教堂，都不会感觉出是正在进入宗教区域。

在漫长的历史岁月中，以军事防御为主的青岩古镇笼罩在战争的阴影之下，生活在青岩古镇的平民百姓需要精神的抚慰，需要灵魂的安宁，这就为各种宗教在青岩镇的传播提供了土壤。唯有灵魂安静的时候，才是和自己贴得最近的时候，每个人的心灵，都需要一方净土。面对战争的硝烟和外界的喧嚣，内心时常会疲惫，会厌倦，此时此刻，最需要做的就是为百姓创造一个安静的空间，青岩镇的独特的宗教奇观正是基于百姓有这样的诉求。宽松的文化环境提供，百姓的精神寄托渴求，外来宗教的传入与本土文化得到了很好的融合，青岩古镇出现各宗教之间和平共处的祥和景象。除了伊斯兰教之外，佛教、道教、天主教、基督教以及本土教都在青岩古镇得到了迅速的传播和发展，丰富了青岩镇多姿多彩的宗教文化，造就了青岩镇街巷建筑的独特景观。浓厚的宗教文化的浸染再加上宗教的亲民性，使得现在的布依族百姓的信仰多种多样，不同的信仰在青岩得到了尊重，精神生活也变得多姿多彩，这是青岩镇宗教文化的独特之处。

走进青岩古镇，不难发现佛教和道教的寺庙道观香火很旺。寺庙和道观虽然谈不上规模宏大，但布局严谨，有不少工艺精湛的佳作，如慈云寺的石雕，佛寿寺的木雕艺术均为贵阳市罕见的精品。每一座寺庙都有虔诚的佛教徒在宝殿顶礼膜拜，焚香敬佛，拈花一笑，大彻大悟人生。出庙门不远就是基督教堂，教堂里教徒们在向主祷告：我一生要赞美你耶和华。我还活着的时候，要歌颂我的神。在道教的宫观，袅袅的青烟中传出道家的祷文，老庄的哲学思想贯穿着道家的生死观，在道教信奉者的心头烙下深深的印迹，存在于青岩古镇这样的"四教合一"的风景在中国的其他古镇很难再有。

青岩古镇注重道德教化，学风纯正。位于古镇南街的青岩班氏土司宅院，被辟出一个梯形结构的三进四合院开办书院。赵以炯蟾宫夺魁，古镇附近的长顺、惠水，甚至远在广东、广西的富贵人家，也纷纷将子弟送至青岩书院。在书院的带动下，古镇还出现了17处私塾。青岩良好的读书风气造就了一批又一批人才。仅仅在清朝，青岩周边就产生秀才、举人50余人，青岩古镇出现了人杰地灵、群英荟萃的盛况。清康熙年间著名诗人及翰林院学士周渔璜，以"状元及第而夺魁天下"轰动华夏的赵以炯，贵州的辛亥革命先驱孙中山元帅府秘书长平刚等都是青岩古镇人。独特的文化环境造就了青岩古镇的包容豁达，相对封闭的自然环境造就了青岩古镇的安全安宁。青岩城墙完好，四座城门依旧，抗战期间接纳了很多"避难者"。八路军贵阳交通站在青岩建立安置点，许多领导干部的家属都被疏散到青岩。1939年底，浙江大学西迁贵州，"浙大"的一年级和先修班设于青岩。这里是日本飞机轰炸时的盲点，能够保护师生及教学设施的安全。

  青岩古镇有一座青岩桥，横跨玉带河，是当时青岩镇连接外部的重要通道之一，这条通道就是青岩古道，也就是通常意义上所说的茶马古道。一座青岩桥牵出一段封存的历史，一条有着几百年历史的茶马古道浮出水面。青岩在形成镇之前是青岩堡，是明初朱元璋为了立足贵州控制西南拱卫贵阳而建立的军事堡垒。青岩堡建在狮子山的西南麓的山脚，控制着贵阳至黔南的驿道，青岩堡地势险要，是明朝政府设立的军事要塞，后来逐渐形成了青岩镇。明崇祯十一年（1638）农历四月十四日，徐霞客走过这条古道来到青岩镇。他在《霞客游记》中作出如下的记述："有溪自西北峡出，至此东转，石梁跨之，是为青崖桥。"顾名思义，徐霞客所说的青崖桥就是今天的青岩桥，是青岩古镇通往外界的茶马古道。这条茶马古道和今天青岩古镇北门前面的一条宽阔的通道相连，再往前就是山村田野和连绵不绝的山脉，曾经的茶马古道翻山越岭的面貌全凭想象来还原昔日的盛况，留给今人的只是青岩古镇外那一片山丘起伏的模样了。2013年这条贵州段的茶马古道被国务院列为全国重点文物保护单位，由此这条古驿道紧邻青岩镇的其中一段得以重新修缮。茶马古道源自中国西南边陲和西北边疆的茶马互市，兴于唐宋，盛于明清。交通落后的古代，马帮是极其重要的运输手段和工具，马帮是现代物流业的雏形。千百年来，无数的马帮在茶马古道默默行走，南来北往运输着盐巴、茶叶和布匹等货物，发展了内地与边区的商贸交流。漫长的途中，悠远的马铃声回荡在山谷、激流和村寨的上空，成就了不同民族、不同文化的相互交融。今天的青岩古镇，交通四通八达，往来便利，青岩桥下的茶马古道作为一个历史遗迹也只具有象征性的意义。于青岩古镇而言，只是为了证明它曾经是茶马古道上的一个重镇。

  岁月辗转，流年暗换，青岩古镇曾经走过繁华，见过太多的世间喧嚣，如今洗涤尘心，宠辱不惊，静静地依偎于狮子山麓不事张扬。外面的世界很精彩，走出大山不再依靠马帮行走在茶马古道，外面的世界张开着臂膀随时随地欢迎你投入怀抱。居住在青岩古镇的原住民却按部就班过着平淡的日子，不以物喜，不以己悲，守着世代居住的青岩古镇静静地书写自己的寻常心迹，在日复一日的循环中静品随遇而安的烟火味道。相反的是生活在外面世界的人流蜂拥青岩，川流不息，来到青岩古镇寻找心里面那失落的世界，一个猪蹄，一下鼓点，一块青石板，一栋古建筑就能给外来的游客获得心灵的慰藉。来自四面八方的游客羡慕古镇安逸的生活，惊叹这里是一个世外桃源。古镇的原住民笑迎八方来客，他们用本民族原汁原味的文化还原青岩古镇的原本，他们并不是不向往外面的世界，并不是没有激情走出大山闯荡世界，他们在古镇600多年文化的浸淫之下，他们在自己的信仰支配之下，只是觉得收敛锋芒比恣意显山露水更是难能可贵。青岩古镇的文化需要他们一代又一代的传承，有了他们的存在，才有了青岩古镇600多年文化的存在，他们固守着这方土地是为了他们世代居住的青岩古镇。

抚摸古城墙斑驳的墙面，虽残破简约却历史厚重，这才是骨子里的青岩。拾级而上，有布依族经营的餐馆依偎城墙迎客，入内，落座，一壶米酒让酡红爬上你的两颊，凭栏用微醉的双眼俯瞰青岩古镇的风貌，再回眸远眺伸向山巅的城墙，月光下的青岩古镇沉醉在夏日的凉爽中，长久以来，它就这样不争不抢安守着属于它的那份淡然。醉眼中的青岩古镇仿佛让你回到了明朝、清朝和民国，你尽可以将你的想象没有外延地伸展。你可以有很多想象，你也可以什么也不想。想得太多可能会失去做人的快乐，想得太少又可能会失去做人的自豪。青岩古镇让你陷入了两难，因为青岩古镇没有办法复制，它的文化没有可比性和替代性，它的建筑没有复制性和创造性，青岩古镇就是这一个。青岩古镇固守着它600多年的文化以它细微的脉动延续它的生命，它不会改变600多年文化的传承。此时此刻，你唯一要做的就是静视它的古朴的美，用镜头定格下这梦幻的瞬间。这瞬间，和百年前的瞬间正好吻合。

翻阅储存在手机里的一张张青岩古镇的照片，想起了出生于德国杜塞尔多夫小城的当代著名摄影家维姆·文德斯的一句名言：每张照片让人惊奇的地方，并不是通常人们所认为的"时间定格"，恰恰相反，每张照片都重新证明时间的连绵延续不可停留，每张照片都是对我们生命必会消逝的提醒。世界没有永恒的物质，青岩古城终究会走向消亡，所有的努力只是为了延缓消亡这一天的来临，很多人为此在作出不懈的努力。思绪纷飞之际，古城城墙的灯光骤亮，吸引住所有游客的目光，惊艳中抬头又看见高悬天穹的一弯月牙在深蓝色的苍穹泛动柔光，天上人间，月光与灯光遥相呼应，青岩古镇沉浸在似水柔光中，美得令人心惊。停止了离去的脚步，久久地注视高大的城门和城墙。青岩古镇，想要离开你何其艰难，你用何种魔力扯住了我移动的脚

青岩古镇"背街"

步?是城内的背街,还是城外的茶马古道?是状元府,还是牌坊?是各种宗教的信仰,还是各种类型的建筑?是青岩书院,还是浙大的遗址?我想都有,都是。

  青岩古镇正是有了它们,才有了今天的600多年青岩古镇的再现,这些都是青岩古镇的活化石,此外,古镇还有600多年文化的传承者,他们才是青岩古镇的灵魂与核心。互联网的时代,整个世界连成了一体,青岩古镇仍然有一批固执的传统文化守护者秉承着600多年的传统,否则,古镇的银饰铺子、古镇的猪蹄飘香都不复存在。古城外不远处霓虹灯闪烁的地方是和青岩古镇的"背街"对垒的网吧和KTV歌厅,城外城内,两个世界,现代文明和传统文化彼此相望,相安无事,城外的人想进来,城内的人却未必想出去。恍然大悟,青岩古镇"四教合一"的现象有了答案,庄子的有容乃大在青岩古镇得到了最好的诠释。"为什么我的眼里常含泪水?因为我对这片土地爱得深沉……"脱口而出诗人艾青的一句诗歌,也许这就是青岩古镇内一部分原住民的内心写照,有了眼里常含着泪水的他们,才有了今天的青岩。

写于2018年7月28日

千户苗寨桃花源

苗族是一个古老的民族,先祖是蚩尤,居住于现今的黄河中下游一带,与汉族的祖先炎帝、黄帝处同一个历史时期。中国古代典籍中早就有关于5 000多年前苗族先民的记载,蚩尤为争夺炎帝的盐池和铜矿,在安邑作兵伐炎帝,这就是上古时期最著名的涿鹿之战。上古奇书《山海经》有炎帝败绩,联合黄帝征伐蚩尤,蚩尤溃败战死的记载。在中华文明史中,黄帝、炎帝和蚩尤是中华民族共同的祖先,称为"中华三祖"。蚩尤的后裔为躲避战乱,迁徙中国西南山区以及东南亚的老挝、越南、泰国,在重峦叠嶂的山林建造寨子,安居乐业,繁衍后代。又过了上千年,居住在中原的又一部分炎黄二帝的后裔再度为了躲避战乱,自先秦开始陆续向南迁徙,在贵州以东的福建、江西等四面环山之地安家落户,建造能够防御自卫的土楼,今天的他们被称为客家人。由此可见,中华民族的大迁徙自上古时代就已经出现,千户苗寨和客家土楼都是华夏民族历史大迁徙的产物。战争的硝烟早湮没于历史的尘埃,苗家寨子和客家土楼却依然存在于中国西南和东南的山岭之间,这是中华文化的宝贵遗产。

苗寨就是苗家人在崇山峻岭中建立的家园。苗族作家南往耶说:"苗族是一个不断被驱赶甚至被消灭的民族,但他们一直没有对生命和先祖的放弃。自5 000年前开始,跋山涉水,经历千辛万苦,从中原逃到云贵高原和世界各地,朝着太阳落坡的地方寻找故乡,用血养育古歌和神话,没有怨恨,把悬崖峭壁当作家园,梯田依山而建,信仰万物,崇拜自然,祀奉祖先,忘却仇人。"这就是苗族人的精神。5 000年前蚩尤的后人被迫南迁,隐匿于荒蛮的崇山峻岭安身立命。今天,被时间湮没的西江千户苗寨却把一个人间仙境送到了世人的眼前。位于贵州省黔东南苗族侗族自治州雷山县东北36公里处的西江千户苗寨有5 600余人,1 250多户,故称之"千户苗寨",是苗族第三次迁徙的主要集结地。千户苗寨四面环山,气势非凡,吊脚楼层层叠叠,连绵成片,直冲云天,蔚为壮观。一条清澈的白水河穿寨而过,将寨子一隔为二,独一无二的自然景观和人文景观的水乳交融使得千户苗寨就像一幅水墨画泼洒在这片山区,能歌善舞的苗家儿女打开自己的寨子,身着苗家人的盛装,端举着美酒载歌载舞欢迎慕名而来的天南海北的游客到千户苗寨做一回苗家人。

当工业化的火炬替代萤火虫的萤光笼罩了天空,人类社会提速狂奔,奋进的鼓点几乎刺激着所有个体的神经元,这时"采菊东篱下,悠然见南山"成为一种时尚。居住于大都市的人更加向往幽居山野、草木相依、清风为伴的田园生活,穿越到原生态的生活状态成为一种标新的追求。沿着白水河依山势而建的西江千户苗寨是一个苗族"原始生态"文化保存完整的苗寨,由十余个依山而建的自然村寨相连成片,是目前中国乃至全世界最大的苗族聚居村寨,它是领略和认识中国苗族的漫长历史与发展之地。苗家儿女在与世隔绝的深山密林中没有了战争,无需冲锋嘶喊,不必击鼓而战,生活在祥和环境中的这个民族逐渐形成热情好客、能歌善舞的秉性。歌舞是其先民征伐战场嘶喊击鼓的历史衍变,歌舞是苗家人的灵魂,世世代代永远相传。西江千户苗寨每年的苗年节、吃新节,12年一次的牯藏节等在四海享有盛名,这些展现苗族文化的节日在千户苗寨得到很好的传承。苗族的歌舞,苗族的节日,都是苗族人口口相传的文化的延续,从蚩尤战败,苗族人南迁,历5 000年而不衰。西江千户苗寨就是一座露天博物馆,展览着一部苗族发展史诗,成为观察和研究苗族传统文化的大舞台,这个舞台就是苗族人的文化精髓。物质存在的一切形式都将在漫长的时间和广阔空间里灰飞烟灭,唯有精神永存,苗家人的精神在西江千户苗寨永存。

对苗寨情有独钟缘于一首小提琴曲《苗岭的早晨》,曲调热烈明快,描绘出一幅苗岭晨曦春意盎然的秀丽画面,表现了苗族人民欢乐幸福的生活场景。苗岭,作曲家陈钢让我心向往之。苗寨,我将与你幸福地撞个满怀。西江千户苗寨是一个山峦起伏层叠,植被青翠欲滴,枫树成林的寨子,湿润的空气中弥漫着淡淡的枫叶的馨香,吊脚楼依群山而建,层层相叠,错落有致,气势宏大,独具特色。西江苗寨民族风情浓郁,苗族文化多彩纷呈,是世界最大的并具有观赏价值的苗寨,素有"苗都"和"天下西江"之美誉,被冠以"中国苗族文化艺术天然博物馆",是研究苗族历史与文化的"活化石"。走进以青石板路串联的千户苗寨,原汁原味的苗家风情扑面而来,蚩尤后裔敞开怀抱接纳来自四面八方的宾客,倾情奉献5 000多年的苗族文化。层层梯田烟雾缭绕向天横,云间的田畴是苗家人千年勤劳的结晶,精巧别致的吊脚楼更是西江千户苗寨一张醒目的标签。沿着山势迤逦蜿蜒,初来乍到的游客

西江千户苗寨"观景台"

惊叹千户苗寨天生丽质难自弃，养在深闺人终识。纵然世间万物，每一样东西都有它千变万化独具的美，有其存在的合理性，如若沉默不语的石头或者是显微镜下才能看得到的细胞，莫不如此。然游客对西江千户苗寨的赞美却是众口一词：原汁原味原生态。"用美丽回答一切，看西江知天下苗寨"，这是当代文化学者余秋雨到过西江之后发出的真情赞美。如果你是一个有故事的人，就应该去西江苗寨这个有故事的地方。

　　工业化的社会越来越崇尚简约，从社会不断进阶的便捷演化到生活的日常化繁为简。西江千户苗寨的苗家儿女却恪守着几千年的生活传统一成不变。吊脚楼是中国干栏民居文化的典型代表，是中华上古居民建筑的活化石，是中国建筑文化的瑰宝，是苗族传统文化重要的承载者，在建筑学等方面具有很高的美学价值。吊脚楼以枫木质地为主，穿斗式歇山顶结构，分平地吊脚楼和斜坡吊脚楼两大类，一般为三层的四榀三间或五榀四间结构。底层用于存放生产工具、关养家禽和牲畜、储存肥料或用作厕所。第二层用作客厅、堂屋、卧室和厨房，堂屋外侧建有独特的"美人靠"，苗语称"阶息"，主要用于乘凉、刺绣和休息，是苗族建筑的一大特色。第三层主要用于存放谷物、饲料等生产、生活物资。西江苗族吊脚楼源于上古先民的南方干栏式建筑，运用长方形、三角形、菱形等多重结构的组合，构成三维空间的网络体系，与周围的青山绿水和田园风光融为一体，和谐统一，相得益彰。苗家人在建造吊脚楼时，恪守严苛的宗教形式，上梁的祝词和立房歌具有浓厚的苗族宗教文化色彩。一栋栋的吊脚楼互相毗邻，紧紧相依，站在自家的窗口就能和另一家顶层的朋友隔空聊天。千户苗寨的吊脚楼背靠群山错落有致，无限延伸，组成了寨子。寨子附近往往建有风雨桥用以遮风挡雨，风雨桥是苗寨的一大亮色。

　　苗族人热情好客，节日或平时，只要有客人来到寨子，苗家儿女都会热忱待客。主人双手捧上一碗碗香喷喷的米酒敬请客人，以示对客人的尊敬。来到西江千户苗寨，相遇在每年一度的"吃新节"，走进苗家人的故事，5 000年的苗族文化在西江千户苗寨得到原汁原味的倾情奉献。苗家人向你演绎的第一个故事是敬奉12道拦门酒。苗族大都居住在山高林密区域，为了改变交通不便以及路途遥远的状况，苗寨之间可以开亲，并同时约定接亲送亲。为了热闹，男女双方的接亲和送亲队伍要30人以上；为了隆重，设置了12道拦门酒增添喜庆的气氛，苗族12道拦门酒的习俗由此形成。十二在苗族中表示一个大数，一年12个月，也是12进制。典型的十二生肖最早用作月名，是远古时期十二个强大的图腾氏族为了农耕稻作的需要制定历法，轮流值月观测星相的遗迹。十二是苗族牯藏节的周期,祭天敬祖,敬授民时,实际上是蚩尤时代完善木星历的遗俗。12道拦门酒作为苗族迎宾的最高礼节,吸引着世界各地的游客慕名而来。由于苗族大歌的历史文化价值濒临失传,现在按12米建一道迎宾门,共12道迎宾门,置12道拦门酒。每道迎宾门可由寨门或一组石柱、石墙等石雕建筑组成,雕塑表现的苗族大歌中的神话故事,形成一个独一无二的人文景观和品牌。古老原始的拦门酒的习俗体现了苗家人礼貌待客坦诚交友的良好道德风范,是苗家人待客的一道靓丽的风景线。走进苗寨,迎接你的必定是一碗香甜的酒,无论是男人还是女人都必须得喝,如不胜酒力,可以喝点儿糯米酒。只有喝完酒,才能够让你进寨子。略带醉意,走进苗寨,那感觉恍若步入"醉后不知天在水,满船清梦压星河"的意境。

蚩尤后裔5 000年的漫长岁月如同一部壮阔的史诗,苗族服饰所具有的独特魅力在于对美好生活的憧憬和古往今来生活环境的浓缩,史学家称为"穿在身上的史书"。"五溪衣裳共云天。"苗家儿女的服饰宛如一朵朵七彩祥云飘浮在蓝天,变幻多姿的服饰是对苗族历史的一种诠释,抓一把星星戴头上,采一朵云霞做衣裳,这些绚烂多姿的服饰铭载着本民族历经磨难的历史变迁,从而具有部分文字的表达功能。苗族服饰以苗绣为主,配以工艺精湛的银雀、银角、银龙凤等银饰品,整套服饰雍容华贵,绚丽多彩,千姿百态。苗族妇女把针线当作墨,记录过去,描述未来。由于历史的久远,这些图案所表达的文字功能和传达的特定含义也蒙上神秘的色彩,无法完全解读。苗族佩戴银饰历史悠久。在苗族人心中,银饰是用来避污秽、驱邪恶、保平安、存光明的吉祥物,象征吉祥如意,同时也是富与美的象征。苗族女性浑身上下银饰闪烁,种类繁多,造型古朴别致,纹理细密。苗族女性头上银花、银梳、银角、银耳环,颈项套有三至四个花纽式银项圈。上衣窄袖镶着银花片,纯蓝色绒布上用丝线珠链绣出各种自然花色,配有黑绉裙,外系二十四条花带和大花腰围,一身盛装的苗族少女行走在青石板路环佩叮咚,悦耳动听,这是一幅行走在苗寨的流动的苗族风情画面。

苗族是歌舞富有的民族,仅苗族"鼓舞"一项,就有近十种之多,苗族的"鼓舞"在唐朝就有记载。西江的古歌、飞歌、情歌、酒礼歌、木鼓舞、铜鼓舞和芦笙舞构成西江歌舞的海洋。翩翩起舞的苗家儿女,用动听的苗族大歌迎接远道而来的宾客。一名少女边歌边舞走入场内,随后众多盛装的苗族姊妹便聚拢在鼓架周围面对皮鼓踏节而舞,进入高潮时,外围的男女老幼观众也可以进入舞场,组成若干层同心圆共同起舞。华丽的服饰,欢快的歌舞生动地展示了苗族的人文风情，吸引游客驻足流连忘返。更能体现苗族历史嬗变的是苗族的古歌演唱，演唱者全是寨子中的老人，用苗族古语演唱其史诗般宏大的古歌（苗族古歌有四部分，涵括万物起源、天地洪荒及心酸迁徙史等），一代一代，古歌传承着5 000年的苗族史。

　　西江千户苗寨的长桌宴是苗族宴席的最高形式与隆重礼仪，已有几千年的历史。长桌宴分两边坐，主要体现男女平等、宾客平等、和睦相处、友好往来的习俗。长桌宴人来人往，纵使相逢不相识，围坐在一起，尝苗族的美食，品酸甜的米酒，赏民族的风情，美食的化学作用酿成了民族强大的凝聚力。苗族饮食文化在众多的美味佳肴中最负盛名的是苗族酸汤。苗族同胞居住在大山里，山高路远，制作酸汤取自高山上的泉水和自己种植的香糯米酿制而成，味道独特，酸甜可口，在中式烹调中很难再找到酸汤风味的味型。苗族的青年吹奏芦笙，盛装的苗族姑娘唱着民族的山歌，端上一碗碗米酒敬奉到尊贵的客人面前，"恐惧"的高山流水将米酒不断地引入客人面前的酒碗，来客不能离席起立，不能双手捧碗，只能"乖乖地"张嘴一大口一大口地将甜糯的米酒送入自己的胃里面，"高山流水"流水不断，不胜酒力的宾客只能乖乖地"束手就擒"，这是唯一让"高山流水""断流"的方法。

　　动听的苗族大歌耳畔余音缭绕，长桌宴品尝的苗族大餐余味留存齿颊，苗族的乡韵苗族的情融化了整个身心。褪去白天的喧嚣，温柔的夜幕降临，西江苗寨的夜色非常撩人，蔚为壮观。山寨暮霭四合，夜幕悄然降临，依山而建的苗寨的吊脚楼次第亮灯。随着天色越来越暗，巍峨的大山掀开了神秘而又美丽的面纱，千户苗寨瞬间变成了灯火的世界星星的海洋。难以想象西江千户苗寨的夜景令人如此震撼，直接碾压诸多大城市的夜色景观。为了让游客能更好地观赏西江千户苗寨夜景，景区在山坡高处的路边修建了观景台，开通了观光车。站在观景台居高临下眺望千户苗寨，银汉迢迢暗度，一栋栋吊脚楼在灯的海洋中沉浸，勾勒出苗寨牛头的形状，疑是银河落九天。星汉灿烂，出若其里，西江千户苗寨，越夜越美丽，越夜越迷人，万种风情只因为千户苗寨的万千灯火，星河降临苗寨，胜却人间无数，西江千户苗寨，夜景独好。观景台人如潮涌，深山里隐藏的仙境让游客纷纷盛赞：此景只应天上有，人间哪得几回闻。此时此刻的西江千户苗寨沉醉在沸腾中，浸濡在星海中。

　　孤单是一个人的狂饮，狂饮是一群人的孤单。夜色越来越深，山寨灯火渐次阑珊，人声鼎沸逐渐消退，难得的月明星稀之夜，让我想起了顾城的一句诗："黑夜给了我黑色的眼睛，我却用它寻找光明。"独自穿行在千户苗寨，

西江千户苗寨夜景

山林清风穿梭，苍穹月牙高悬，心静如水的你能够听到风在耳边掠过的声音，冥冥中会听到神灵的召唤，恍惚来到了一个与世隔绝的仙境，又仿佛面对一个远古的梦幻。千户苗寨很静很静，静得像这里只是属于你一个人的空间，再无其他纷争；千户苗寨很柔很柔，柔和的山风穿过林梢轻柔地划过你的胸膛，滋润着你微微发烫的脸庞；千户苗寨很轻很轻，清澈的月光如水一般悄无声息地穿过吊脚楼洒向苗寨的青石板路，洒向苗寨的一草一木，送给苗寨一缕略带愁思的温柔，孤独的你独在异乡孤独如影随形却又享受着这份孤独。曾经有人说过孤独是人生永恒的命题，也许经历过绝对的孤独，才能体会人生的幸福。因为在灰暗的天空底下，依然会有阳光般温暖的人走过。此时此刻，独自一人置身在一个"万物有灵"的宗教世界，感觉到千户苗寨的一草一木都是神灵的化身，它们摇曳着身姿温暖地和你喁喁细语，抚慰你的孤独的心灵，内心骤然涌动着肃然起敬的神圣感觉，那是一种宗教仪式的庄重，心中无端漾起一分浅愁，眼前的一切恍若是一帘幽梦，正还原你灵魂深处的那抹浅浅的对神灵的敬奉，远处丛林间缥缈的一缕淡淡的清雾，好似自己昨夜梦乡里千户苗寨送来的温柔，那是神灵对你尊重苗族同胞宗教信仰的回馈，或许这样的一种返璞归真的体验才是生命轮回中最为舒适的状态。恩格斯在《费尔巴哈与德国古典哲学的终结》中说："宗教是在最原始的时代从人们关于自己本身的自然和周围的外部自然的错误的、最原始的观念中产生的。"洪荒之初，便有巫蛊，有以期长生抑或叙永的那份执念。其实人都知道向死而生的历程是人的唯一选择，人生本来就是一张单程票。人生几十、上百，一花一世界，安身立命的波折、知觉的种种，都让人不可避免地投入到对此生涯的关照里，宗教是这种关照的体现形式。

  苗族先民在最漫长的原始社会阶段也产生了自己最原始的宗教观念，就是所谓"万物有灵"。在原始时代，人类由于认识能力的局限，很难对支配和影响自己日常生活的各种外界现象作出合理的解释，很难将自己同周围的自然界分开，而常常把自己与自然现象和外部力量视为一体，混为一谈。一方面，当看到某些自然现象和外部力量时，往往误认为自己也能唤起和创造出这些现象和力量；另一方面，又常常把仅为人所有的能力赋予自然界和外部物体，把自己的生命力也加到它们身上，这就形成了"万物有灵"的观念。毋庸置疑大自然有着不可抗拒的神力，苗族人相信有神灵的存在，苗族人的原始宗教包括万物有灵观念、灵魂不灭观念、自然崇拜和人造物崇拜等内容。苗族认为世间的万事万物都有神灵，山有山神，水有水神，树有树神，连人造物都有神灵，它们在冥冥之中主宰着人的生死祸福。一直到近代，从苗族的生活中还能看到种种自然崇拜的习俗。"万物有灵"观念的进一步发展就引申出灵魂和肉体分离的观念。即认为人有灵魂，并且人的灵魂可以脱离肉体，永恒存在。苗族和其他民族一样，正是在这种观念的基础上，很早就产生了祖先崇拜，认为自己的始祖和列祖列宗的灵魂都是不灭的，它们生活在另一个世界，只要虔诚崇敬和经常祭祀，就会保佑子孙幸福，驱邪避灾，一家安宁。各地苗族都流传着大量的关于始祖的传说，并盛行各种祭祀祖宗和亡人的活动，这显然就是原始的祖先崇拜的遗俗。有信仰者内心必然虔诚，有信仰者生死看得很超然，只有接受"死亡"的痛苦，才能走出阴影，甚至超越死亡。

来到千户苗寨，最应寻找真切感受的不是适应商业潮流的苗寨长街，而是原生态的苗家寨子。巧遇苗家人的"吃新节"。吃新节也称作"新禾节"，是中国南方少数民族为了庆贺丰收并祈福来年丰收而举行的传统农事节日。每年农历六七月间，当田里稻谷抽穗的时候，苗族村寨家家户户在卯日欢度"吃新节"。每家都煮好糯米饭，配上一碗鱼、一碗肉等，摆在地上，并在自己的稻田里采摘7到9根稻苞放在糯米饭碗边上，然后烧香、纸，由长者掐一丁点鱼肉和糯米饭抛在地上，并滴几滴酒，以表示敬祭和祈祷丰收，再撕开稻苞，挂两根在神龛上，其余的给小孩撕开来吃，全家人高高兴兴地共进美餐。"吃新节"是苗族的盛大节日，节日第二天，整个寨子的苗族同胞身着节日盛装而出，以跳芦笙舞、唱苗歌、斗牛等文娱活动隆重庆祝"吃新节"。"吃新节"是苗族重要的"娱神"节日，同时也是男女青年公开社交的大好时机。苗族的大小节日离不开祭祀活动，祭祀活动由鼓藏头负责，鼓藏头也有种称呼叫作苗王，是苗族人的精神领袖。鼓藏头的地位是先祖传下来的，这种千年传承都是传给家中最小的儿子，这样年长的儿子就会全身心地投入农作生产。"吃新节"那天的祭祀仪式在鼓藏堂举行，鼓藏堂在千户苗寨山坡的一个高处。鼓藏堂里有苗族人的鼓，苗家人认为祖先离世后并没有远离，而是住在鼓里，居住在鼓里的先祖的灵魂庇佑着子孙后代。莎士比亚的悲剧《哈姆雷特》中有一句著名的台词：我即使被关在果壳中，仍自以为是无限空间之王。苗族先祖的灵魂被蒙在鼓里，却也依然是苍生的膜拜，东西方的文化在信仰的某个交会点碰擦出火花，这是人类的共鸣。一条长桌摆满祭祀物品，一排苗族老者坐在鼓藏堂前，男左女右，鼓藏头坐在中间。鼓藏头身边的老者主持祭祀仪式，鼓藏头上香祭拜先祖。完成祭祀，由鼓藏头带领族人和在场的宾客饮酒用餐，共同享受神圣而又幸福的时刻。苗族的传统节日较多，绝大多数的节日都在秋收之后或春耕大忙之前的农闲季节举行，无论大小节庆，都有传统的祭祀活动，祭祀是苗族人神圣而又庄严的宗教仪式,是和有灵的万物传递情感交流思想的重要平台。

陶渊明的《桃花源记》借武陵渔人行踪这一线索,描述了桃花源的安宁和乐、自由平等的世外桃源的生活,桃花源成为人们心向往之的人间伊甸园。晋太元中的桃花源真实存在与否无关紧要,陶渊明追求美好生活的理想却激起后人无限的共鸣。1 600年过去,何处寻觅桃花源?千户苗寨在眼前。西江千户苗寨,屋舍俨然,美池桑竹,阡陌交通,鸡犬相闻。黄发垂髫,怡然自乐,不知有汉,无论魏晋。西江千户苗寨给人一种时空错乱的感觉,世居在这里的苗家人仿佛就生活在1 700年前的时光慢影中,过着慵懒闲适的慢生活。来到西江千户苗寨,仓促的脚步总是会悄然放慢,安逸和祥和是千户苗寨的生活主题。清晨醒来第一缕光束洒落在村头的时候,整个山寨散发出神秘的光辉,苗岭早晨的唯美画面宛如一幅水墨画卷展现在你的面前。绵延山地里清脆绵长的鸟鸣声掀开晨曦的面纱,日高林愈静,鸟鸣山更幽,苗岭的早晨自然风光无限秀丽。青石板路引着我走进苗寨的深处,听得山泉潺潺,百鸟啁啾,鸡鸣狗吠,看见山色空灵,祥云盘旋,炊烟袅袅,依山而建的吊脚楼隐藏在茂林中。抚摸吊脚楼饱经沧桑的枫木壁板即可呼吸到清新隽永的苗族文化气息,西江千户苗寨宛若陶渊明理想中的桃花源人间再现。深山隔绝了外面世界的精彩,让西江千户苗寨有了人间繁华里难得的静谧安详,尽管太阳还是一样的。在西江千户苗寨,时间是静止的,那一栋栋吊脚楼镌刻着悠远的年代的痕迹,诉说着蚩尤后裔南迁的历史;在西江千户苗寨,风情是复古的,绚丽的苗族服饰跳动着苗家人5 000年的文化符号;在西江千户苗寨,万物是有灵魂的,一山一水,一草一木,皆是神灵的化身,苗家先祖的魂就蒙在鼓里默默地为子孙后代祈福;在西江千户苗寨,生活的节奏是缓慢的,但凡途经这里的匆匆过客,也会很自觉地放慢行走的脚步,静静地享受着都市人渴望已久的慢生活。在西江千户苗寨,你可以穿越时空,感受远古时代的生活画面,正因为如此,你才可以真正安静下来,展开一场内心的探寻,这就是西江千户苗寨的魅力所在。如果你想放慢生活的脚步,西江千户苗寨等着你,那里就是陶渊明笔下的现实版的桃花源。剪一段岁月静好,将西江千户苗寨仔细探访,远离红尘喧嚣,流影浮光。吊脚楼前一壶酒,享受一段恬淡时光,将名利得失化作一抹映照梯田的斜阳。着一身苗家的装束,捎一缕清凉的山风,裹一身浓浓的诗情,穿越明清,走过唐宋,走在千户苗寨的青石板路,走出你的潇洒,走出你的恬淡。走进1 600年前晋太元中的武陵源。

写于2018年7月29日

师生奇遇"黄果树"

贵州，20世纪80年代初的暑假去过。同学的姐姐在贵阳工作，相邀去贵州领略少数民族的风情，一睹闻名天下的黄果树大瀑布。此生得以耳闻目睹壮观天下的黄果树大瀑布，不失为人生一大快事。暑假一到，怀揣50元人民币，打起背包和同学来了一场说走就走的贵州之行，从上海乘坐火车经浙江、江西、湖南辗转至省城贵阳，二十几个小时的旅程，一路硬座，抵达贵阳时，双腿肿胀得几乎不能迈动，为的是亲眼看见号称中国第一的黄果树大瀑布。一趟出行艰难的经历，一次囊中羞涩的游程，一场比拼意志的旅途，留下最深刻印象的是黄果树大瀑布，曾经许愿：定当再来膜拜黄果树。

贵州一直有"地无三尺平，天无三日晴，人无三分银"之说，虽有些夸张却也生动地概括了贵州的地形地貌和当时的生产力状况。贵州素有"八山一水一分田"之说，是全国唯一没有平原支撑的省份，全省的地貌概括为高原、山地、丘陵和盆地四种基本类型。烟雨锁群山的贵州是世界上喀斯特地貌发育最典型的地区之一，孕育了众多绚丽多彩的喀斯特景观，风景如画，独特的喀斯特地貌使得贵州成为世界知名的山地旅游目的地和山地旅游大省。贵州还是一个多民族的省份，有汉族、苗族、土家族、布依族、侗族、瑶族、水族等40多个民族，苗族是人口最多的少数民族。大美贵州山水，淳朴民族风情，行走在贵州的山山水水，常常能聆听到少数民族在醉美的山水间亮开嗓子互相对歌，深情的歌声只有男女对唱者之间心有灵犀，"便纵有千种风情，更与何人说"，也无须对人说，匆匆的过客唯有祝愿他们彼此的深情不被辜负。

"我见青山多妩媚，料青山见我应如是。"人需要有说走就走的旅行，享受诗和远方，没有任何理由。走出逼仄的高楼大厦，拥抱青山绿水，从水泥森林转向绿色丛林，在原生态的乡野间体会人类原始的生存，接接地气，净化心灵，这就是放飞自我。35年后再度贵州游，就是想静静地坐个半晌，任由时光大把地奢侈，面对青山绿水傻傻地发半天的呆，与山水来一个肌肤之亲，回归人类融于自然的本性，正可谓仁者乐山，智者乐水。黄果树大瀑布，30多年前的一次邂逅再也没法忘却你，30多年的岁月，于你而言是弹指一挥间，是时间长河中的一瞬，你飞流直下依旧。30多年的时间，于我而言是从青年走到了老年，人生的最佳年龄段与你擦肩而过，激情不再。30多年的时间，于你是"不废江河万古流"，30多年的时间，于我是"朝如青丝暮成雪"。黄果树，30多年的时间里你与我纵然远隔天涯难以再相逢，梦中却常有走进你的画面再现。30多年前和你挥手再见时曾经立下誓言一定要再度走近你，亲近你，时光流逝一年又一年，总是在安慰自己明年再成行，拜水黄果树，却明年复明年，明年何其多，30多个明年的累积却还在等待下一个明年。黄果树，不能再等待，恪守的诺言此生得兑现。35年过去，亏欠你的这笔相思债如愿偿还你，黄果树，我又来了，只是因为在35年前对你有个承诺。

幸福地与西江苗寨撞个满怀，在千户苗寨实实在在地做了一回苗家人。吊脚楼暗红色的枫木壁板在阳光的映照下染成一片金黄，依依惜别中千户苗寨消失在崇山峻岭之中，满载着浓浓的苗家儿女的情谊驱车直奔黄果树大瀑布。黄果树，暌违35年，我又来了。多情应笑我，多少次，黄果树瀑布神游，盼望着有朝一日再度亲临黄果树，能够了却30多年的相思梦。千户苗寨归来，一路驱车向西近5个小时抵达安顺，当晚入住安顺希尔顿酒店，想不到遇见了一件令人意料之外却又在情理之中的巨大惊喜，竟然在希尔顿酒店的大堂看到了迎面笑脸相迎的学生向明远。明远是我20世纪80年代的学生，女儿在加拿大读大学，暑假归来，明远携妻女自驾游贵州。明远在我的微信朋友圈了解到我也在黔地云游，又从我发在朋友圈帖子中的"告别千户苗寨，一路向西奔安顺。今晚希尔顿酒店做个好梦，明天再度亲近黄果树瀑布"这句话语追踪出我的旅程，遂改变了他的自驾游的行程，从梵净山一路开车到安顺，陪同老师明天一同游览黄果树大瀑布。明远清晰地记得，20世纪的80年代，我在课堂上给他们班级讲课的时候，曾经描述过我所见到的黄果树大瀑布。经明远如此一说，我想起了那时的我从黄果树大瀑布归来，确实在课堂上对黄果树大瀑布有过生动的描述，我自明白，30多年前意气风发的我一定是用一种极尽赞美的誉词向我的学生们描绘我所见到的黄果树大瀑布的美景，我的描述一定在学生的心头挥之不去，他们的心头也一定留下对黄果树大瀑布的无尽神往。我也清晰地记得自己是这么对学生说的："黄果树大瀑布，是人生一定要去一次的地方，那是生命奋发向上的象征。"30多年后，明远带着我这位老师当初对黄果树大瀑布的描述，携带自己从加拿大

作者和学生向明远在黄果树瀑布前的合影

归来的女儿来到了贵州,全家三口一起前来观赏气象万千壮观无比的黄果树大瀑布,30多年过去,老师曾经的一句话竟然还在学生的心头萦绕,挥之不去。30多年后我的学生居然又出其不意地送给我一个惊喜,在安顺市的希尔顿酒店迎接他的老师,并亲自陪同老师一起游历黄果树大瀑布。这是怎样的一种师生情谊?当晚,明远亲自在酒店宴请我和我的几位共同出游的朋友,明远请我们享用了一顿奢华的海鲜大餐。我的几位朋友闻讯我和明远在安顺希尔顿的奇遇记,纷纷说这真是有缘千里来相会。我和明远相视而笑,我俩明白,这又岂止是有缘千里来相会?

黄果树大瀑布,我又来了,我和我的学生一起来了。黄果树大瀑布位于贵州省安顺布依族苗族自治州,古称白水河瀑布,亦名"黄葛墅"瀑布或"黄桷树"瀑布,因为本地广泛分布着"黄葛榕"而得名。处于长江水系乌江流域和珠江水系北盘江流域的分水岭地带,是世界上典型的喀斯特地貌集中区,素有"中国瀑布之乡"的美誉,其中黄果树瀑布举世闻名。黄果树瀑布群周围的瀑布一个接一个,十八道瀑布风格各异,千姿百态,形成一个庞大的瀑布家族。黄果树瀑布为"瀑布群"中最蔚为壮观的瀑布,据说这是中国境内最大的瀑布,也是世界上唯一可以从上、下、前、后、左、右六个方位立体观看的瀑布,而且还是世界上独一无二的有水帘洞(134米)自然贯通且能从洞内向外倾听、观看和触摸的瀑布。大瀑布景区内有盆景园、水帘洞、犀牛潭等景观,大瀑雄风、雪映川霞、银雨洒金街、水帘摸瀑布等自然奇观给黄果树瀑布平添了许多神韵。景区内空气清新,每立方厘米负氧离子28 000个以上,素有天然大氧吧之称。

明代旅行家徐霞客曾亲临黄果树大瀑布,如实描写了他眼中的黄果树大瀑布景象:"透陇隙南顾,则路左一溪悬捣,万练飞空,溪上石如莲叶下覆,中剜三门,水由叶上漫顶而下,如鲛绡万幅,横罩门外,直下者不可以丈数计,捣珠崩玉,飞沫反涌,如烟雾腾空,势甚雄厉;所谓'珠帘钩不卷,飞练挂遥峰',俱不足以拟其壮也。"在徐霞客所见的瀑布中,"高峻数倍者有之,而从无此阔而大者",徐霞客认定黄果树瀑布是他所见到的最大的瀑布。由此,黄果树瀑布逐渐被人们认为是全国第一的瀑布。在明清的大量史料中,提及黄果树大瀑布还仅仅以"白水河"指称,河瀑不分。因白水河一带生长着一种黄桷树,一些过往客商道听途说将"黄桷树"误记为"黄果树"。清道光年间有诗人作诗赞誉黄果树大瀑布:"飞雪溅衣黄果树,乱红撩眼刺梨花。"黄果树大瀑布才得以正式定名。

黄果树大瀑布在打邦河流域的白水河段上,它的形成至少有5万年的历史。黄果树瀑布形成时期的白水河发育于距今10万到50万年之间，喜马拉雅运动时期地壳多次间歇抬升，导致河流的侵蚀、溶蚀等下切作用加强，在该处形成裂点。裂点处的裂隙、溶洞、暗河非常发育。白水河先是形成一个喀斯特侵蚀裂点的落水洞型瀑布，后来随着河流侵蚀、溶蚀、侧蚀作用在地壳间歇性抬升及水动力逐渐加大等因素影响下，落水洞的洞顶逐步坍塌，黄果树大瀑布最终呈现。瀑布高77.8米，其中主瀑高67米；瀑布宽101米，其中主瀑顶宽83.3米。黄果树大瀑布以水势浩大著称，丰水季节的黄果树大瀑布，河水从断崖顶端凌空飞流而下，瀑布溅珠飞洒到100多米高的黄果树街上，千米之外就能听到雷鸣般的响声。黄果树瀑布的形态因季节而有变化，夏秋季节，流水丰盈，撼天动地的磅礴气势简直令人惊心动魄，瀑布激起的水沫烟雾高达数百米，漫天浮游，瀑布四周经常处于纷飞的细雨之中。冬天水流量小，瀑布妩媚秀丽，轻轻下泻，枯水季节的黄果树瀑布，河水依然能分成四股，铺展在整个岩壁上，不失其"阔而大"的气势。

　　黄果树大瀑布后面有一个长达134米的水帘洞拦腰横穿瀑布而过，由6个洞窗、5个洞厅、3股洞泉河和6条通道组成。从水帘洞内观看大瀑布，令人惊心动魄。这样壮观的瀑布之下的水帘洞，在世界各地的瀑布中实属罕见。瀑布前面是一条很深的箱形岩溶峡谷，左为悬崖峭壁，古木森森；右为钙华坡、石笋山，满山的芳草繁花一直铺上云天；中为犀牛潭、马蹄潭等，潭滩相连，迤逦相接。犀牛潭深17米，常年溅珠覆盖，雾珠腾空，阳光折射，彩虹升起，有"雪映川霞"的美誉。瀑布对岸的高崖上建一"观瀑亭"，亭内有清代书法家严寅亮的名联，生动逼真地概括了黄果树大瀑布的壮美景致：白水如棉不用弓弹花自散，虹霞似锦何须梭织天生成。观瀑亭下林木茂密，有一曲折蹬道直抵河边。河面架曲桥通往水帘洞，游客可以通过曲桥进入水帘洞由内而外欣赏黄果树大瀑布。瀑布侧畔建有徐霞客大理石雕像，纪念这位伟大的明代地理学家。

　　黄果树瀑布群由18个风韵各异、大小不一的地面瀑布和地下瀑布组成，形成一个庞大的瀑布"家族"，集中分布在贵州省北盘江支流，形成典型的亚热带岩溶地区，统称"岩溶瀑布"。这里的瀑布群，瀑布各有各的性格，各有各的特色，云蒸霞蔚水漫天，置身瀑布群才会彻悟人在大自然的威势面前是多么渺小，才会从内心产生对大自然的敬畏和崇拜。黄果树瀑布在各色瀑布中为最大，景色也最为壮观，其余众多的瀑布同样也令人惊叹不止。瀑顶最宽的是陡坡塘瀑布；滩面最长的是螺丝滩瀑布；落差最大的是滴水滩瀑布；形态最美的是银练滩瀑布。陡坡塘瀑布是电视剧《西游记》片尾曲，唐僧师徒四人一起走过的瀑布，坐落在黄果树瀑布上游1公里处，是一个高21米、宽达105米的天然坝型瀑布，也是黄果树瀑布群中瀑顶最宽的瀑布。水量大的季节，瀑布声如同奔腾咆哮的野马。瀑布群中，距黄果树大瀑布下游1公里处，还有名声远扬的螺丝滩瀑布。螺丝滩瀑布由两支水流组成，左支较高，右支平缓，螺丝滩的瀑面是黄果树瀑布群中最长的，瀑布滩面总长达350米，总宽120米，形成一雄一秀的瀑布奇观。李白盛赞庐山瀑布："挂流三百丈，喷壑数十里。欻如飞电来，隐若白虹起。初惊河汉落，半洒云天里。仰观势转雄，壮哉造化功。"前后左右上下高低远望近观黄果树大瀑布，飞湍瀑流从天而降，雨丝飞溅，雾气迷蒙，漫漫缥缈，散发着大地与自然的灵气，黄果树瀑布的壮观恰似李白诗歌中所描写的这般气势。

今年丰水，黄果树大瀑布气势更加壮美，瀑布之水沿着峭立的崖壁飞泻而下，注入悬崖下的犀牛潭，顿时抛洒万斛银珍珠，溅起千朵雪浪花。冲天而下的瀑布跌落犀牛潭，气势磅礴，犹如万马奔腾，"飞湍瀑流争喧豗，砯崖转石万壑雷"，其壮观如此，不枉远道而来再度膜拜。我和明远在黄果树大瀑布前合影留念，明远感慨："老师，我真没想到会有这一天。"我也感慨："我也没想到，但今天的一切都是真的。"师生俩跟随着挤挤挨挨的人流沿着狭窄的曲桥进入水帘洞，骤然间太阳钻出云罅，阳光折射在水雾上，两道彩虹凌空出世，横跨在瀑布跌落的犀牛潭上面，那景象壮观极了。进入水帘洞，飞溅的水雾扑面而来，其沫如散珠喷雾，淋湿了头发，温润了脸颊，清心惬意的感觉冲荡着心扉。从洞内向外观看黄果树大瀑布，瀑布就像一幅巨大的白纱笼罩整座山崖，耳边巨响訇然，洞外瀑流天降，这是另一种观赏瀑布的感觉，可触可摸可听可看可想可思，也只有黄果树大瀑布才具有如此的全方位的观赏性。

走出水帘洞，再度正面遥看瀑布挂前川，忽地又想起35年前第一次站在黄果树大瀑布前的情景，一丝惆怅无端涌上心头，暗自嗟叹时光流逝得实在是太快，一晃这35年光阴竟然在不知不觉之间就从自己的指缝间溜走了。昔日意气风发一青年，黄果树大瀑布前挥斥方遒，幻想着自己的人生规划着自己的人生，再度面对黄果树大瀑布却已是两鬓染霜花甲人。35年前耳闻目睹万顷之水天上来的壮观景象，气势磅礴的瀑布给人心灵巨大的震撼，遥望着黄果树大瀑布放声吟诵李白的诗篇："飞流直下三千尺，疑是银河落九天。"35年后，同样的地方同样的人观同样的景，却是心头默默在自语："江山依旧在，只是容颜改。"黄果树大瀑布，其壮观也如此，万年亘古不变，怎奈前度刘郎又重来，黄果树大瀑布的朝拜者悄然已是白发人。

都说旅行就是一个从自己待腻的地方到另一个别人待腻的地方看新鲜，黄果树大瀑布却是一个百看不厌的地方，即使世居在黄果树大瀑布周边的乡民也从未看腻黄果树瀑布群的风景，他们称自己家乡的风景就像天堂一般美丽，怎么看都看不厌。其实黄果树大瀑布并不仅仅风景优美，它还是一个净化人类心灵的天堂，这天上之水洗濯了你的心田，升华了你的灵魂，让每一位游客褪去一身的疲惫，忘却任何的烦恼。黄果树大瀑布是流水的天地，瀑布的世界，精灵般的水珠在幽深的潭面欢快地舞蹈，游客们如同顽童一般地发出阵阵惊呼，尽情地拥抱黄果树大瀑布，任凭从天而降的水汽湿润了你的头发，打湿了你的衬衣，却一个个都幸福得忘乎所以，每一位游客都是幸福的人。幸福就是如此，只要用心去感受，幸福就在你的身边，千万不要站在幸福里去寻找幸福。感谢你，黄果树大瀑布，你陪我一小段时间，我却要用一生时间想念你。你带给我的欢快，你启迪我的哲思，让我终身受用。35年前来到黄果树瀑布，还是一个有着青春梦想的青年，今天再次来到黄果树大瀑布，黄果树大瀑布风景依旧，自己已然老之将至。时光太不经用，一晃就老了，一觉醒来，两鬓染霜。当我们端起用血泪酿成的烈酒，为庆祝我们成熟了、成稳了而碰杯时，忽然发现，不知什么时候，我们悄悄地老了。想起了孔子：逝者如斯夫，不舍昼夜。想起了李白：黄河之水天上来，奔流到海不复还。想起了朱自清：去的尽管去了，来的尽管来着；去来的中间，又是怎样的匆匆呢？想起了自己：岁月无情亦有情，倏尔之间鬓毛衰。喟然一声长叹，伤感无端涌上心头。伤感又有何用？只要我们足够珍惜当下的时光，只要能够读懂时光的内涵，做一个岁月的主人，留下一段美丽的故事，足矣。人到了一定的年龄，不会将人生的路程拉得很长很长，而是更多地增加生活的宽度，因为时光太不经用，一晃就老了。

两度观赏黄果树大瀑布，间隔35年，瀑布风景依旧，感悟大相径庭。年轻时站在瀑布面前，惊叹瀑布声势浩大，犹如千军万马厮杀战场，冲天的浩气顿时激起胸臆间浩气荡漾，黄果树大瀑布给予奋发向上的启迪，此生当如黄果树，无所顾忌勇往直前，这才是人生最高的境界。35年过去，又一次站在瀑布面前，感叹瀑布的壮观景象为有源头活水来，造就黄果树大瀑布万千气象的是一股股涓涓细流，飞流直下三千尺的画面是无数的水流烘托所致。一颗水珠孤单地暴露在阳光下，瞬间蒸发化为殆尽，无数颗水珠汇成了细流，一股股细流汇成了大川，成就了黄果树大瀑布。黄果树离不开水珠，水珠离不开黄果树，相互依存奉献给世界一个蔚为壮观的大瀑布。年少不懂黄果树，读懂已是老年时，以前读不懂，读懂泪满面。人生莫非如此？黄果树，想说

彩虹中的黄果树瀑布

懂你不容易。

　　35年后的黄果树大瀑布之旅是一场心灵顿悟的旅程，捧上一掬清凉的甘泉润一润咽喉，吸上一口清新的空气洗一洗肺腑，抛却三千烦恼丝继续游览黄果树大瀑布的天星桥景区。被人们赞为"天然大盆景"的天星景区距离黄果树瀑布下游6公里处，相连三个片区，即天星盆景区、天星洞景区和水上石林景区。黄果树大瀑布的壮美景观誉满天下，组成黄果树瀑布群的18个瀑布亦各领风骚，珠玉在前，风光无限，天星桥景区静卧黄果树瀑布的下游不事张扬，它就这样不争不抢安分地守着自己的那份淡然，心无旁骛地充当陪衬的角色。当你走进了天星桥，才会真正惊艳于它的神奇和美丽。天星桥石笋密集，植被戍盛，集山、水、林、洞为一体，被游人称赞为"风刀水剑刻就万顷盆景""根笔藤墨绘帛千古绝画"。天星盆景区是一片水上石林景观，这里有大大小小的天然山石、水石盆景。弯弯曲曲的石板小道穿行于石壁、石壕、石缝之中，逶迤于盆景边石之上。沿小道游览，抬头低头皆是景，恍若踏入神仙境。

　　天星盆景区四周青山如画，植被茂盛，古树怪石奇异多姿，很多古树都在石缝里扎根生长。迎面有一块一房多高的巨石，光溜溜的石壁上却顶出一株胳膊粗的小树。导游总喜欢考问游人："根在哪里？"你俯近石壁细看，那树根粗者如筷，细者如丝，嵌隙觅缝奔走东西，此壁就名"寻根壁"。还有一株并不是树，是一株老藤，也许当初是被风吹了一下，就挂在了谷对面的一棵高树上，生命之力竟将这藤拉得笔直，有数丈之长，一腕之粗，就像一根空中的单杠。因为这山谷里除了石就是水，无论是树还是藤，不是抓吸在石上，就是浸泡在水中。水、石、树这样无拘无束地相拥相抱，实在是个性十足。

天星洞是黄果树风景区众多洞府里最美的溶洞，洞内幽深宁静，形态万千，扑朔迷离。天星洞的钟乳石以色彩斑斓著称，洞里的石头，赤橙黄绿青蓝紫，七彩俱全，几乎成了太阳光谱的灵敏折光镜，把大自然的色彩集中到了溶洞。天星洞有一根25米高的天然石柱，名曰天星柱，直指洞里穹顶。石柱周围有一组石头，大小不一的石头像极了盛开的荷花。若轻轻敲击，这莲花状的石头就会发出不同音色的声音，那音色妙曼动人，恍若天籁之声。

水上石林景区主要景观有银链坠潭瀑布、星峡飞瀑布、群榕聚会、根墙屏障、盘根壁画等。由于长年累月的波浪冲击和流水侵蚀，河床形成众多的小坑穴，流水漫顶而下，仿若滚珠落玉。阳光之下，闪闪发光，似无数银链坠入潭中，潇洒秀美，璀璨夺目。相比较云南的石林，天星桥的水上石林以"水"见长，大自然在"水"字上做足了文章。河水在石林中时隐时现，穿行于石峰、石壕、石壁、石缝之间。石林间长着大片的仙人掌和小灌木丛及各种花草，使冰冷的石头上终年绿荫，展现出生命的繁荣。

黄果树瀑布群以其雄奇壮阔的大瀑布、连环密布的瀑布群闻名海内外，享有"中华第一瀑"盛誉，是中国西部最具魅力的旅游景区之一，被中国国家地理杂志评选为"中国最美丽的地方"。黄果树大瀑布是世界上唯一能够从前后左右上下多角度观赏的瀑布，其景观变幻无穷，在世界名瀑中最为美丽壮观。黄果树瀑布作为风景名胜历史悠久，明崇祯十一年（1638）4月23日，明代地理学家、探险家、旅行家、散文家徐霞客经黄果树入滇，对黄果树瀑布进行了考察和记录，极尽美誉之词称颂黄果树大瀑布，其后历代均有文人墨客作诗撰文赞颂黄果树瀑布，如明末贵州第一奇才谢三秀的名句"素影空中飘匹练，寒声天上落银河"等。20世纪80年代，中外名人纷至沓来，也纷纷题词写诗盛赞黄果树瀑布的美景。诗人艾青由衷地说："黄果树是很美的，大家都来为黄果树写诗吧。"黄果树大瀑布，我也许还会再来，等着我。

写于2018年7月30日

江南古镇赞同里

金秋十月国庆长假的后半程，思忖着旅游高潮已过，遵循错峰出行的原则，午后携家人自驾同里古镇游，一路畅通无阻。蛰伏数日，放飞自我，去这座千年古镇，聆听小桥下的流水，闲看街道的市井，体会水乡的原生态生活气息，心情甚好。繁忙工作中经常有累的时候，或身体或精神。身体的倦怠尚能通过休息来缓解，但是精神呢？精神的压力更需要有效地释放，最好的方式就是旅游。在旅行中用鼻子闻，用耳朵听，用眼睛看，让自己的心沉浸下来慢慢地感受自己的所见所闻，展开一场内心的探寻，自己疲惫的精神终能得到真正的放松。故而你若有时间，或者说你觉得劳累了，觉得寂寞了，那就赶紧找一个机会，给自己的身体和心灵放一个假外出旅游。卸下劳累，告别孤独，踏上旅行的征途，拥抱自然的山山水水，享受他乡的人文风情，旅游是解除疲乏和寂寞的最好的良师益友，吾深以为之。正开车前往同里途中，有朋友来电闲聊，闻知吾乃过午外出小游同里，哂笑道此刻前往同里恐怕是欣赏"落霞与孤鹜齐飞，秋水共长天一色"的景色。笑着回复朋友："莫道君行晚，风景此时却更好，斜阳西下，晚霞映染，要的就是这等意境，还可以避开嘈杂的人流。"电话那端，朋友笑声频频，连连说道："倒也诚如所言。"

同里的历史可追溯到距今五六千年前的"崧泽文化"和"良渚文化"。早在新石器时代便有先民在此刀耕火种，生息繁衍。优越的自然条件，使得同里成为吴地最富庶的地域，故同里最早的称呼为"富土"。先秦时代同里已成集市，隶属会稽郡吴县，及至汉唐时期，日渐呈现繁华之势，宋代正式建镇。因富土之名太奢，唐初更名为铜里，宋代正式命名为同里。同里之名由其原名"富土"演化而来，将旧名"富土"两字上下相叠，上面去掉一点，再将该字一拆为二，上半部分为"同"，下半部分"田"与"土"相加，成为一个"里"字，变为同里。同里古镇现隶属于江苏省苏州市吴江区，古镇内建造于明清两代的花园、寺观、宅第和名人故居众多，"川"字形的15条小河把古镇分隔成七个小岛，49座古桥又将古镇连成一体，同里古镇以"小桥、流水、人家"著称，享有"千年古镇同里，东方小威尼斯"的盛誉。同里古镇作为江南四大古镇之一，商业化最不严重，古镇内至今还有众多原住民居住其间，浓郁的生活气息让纷至沓来的游客流连忘返，称同里古镇是最接地气的江南古镇。

约莫午后三点抵达同里，见一停车场，不假思索，直接驱车进入。担心夜晚归来，偌大的停车场寻找爱驾不便，特意留心周边的环境，见有一家医药商店的市招很是醒目，遂将爱驾停在这家医药商店的正对面。一堵围墙将停车场和医药商店一隔为二，墙内是停车场，墙外是热闹的商业街，夜归寻找爱车有醒目的标记，即使黑灯瞎火也用不着担心找不到自家的坐骑，因为医药商店的市招肯定是霓虹灯光闪烁，这是寻找座驾的"指路明灯"。

心情轻松地出了停车场，一路缓行穿过一条热闹的街市走向同里古镇景区。步行约二十分钟，抬头瞥见一座牌坊远远地映入眼帘，高悬的横匾篆刻"古镇同里"四个大字。及至进入古镇，瞬时有种时空错乱的感觉，时光恍若倒流，古镇引领着游人走进了明清，走进了民国。粉墙黛瓦的深宅大院沿着河岸相连成片，碧波盈盈的河道舟楫往来，船桨划过处水面留下一道道美丽的波纹。游人顺着河岸走，屋宇沿着河边建，绿荫随着河道植，茶馆酒肆沿着同里的河岸同步延伸。随处可见的各色小吃让游人行走在古镇的步履悄然放缓，倚靠着深宅大院厚重的院墙，无拘无束地大啖刚从油锅里捞起的臭豆腐，接地气的市井生活让人幸福地享受着人生的乐趣，整个身心都得到了极大的放松。幸福其实就是这么简单，"一箪食，一瓢饮"，却也其乐无穷。纵然古镇与大都市相比较，显得不够大气磅礴，但却令人倍感安逸和温暖，置身古镇，没有违和感。古镇原住民的生活节奏保持在一个极为人性化的速度上，仿佛还生活在上一世纪的慢光影中，过着一种慵懒闲适的舒坦生活。古镇有着宁静安闲的炊烟人家，也有着万家灯火的繁华商业，不假思索地喜欢上了同里，这座千年古镇让人来了就不想离开。

同里古镇成片的明清建筑无声地诉说着古镇厚重的历史沉淀，是体现古镇文化内涵的一张名片。小桥流水是江南古镇的特色，更是江南古镇的灵魂。繁华绿韵与沿河鳞次栉比的明清古建筑水乳交融，还原了纷繁千年无以替代的风韵。江南同里好，风景旧曾谙。同里古镇美，美就美在同里桥。同里古镇共有49座石桥，而同里"三桥"更是同里古镇的桥中之宝，小巧玲珑端庄雅致中透露出古朴稚拙、凝重沧桑的历史风貌。同里"三桥"为苏州市文物保护单位，"三桥"名谓太平、吉利、长庆，呈"品"字形屹立于三河

同里古镇一景

交汇处，分跨两河三街，彼此凝眸对视，以"桥中有桥，桥边有桥，下了这桥，又上那桥"的独特空间处理和浓郁的水乡情调相映成趣，吸引了海内外众多游人纷至沓来。站在河岸上环顾三桥，绿波盈盈，石桥如虹，周遭水木清华，街市成环，人家枕河，既不乏树荫葳蕤的幽雅宁静，又尽显人来舟往的市井气息，一派令人心醉的江南水乡风光。

吴地历来有走"三桥"的习俗，是寻常百姓人家避灾、祈子、求福的祈禳活动。同里走"三桥"的习俗约滥觞于清乾隆年间，形成的精确年代已无从可考。"走三桥"最早起源于婚嫁习俗。每逢婚嫁、生日庆贺、婴儿满月等喜庆吉利之事，伴随着欢快的鼓乐声和鞭炮声，伴随着四处抛撒的喜糖，眉开眼笑的主人们和他们喜气洋洋的亲戚朋友们前呼后拥，热热闹闹地绕行"三桥"，口中长长地念诵着"太平吉利长庆"的祝词，沿街住民纷纷出户观望，上前道喜祝贺。这种普天同庆的动人景象既是同里古镇一道亮丽的风景线，也是淳朴善意的民风民心的真情流露。作为地方风俗的一种仪式，走"三桥"习俗在人类学、心理学以及社会学研究方面具有重要的价值。作为同里全民性的社会风俗，走"三桥"习俗在传承区域文化，凝聚文化认同，促进社会和谐等方面发挥着至关重要的作用，对促进多重沟通、融洽社会关系、优化民众生存状态及社会氛围等也是意义深远。2011年，吴江市公布同里走"三桥"习俗为第四批吴江市非物质文化遗产名录项目。

在"三桥"景区，挑一茶肆落座，点上一盏香茗，慢悠悠地品呷；摒弃嘈杂的声音入耳，插上耳机，典雅的乐曲划过脑海叩击全身的神经末梢，只感觉到整个人的骨架都松散，惬意无比；目光四下里随意浏览，如梭的游客不闻熙攘之声，却能捕捉到脸上洋溢着的快乐；各色小吃的飘香在古镇的上空游荡，深深地嗅一下，引得你垂涎欲滴，那是古镇最接地气的生活味道。久居都市，就喜欢这样安静地待着，懒散地放松着整个身心，这才是真正的生活享受。

秋意渐浓，秋风瑟瑟，依栏把盏凝视一渠秋水，在秋阳中消磨短暂的秋天的下午，心头莫名地涌动一丝悲秋。总觉得人在得意时这光阴总是倏然而过，还没有好好享受，这大好时光就消失得了无踪影。然在失意时又总觉得流年缓慢，秋风与春花的距离于自己而言会是那么遥远。想来人只有在闲淡时，才会有机会掰着指头细数日子。如此而言，人生应懂得浓浓有致，珍惜流光的时候，莫忘时光也可以用来奢侈的，有时候坐一日会比忙碌一天收获更多，安静地任由时光在指缝间溜走，平平淡淡，返璞归真，那才是生命的底色。于是乎，在这秋风暖阳下，倚栏品香茗，与光阴把盏，这日子变得慢了下来，极致私享，回归恬淡的生活本质，这样的生活本身就是一种境界。

同里退思园，世界文化遗产，园名取之于《左传》"进思尽忠、退思补过"之意。退思园占地面积仅有九亩八分地，全园格局紧凑自然，建筑风格简朴淡雅，水面过半，所有的建筑紧贴水面，园子如浮于水上，是全国唯一的贴水园林建筑。尤为令人称奇的是环绕水池而建的内园，又称贴水园。园内绿水荡漾，古色古香，犹如步入水墨画中。更有苍松翠柏，石峰林立，相间有致。九曲回廊的每一花墙用砖瓦砌成"清风明月不须一钱买"九个字，充满诗情画意。学者余秋雨先生称退思园为中国古典园林中特别让他称心满意和最吸引人的去处。退思园由朝廷三品大臣、清兵备道任兰生革职回乡后，延请本镇画家袁龙设计而建，历时两年方得竣工。退思园一改以往园林纵向结构的建筑传统，大胆地改为横向建造，自西向东横向展开，沿轴线布局，成曲尺形状。西为宅，中为庭，东为园，结合植物点缀，呈现出四时景色，给人以清朗、幽静之感。退思园集清代园林建筑之长，园内的每一处建筑既可独自成景，又与另一景观相对应，具有步移景异之妙，堪称江南古典园林的经典之作。移步退思园正厅，启功先生墨宝"退思园"的匾额高悬在上，屏息凝眸，反复品味，细细思索，顿悟园主任兰生的坦荡襟怀，天降大任于斯者，当"进思尽忠，退思补过"，"退"是全园中心，"退"是全园核心，"退"是全园灵魂。人生在世，有时不妨且退且隐，且退且闲，且退且思，因为有时退隐是好运，退隐是康宁，退隐是让贤，退隐是祛灾，退隐是善德。

光绪五年（1879）42岁的任兰生正式担任凤（阳）颖（州）六（安）泗（州）兵备道，正是风华正茂英姿勃发的盛年，正当他欲大展宏图精忠报国之际，却遭到弹劾。光绪十年（1884），47岁的任兰生被贬谪还乡，遥想文韬武略的任兰生惨遭罢免之痛时定是吟诵纳兰性德的《长相思》一路南归："山一程，水一程，身向榆关那畔行，夜深千帐灯。风一更，雪一更，聒碎乡心梦不成，故园无此声。"战战兢兢、如履薄冰的官宦生涯终告结束，此时的任兰生多想回到故土，过一个平凡人的生活。在家乡，无论风雪多大，但是有家人陪伴，心中就有温暖。身为朝廷命官，独处异地，即使再美好的景物都无心欣赏，何况这凄厉的风雪声。革职还乡的任兰生萌生大隐隐于乡野间的想法，他在故里潜心建造退思园，远离朝堂，安之若素，教化后辈，退思园中的"菰雨生凉"轩中有一副"种竹养鱼安乐法，读书织布吉祥声"的对联可以看作是任兰生当时的心理写照。在同里乡民的心目中，任兰生是一位极具文化素养的清官，他兴修水利，赈灾荒，办教育，深得乡民的拥戴。前尘往事似乎很遥远，但是任兰生的后代却多社会贤达。任兰生的儿子任传薪于1906年在同里创办开古镇女子教育先河的丽则女校，在传统的男尊女卑的教育氛围中，首开思想先河。聘请的教师包括国学大师钱基博（钱钟书之父）、书法家钱祖翼等，一时间学校声名鹊起。任兰生的孙子任家鲲是中国早期的留德学生，任兰生的重孙女则是清华大学的毕业生。"我们的祖上很开明，虽然没有给我们留下什么遗产，却给我们留下了知识"，这是任兰生的后代对先祖的评价。中国古典园林专家陈从周先生说："园能寓德，子孙多贤，故造园既为修身养性，而首重教育后代，用园林的意境感染人们读书、吟咏、书画、拍曲，以清雅的文化生活，从而培养成正直品高的人。"美哉妙哉退思园，润物细无声，感化任氏后辈人，贤哉圣哉，园主任兰生，用心良苦建造退思园。

古镇同里除却闻名遐迩的退思园之外，还有珍珠塔景园、崇本堂、嘉荫堂、耕乐堂、松石悟园等深宅大院、古典园林。珍珠塔景园是明嘉靖时期南京御史陈王道的故居，景点主要有御史第、陈家后花园、陈家牌楼、宗祠建筑群等。中国传统戏曲如锡剧、越剧《珍珠塔》的唱本就取材于珍珠塔景园主人的故事创作而成。如果把同里比作是一座古建筑的博物馆，崇本堂就是这座博物馆中一件雕刻精致的艺术品。崇本堂原为同里富商钱幼琴宅邸，其精湛的雕刻技艺和深刻的文化内涵让每一位游客赞叹不已。嘉荫堂建于民国初年，门窗梁栋雕刻精美，主建筑系仿明代结构，俗称"纱帽厅"。房主柳炳南与著名爱国诗人柳亚子同宗。耕乐堂系明代处士朱祥所建，占地六亩四分，建造时有五进52间，后经历几朝兴废，现尚存三进41间，有园、有斋、有阁、有榭，2013年被列为全国重点文物保护单位。同里松石悟园极有个性，虽称为园却无园林景观，这里展出收藏大师张家忻夫妇三十余年收集的珍藏松屏石版画1 200块，向游人展示国内独一无二的"天成之美"的天然石版画，一幅幅浑然天成、意境深邃，令人叹为观止的优美画卷与古朴典雅、历史悠久的古镇文化达到了有机融合，为古镇旅游增添了一道亮丽的风景线。

同里古镇有"三多"：河道纵横交错故而桥多；明清建筑古典园林多；第三就是文化名人多。自宋代至清末年间，先后出状元1名，进士42名，文武举人90余名。如退思园园主任兰生，珍珠塔景园园主陈王道，又如载入中国近代史的著名诗人、辛亥革命风云人物、南社创始人之一的陈去病。游同里，享人生，悟哲思，此行收获颇丰。又遇一熟稔的晚辈周高峰，甚为高兴。高峰闻知吾小游同里，遂放下书卷前来看望被其称为先生的"在下"。相邀河畔品茗，把茶话桑麻，交谈甚欢。贤哉峰也，一箪食，一瓢饮，人不堪其苦，峰也不改其乐。身处陋巷，却志存高远，夜夜挑灯苦读，心目中的追求从未言弃。小树苗茁茁壮成长，正在变成参天大树，假以时日，即成为社会的栋梁之材，令人刮目。欣然与高峰河畔合影，作为纪念。少顷，高峰起坐告别，他还得返回陋室挑灯苦读。暮霭四合，夜幕垂临，流光溢彩笼罩着千年古镇，桨声灯影里的同里分外妖娆。不知天上宫阙，今夕是何年，但知人间古镇同里，今宵是国庆假期。熙熙攘攘的人流中但见高峰蓦然回首，他在灯火阑珊处与我挥一挥手，那河畔的金柳，波光里的灯影，在彼此的心头荡漾。年轻的高峰正在寻梦，恍惚中看到他"撑一支长篙，向青草更青处漫溯；满载一船星辉，在星辉斑斓里放歌"，在星辉斑斓里筑梦，贤哉高峰也。

　　夜幕下的江南水乡妙曼动人，自明清以降簇拥同里的古建筑流光溢彩，泽被这片土地的条条河渠亦漫漶迷离的光彩，同里古镇是光和影的世界，是缤纷世界的色彩荟萃。倘徉其间，恍若穿越时光隧道，古风古意扑面而来，灯光璀璨映水乡，火树银花不夜天。伫立桥上环望，但见浩浩荡荡的人流涌向千年古镇，你站在桥上看风景，看风景的正在桥下看你。迎面有一对时尚姊妹花袅袅婷婷走来，有求于我为她俩在桥上合影留念，"巧俏倩兮，美目盼兮"，美女也是缤纷五彩的水乡世界一道不可或缺的风景，美女的嫣然一笑定格在同里古镇的灯光夜景中。同里，沸腾的古镇，同里，迷人的水乡，欣逢盛世享太平，但愿环球同此凉热。

　　意犹未尽却不得不返回上海。走出古镇的牌楼，沿着古镇外的商业街往外走，计算着步行20分钟的距离就能走到停泊爱车的停车场。及至步行了40分钟，一直走到一条宽阔的大道却没有找到停车场。家人心生疑惑，提醒道：我们走错道了，哪有这么宽的马路。赶紧询问路人，回复同里古镇有镇北停车场和镇东停车场，还有其他的一些停车场，我们到底是哪一家停车场？心头不由得兀自叫苦，竟然想不起来是哪家停车场。于是乎继续往前走，又走了20多分钟，越走越岔，同里古镇被远远地甩在了身后，宽阔的公路黑灯瞎火，人影稀少，晚上9点了，我们迷路了。路旁有一些摊贩在兜售小吃，上前询问停车场在何方，都是一问摇头三不知。心头掠过一丝恐慌，千万别在这荒郊野外盲走一个通宵，倘若再遇到不测……不敢再胡思乱想，当机立断，唯一的选择就是原路返回同里古镇，找地方的值勤民警寻求帮助，或者是坐着出租车四下里寻找同里古镇所有的停车场，总有一家是我们所要寻找的。又往回步行了20分钟，见前面有一座警察岗亭，里面有值班的警察，赶紧上前咨询。警察很是热心，仔细倾听，当听到家人告知我们所要寻找的停车场还有电瓶车和公交车站时，非常肯定地说道，我们要寻找的是镇北停车

作者和弟子周高峰在同里古镇的合影

场。他让我们沿着眼前的这条道路往前再走20分钟,过一个红绿灯后会有一座小桥,不用过桥,直接左拐弯往桥下小路径直朝前走即可抵达。感谢不尽,20分钟后我们找到了镇北停车场,已经是晚上10点过后,停车场灯影稀疏,哪里还有医药商店的霓虹灯市招闪亮。只要花时间,功夫不负有心人,总算找到了我们的爱车。看看自己的手机,今天总共行走了2万多步,创造了历史纪录,这历史纪录拜今晚寻找停车场所赐。

再见了,同里,夜色中爱驾启动,驶向上海。同里,这是一次难忘的秋游,谁料想我俩这次秋游的高潮竟然是深夜同里寻找停车场,哑然失笑。

2018年10月5日

金泽古镇奇遇记

春风又绿江南岸,江南的春天是一首温婉明媚的诗。阳春三月,心与大自然的满眼葱绿一起舞动的季节。灵动的绿意味着大地的苏醒,青春的勃发,生命的礼赞。清晨醒来,看到了窗帘透明的光亮,隐隐感觉到春天的召唤。掀开窗帘,阳光透过窗户洒落飘窗,鸟儿啁啾耳畔跳跃,心情也跟着疏朗起来,终于告别了冗长的淅淅沥沥的阴雨天,明媚的春天来了。打开窗户,春风拂面,探身俯瞰小区的一片绿化,但见人工池塘边的几株柳树新芽密密匝匝绽放,"一树春风千万枝,嫩于金色软于丝",信口吟诵白居易的《杨柳枝词》,又在手机上搜索出一曲约翰·施特劳斯的《春之声圆舞曲》细细聆听,愉悦至极。盘腿坐在飘窗看微信,朋友圈中有太湖南岸的好友在晒幸福生活,融融春光里,茵茵绿草地,向阳南山坡,欣赏太湖碧。温暖的阳光下朋友微微眯缝着眼睛面对着万顷太湖,右手执一把宜兴紫砂茶壶,左手搂一条白毛茸茸的哈巴狗,一副怡然自得的神情。顿生羡慕,遂突发奇想,自忖闲来无事,何不驱车前往?赏春踏青访好友,煮茶品茗叙友情,与好友来一个"高山流水",其乐无穷。也不想着打电话预先告知,准备着来一个突然袭击,人从天降也许朋友会觉得更惊喜更有趣。

江南,泛指中国长江中下游的江浙地区,气象意义上则认为每年六月有梅雨覆盖的区域则称为江南,人文角度描绘的江南乃是小桥流水,烟雨画舫,是中国独特的一种文化符号。最是一年好光景,莫负光阴莫负春,跃身而起,也真的是来了一场说走就走的江南踏青的旅行。半小时后就钻进小车,转眼就驶上了延安路高架一路向西行,车厢里音乐的分贝调得高高的,欣赏到得意处忍不住跟着很放肆地吼几声,反正恣意妄为无他人知晓。远远瞥见前面高悬的交通指示牌醒目地提示着下一个高速的出口是金泽镇,这才想起来走得仓促,早餐都未解决,饥肠辘辘渐渐地越来越明显。以往多次开车路过金泽古镇却从未想起要游游逛逛,真的是走过路过一直错过。素闻金泽古镇和江南其他的古镇不同,金泽镇以古老的石桥著称。何不在金泽古镇果腹,然后沐浴着春风徜徉在古镇的悠长深巷，再走走古镇的明清石桥，放空思维的空间，享受一把古镇带来的幽静惬意，再继续"西游记"？自鸣得意，遂开车驶向高速公路的金泽镇出口。意想不到的情况出现了，小车在关卡被前方守候着的交警给阻拦了下来，原来我的小车忘记年检不能上路行驶故被扣留，需明天到青浦区交警支队办理违章处罚手续然后再将车开到青浦朱家角车管所年检完毕后才能行驶。

眼睁睁地看着心爱的坐骑被牵引车拖走，独自一个人被抛弃在高速公路的收费口，感到自己可怜兮兮的，心里头百般不是滋味，一时之间竟不知道该怎么办才好。无奈踯躅收费口，孤立无援人犯愁，假如此时此刻有熟悉的亲朋好友突然出现在眼前向我打招呼那该多好？也许这是"拯救"自己的最好办法。在高速公路金泽出口处徘徊了十几分钟，眼见着一辆辆大车小车从身边驶过，却没有熟悉的脸庞探身车窗和我打招呼。摇头自我哂笑，在这陌生的高速公路收费站要想等待熟悉的人员出现来"营救"自己，也许是比登天还难的事情。安慰自己：原本就打算在金泽古镇午餐并顺带游玩，干脆就来个金泽古镇一日游，好好亲近一番历朝历代的石桥，顺带品尝一顿农家的灶头菜饭，既饱了口福又饱了眼福。随遇而安，偷得浮生半日闲，山穷水尽之时碰鼻头转弯寻找另一番柳暗花明也是一种处世哲学，一种生活享受。

走出收费口，枯等很久，车水马龙的318国道没看到一辆驶过的出租车。于是乎穿过国道，走到一农户大院，见院落有私家车停泊，正好有司机打开车门跨出车厢。上前寒暄，希望能载送自己到金泽古镇。一番讨价还价，支付了20元人民币后上车，眨眼之间就到了金泽古镇。金泽古镇，多少年来多少次从你身边路过，从未想到要走近你看一看，今天怀着一丝浅浅的苦涩走在你长长的街道上，别有一番滋味在心头。游历的江南古镇几十座，也许唯有你金泽古镇最最难以忘怀，游览金泽古镇完全是因为"无心插柳柳成荫"。金泽镇历史悠久，据相关资料介绍，早在公元960年前的北宋初年就沿河建镇，金泽珍藏着流传千年的人文风情，历来就有兴于宋，盛于元之说。相传昔日里有穑人获石如金，故曾取名"金石"，因此处为水乡泽国，且盛产鱼米赛金，故称"金泽"。金泽古镇坐落在青浦区西南部，是青浦区最西南的一个镇。距离青浦城区22公里，距离上海市中心66公里。金泽古镇北傍淀山湖，东与西岑镇接壤，西与商榻镇毗邻，南靠太浦河与浙江省嘉善县大舜镇，西循318国道与江苏省苏州市吴江区芦墟镇相连，名副其实的"金鸡齐鸣，三省皆闻"之地，故金泽古镇具有区域结合部的经济交融符号、文化交流符号和社会和谐符号的象征意义。金泽镇有一条南北走向贯穿全镇的河流，且有多条支流汇集。总面积26.44平方公里的金泽镇湖塘星罗棋布，上海1平方公里以上的自然湖泊共有21个，其中19个在金泽。金泽古镇河港纵横交叉，湖塘或碧波如镜，或湖光潋滟；河港岸柳含烟，舟行如梭。曲径如带的淀山湖35公里环湖周长有一半在金泽区域内，就像一条绿色的绸带飘在金泽，拥有淀山湖"黄金海岸"的美誉，是整个淀山湖国家级旅游开发区中唯一面向东方日出的理想境地。金泽人家开门临河，出门摇橹，水产丰富，稻谷飘香，典型的江南鱼米之乡。金泽古镇的居民们守着一份安逸，坚守世代相传的传统生活方式，古镇的历史风貌也得以完整地保留下来。沿河道行走在古镇的小巷，满目葱绿扑面而来，细长如带的河流泛动绿茵茵的水波，河岸的垂柳摇动嫩绿的柳枝，砖缝中一丛丛探头探脑的绿草，农舍旁一畦畦翠绿欲滴的春韭，想起了朱自清的散文《绿》："那醉人的绿呀！我若能裁你以为带，我将赠给那轻盈的舞女；她必能临风飘举了。我若能以你为眼，我将赠给那善歌的盲妹；她必明眸善睐了。"走在"小桥流水人家"的江南古镇，呼吸着沁人心脾的空气，感受着春天的脉动，情不自禁地斜倚金泽古桥的护栏，冲盈盈碧水欣喜呼唤："春天来了！"

金泽是上海地区著名的桥乡，享有江南第一桥乡的美誉，被称为古桥梁博物馆，著名书法家、篆刻家钱君匋曾为之题写"金泽古桥甲天下"七个大字。江南古镇的美在于临水而生，有水必有桥。没有水的古镇会失去了灵气和温婉，没有桥的古镇则会失去岁月和沧桑。据史料记载，金泽镇原有"六观、一塔、十三坊、四十二虹桥"，且有"庙庙有桥，桥桥有庙"之谚语，每一座桥梁不仅各有特色，而且都与寺阁庵庙有关。如今绝大部分寺庙废弃在历史的尘埃，但当年的石桥却依旧风姿绰约。金泽的桥非同一般，不仅数量多，而且大多数都是历史名桥，至今镇上还保存着宋元明清所建造的七座古桥，记录着古镇四个朝代的盛世风貌和辉煌过往。既来之，则安之，信口占咏自嘲打油诗一首："金泽古桥走一走，物我两忘尽心游，管他春夏与秋冬，饱览春色必须有。"金泽的每一座古桥都有别样的江南风情，走过一座座透漏历史的桥梁——迎祥桥、祖师桥（如意桥）、放生桥、天王桥、力安桥和关爷桥（林老桥），一路欣赏金泽古镇的"春之圆舞曲"，心情逐渐疏朗。金泽古镇没有浓厚的商业气息，有的只是茶闲饭后的清欢。春风暖阳下，河岸边孵太阳的老叟老妪闲聊家常，吴侬软语亲切，盈盈碧水中欢快的鸭子嬉戏游弋，单调的嘎嘎声听来颇觉悦耳，"竹外桃花三两枝，春江水暖鸭先知"，春天来到了清丽婉约的水乡古镇。河岸边白墙黛瓦木格窗的两层江南民居有原住民探身窗外送来友善的微笑，"你站在桥上看风景，看风景的人在楼上看你"，人与桥与小楼与盈盈碧水、河岸垂柳组成别致的江南风情，幽静从容的古镇就像是一幅淡淡的水墨画映入眼帘,这是金泽古镇独有的风景,古镇更像一位熟睡的老人,在其沧桑的眉宇间透露出昔日的繁盛。保持着上海最古朴韵味的梦里水乡,蕴藏着中国人才能意会的情丝。

建于宋朝咸淳三年(1267)的普济桥是上海地区最古老的石拱桥,清雍正初年重修时加置石栏,至今已经有近800年的历史,是上海地区保存最完好、最古老的石桥。随即用手机上网查找有关普济桥的介绍,得知普济石桥为单拱圆弧形,长26.7米,宽2.75米,拱跨径10.5米。桥体坡度平缓,桥面较窄,具有明显的宋代石拱桥的特征。普济桥每一处镌刻着的历史印记都在向你叙述金泽古镇深厚的文化底蕴,桥项圈有"咸淳三年"题刻,拱圈内券石上镌刻莲幡状,有"咸淳三年"等题证,现已模糊。普济桥的设计很有讲究,它的拱圈砌置与河北赵县洨河上的赵州桥相同,它的石料与上海松江方塔公园内的望仙桥相同,桥石多为紫石(故俗称紫石桥)。宋代江南石桥以紫石居多,当雨过天晴时,桥面晶莹光泽,宛如一座紫石镶嵌的宝石桥,与柔美的江南风情搭配得体,勾勒出古人独特的审美观念。普济桥历史久长,有"上海第一桥"称誉,于1987年列为上海市第四批文物保护单位。拾级踏上上海最古老的普济桥俯瞰,桥下的流水生生不息,逝者如斯夫,不舍昼夜。流水正因为流动才显得灵动,灵动才是生命的象征,才是活力的显现。一条木船从桥下而过,撑篙的船家抬头送来一个夸张的表情包又低头穿过桥洞而去。望着船家渐行渐远的背影,一丝烦恼隐隐爬上眉尖,思忖着古镇游览完毕该何去何从,不由得趴在普济桥的护栏杆注视着桥下的流水发呆。脑海中出现一个假想:此时此刻若有一个亲朋好友出现在眼前并施以援手敢情是最完美的结果了。正在自嘲内心涌动的非分妄想之际,似听得有呼唤声从桥堍传来,分明是在呼唤本尊。循声而望,不敢相信自己的眼睛,竟然是自己的学生站在桥下欣喜地频频招手。这真是众里寻他千百度,蓦然回首,却在金泽古桥堍,一筹莫展之际恰是见证奇迹出现的时候。

师生欣喜万分地相逢在春风十里金泽镇,普济桥上,师生拥抱,互致问候,怎一个兴奋了得。学生李海忠,大学毕业后在苏州的国企工作,后下海创业,干得风生水起,在江苏吴江拥有自己事业的一片天地。曾经为海忠的事业锦上添花,引进海忠的企业与高端的外企合作,获得成效,外企也非常满意海忠的优质产品和优质服务,让我转告海忠,有机会还会和海忠的企业合作,海忠为此感恩老师。春回大地,阳光明媚,海忠和朋友驾车到毗邻吴江的金泽古镇踏青赏春,师生竟然不期而遇,彼此都喜出望外。得知我滞留金泽的原委,海忠遂决定陪同我一路向西访老友,且访友结束还会护送老师

金泽古镇的普济石桥

安全回上海,并云翌日会亲自前往青浦交警支队代办我的小车年检诸手续,还会将小车完璧归赵送抵吾上海的家中。海忠又告知:金泽古镇除了是著名的江南桥乡之外,还是远近闻名的佛教圣地。建于宋朝景定元年的"颐浩禅寺"曾以5 048间宏伟建筑名扬江南,故有"虽苏(州)之承天,杭(州)之灵隐莫匹其伟"之说,气势恢宏的颐浩禅寺在中国的佛教史上曾一度左手挽着姑苏的承天寺,右手牵着杭州的灵隐寺,弘扬佛教经典,执江南佛学传播之牛耳。颐浩禅寺现已局部修复,有鸳鸯楼、大山门、贝多林等亭台楼阁20余处,四季香火旺盛,建议前往参拜。

海忠陪同我走进颐浩禅寺参观,仔细浏览寺院内有关颐浩禅寺的介绍,方知颐浩禅寺相传乃宰相吕颐浩故宅,由此而得名。元至元二十五年(1288),奉旨升院为寺,更名为"颐浩禅寺"。禅寺内两棵种植于南宋的古银杏800多年来一直默默守护着寺院,两两相望,共生共荣,见证了颐浩禅寺800多年来的兴盛和衰败。寺内有各朝名人撰写的碑刻15方,有唐代吴道子画,元代赵孟頫书《金刚经》及其所画的"不断云"等手迹、石刻,堪称国宝。"不断云"顾名思义就是连续不断的云朵,高浮雕的形式尽显元代石刻的艺术风格,掩藏着年轮的轨迹。历史上的颐浩禅寺规模宏大,殿宇凌空,其后迭经兵燹匪患,屡毁屡建。清光绪三十二年(1906)再度重修,规模已不及当初。民国二十七年(1938)农历正月初四,寺院大部分毁于日军炮火,仅存天王殿、大山门。1958年拆移,存"颐浩禅寺记"碑一方,这块元代的"松江府颐浩寺碑记"记载了颐浩禅寺创始和建寺的历史。此外还保留"不断云"石刻断石14块、殿宇柱脚16块及少许假山石等。颐浩禅寺1992年修复后,重新建造石碑坊一座,中国佛教协会会长赵朴初居士亲题寺额"颐浩禅寺",佛教文化重新得到了弘扬。近千年来,颐浩禅寺几度兴废,都和国家兴衰相关,国运昌盛则佛学兴盛,国运衰败则佛学衰落,一条清晰的历史轨迹。佛学崇尚"缘起"。所谓"缘起论",即阐释宇宙万法皆由因缘所生,"缘起论"是佛法的代表,"种瓜得瓜,种豆得豆",一切结果皆有"缘起",与人为善即与己为善是佛学的内核,人心向善则天下和谐焉。倘有能力多行善事,保不准自己也有需要他人帮忙的时候。师生偶遇金泽古镇,拜佛颐浩禅寺,海忠念念不忘为师的昔日之恩,感慨油然而生,故而产生此番省悟,善哉。

游罢金泽镇,小车在"沪苏浙皖"高速继续行驶,出上海,过江苏,入浙江从长兴出口下,春风十里太湖路,一路奔向友人小隐隐于山野间的农家民宿。小山重叠绿意浓,山麓间友人的农家民宿隐约可见,想着给友人一个出其不意的"突袭",遂远远地泊车徒步向前。春天的江南水乡春色明媚惹

作者与叶亮、李海忠的合影

人醉,"春水满池塘,春风吹柳,春草茸茸媚晴书。春烟骀荡,春色着人如旧。春光无限好,花时候",友人隐居太湖南山下的农家民宿恰如宋人叶景山《感皇恩·春水满池塘》的画面。还有数百步之遥,即可抵达友人谓之"竹篱茅舍"的农家民宿,想象着"小扣柴扉",吱呀一声中友人惊诧的表情禁不住哑然失笑。嘴角的笑意尚未退去,揣在口袋中的手机铃声骤响,巧兮,来电的朋友竟然是我引进学生海忠的公司与之合作的外资公司的高管。朋友告知:我的学生和他们的公司合作得很愉快,一直希望有机会能继续合作。如今机会再度来临,他们在苏州的项目正式启动,朋友希望我的学生能够再度参与,让我通知我的学生海忠明天上午带上投标保证金到他们公司的"造采部"领取书面的招标文件。海忠就在我的身边,听得朋友的来电是和海忠公司的业务有关,遂打开免提,电话的内容海忠听得一清二楚。挂断电话,和海忠四目相望,不由得大笑,冥冥之中的注定,今天必须和海忠见面。倘让我转述这些内容,未必能说得清楚,因为外企高管的朋友还说了一系列要求,包括上网下载他们公司的相关表格予以填写,即所谓的资格预审等。我忍住笑意拍拍海忠的肩头说道:"海忠,你一定要送我到上海,但现在可不是为了我。"

  海忠急着要赶回吴江,他要回公司开书面委托书并带上投标保证金的支票,我也必须跟着海忠原路而回。海忠稍有歉意,专程陪同老师访友,及至到了友人居所而不入,他自然有些于心不安。海忠试探着询问我是否可以和我的友人煮茶叙谈,他先赶回吴江办事,待会再赶来接我回上海。摆手示意海忠别介意,我自当跟随他返回吴江。想起了《世说新语》有雪夜访戴的故事,记载书圣王羲之的五公子王子猷雪夜访戴安道,到了戴安道的家门口却又返回,认为乘着兴致前往,兴致已尽,自然返回。吾今日效尤古人也来个"雪夜访戴",亦乐哉快哉。于是乎一路欢笑向东而行,我的小车因为忘记了年检而引出的故事是路途中闲聊的主题,巧也罢,缘也罢,万事万物都有其内在运行的轨迹,一切结果皆有"缘起",宇宙万法皆由因缘所生。"此有故彼有,此无故彼无;此生故彼生,此灭故彼灭",乃如来大彻大悟能破解宇宙、人生之谜的缘起法则。英国哲学家弗朗西斯·培根有一句名言:懂得事物因果的人是幸运的。窃以为培根所说的幸运并不是幸运儿单纯地获得了一分意想不到的收获,而是需要你懂得如何先种下幸运之因,那才会有幸运的降临。海忠在吴江利索地办理完一切事宜,宴请老师品尝了一顿丰盛的农家宴之后,随即启程回上海。我的小车海忠则安排他的下属代为办理年检等手续,明天依然会"完璧归赵",海忠当晚就下榻在上海。此次西行访友真可谓一波三折,一唱三叹,遂予以记之。

2019年3月12日

西沙归来不看海

西沙群岛像一串明珠散落在茫茫南海，这片群岛人迹罕至，风光美到令人窒息，名副其实的世外桃源，被赞誉为中国的大堡礁，又称为中国的马尔代夫，被《中国国家地理》评定为我国最美海岛。南海和南海诸岛自古以来就是中国的领海和领土，千百年来，无数商船满载着丝绸、陶瓷、香料和胡椒等货物走过这片南中国海域，这条航线被冠名为海上丝绸之路、陶瓷之路、香料之路。据《旧唐书》记载，从唐朝起中国政府就正式管理海南岛以南海域。唐代诗人李洞笔下的南海是"岛屿分诸国，星河共一天"；张籍则有"海上应去远，蛮家云岛孤"的描述。远离大陆，孤岛悬浮，海天一色，星河灿烂是古人诗词中对南海和南海诸岛的认知。今人则以惊艳了天下的眼光来赞美南海，赞美西沙群岛的风光：距离海南岛180多海里的东南海面上，有一片片岛屿像朵朵莲花，颗颗珍珠浮于万顷碧波之中。海水是如此清澈幽蓝，以至于整个海面看起来就像是一块巨大的深蓝色绸缎在舒展运动。造型奇特、陡峭壮观的珊瑚礁林，更是诉说着这千万年的风光，那就是令人心向往之的充满神秘色彩的西沙群岛。

国土是一个国家与民族生存的根基。我国拥有960万平方公里的疆土，还有300多万平方公里的海疆，万里海疆散落着不计其数的海岛。西沙群岛处于中国大陆、东沙群岛与海南岛及中沙、南沙群岛之间的中心环节，为中国与南洋群岛、中南半岛及印度洋沿岸各国交流的南海航道要冲，是中国南海诸岛的四大群岛之一，由永乐群岛和宣德群岛构成，陆地总面积约10平方公里，是中国南海陆地面积最大的自然群岛。西沙群岛北起北礁，南至先驱滩，东起西渡滩，西止于中建岛，在中国历史上曾被称为千里长沙、万里石塘、宝石岛。海域面积50多万平方公里的西沙共有40座岛礁，其中露出水面的29座，一座座岛礁就像是散落在南海上的一朵朵出水芙蓉，不娇不媚，给人一种与世隔绝的孤独之美。西沙的战略位置极其重要，处于我国海防南大门的前沿，长期处于军事管辖之下，2014年10月才刚刚对国人开放，迄今为止仅有3万多国人来过西沙。

总想在有生之年能亲临西沙,捧一掬海水润润脸庞,走一遍沙滩舔舔脚心,来一次浮潜探秘水下,吹一阵海风舒坦胸膛,看一次日出抚慰心灵,数一回星星沉醉梦乡,唱一曲赞歌《西沙,我可爱的家乡》,然后对着南海大喊一声:"西沙,我来了。"1976年,影片《南海风云》的插曲《西沙,我可爱的家乡》以优美的旋律、美妙的歌词描绘出西沙群岛一派绚丽的风光,"在那云飞浪卷的南海上,有一串明珠闪耀着光芒。绿树银滩风光如画,辽阔的海域无尽的宝藏。西沙,祖国的宝岛,可爱的家乡",歌唱家吕文科和卞小贞演唱的这首电影插曲曾风靡全国。青春的脚步追逐着西沙数十年痴心不改,直至夕阳的年龄才梦想成真来到了西沙,来到了这片仅仅向国人限量开放的人间仙境。乘坐游轮"南海之梦"从三亚出发,西沙的旅程正式开启。仿佛掉进了时光隧道,西沙美丽的风光大片一幕幕展现在眼前,一道道视觉盛宴让人惊叹让人称奇。明媚的阳光,和煦的微风,湛蓝的天空,翻卷的白云,碧透的海水,粼粼的波光,银色的沙滩,绚丽的珊瑚,海中的游鱼……一辈子追寻着人间仙境,岂料人间仙境就在西沙,这是几回魂牵梦萦的西沙,这是几多深情几多爱的西沙。有人形容西沙的风景是"你的现实转过的每一厘米,都是最美的风景",一生痴绝处,无梦到西沙。

"南海之梦"游轮停泊在永乐群岛环抱的海面,西沙的岛礁恍若一颗颗绿宝石漂浮在浩瀚的南海熠熠闪亮。身披满天朝霞转乘汽艇乘风破浪驶向全富岛,激动写在每一位同行者的脸上。要去地方,除了未知,还有希望;面对的风景,除了西沙,还有自己。与最美的大海不期而遇,如同穿行在二次元世界。西沙群岛的海水美得令人心颤,清澈的海水就像一面硕大无边的镜子挂在天空下,纯净得让人无语,行驶在海面上的船只如同飘浮在空中。泱泱海水有一种奇异透明的蓝绿色,让人不敢触碰,只怕一伸手便打破了眼前的梦幻,模糊了绚烂无比的水下王国的奇观。在一片幽蓝的海水怀抱中,全富岛时隐时现,就像是一位羞羞答答的美人在茫茫大海中犹抱琵琶半遮面,千呼万唤始出来。位于西沙群岛永乐环礁东北缘的全富岛是一座白沙覆盖无人居住的沙洲,四周海水的色彩有浅绿、翠绿、碧绿、深绿、浅蓝、深蓝、墨蓝,像宝石一般晶莹剔透,如玻璃一样清澈透明,凭借肉眼就能看到海底的景象,是整个西沙群岛最漂亮的海域,享有玻璃海的美誉。海水的颜色聚散开合,层次分明,海岸线曲折有致,或凸或凹。双手捧起西沙的海水,双脚浸润西沙的海水,双眸凝视西沙海水的变幻,双耳聆听西沙海水的呢喃,西沙海水平添些许灵性,让人无端感动得眼眶濡湿。全富岛海滩的白

西沙全富岛的海滩

沙由于常年被海浪冲刷，细如面粉，赤足走在银色的沙滩上，就像是踩上了松软舒适的地毯，洁白如雪的沙滩同样柔软得让人心生感动。一个浪花打来，海水漫过脚背，惬意的感觉从脚心一直送到心坎。徐徐微风中海水悄然漫上沙滩，一半是沙滩，一半是海水。随意哼唱《外婆的澎湖湾》，一长串深浅不一的脚印留在身后，画面感十足。沙滩远眺，海天一色，正可谓"天连水尾水连天"。蓝天下的全富岛，光与影的变幻，七色海与银沙滩的组合，这个无数人都向往的人间仙境，给你的不只是视觉上的震撼，更有一分心理上的自豪。西沙如此多娇，任何人到了这里都能化身为摄影师，不用担心构图，不用担心技巧。全富岛的美无需多言，处处都是一幅幅能让你忘却一切的绝妙风景。不入西沙，怎知美景如许？

全富岛附近海域水深较浅，分布着大量的珊瑚礁区，生物种类丰富，仅浅水造礁珊瑚就有56种之多。全富岛周边海域水产丰富，很早以前就是中国渔民的渔场，1974年水下考古工作中，在礁盘发现了清代瓷器一批，年代为嘉庆到道光年间。登临全富岛，环绕海岸线漫步，时而蹚着海水走，时而踩着白沙行，凭海揽风，物我两忘，就像是"星星的孩子"沉醉在美景里不能自拔。全富岛最美妙最灿烂的风景是日落时分，夕阳的余晖洒满海面，万道金光在粼粼碧波跳跃，远方渔舟唱晚，近处海鸟飞翔，暮霭四合之前，天宇间的色彩呈现出泛黄、金黄、火红、亮紫、暗红的过渡，分明是一幅交织相连、层次分明的抽象三维图案覆盖在天穹,上帝偏爱西沙,把所有的颜色所有的壮美都留在了西沙海域。千万里的追寻,为的是将这道炸裂眼球的风光永久储存于心灵深处。邂逅西沙璀璨的晚霞,惊叹西沙告别白天的这场谢幕如此壮烈。"莫道桑榆晚,为霞尚满天",沐浴晚霞,低吟浅歌:最美不过夕阳红,温馨又从容。夕阳即将坠落海平面,生命最后一刻的灿烂残阳如血,这是告别世界的最美讴歌。莫道人生无年少,人间沧桑重晚晴。蓄生平所有能量,让最绚烂的色彩留在世界,这是你一生中最闪亮的坐标,最高的人生境界。全富岛一直有一个热血而又庄严的升旗仪式,每一位来到这里的游客都会参与,五星红旗在全富岛冉冉升起时内心的自豪感油然而生。全富岛的自然之美、人文之美,镶嵌在西沙风情万种的景致里。西沙,此生来过,就不想离去。

鸭公岛因形状似鸭故得其名,也有另外一种说法,称上岛的都是清一色的男性渔民,便谓之鸭公岛。鸭公岛在全富岛东面3公里处,位于全富岛所在礁盘和银屿岛所在礁盘之间的"银屿门"的通路上。鸭公岛是一个完全由珊瑚礁堆积而成的小岛,几乎没有土壤,却有一片绿荫郁郁葱葱的树丛,谓之布麻林。驻岛的官兵和渔民一年又一年从海南岛运来土壤,筛选出适应海岛气候的黄槿树种植在鸭公岛,锲而不舍的精神最终在土壤贫瘠的鸭公岛孕育出满目葱绿。令人啧啧称奇的是岛上还有一棵岛民称其为银毛的天然生成植物,它紧挨布麻林扎根珊瑚礁顽强生长,四处蔓延,与布麻林互为依存,形成鸭公岛的一道自然与人文交织的景观。鸭公岛的面积很小,只有0.01平方公里,岛上还有一个随海潮涨落的小湖,因此鸭公岛对于长期在海上作业的渔民落脚休养甚为重要,是西沙海域宝贵的小渔港。登临鸭公岛,三沙市于2016年7月立下的岛碑分外醒目地镌刻着"鸭公岛"三个大字,宣示着海岛的神圣主权。岛上还有一块"中国西沙"的立碑,落款是永兴边防派出所鸭公岛警务区。立碑略显简朴,却渗透着一份威严,唯有主权国家才能如此掷地有声。鸭公岛几乎是由珊瑚和贝壳组成,岛上有几十户渔民居住,渔民住房的屋顶都压着大块的珊瑚和几十斤重的贝壳,用以防止屋顶被台风吹跑。岛上渔民淳朴热情,游客潜水或游泳完毕可以从渔民手里购买各种海鲜,享受原汁原味的海味大餐,这也是鸭公岛的一道美景。罗丹有言:生活中不是缺少美,而是缺少发现美的眼睛。用心丈量行走世界的脚步,用心捕捉每个微小的瞬间,神奇而美妙的世界会呈现在你的眼前。在茫茫大海之中的鸭公岛,绿荫底下盘腿而坐,欣赏原生态的西沙海景,在原生态的环境用原生态的方式大啖原生态的生猛海鲜,脸颊涌现酡红,话语分贝越来越高,敞胸露

和同行的好友们在全富岛上的合影

怀,斯文扫地,男男女女皆呈憨态状。人随环境走,也更聊发少年狂,颇有"不恨古人吾不见,恨古人不见吾狂耳"的放浪形骸。欢声笑语充满海岛,这道风景真的很美。不要以为人们都长着眼睛,实际上保留视觉觉醒的人太少太少。此番享受,能有几人耳?

　　鸭公岛四周的海水层次丰富,深邃幽蓝,是西沙群岛唯一允许下海游泳的岛屿。得天独厚的自然条件,原生态的海底世界,未开发的处女海域,吸引着游客参与浮潜、深潜探索西沙神奇的水下世界。水下生命的多姿多彩让人惊艳,那些探出海面的自然景观只是沧海一粟,海平面下孕育如此众多如此壮观的海洋生命令人惊叹称奇。潜入这片澄净的热带海洋,热带阳光穿透碧波粼粼的海面,水下能见度极高,清澈透亮的海水里大量充满趣味的海洋生物自在游弋,色彩鲜艳、形态各异的热带鱼在身边嬉戏,在众多珊瑚和珊瑚礁中来回穿梭游荡,成为西沙群岛海底世界中的一道靓丽风景。西沙群岛海底的岩石上有各种各样的珊瑚,多姿多彩的珊瑚丛造型各异,美哉妙哉。浮潜深潜能探寻海洋世界的奇妙景观,乘坐钢化玻璃船同样能欣赏海底世界,海水能见度达到水下40米,奇妙的海底世界也同样可以一览无遗。唯一令人扼腕叹息的是水底下看到有易拉罐静静地躺在珊瑚礁的旁边,这幕不和谐的场景实在是大煞风景。地球上每年都有数万吨塑料垃圾流入海洋，圣洁的西沙海域也未能幸免。善待蓝色海洋，珍爱生命摇篮，刻不容缓，就从你我做起。鸭公岛还提供蓝洞探秘、海钓等各种水上娱乐项目。宇宙当中有黑洞存在，海洋的深处也有蓝洞存在。西沙拥有世界上已发现的最大深度300.89米的海洋蓝洞，从空中俯瞰，在海洋当中蓝洞就像一颗蓝色的眼睛，一条碧玉带，一环蓝滢水，一片绿洲丛，这是"地球给人类保留宇宙秘密的最后遗产"。海洋蓝洞是黝蓝、深邃、神秘的海洋地质遗迹，是极其重要的自然遗产和地质奇迹。世界上著名的蓝洞还有洪都拉斯的伯利兹蓝洞、塞班岛蓝洞和意大利普里岛蓝洞等。海洋蓝洞被广泛用于喀斯特地貌形成过程、全球气候变化、海洋生态学和碳酸盐地球化学等方面的研究，极具科学价值。

  位于鸭公岛东北约1.85公里，全富岛西南约8公里的银屿岛一半是珊瑚，一半是礁石，面积也只有0.01平方公里。据说在清朝时期，许多船只在此沉没，散落了许多金银，故而得名。银屿岛其实是沙洲，只有在低潮时才露出水面，人称"荒滩"。荒滩自然荒芜，踏上银屿岛的瞬间会有一种遗世隔绝的感觉，好像这里就是《鲁滨孙漂流记》的发源地，原生态的银屿岛是非常适合"鲁滨孙"生存的地方，生态极好，时不时地可以看见沙蟹、贝壳、寄居蟹等海洋生物。还有很多搁浅的船依傍在小岛的身边，风吹日晒雨淋的岁月增加了这些船只的沧桑，无声地诉说着曾经的过往。银屿岛上没有鲁滨孙，却有一个当代"鲁智深"。导游介绍说，2015年，有一李姓渔家民兵只身巡逻海岛，发现银屿岛附近的礁盘有11个外籍人侵犯我国领土，他与来犯者展开搏斗，以一当十一，将11名入侵者一一捆绑送到鸭公岛我军驻地，他的英名由此在西沙传开，被誉为"海上鲁智深"。银屿岛同样是小得不能再小，却有一座108公庙，西沙人在这座同样小得不能再小的公庙里供奉着他们的先祖。108位先祖出海打鱼再也没有回来，后人说他们的灵魂游荡在茫茫南海，保佑着子孙后代的平安。沧海桑田，岛上开始兴建钢筋水泥的建筑，三层的办公小楼在小岛矗立，还要建设永久性的渔民住房替代目下的简陋住屋。岛上现有临时住户9户，每两个月会与海南岛本村的民兵调换一次，还成立了居委会，揣测这个居委会应该是我们国家最小的一个自治机构。

  银屿岛是永乐群岛中最漂亮的岛礁之一，从某个角度看银屿岛的海水，幽深迷幻的颜色像绿松石一般在银屿岛的四周漫漶。这座美丽的岛礁仿佛是一个初生的婴儿酣睡在海洋的怀抱，泛动着翡翠般灵光的海水亲吻着怀抱中的婴儿，充满着诗意和柔情。银屿礁盘上有一处面积巨大的深坑，水深20米以上，水呈蓝黑色，外海深层冷水透入，又从坑口渗出，阳光打在海水上，不同位置的海水对光的吸收、反射和散射程度不一，便能够看到这绝美的七色海。蒵尔岛礁特殊的地形造就奇妙的七色海水奇观惊艳了天下，游览银屿岛的最大亮点就是一睹蔚为壮观的七色海。乘汽艇前往银屿岛，海水就在眼前变换颜色，从墨蓝、深蓝、浅蓝、碧绿、翠绿、浅绿到杏黄，瑰丽无比，充满迷人的神韵。发自肺腑的赞叹：西沙归来不看海，从此马代是路人。

　　再美的风景，一年四季天天面对终也变成单调，想起了鸭公岛上有一座狗坟的故事。有渔民从海南岛带了一条狗来到鸭公岛，谁知这条狗不吃不喝天天朝着海南岛的方向远望，最终耐不住小岛的寂寞和枯燥，跳入南海而亡。狗尚且寂寞难耐，何况人类乎？美丽的西沙群岛于驻岛官兵而言是孤独和寂寞，单调和枯燥。守岛的官兵为了排遣生活的孤独，发明了一种数眉毛的"游戏"，彼此之间细数对方的眉毛有多少根，以此来打发生活上的枯燥。美丽的西沙群岛于驻岛官兵而言是坚守和执着，是忠诚和使命，他们为捍卫祖国神圣的海疆而忠于职守。1974年1月19日，永乐群岛发生的著名的西沙海战记忆犹新，这是一场被公认为现代海战史上罕见的战斗。中国人民解放军海军南海舰队一部分与陆军分队、民兵协同，对入侵西沙群岛的南越军队进行反击作战。西沙海战两天的战斗，总共毙伤南越官兵100余人，俘敌48人，最终在南海西沙群岛区域驱逐了南越势力，从此牢牢控制了永乐群岛核心区，为后来控制西沙边缘岛礁（中建岛和华光礁、浪花礁等）及进军南沙群岛奠定了重要基础。感谢我们的海军战士们甘受寂寞守卫祖国的海疆。这个时代的属性是精明，驻守西沙的官兵却是一群笨拙而又真诚的人，他们为保卫祖国的海疆无怨无悔把青春奉献。人是要有理想的，理想是需要奉献的。有一首军歌《说句心里话》唱出了战士们的心声："既然来当兵，就知责任大。你不站岗，我不站岗，谁来保卫咱祖国谁来保卫家。"对于每一位歌唱者来说，聆听者眼中溢出的泪水是最高的荣誉；对于每一位守岛的战士来说，捍卫祖国的领土血洒海疆是最高的荣誉。甘受寂寞的驻岛官兵是我们这个时代最可爱的人，他们家国情怀的精神高度令人景仰。只要你站得足够高，看得足够远，你就会发现大地是星空的一部分，个体生命乃沧海一粟，生命融于大海才会永恒，青春奉献祖国才会灿烂。致敬，祖国的卫士，你们的青春融于西沙，融于南海。

　　西沙的天光云影，西沙的碧海银沙，西沙的人文风情展现出一幅美轮美奂的南海风景画，令人难忘。西沙的晚霞满天，西沙的星光灿烂，西沙的月明之夜同样展现出一幅妙曼迷人的南海夜色画卷，令人陶醉。茫茫苍穹深邃透彻，点点星星如钻石镶嵌在无边无涯的深蓝色丝绒毯上，明亮恢宏，震慑

作者在西沙的留影

心田。西沙的夜色营造了远离浮华世界的安宁，西沙的夜色引领你走进了茫茫宇宙，遥望长天，"纤云弄巧，飞星传恨，银汉迢迢暗度"，看到牛郎织女短暂相逢长相望，"柔情似水，佳期如梦，忍顾鹊桥归路。两情若是久长时，又岂在朝朝暮暮"。天上宫阙都有如此遗憾事，更何况人间。人生在世，都会留有遗憾，窃以为人生最大的遗憾莫过于错误地坚持了不该坚持的，轻易地放弃了不该放弃的，只是道理的明白总是在遗憾的来到之后。海风轻吹，海浪轻摇，枕着海涛，甲板仰躺，凝眸星空，信口吟咏曹操的《观沧海》："日月之行，若出其中；星汉灿烂，若出其里。幸甚至哉，歌以咏志。"幸甚至哉，西沙之夜，星空之下想起了秦少游的伤情和感悟，想起了曹孟德的心胸和气魄，两位文学大家面对星天吟咏的诗词流芳百世。诗言志，秦观最终在中国文学史上获得一顶北宋婉约词人的桂冠，一代枭雄曹操则在中国历史上留下他的伟大传奇。

　　晚霞，落日，暮霭，夜幕，游轮甲板上俯视深不可测的"蓝色平原"，能感受到冷峻海面深层里的生命喧嚣。大海的生命被海水包裹，无法探究海洋底下的涌动，环抱的是茫茫大海的安静。西沙的月夜安静极了，安静得能听得见自己的呼吸和心跳。静谧是生命的原初状态，是生命的核心元素。弃绝喧嚣躁动，向往宁静寂默，是生命的本能意向。聆听海风轻轻地吹，海浪轻轻地摇，像是在欣赏舒伯特的小夜曲，充满浪漫的色彩和神秘的情怀。舒缓的旋律犹如西沙的海风徐徐拂来划过你的肌肤，不知不觉带着无限的遐想跟着舒伯特步入憧憬的天堂。许久未曾拥有这样一份清浅的心情，拥抱黑夜里的神秘，抒写淡雅的情感，感受不为人知的孤寂，安然而又舒坦。孤寂往往也是人的思想最自由的时候，宁静的西沙月夜最适合遐想，人与自然融为一体，头枕着波涛遥望深蓝色的天穹，思想的闸门訇然打开，万千思绪涌上心头，多年以前的往事如同打开的电影胶卷清晰地映射在银幕。"黑夜给了我黑色的眼睛，我却用它寻找光明。"人，也许只有在安静的时候，才能抵达灵魂的最深处，灵魂最深处的东西总是最安静的。安静的环境安静地寻找隐藏在灵魂深处安静的过往，于过往中看到曾经的灿烂并渴望迎接明天的光明。感慨法国思想家帕斯卢卡的一句至理名言："人是一支有思想的芦苇。"诚如斯言，人的生命像芦苇一样脆弱，宇宙间的任何物质都能置人于灭顶之灾的境地，即便如此，人依然比宇宙间的任何物质高贵得多，因为人有一颗能思想的灵魂。正因为明白了生而为人的脆弱，才懂得珍惜这一段生命以及接受生命里所有历程的必要，有容乃大才是生而为人的胸怀。走进西沙，旖旎的风光和瞬间的哲思在灵魂的深处互为碰撞，感悟出人生有容乃人方能成全他人成就自己的哲理，大地之子找到了生命存在价值的原动力：有容乃大。西沙，有容乃大的西沙让我感悟有容乃大的内涵。

　　走过万水千山，总有一个地方让你难以忘怀，一段倾心遇见的风景唯美了你的生活你的岁月；走过高原峡谷，总有一片风景让你内心柔化，封存已久的那根琴弦悄然触动再度转轴拨弦激起无限思恋；走过平原大海，总有一段过往留驻在记忆深处，那是你独有的私密，期待着有朝一日能够心有灵犀互倾情愫。大海因为阳光而瑰丽，人生因为旅游而灿烂，世界那么大，应该去看看，不出家门你的家就是世界，走出家门这个世界就是你的家。"没有比脚更长的路，没有比人更高的山"，旅行是一个人恢复青春活力的源泉。到过西沙群岛，所有的美景都让你心心念念，西沙有凡·高画笔下的浓烈色彩，西沙有张大千画笔下的水墨线条。向往西沙，除了未知的风景，还有希望的寄托。来到西沙，留下的是脚印，带走的是回忆，旖旎风光全部装进你的镜像你的脑海。行者的脚步在丈量西沙的同时带给你的哲思会让你的思想得到升华，这就是"读万卷书，行万里路"的意义，读了书之后就应该出去走走，去了归来再继续饱读诗书，也许王阳明的"知行合一"的最高境界就是如此抵达的。西沙，来到了西沙，一份眷恋就永远留在了西沙。

2019年3月31日于海南三亚凤凰宾馆

三亚小城领风骚

十年之后再度来三亚，好友志庆颇具匠心地安排三处不同的住地：鹿回头国宾馆、凤凰岛国际大酒店、亚特兰蒂斯酒店，寓意不言自明，这三处宾馆分别代表三亚的昨天、今天与未来。鹿回头国宾馆有半个世纪的历史，主要接待来自全国各地的贵宾以及各国政要，是目前海南省唯一兼具政务接待与商务度假的五星级酒店，坐落在三亚市南3公里处的鹿回头风景区的山麓。鹿回头是海南岛最南端的山头，高275米，原来是一个孤立的海中小岛，是一伸向南海的小山头，叫鹿回头岭。后来因为地壳不断抬升，又被大量的珊瑚碎骨等堆积，最终与南边岭、火岭相连成一体，才成为今日所见到的奇特的陆连岛。鹿回头山顶建有公园，有环山公路可达山顶，并根据传说在山上雕塑了一座高12米、长9米、宽4.9米的巨型坡鹿雕像，三亚市因此也被称为鹿城。

鹿回头是三亚的爱情之山，一个美丽动人的爱情故事在海南的黎族部落代代相传，与流传在云南的阿诗玛和广西的刘三姐民间爱情故事并称为中国三大少数民族爱情传说。相传远古时候有一位黎族青年射手英俊潇洒，头束红巾，手持弓箭，从海南岛腹地五指山逐一头坡鹿一直追寻到南海之滨的山崖，前面就是茫茫大海，青年猎手正张弓搭箭，忽见火光一闪，坡鹿回转身来变成一位美丽的黎族少女，两人遂相爱并执子之手，走向天老地荒。根据美丽的爱情传说，鹿回头公园建成了"爱"字摩崖石刻、"永结同心"的海誓山盟台，还有"连心锁""夫妻树""仙鹿树""海枯不烂石""红娘""月老"等和爱情相关联的景点。在鹿回头山顶的西麓，有一块巨石，一半傲立在山顶，直冲云霄，一半平躺在脚下，伸向大海，当地人称为相伴石。相传是一位黎族女子为了等待打鱼的恋人相望在山顶，遥望远方，最终化作一块立石。遭遇海上风暴被卷到他乡的恋人历经磨难回归故里，听到村民的叙述，奔向山巅，长跪在少女石边，誓死相依，便化作一块平躺的石头，希望在恋人累了的时候，能够在他的身上休息做伴。鹿回头山顶公园动人的爱情故事，随处可见的象征爱情的景点，使得鹿回头山顶公园成为一座一花一木无不含情，一草一石处处有爱的爱情主题公园。每年的天涯海角国际婚庆节，有好多来自天南海北的情侣们在鹿回头山顶公园海誓山盟，祈求百年好合。

鹿回头山顶公园总面积82.88公顷，有大小五座山峰，公园三面环海，状若坡鹿，一面毗邻三亚市区。登上鹿回头山顶，三亚市全景尽收眼底，是登高望海和观看日出日落的至高点，也是俯瞰三亚市全景的最佳地点。举目周边，青山坐拥万绿丛中，繁花锦簇椰树婆娑；放眼极目，蓝天白云碧波万顷，海天一线百舸争流，风景唯这边独好。若在夜色中登临山顶，沐浴着习习凉风，凝望灯火辉煌的三亚夜景，疑是银河落九天，绚丽璀璨的南海明珠美誉三亚当之无愧。晨曦，三亚尚未苏醒，悄然起身踱步鹿回头景区。清风徐来，海波不兴，前不见古人，后不见来者，独自行走在三亚海边的风景里，沐浴在清新怡人的花香里。鸟儿啁啾，鲜花绽放，心情疏朗。暌违十年，今又重来，远眺凤凰岛上的五座三亚的地标建筑，感慨三亚今非昔比，换了人间，独领风骚数十年的鹿回头国宾馆目睹三亚日新月异的发展速度。

鹿回头国宾馆附近有著名的大东海旅游区，是三亚地标性的旅游景点。大东海独具魅力的热带海滨风情赢得海内外游客的青睐，是三亚著名的海滩，被国家旅游局评为"中国四十佳景之一"，游客来到三亚，必打卡大东海。品尝海鲜，搏击海浪，晒日光浴，打沙滩球都是大东海景区首推的旅游项目。大东海三面环山，一面对海，东南平行的两条小山脉就像两道堤墙伸入浩瀚的南海，构筑成海湾的屏障。海岸线长2.9公里，没有暗礁，水清沙平，细风轻浪，平坦细软的沙滩缓缓延伸长达千米，月牙形的海湾波澜不兴，四季如春，冬天水温也有18℃，游客既可以畅游于碧波之间，浮游于雪浪之上，也可以躺在沙滩上沐浴柔和的阳光。"水暖沙滩平"的美誉早已使大东海蜚声海内外，成为中国著名的避寒胜地，是中国南方最理想的海滨天然游泳场。大东海海边的小山头上，礁石奇异，浪花飞溅，有混凝土小道盘绕直上山顶，山顶上修有石桌、石凳、平台、凉亭等供游客休憩的设施。放眼南海，辽阔的海面晶莹如镜，叠印蓝天、白云和黛山的倒影，有三三两两的渔船在海面上缓慢地滑行，恰似一幅清雅、明快，平静中显出壮阔的水墨山海图。伫立在大东海之滨，眺望宁静而辽阔的海景，你会感到才思朗阔，神清气爽。目睹大量一线酒店如雨后春笋簇拥大东海旅游景区，鹿回头国宾馆悄然放下身段，由计划经济向市场经济过渡，敞开宾馆大门接待来自五湖四海的游客，产生了远超于计划经济时代的经济效益。鹿回头国宾馆代表着三亚的昨天，是计划经济时代三亚的地标性建筑。

下榻鹿回头国宾馆，游览大东海旅游景区，再辗转入驻凤凰岛上的凤凰国际大酒店。"箫韶九成，凤凰来仪"，《尚书·益稷》如是描绘东方民族心目中的吉祥鸟凤凰。凤凰岛是在大海的礁盘之中吹填出的人工岛，位于三亚市三亚湾度假区"阳光海岸"核心，由一座长394米、宽17米的跨海观光大桥连接市区滨海大道。岛上有五座椭圆形的主体建筑恍若凤凰彩翼直插云天，遂冠名凤凰岛。有凤来仪，非吾不栖，凤凰栖兮，新颜换兮。蕞尔小岛筑巢引凤凰，引领三亚走在经济腾飞的最前端，成为三亚高端时尚的符号，是三亚改革开放取得不凡成就的一张新名片。凤凰岛主要包括七大项目包含酒店及国际会议中心、国际养生度假中心、别墅商务会所、热带风情商业街、国际游艇会、奥运主题公园和凤凰岛国际邮轮港，从这里可以坐邮轮前往南海的西沙群岛。

　　凤凰岛的综合发展目标是成为三亚市、海南省乃至全中国首屈一指的豪华度假胜地，建设一座可以媲美美国迈阿密的邮轮之都、海港之城，比肩迪拜的梦幻之岛。凤凰岛景色迷幻惹人心醉，碧海蓝天椰影摇曳，花香四溢绿草如茵。居高临下鸟瞰三亚的城市风光，山海相连，高楼耸立，城市的天际线延伸得越来越远，感叹三亚城市建设的巨大变化。凤凰岛的夜景更是美得让人窒息，凤凰彩翼般的摩天高楼流光溢彩，美轮美奂。同行好友都纷纷赞叹天上人间最美的风景就是凤凰岛。花团锦簇拥抱的鹿回头国宾馆让人称赞三亚是一座美丽的大花园，凤凰岛国际大酒店突兀眼前，流光溢彩，星河一道水中央，便胜却人间无数。凤凰于飞凤凰岛，享誉东方迪拜殊荣的凤凰岛历经"凤凰涅槃"的蜕变，走在三亚的最前沿，这只栖息于中国南海之滨的凤凰尽情展现她的美丽风姿。

　　伴随改革开放的脚步与凤凰岛国际大酒店同步发展的旅游景点，在三亚颇具代表性的是蜈支洲岛和亚龙湾天堂森林公园。三亚的蜈支洲岛海天一色，风光绮丽，有中国的马尔代夫美誉。蜈支洲岛原为军事重地，坐落在三亚市北部的海棠湾内。进入90年代后，随着现代战争武器的发展，蜈支洲岛也失去了战略意义，和平与发展的世界主题让蜈支洲岛掀开了今日休闲胜地的篇章。三亚蜈支洲岛的变迁不单是一个冷战时代的结束，也昭示着一个新纪元的价值和希望。今日的三亚早已从渔村演变为度假天堂，蜈支洲岛有幸赶上了这个时代，戒备森严的军事重地演变为三亚最具魅力的度假胜地之一，游客纷至沓来，盛赞不绝。蜈支洲岛四周海水清澈透明，海水能见度6—27米，是国内极好的潜水基地。南部水域海底有着很好的珊瑚礁，是世界上为数不多的没有礁石或者鹅卵石混杂的海岛。

三亚凤凰岛夜景

  占地面积约1.5平方公里的蜈支洲岛有爱情岛的美誉，岛上有经历了千百年潮起潮落却依然矗立静静相望的两座大石块，这两块巨石是一对因相恋而被恼怒的龙王变成石头的痴情恋人的化身，如今这里是年轻的恋人耳鬓厮磨观海听涛的首选之处。岛上还有一座爱情桥，是贺岁片《私人定制》的重要拍摄地。情人桥原来是座铁索桥，是当年守岛部队的海上瞭望点，热恋中的情人来到蜈支洲岛一定要走一走这座情人桥。走在摇摇晃晃的铁索桥上，需要几分胆量和机灵，十指相扣的恋人能并肩走过情人桥据说是对爱情忠贞的一个考验。每月的13、14日是蜈支洲岛的1314（谐音一生一世）品牌日。品牌日当天，景区工作人员会精心设计趣味游戏与游客互动，并派发丰盛奖品，借此丰富游客在蜈支洲岛的游玩体验。每年的5月20日，蜈支洲岛还会专门为情侣设计"520 kiss day"的主题活动，海天一色的美景里情侣们举行浪漫拥吻的娱乐活动，十分火爆。天南地北的情侣们若来到蜈支洲岛，都会兴致盎然地体验这项充满浪漫洋溢温情的活动。蜈支洲岛上的海岛吧旁边有一弯淡水泳池，这里也是影片《私人定制》的重要取景地，一弯碧池掩映于蓝天、椰林之间，池边那形似"鸟巢"的白色建筑构筑于海天之间，在三角梅、蓝天、碧池和婆娑椰林的映衬之下，显得格外清幽与恬淡。捧一杯咖啡或者是一杯清茶，在椰林下消磨时光，是很不错的选择。沐浴在蜈支洲岛浓郁的热带风情里，享受着蜈支洲岛海天一色的风光，感受着爱情之岛的浓浓爱意，那份惬意、那份舒坦，在咖啡的浓香、绿茶的清香慢慢地在鼻尖氤氲的时刻会达到令人醉心的境界。

蜈支洲岛上还有观日岩和观海长廊的景点。观日岩位于蜈支洲岛的东南悬崖处，它就像一尊天然大佛面向大海，为天下苍生祈福。站在观日岩上凭海揽风，俯瞰全岛，但见辽阔的南海一望无际，悬崖下面怪石嶙峋。风平浪静之时，乘快艇环岛游，石景千奇百怪。天气晴好，众多游客会选择在观日岩观赏日出。晨曦，曙光初现，朝霞染红了天际，红日从东方的海平面冉冉升起，景色蔚为壮观。观海长廊则在海岛的西侧，沿海边地形修建长长的木质走廊和平台，游客可以沿着观海长廊观看蜈支洲岛清澈的海水，还可以看到成群的热带鱼在海水中自由自在地游弋。蜈支洲岛，山海交融，四季花开，热带风情涌动。坐在大海边，双脚插进细软的沙堆，海水漫过脚踝带来丝丝的清凉。静静地面朝大海，有一种远离尘嚣宠辱皆忘的淡泊从容。蜈支洲岛除了可以在大海中畅泳之外，还可以参与紧张又刺激的潜水项目游玩。穿上潜水衣，潜入海底，缤纷的海洋世界让你眼花缭乱，绚丽多姿的热带鱼在你身边游来游去，好奇地打量着突然出现在水中的"庞然大物"。五光十色的珊瑚有的像鹿角，有的像扇面，有的像菊花，还有的像树枝，一团团，一簇簇，错落有致，美丽的珊瑚展现了一个水中的"森林世界"，令人大开眼界。蜈支洲岛赶上了改革开放的大好年代，它在自身的沉浮中一圈又一圈地重复并最终突破热兵器时代的政治设限，将昔日的军事小岛改变成度假的天堂，引无数游客纷至沓来。三亚的凤凰岛国际大酒店和蜈支洲岛是三亚变革中的涟漪和泉眼，最能体现改革开放带给三亚的勃勃生机。时间给了蜈支洲岛故事和蜕变，华丽转身的小岛正朝你风姿绰约地走来。作为南海边陲的一座童话小岛，蜈支洲岛梦幻般的故事每天都在悄悄上演，愿天下有情人在蜈支洲岛终成眷属。

亚龙湾热带天堂森林公园位于中国唯一的热带海滨城市海南省三亚市亚龙湾国家旅游度假区，是按照国家森林公园规范要求开发建设的三亚市第一个森林公园，也是海南省第一座海、山、地生态观光兼生态度假型的森林公园。亚龙湾热带天堂森林公园总面积1 506公顷，园内有成片的热带雨林。世界上仅存的热带雨林有南美洲和东南亚等极少几块区域，而中国的热带雨林仅有西双版纳和海南岛。亚龙湾热带雨林是距离城市最近的天然森林氧吧，热带雨林的保护基本完好，植被类型为热带常绿性雨林和热带半落叶季雨林，

三亚蜈支洲岛风景

可开展登山探险、野外拓展、休闲观光、养生度假、科普教育、民俗文化体验等多种旅游活动。走进热带森林公园，园内的飞来石、盘龙洞、千里亭、飞龙石、升官石、发财石、龙门石、仙人脚、穿空索桥、雨林栈道、空山亭等数十处新奇景观均已开发完成。三亚天堂热带森林公园分东园和西园，犹如伸展的双臂环抱着"天下第一湾"，与亚龙湾国家旅游度假区形成互补和互动，是亚龙湾由海滨向山地、由海洋向森林、由平面向立体、由蓝色向绿色的重要延伸，游客可以从不同高度、不同角度欣赏亚龙湾。三亚历来就有"东龙西凤"之说。"龙凤"在中国的历史长河中是一个绕不开的文明符号，从漫长的旧石器时代走到如今的信息时代，从单一朴实的原始文明到纷繁复杂的工业文明，"龙凤"一直都是华夏民族的图腾。三亚的"东龙"是指亚龙岭、红霞岭的龙山龙脉与亚龙湾、大小龙潭共同构成的亚龙湾风景名胜区和国家旅游度假区，"西凤"则是三亚的凤凰岛。中国传统的"龙"文化在亚龙湾天堂森林公园演绎得极为突出而和谐，彰显三亚的"东龙西凤"文化。除了"东龙西凤"的文化，三亚原住民对自然也非常敬畏，热带森林公园红霞岭端的天然巨佛既是镇山之神，也是镇海之神，其形象酷似合掌打坐的弥勒佛，也有人称它"老人头石""龙头石"，当地黎族百姓敬它为山神，干旱时向它求天上甘霖，洪涝时向它求云开日出，风暴来临时向它祈求平安。这座体量巨大、世间罕有的弥勒佛，在民间有许多文化沉淀，它是天下芸芸众生的一种心理寄托。百姓们敬赏天然巨佛，祈求自己的幸福安康。2017年4月10日这座天然巨佛由吉尼斯英国总部颁发"世界最大天然弥勒佛像"的世界纪录证书。

登临这三亚地理意义上的至高点，小城山海相连的风光尽阅，亚龙湾、大东海、凤凰岛、三亚地标景观凤凰国际大酒店均一览无遗。这里有着最原始的风景，这里有着最美丽的风景，这里还有着清新的空气。站在最高的地方远眺亚龙湾，山海风光更加富有层次，近有绿树红花，远有山峦起伏，抬头仰望，天高云淡；低头俯视，绿浪翻滚，极目之处更是大海与长天一色，海阔天空，整个亚龙湾在这里有着最深刻的记忆，最美的期待。这里是人间天堂，海上仙境，只有在这里才能一览无遗"天下第一海景"。庆幸过度开发的三亚尚有一片原生态森林资源未被商业捆绑，却被一部《非诚勿扰》迅速捧红并迅速地挖掘更多的潜在商业价值。因为一部《非诚勿扰》的电影，人们都会想着去寻找那座他们走过的索桥，寻找那片他们游过的泳池，寻找属于每个人心中的爱巢，这一切的一切都是为了寻找心中的那份真诚。故地重游，却看到诸多《非诚勿扰》的电影元素夹塞，各色收费景点陡增，商业的浮华冲淡了原生态的韵致，兴味索然。政府部门抓住影片《非诚勿扰》带来的边际效应，在森林公园仿照或还原影片中的诸多场景，售票参观。景点周边商业开发划片租赁，租金高涨，商品价格随之水涨船高，经济压力转嫁，最终还是苦了消费者。《非诚勿扰》还真的该对三亚有一片"非诚勿扰"之心。知否？仅仅一个影片中的试婚房，参观一下，收费30元。亚龙湾热带天堂森林公园，天然去粉饰才能清新更脱俗，才能深得游客青睐。和好友志庆在北纬18度的邮政局打卡，给远方的朋友寄出一张明信片，又一起在食街品尝一份价格不菲的午餐，小坐等候其他游伴，都不想参观那一处处收费的景点，这些景点好多都和影片《非诚勿扰》有关。想着，这《非诚勿扰》何时才能对亚龙湾天堂热带森林公园非诚勿扰。

改革开放后的三亚一直在追赶时尚，努力地打造三亚的旅游特色，坐落在三亚海棠湾的亚特兰蒂斯酒店代表着全球酒店最高端的品牌。亚特兰蒂斯，一个神奇的名字，是曾经在地球上存在过的一片大陆，具有高度的文明，在一次全球性的灾难中，这片大陆沉没在大西洋中。近一个世纪以来，考古学家在大西洋海底找到史前文明的遗迹，似乎在印证着这个假说。在民间的说法中，人们把这片陆地叫作大西洲，把孕育着史前文明的那个国度叫作"大西国"，据说"大西国"的文明远远超过当今世界的文明。其实，科学界早就给这片神秘消失的大陆命名，那就是沿用了柏拉图提出的名字——亚特兰蒂斯。亚特兰蒂斯这个名字代表着消失的世界奇迹，用亚特兰蒂斯命名的酒店那应该代表着最高的星级服务。亚特兰蒂斯酒店，名冠七星级，全球仅有的三家之一。三亚的亚特兰蒂斯酒店占地面积54万平方米，80余家国际著名的建筑和设计师联手打造，设计风格融会东西方特色文化以及琼岛本土文化，是集度假酒店、娱乐、餐饮、购物、演艺、物业、国际会展及特色海洋文化体验的八大业态于一体的旅游综合体。其中海洋文化是该酒店的一大特色，酒店建有"失落的空间"水族馆，注有1.35万吨天然海水的大使环礁湖，拥有逾280种水族动物，游客可观赏到鲨鱼、鳐鱼、水母、倒吊鱼、海鳝和巨骨舌鱼等海洋生物，还可在潜水项目中与异域海洋生物共舞。此外，酒店还打造了水上世界，占地20万平方米，是全年开放的水上乐园，设有数十条顶级滑道、极速漂流、嬉水童趣乐园等。亚特兰蒂斯酒店还设有21家环球美食餐厅，涵盖了欧陆自助、中式自助、日式料理等国际美食，游客可在酒店感受世界美食文化。纸醉金迷，极尽奢靡，消失在大西洋的亚特兰蒂斯"文明"又在三亚重现。

  步入金碧辉煌的酒店大堂，同行有怯生生者，好似刘姥姥走进了大观园，幸福得掉了下巴，叹曰：这才是有钱人生活的天堂，真幸福！吾虽努力保持一颗平常心在大堂缓缓踱步，四下观望，却竭力掩饰自己的羡慕心态，努力宽慰自己，"臣本布衣""一箪食，一瓢饮，在陋巷，人不堪其忧，吾也不改其乐"。环顾纸醉金迷的巨大空间，鲜衣怒马美少年，珠光宝气贵妇人出入其间，不由得不发出一声叹息。社会的阶层是立体切割的，地球旋转的每一天，无论你生活在云端或底层，均有24小时的支配，你在自己生活的层面度过自己的一天又一天，你会有自己的幸福和快乐，也会有自己的悲伤和烦恼。每天每分每秒都生活在幸福当中纯属浪漫的梦幻。有自我调侃的同行者：今天能够在亚特兰蒂斯住上一晚，太幸福了，真的是做鬼也风流。想起了明代冯梦龙的小说《警世恒言》中有一则"卖油郎独占花魁"的故事，卖油郎倾其所有，一夜风流并无风流，却觉得很幸福，颇有寓意。幸福未必就是得到，付出也是一种幸福。又想起欧·亨利的小说《麦琪的礼物》，何谓幸福？窃以为德拉和吉姆的生活才是人世间真正的幸福，因为幸福除了物质享受，还有爱的奉献。悄悄落座亚特兰蒂斯大酒店的酒吧，捧一杯花钱令人心痛的咖啡奢侈地抿一口，没有惬意的享受，却依然装作很绅士的样子缓缓地环顾四周，努力地使自己的举止和亚特兰蒂斯的环境达到"天人合一"的境界，可脑海里却突然想起小时候喝一瓶正广和汽水的情景，味觉跳出的不是咖啡的滋味，而是那含在口里的盐汽水的感觉。拿着一瓶正广和汽水，就像品尝咖啡一般坐在家门口的小竹椅上喝上小半天，那才是无比的幸福。记得有这样一个故事：一对盲人老夫妻在街上卖唱，收摊后，两人推着小车回家。爷爷拄着拐杖在前边探路，奶奶在后边跟着他。走到马路边，爷爷会特意提醒奶奶注意车辆。如果天下雨，他会在小车里摸出雨伞，给奶奶撑着。中秋节这天，他们特意买了啤酒和肉，庆祝过节。吃肉前，爷爷提议干杯，奶奶开心附议，但扑空了好几次才碰上杯，他们幸福得开怀大笑。奶奶大口吃肉，跟爷爷撒娇：你摸摸我的脸蛋，觉得我是不是很漂亮？他们在一起好几十年了，没看见过对方长什么样，即便样貌装不进眼睛里，但他们的内心装着彼此就够了。即便外界的光照不进他们的世界，他们却是彼此的光源。看不见很苦，两个人都看不见，生活更苦，但在爷爷看来，这世界上，有牛生，有马生，只有人生是最高尚的，有幸来到这个世界，就是来享受快乐的。他们不抱怨痛苦和不公，他们感谢自己苦中作乐的本事，他们认为自己也是天底下幸福的人。每次想起这对卖唱的盲人老夫妇的故事，都禁不住泪水盈眶。也许，有些住在亚特兰蒂斯的客人，未必能领会这对盲人老夫妇的幸福。

　　三亚海棠湾有亚特兰蒂斯笑傲三亚所有的酒店，三亚南海边有高耸云天的南海观音为民祈福。亚特兰蒂斯是物质的享受，膜拜观世音是精神上的追寻，今天的三亚在物质和精神层面打造了人世间的两个极端。离开亚特兰蒂斯酒店，朋友笑问是否有幸福感？如实相告：还真的没有感觉到特别的幸福。朋友哂笑于我，调侃道：看来物质不能被打动的，必定是追求精神层面的幸福。等着吧，幸福马上来敲门。于是乎一行人驱车径直前往南山。108米的南山海上观音是世界上最高的观音像，白衣观音圣像一体化三尊，一面是手持莲花、一面是手持经书，还有一面是手持佛珠，宝相庄严，脚踏108瓣莲花宝座，莲花宝座高10米，共四层，每层有形状相同的27瓣莲花。莲花宝座下为金刚宝座，金刚宝座内是面积达15 000平方米的圆通宝殿。金刚宝座由长280米的普济桥与陆岸相连，并与面积达60 000平方米的观音广场及广场两侧主题公园共同组成占地面积近30万平方米的"观音净苑"景区。重上南山百感生，慈悲仙子度众生，梵天净土再祈福，一朝凤愿终得成。穿过南山不二门，持香三炷拜观音。南海观世音，持莲法净身，持篋般若光，持珠解脱心。人类对宇宙的认知只不过是冰山一角，佛法无边。感恩观音保佑，终盼得云开日出；守得初心一片，终迎来祥云缭绕。顶礼膜拜观世音菩萨，虔诚敬奉清香三炷，默默许愿，阿弥陀佛，恍惚间看到耸入云天的观世音菩萨朝着芸芸众生微笑，一片祥云在凡夫俗子的头上缭绕。再度虔诚叩拜：大慈大悲的观世音菩萨保佑苍生，愿慈悲仙子显神灵普度众生一世平安，无病无灾。

众多善男信女带着观世音菩萨的庇佑，迤逦前往天涯海角重现人间浪漫的温情。天涯海角风景区位于三亚市天涯区，景区海湾沙滩上大小巨石有上百块耸立，上有众多石刻，"天涯石""海角石""日月石"和"南天一柱"突兀其间，清代雍正年间崖州州守程哲所书并勒石镌字"海判南天"是最早的石刻。"天涯"和"海角"这两块巨石据说也有一段凄楚的爱情故事，情节似曾相闻。传说一对热恋的情人来自两个有世仇的家族，他们的爱情遭到各自族人的反对，于是他俩被迫双双跳进大海，后来化作两块巨石屹立在大海边。后人为纪念他们的坚贞爱情，将他们跳海殉情的地方称为天涯海角，并在两块巨石上分别镌刻"天涯"和"海角"。明知是杜撰附会的爱情传说，在特定的地点自然令人深信。天之涯，海之角，为爱而来，为情而至。蓄起亘古的情思，揉碎殷红的相思，多少有情人，天涯海角山盟又海誓。"滴不尽相思血泪抛红豆，开不完春柳春花满画楼"，寻青春年少留下的足迹，天涯海角回忆过往的情节，似又听见娓娓道来，别梦依稀重现。然依旧天涯望天涯，海角对海角，沧海茫茫，在水一方。都云"在地愿为连理枝，在天愿为比翼鸟"，古今多少人，情爱如愿酬？《红楼梦》中元妃省亲，奢靡至极，她却对父亲贾政泣诉："田舍之家，齑盐布帛，终能聚天伦之乐，今虽富裕，然终无意趣。"贾元妃贵为皇妃，物质享受不逊当今天天住在亚特兰蒂斯酒店，她却觉得"终无意趣"，缘何？再简单不过的道理，平平常常过日子，相濡以沫一辈子，这才是幸福的生活，真正的爱情。天涯海角的海誓山盟终究是一种浪漫的情怀，一种精神的高度，生活在童话故事里的神仙眷侣纵然有，也很难轮到你和我。

三亚，这座美丽的南国海滨之城还拥有号称亚洲第一的著名海滨风景大道——全长20公里的三亚湾椰梦长廊。椰梦长廊傍海而建，临海一侧为景观迷人的热带植物林，与银色的沙滩、蓝色的大海相映成趣，组合成一幅色彩斑斓的长卷图画；另一侧则是魅力四射的休闲度假区，布局巧妙，风格各异的幢幢别墅、座座宾馆等现代建筑沿途散落，构成三亚滨海旅游城市美丽动人的风景线。因为沿线是绵延不绝的椰树林，这条大道便有了一个诗意浪漫的"椰林长廊"称呼。椰林长廊是三亚最浪漫的景点之一，黄昏时分漫步在长廊，可以看到海边的晚霞，可以欣赏西垂的落日，余晖和晚霞在天边组合成一幅震撼心灵的美景。当天边的第一团白云被阳光镶上金边的时候，美丽

作者在三亚蜈支洲岛海滩

的落日开始展现其壮观的画面，此时的天空由蓝色逐渐转变为黛青色，又渐渐地被一层层光晕渲染，最终变为金黄色。椰林长廊最东边是港口，一艘艘渔船身披霞光，渔舟唱晚，如诗如画。有歌声穿过椰林飘入耳膜：最美不过夕阳红，温馨又从容。椰林长廊，美丽的海滨风光，因为有你，三亚无愧于东方夏威夷的称号。来到三亚，一定要走一走椰林长廊，一定要看一次南海的落日；来到三亚，一定要到大东海倾听大海的声音，在大排档品尝南海的海鲜；来到三亚，一定要去蜈支洲岛体验马尔代夫的风情。来到三亚，你可以在亚龙湾的热带雨林徜徉，你可以在南山膜拜大慈大悲的观世音，你可以到天涯海角海誓山盟，你可以在鹿回头国宾馆寻找过往三亚的历史，你可以在凤凰岛寻觅改革开放给三亚带来的巨变，你还可以在亚特兰蒂斯感受七星级宾馆的服务。三亚，海阔天高，云卷云舒，椰林婆娑，绿浪翻卷，这是一座生机勃勃的城市。三亚，色彩斑斓，姹紫嫣红，与时俱进，活力四射，这是一座时尚前卫的城市。大自然把最宜人的气候、最清新的空气、最和煦的阳光、最湛蓝的海水、最柔和的沙滩、最美味的海鲜和风情万种的少数民族都赐予了这座海南最南端的海滨旅游城市。三亚，昔日的小渔村，如今正以其独有的魅力吸引着世界各地的游客纷至沓来。现代化的三亚，你是一座来了就不想离开的城市。

2019年4月6日于海南文昌

遍地修篁莫干山

莫干山位于浙江湖州市德清县，属于天目山的余脉。莫干山山峦起伏，风景秀丽多姿，景区面积达43平方公里。莫干山虽没有泰岱之雄伟、华山之险峻、庐山之俊秀、黄山之清奇，但却凭借着绿荫如海的修竹，清澈不竭的山泉，星罗棋布的别墅和四季迷人的山野风光，享有"清凉世界"的美誉，从清代开始就成为我国四大避暑胜地之一。莫干山的得名源于春秋战国末年，据传吴王阖闾想要打造一对雌雄宝剑，派遣擅长铸剑的莫邪、干将夫妇在今天的莫干山为他打造宝剑。莫邪干将夫妇日夜铸剑，但烧旺了炉火，却发现铁石并未熔化。莫邪闻须有女子殉身炉神，方能成功，遂跳入熊熊炉火，随后铁石消熔，铸成天下闻名的雌雄宝剑。为了纪念莫邪干将夫妇，吴王将这对宝剑取名为"莫邪干将"雌雄剑，并赐名莫邪和干将铸剑的这座山为莫干山，莫干山由此得名。有关干将莫邪的另一种传说的版本最早可见于汉代刘向《列士传》和《孝子传》，书中记载干将是春秋吴国人，著名的铁匠，他打造的剑锋利无比。干将与妻子莫邪奉命为楚王铸成宝剑两把，花三年时间终于铸炼出一对举世无双的宝剑，一把曰干将，一把曰莫邪。由于知道楚王性格乖戾，得到了世上罕见的宝剑，一定会把铸剑之人杀掉，免得再铸造出更好的宝剑。干将在将雄剑（干将）献给楚王之前，将雌剑（莫邪）托付妻子莫邪传给儿子眉间尺，如遭不测，儿子将来为他雪恨。后干将果真被楚王杀戮，眉间尺长大后成功完成父亲遗愿，杀死楚王，为父报仇。刘向是西汉时期的历史学家和文学家，生于公元前77年，可见莫干山得名至少有2 000年以上的历史。

千百年来，众多历史名人在莫干山留下了诗文、石刻，优美的自然风光和深厚的人文底蕴互相交融，使得莫干山拥有巨大的名人效应，故而莫干山有"江南第一名山"的称谓。1952年7月，时任上海市市长的陈毅入莫干山探视病友，留住十日，喜满山风物之美，作《莫干好》七首，其中吟咏道："莫干好，遍地是修篁。夹道万竿成绿海，风来凤尾罗拜忙，小窗排队长。莫干好，雨后看堆云。片片层层铺白絮，有天无地剩空灵，数峰长短亭。"1955年4月，毛泽东在杭州小住的时候，也远足到了莫干山。游览莫干山的时候，毛泽东曾在传说为莫邪、干将用过的磨剑石旁留步吟诗："十年磨一剑，霜刃未曾试。"下山途中，毛泽东游兴未尽，在观瀑亭观瀑布，顺芦花荡西行至塔山远眺，东看太湖，南望钱塘江，好一片大好河山尽收眼底，好一方碧波荡漾的湖水，映出舒坦清丽的河山。乘车下山，回首再看抛在身后的峰峦暮色苍茫，伟人还沉浸在对莫干山盘旋陡峭的山势的回味之中，随口吟咏出一首七绝《莫干山》："翻身复进七人房，回首峰峦入苍茫。四十八盘才走过，风驰电掣到钱塘。"这首七绝，名为《莫干山》，但并没有写莫干山，更没有写历史传说中发生在莫干山的悲壮故事，也许，伟人在这个时候不想写沉甸甸的诗，他只是陶醉在满目葱茏的莫干山美景之中，抒发大自然给予他的赏心悦目的心境，因此这首七绝风格轻快，即景抒情，语言明白如话，诗趣意兴盎然。

莫干山为国家级风景名胜区，森林覆盖率98%，自然景观以竹、云、泉"三胜"和绿、净、静"三宝"驰名中外，还有剑池、芦花荡、龙潭、塔山、天池和天桥诸多胜景。莫干山有谚语：三胜竹云泉，三宝绿净静。"竹"是莫干山"三胜"之冠，以其品种之多、品位之高、覆盖面积之大列于全国之首、世界之最。莫干山是百竹陈列馆，走进莫干山，但见修竹满山，绿荫环径，风吹影舞，芳馨清逸，宛如置身于绿海之中。景区以及外围区域有连片竹林127平方公里，有诗云："竹径数十里，供我半月看。"莫干山所独有的"黄金嵌碧玉""碧玉嵌黄金"两类珍贵竹种以其独特的花纹倾倒无数游客。莫干山上多云雾，多风雨，所以"云"也是莫干山极具特色的自然景观。莫干山的云因时而异，变幻万千，动若浮波，静若白絮。有时雷鸣脚底，云起瓮中；有时日照明霞，虹跨峰峦；忽而阵云带雨，倾盆泼瓢；忽而云开天晴，处处朗丽，瞬息万变都以风云为转移。陈毅市长如此形容莫干山的云雾："莫干好，大雾常弥天。时晴时雨浑难定，迷失楼台咫尺间，也来喜酣睡。"倘若有幸能置身于云海之上餐雾饮露，在云中穿梭竹海，飘飘欲仙，在峰峦之巅枕云席絮，遗世独立于莫干山上，不是神仙，胜似神仙。莫干山山高林密，绿茵葱郁，雨水充沛，年降水量达1 640毫米，雨水远超沪宁杭，故而清泉遍布，"泉胜"乃莫干山的第三胜。剑池、龙潭是大泉，其余的中泉、小泉和微泉满山漫坡都有分布，无须"山中一夜雨"，也堪"树梢百重泉"。飞湍瀑流从天而降，步步皆有水，峰峰皆见泉。莫干山风景区的泉流多达百余道，淙淙潺潺，叮叮咚咚，滴滴答答，到处都是泉水的歌声。

莫干山是一座绿色的山，绿得沉稳，绿得灵动，绿得深情，绿得羞涩，莫干山的绿是蘸满了绿色颜料的油画笔，一口气地画下去，没有一丝犹豫，从上到下都是一种颜色——绿。莫干山山高水长，流水清澈，阳光下泉水叮咚，捧一掬泉水，滋润心田，纯天然的山泉水带有一丝微甜的清凉透彻肺腑。莫干山有着高含量负离子的空气，山上的空气一如纯净的泉水，尤其是雨后的莫干山，清新的空气就像洗过一样，没有一点儿杂质，阳光下也看不到一丝尘埃。纯净的泉水、纯净的空气为莫干山又添上一宝：净。空山新雨后的莫干山宁静致远，是一个来了就想住下，就想静静发呆的地方。当你背着行囊，走进莫干山浩瀚的绿海，风儿在竹林间来回穿梭，在竹梢间沙沙摩挲，宁静的竹海听得见微风起舞的声音。绵延的竹海依山成势，钻进竹海的风儿都透着一股清凉，清凉的微风携带着一份宁静，听得见风吹竹林的声音，听得见叮咚泉水的歌唱，置身其间，感受到的是一种宁静的力量。莫干山，正是意境中的那种世外桃源，每一位前来莫干山的归客都能告别生活的重荷，以最轻松的方式，回归内心的宁静。

莫干山具有风光旖旎的自然资源景观，还具有独树一帜的人文景观，现存的250多栋风格迥异的别墅更是莫干山的一张文化旅游名片。鸦片战争后，晚清政府被迫门户开放，外国商人和传教士纷纷进入中国。江南的夏天酷暑难耐，在没有空调的日子里，洋人们看中了莫干山这座天然的避暑胜地，纷纷在山上建起了别墅。莫干山地处上海、杭州、南京这三座大城市的中心，南京当时是民国政府的政治中心，上海是民国政府的经济中心，杭州是浙江省的省会城市，得天独厚的地理位置和自然风光使得莫干山成为江浙沪一带的达官贵人首选的避暑胜地。莫干山早期的别墅由英、美、法、德、俄、荷等国兴建，模仿各国的建筑风格，所以莫干山的别墅多种建筑风格并存，是中国近代别墅建筑发展的缩影，包括了各个历史阶段、各个发展流派的别墅建筑，具有相当的集中性和代表性，宛如一座别墅建筑的博物馆。

莫干山的别墅，有北欧田园式乡村别墅的陡坡屋顶，有古罗马的柱式建筑遗风，有明快色彩和精致装饰的洛可可风格，有哥特式的尖顶拱门，配上大窗户及花窗玻璃的建筑，也有常采用椭圆形空间的巴洛克风格的建筑，自由组合各种建筑形式的折中主义建筑，还有西方古典式的门庭栏杆建筑式样，精彩纷呈，乱花渐欲迷人眼。辛亥革命后，民国政府的达官、工商富豪也在莫干山兴建别墅，别墅的式样在借鉴西方建筑的基础上加入了中国元素。中国古典建筑的歇山飞檐点缀其间，在莫干山别墅群中独树一帜。莫干山上的别墅大都因地制宜，采用山上的石头建造，外观粗犷而又结实。每一栋别墅

学生和朋友在莫干山为作者庆生

在建造之初就充分利用所处的地势，高低错落有致，巧妙布局。有的依山而建，有的溪流为邻，有的被参天古木包围其中，仿若避世修身养性之所，有的耸立于山峦峰顶，可一览众山小。莫干山的别墅与满山的风景浑然天成，自然与人文景观有机融合组成最靓的莫干山全景图。

莫干山最古老的别墅是贝勒别墅，建于清光绪二十四年（1898），由英国商人贝勒出资兴建，到民国十五年（1926）时，莫干山上已经有别墅154栋，基本上都归西方列强所有。民国十五年后，中国的达官贵人也在莫干山陆续建造别墅，到新中国成立前夕，莫干山上的别墅总计有250栋之多。一栋栋风格各异的别墅倚势借景，寂静清幽，和着山风竹涛散布在莫干山上，掩映在绿色的海洋之中，犹如天上的琼楼玉宇。古人有诗歌赞曰："参差楼阁起高岗，半为烟遮半树藏。百道泉源飞瀑布，四周山色蘸幽篁。"作为东西方文化融合的产物，莫干山上的别墅对研究建筑美学有很好的借鉴作用，称得上是中国别墅大观园。

莫干山200多幢名人别墅，有的是商人养生之所，有的是文人墨客潜心创作之处，还有的则是政界要人的下榻之地。莫干山的每一座别墅都蕴藏着深厚的历史文化底蕴，漫山遍布的别墅群与近代许多重大事件结下不解之缘。因为莫干山的别墅与中国近代历史的重要人物、重要事件有相当密切的关系，所以莫干山的别墅也成为研究中国近代史的重要历史遗存，每一座别墅的背后都有一段历史故事，纵然别墅的主人几易其手，这些坚固的别墅作为见证沧桑的物证完好地保存至今。一座莫干山，半部民国史，历史内涵丰富的栋栋别墅泛动幽古遗韵，有些历史在岁月长河中悄然湮灭，但房子还会说话。行走在莫干山，一幢幢别墅次第映入眼帘。多少历史的俊杰和一代伟人曾经在莫干山这个远离尘世喧嚣的世外桃源休闲度假，他们在别墅内休憩，在山道上漫步，在绿荫下休闲，但他们的大脑却从来没有停止过深沉的思考。莫干山上云卷云舒，莫干山上风起云涌，莫干山是曾经有过的一幕幕历史风云的策源地，从莫干山别墅内传出的声音影响着历史的进程。

与莫干山的渊源有45年之久。第一次去莫干山还是与农场好友谈晓明在1974年的初夏时节。莫干山作为上海的后花园，此后曾多次前往。几十年来，小住莫干山不下十余次。每到盛夏时节，魔都酷暑难熬，然葱茏蔚然的莫干山宠溺地将清凉的夏揽入怀抱。翠竹翩翩舞，凉风习习吹的莫干山驱车数小时即可抵达，小住数日，养生养性，莫干山成为消夏避暑的首选。今年夏天又来到了莫干山，弟子们借得避暑胜地莫干山，择山间一别墅改建而成的民宿"星空的院子"在7月7日这天为自己的师长庆贺六十六寿辰。弟子们从兰州飞来，从长沙赶来，从江浙沪过来，筹划数月，今朝酬愿莫干山，翠谷民宿开寿宴。弟子们挂在脸上的笑容似乎在向自己的师长询问：知否？知否？敬爱的师长，今天是你的生日！庆贺，庆贺，先生的66大寿，这是弟子们的共同心声。

　　清新的空气携带着翠竹的清香满山满谷弥漫，沁人心脾，"我见青山多妩媚，料青山见我应如是"。被弟子们簇拥，行走在山间竹径，清风扑面来，溽暑随步散，迤逦行步来到剑池。剑池是莫干山摩崖石刻最集中的地方，凝视石壁上铭刻的"剑池"这两个遒劲的大字，尽情欣赏这莫干山的第一名胜。剑池飞瀑蜚声中外，无论春夏秋冬，阴晴晦阳，剑池飞瀑千变万化，奇景迭出。有时如一线悬空，可随风飘散；有时如苍龙入海，腾挪飞跃；有时大雾漫天，瀑布潜形，但闻其声，不见其容；有时晨雾未散，谷中紫烟弥漫，瀑布若隐若现；有时月光照临，山色朦胧，瀑布闪耀熠熠银光，真可谓莫干之美在剑池，剑池之美在飞瀑。剑池上面有横跨清溪之上的一顶小石桥，名阜溪桥，又叫飞虹桥。桥的石柱两旁是陈毅《莫干山纪游词》中的两句词。一边是：夹道万竿成绿海，百寻涧底望高楼。另一边是：飞瀑剑池涤俗虑，塔山远景足高歌。从飞虹桥上向下眺望，悬崖巉岩之间的剑池飞瀑尽收眼底。飞瀑危崖是剑池自然景观的精华，三叠飞瀑各有特色。溪水冲出阜溪桥下，猛然间跌落二三丈，注入潭中，形成剑池飞瀑的第一叠。瀑布注入剑池后，稍作停蓄，水势益壮，又一次跌水，高达十余米，颇为壮观，这便是剑池飞瀑的第二叠，亦是主瀑。前人有诗赞曰："飞泉裂石出，浩浩破空来。万壑留不住，化作晴天雷。"剑池蓄水又下，水流被束缚成一股短瀑，形成一弯溪流迤逦远去，淹没于翠竹丛中，这就是剑池的第三叠。与众弟子站在剑潭边上，仰观瀑布，但见飞瀑临空，珠飞玉碎，凉气袭人，动人心魄；俯视剑潭，潭中烟峦兀立，树影婆娑，似别有洞天。剑池飞瀑，若一匹素练，窈窕多姿，各呈奇姿，趣味无穷。剑池不仅仅有壮观的飞湍瀑流，还有磨剑处、试剑石等遗迹。剑池左侧有一石级，以一种轻盈的姿态，从容迈步，拾级盘旋而上，听清风刮过竹林，闻芳草弥漫清新，心情大悦，幸福至极。也许生活的本来面目就该如此简单，能够简单生活其实就是一种幸福，简单的生活不需要拼命透支，而是款款而行。抵达观瀑亭，这里是观赏剑池飞瀑的最佳地点，亦是莫干山上观看日出的首选之地。

　　芦花荡为莫干山中最大的人工园林，园内树林葱茏，流水淙淙，芦苇摇曳，百花吐艳，是个休闲度假的好去处。尤其是夏日，芦花荡幽静清凉，极宜消暑，游客纷至沓来。芦花荡公园原来为一座名谓金钟寺的寺院，后寺院毁于战火而芦苇丛生，成为野趣横生的芦花荡，与万竿绿竹相映生辉，列入莫干山一景。美好的风景总会有美好的传说附会。相传春秋末年，太湖人莫元中年娶妻，老年得女。妻亡故后携女莫邪入山隐居，闲时学医采药，为乡人治病。山上百草齐全，独缺芦苇，莫元从太湖移来芦根，种植于门前水洼，寒来暑往，芦苇成荡。忽一日，天空一声鹤鸣，昆仑山西王母派往东海瀛洲的仙鹤信使被秃鹰追逐，坠入芦荡。莫元赶走恶鹰，救下仙鹤，莫元成仙跨鹤而去。美好的传说流传千年，流传千年的传说成为莫干山的文化并得以传承。芦花荡的主要景观有鹤啄泉、鹤池、芦荡、开山老祖莫元塑像，这些景观生动地记载了芦花荡的美好传说，由此成为芦花荡公园的人文景观。园内的椭圆形水池，红顶白鹤的雕塑，神态悠闲。池中还有喷泉，水质清冽。拾级而上，迎面为湘人李铎题"清凉世界"四个大字，再往上有一平台，昔日为露天舞池。鹤鸣泉水质优良，常年不竭，可直接饮用，为莫干山最佳泉水。此外，芦花荡公园还有花毛竹和富有民俗情趣的生肖园、集当代名家书法大成的碑林及陈帅诗碑亭等自然人文景观，爱好书法的朋友可以前往品鉴，这些碑林多为20世纪80年代前后的新作品。

游览莫干山，参观浸润历史风云的名人别墅不可或缺，尤其是武陵村的别墅群。从清凉亭向西南沿公路行一公里许，修篁绿树丛中，有一幢幢精美的别墅，此处便是武陵村。武陵村的别墅群相对于莫干山其他景点较远，坐落于莫干山屋脊头岗顶之上，地势高旷景观壮美，环境幽静，自成天地，附近有问津亭、滴翠台、旭光台、古天池等景点。据民国年间的《莫干山志》记载：屋脊头在金家山东北，地势轩爽，登眺最佳，犹如陶渊明笔下的世外桃源，故得名"武陵村"。武陵村绿荫蔽天，景色秀丽，别墅安排错落有致，布局自如，每幢别墅前，有宽敞的松坪，栽种黄杨、玉兰、山茶、紫薇、桂花、银杏等名贵观赏树木。武陵村别墅群比较出名的是颐园和松月庐。颐园还保留着最漂亮的园林，顺着小路前行，放眼望去是密密匝匝的古树，古老的石柱和历经沧桑的围墙历经百年风雨依然保留着典雅的风姿。曾有旅游达人如此描写颐园别墅：颐园在半山风景绝好处，车道和颐园之间间隔着一小段山阶，走下去便看到古旧的颐园围墙和拱门了。这段山阶野径的迂回隔绝了游客车辆的喧嚣，你才可以真正遁入一座山里。室内的陈设告诉你：颐园的主人是讲究的人。曾经作为蒋介石官邸的松月庐是一幢坐北朝南的两层楼西式建筑，蒋介石和宋美龄伉俪曾在此度过三个月的蜜月。松月庐始建于1933年，船型的设计风格，颇为独特，因周围多古松，大露台形似新月而得名。松月庐一楼是会议室、办公室、会客室，二楼是卧室，过道上挂着宋美龄的油画作品，从画面里可以感受到宋美龄的优雅气质。主卧豪华大气，推窗伫立新月形的大露台，莫干山的风景一览无遗。掩映于绿树芳趣之中的武陵村宾馆别墅群还接待过历史上的诸多中外名人，沉淀着深厚的历史文化。山海楼别墅蒋经国曾住过，觉音楼系陈叔同旧居，也同样为游人所瞩目。新中国建立后，老一辈的党和国家领导人都曾来到莫干山，在莫干山的别墅居住过。

从20世纪80年代开始，领略过莫干山无限风光的民间艺术家以及部分外籍人士开始对莫干山上的别墅自发地改造，一座座具有现代设计感的民宿山居涌现，与莫干山融为一体，开拓了崭新的莫干山的文创产业，民宿已然成为莫干山最大的特色。莫干山的"裸心堡"就是一个将别墅改造成高端民宿的非常典型的成功案例。"裸心堡"的前身是苏格兰传教士梅藤更于1910年在莫干山建造的一座英式城堡别墅，后归国民党元老张静江先生拥有。历经百年历史的老别墅经过改造，老树发新芽，一个高端的具有五星级水准的民宿在莫干山惊艳亮相。隐逸在莫干山脚下的"法国山居"被私家茶园和玫瑰园所环抱，这里曾经是20世纪30年代上海精英们的休憩之地。高雅的法国复古建筑风格，在怀旧的氛围中复兴莫干山旧时的荣耀和豪华，现代而又略带复古之风的"法国山居"成功地再现了20世纪30年代缓慢而又精致的生活风格。莫干山的民宿有奢华版的"裸心堡""法国山居"和颐园，也有走亲民路线的"星空的院子"等民宿。民宿生活的极奢限于象牙塔的小众，扎根泥土，贴近自然，贴近生活的民宿才更具生存的活力。"星空的院子"毗邻法国山居，低调而不张扬，精致而不奢华，下榻"星空的院子"，静坐庭院观远山云卷雾绕，劈波泳池看绿荫映照水面，摇摆荡椅听蝉鸣声声，接地气的"星空的院子"在莫干山众多的民宿中一枝独秀。莫干山因别墅而更负盛名，莫干山因民宿而青春重焕。2016年10月，住建部公布的127个特色小镇名单中，莫干山榜上有名。莫干山的别墅群以及别墅改造的民宿在国际上享有很高的声誉，《纽约时报》将莫干山评为全球最值得去的45个地方之一，美国的CNN把莫干山称为除了长城，15个你必须要去的中国特色地方之一。今天的莫干山，将守护千年的传说，肩负着"探寻人与自然生态和谐"的使命向纵深发展。

落日西垂，回到"星空的院子"。下榻的房间宽大敞亮，舒适透气，一抹斜阳透过明镜般的窗户，温馨又惬意。"星空的院子"置身万顷竹海，浓荫环抱。推窗望远山，山色绿意浓，晚霞天边涌。俯首看庭院，泳池碧波漾，秋千欢乐荡。诗一般的"星空的院子"，体现了民宿老板特有的情怀。"星空

莫干山民宿

的院子"大堂划分得干净利落,有小小的接待台,有紧凑的休息区,还有一个小小的娱乐活动区。庭院的长廊划分两块餐饮区域,原木长条桌椅和庭院的古朴风格搭配得体,旁边还有烧烤架配备。热情的主人早已按照弟子们的要求备下丰盛的生日筵席,满天星星之下,听竹涛声声,闻泉水咚咚,把酒欢聚,怎一个惬意了得。弟子们簇拥左右入席坐定,这一刻温馨又庄重,感动至极。葡萄美酒夜光杯,欢声笑语冲门扉,人生得意须尽欢,莫使金樽空对月。生日高潮,吹蜡烛许愿吃生日蛋糕。只见弟子周高峰装扮成灵动可爱的熊猫,捧着蛋糕缓缓走来。尽管莫干山清凉,一身毛茸茸的熊猫外套包裹全身,密不透气,还是为难高峰了。高峰捧着蛋糕真诚地祝福老师生日快乐,众弟子随之齐声高歌《祝你生日快乐》。烛光映着泪光,执手相看泪眼,竟无语凝噎。莫干民宿喜相逢,便胜却人间无数。与你们在一起的日子,就像一幅百花盛开的国画,吾此生最美的风景都在画面中;与你们在一起的时光,就像一枚晶莹剔透的琥珀,倒映着我们一路走过的痕迹,还有初见时彼此的微笑,万千心愿汇成一句话:但愿人长久,千里共婵娟。

把酒重开筵,觥筹复交错,酒酣胸胆尚开张,鬓微霜,又何妨。酒精因子浸润的心幸福地跳动,举杯向天笑李白,酒不醉人人自醉,再次为明天而干杯。明天行将告别莫干山,今宵该酒醒何处?有弟子用筷子击节而唱:不管明天,到明天要相送,恋着今宵,把今宵多珍重。弟子簇拥,迎着习习山风,拾步弯弯山道。复又行走至剑池,与弟子们纷纷仰躺石舫,遥望深蓝色的苍穹,什么也不说,什么也不做,就这样静静地躺着,享受莫干山的宁静。"一钩新月几疏星,夜阑犹未寝,人静鼠窥灯。"浅浅的星光和深邃的远山相陪,微微的清风和山间的虫鸣交融,夜色多么好,令人多神往,莫干山夏天的晚上。时光就这样分分秒秒地走着,忽然觉得,幸福的生活不在于奢华绚丽,不在于鲜衣怒马,更多的是安宁和祥和。岁月静好,与君共赏莫干星光时;细水长流,与君同观飞瀑长流时;繁华落尽,与君齐享晚霞满天时;共度良宵,与君合饮生日美酒时,焉能不幸福?莫干山剑池的飞瀑溅起的水珠随风飘洒,清凉着微醺的脸庞,沐浴清风,醉里挑灯看剑池,恍若看到漫天繁星映水面,醉后不知天在水,满船清梦压星河。蓦然间想起了小说《飘》的卷尾语:所有随风而逝的都属于昨天,历经风雨留下来的才会成为未来。今晚正是。

2019年7月7日作于莫干山

静听历史走南疆

飞越关山千万重，新疆，又来了，南疆，我来了。不到新疆，不知中国国土如此之大；不到南疆，不知西域风情如此多娇。著名诗人郭小川写道：不进新疆，不知新疆如此人强马壮。不走南疆，不知新疆如此天高地广。不到喀什，不知新疆如此源远流长。沿古丝绸之路一路西行抵达库车，穿越塔克拉玛干沙漠，经和田而到喀什，越上葱岭一直抵达红其拉甫中巴边关，长驱5 000多公里，拥抱南疆广袤无垠富饶美丽的土地，感受南疆各族人民博大无私的胸怀，自然风光与西域文化的融合衍生出南疆深层次的内涵和奇异的色彩。"世间有一种风景，粗犷而忧伤，回声的是千结百绕，而守候的却是梦回西域的执着。一如夜空下的戈壁，一抹苍凉如月的微笑"，它就是南疆。行车南疆，游走西域古国，凭吊历史遗迹，遥想"黄沙百战穿金甲，不破楼兰终不还"的金戈铁马历史画面；塔克拉玛干沙漠腹地目睹"大漠孤烟直，长河落日圆"的瑰丽景象；喀什老城与维吾尔族兄弟喜相聚，感受"历添新岁月，春满旧山河"的崭新景象；昆仑山峡谷喟叹"一川碎石大如斗，随风满地石乱走"的震撼场面，膜拜冰川之父，帕米尔高原和塔吉克族朋友载歌载舞的欢庆场面。南疆，南疆，在南疆这块神秘的土地上，也有着梦幻般的风景，童话般的色彩。南疆，一条古老的丝绸之路纵贯的南疆，灼灼其华，耀眼瞩目。

驾驶"超霸"越野车从乌鲁木齐出发开启南疆之旅，首站为巴音郭楞蒙古自治州的州府库尔勒，这是一个拥有47.5万平方公里和我国黑龙江省面积差不多的自治州。州内的诺羌县占地面积就达16万平方公里，相当于我国的河南省。整个诺羌县人口仅为16万，人均占地面积为1平方公里，新疆之大，略见一斑。从乌鲁木齐经吐鲁番到库尔勒，约七个小时的车程。人在旅途，西域风貌一览无遗，西部风光大片就此拉开。达坂城成片的风力发电机首先映入眼帘，蔚为壮观。"达坂城的姑娘辫子长啊，两个眼睛真漂亮，你要是嫁人，不要嫁给别人，一定要嫁给我"，遥想当年王洛宾的一曲《达坂城的姑娘》使得达坂城名声在外。达坂城三面环山，西面开阔，呈半封闭状态，是南北疆的地理、气候分界线。达坂城有漂亮的姑娘，达坂城更是我国著名的清洁能源之乡。达坂城是我国著名的风城，风能资源丰富，每年的风期可达170天左右，风能年蕴藏量在250亿千瓦时。遥遥看见一片洁白恍如天空之镜跃入眼帘，那是达坂城的盐湖，号称"中国的死海"。蓝天下的盐湖，湖面和天空一样呈现出淡淡的蓝色，云过时，湖面似乎也在微微泛动。达坂城的盐湖将天空的颜色、云朵的姿态和山峦的轮廓全部揽入自己的怀抱，分毫毕现。你若灿烂，倒影也美得令人窒息，达坂城的盐湖让每一个路过的游客都惊叹于大自然的鬼斧神工。

一路继续行进，进入吐鲁番托克逊境内。托克逊地处艾丁湖边缘，艾丁湖是中国海拔最低点，湖面比海平面低154.31米。在漫长的岁月中艾丁湖的河床和湖盆地带被流水冲刷或受风力的侵蚀，一座座土丘被塑造成千奇百怪的状态，成为极具观赏价值的雅丹地貌。托克逊雅丹地貌造型别致，车行其间，仿佛走进了神奇的风蚀地貌博物馆。有的像飞龙腾跃，气势雄伟；有的像古老城堡，壁垒森严；有的像千年城郭，固若金汤；有的像连片楼群，拔地柱天；有的像佛塔寺庙，肃穆幽静；还有的像万艘舰船，鼓帆远航……每当大风刮起，土丘之间发出呜呜声响，如鬼哭狼嚎，阴森恐怖，素有东疆魔鬼城之称。车窗外有成群的骆驼晃过，在这片贫瘠的土地上唯有沙漠之舟顽强地生存。托克逊的雅丹地貌如西部风光大片令人震撼，托克逊的拌面也是新疆美食一绝，筋道耐嚼，天底下竟有如此美味，三生有幸了。继续出发，目标库尔勒。太阳依旧高挂，此时此刻的时针指向8：30。

巴音郭楞蒙古自治州州府库尔勒为新疆第三大城市，中石油塔里木指挥部在此，占据半个库尔勒。"库尔勒"维语意为"眺望"，因盛产驰名中外的库尔勒香梨，又称"梨城"。库尔勒香梨闻名天下，殊不知这座石油城在历史上是中原连接西域之重地。2 000多年前，张骞出使西域，沟通了西域36国与中原的联系和交往。西出阳关为西域，巴州境内有楼兰。楼兰王国历史上有名，"黄沙百战穿金甲，不破楼兰终不还"，极言楼兰国的强大以及大唐王朝统一中国疆土的雄心。昭君出塞北漠，以公主身份下嫁单于，文成公主和亲吐蕃，是为了华夏的安宁和统一，金戈铁马的征战，也是为了华夏的统一，中华民族的统一复兴之梦从未有过间断。库尔勒有著名的巴州博物馆，千年楼兰美女静静地安眠。只是为了这千年等一回，前来一睹4 000年前的芳容者甚众。库尔勒有孔雀河，那是一条流淌着中华民族文化大融合基因的河流，东汉班超曾在此饮马，故而又称饮马河。中原和西域的交往，历史老人孔雀河是见证。

轮台东门送君去,边塞诗人留绝唱。第一次读岑参的《白雪歌送武判官归京》,热血贲张。轮台,维吾尔语雄鹰之意,地处巴音郭楞蒙古自治州西部,天山南麓,塔里木盆地北缘,西域都护府所在地。总想着能在"胡天八月即飞雪"看到那"忽如一夜春风来,千树万树梨花开"的景象,今天梦圆轮台。轮台热情似火,塔里木河边的参天胡杨林欢迎着我们。天下有胡杨,轮台是故乡。胡杨是塔克拉玛干沙漠中塔里木河的卫士。在千年胡杨林中流连,思考生命的意义,是对生命解读的最美启迪,因为哲学的最大价值是找到生命的意义。轮台是中国历史上永远不会磨灭的地名,轮台境内汉代残存的烽火台是对唐朝边塞诗歌最好的解读,三垅沙雅丹地貌则是对轮台亘古久远历史的无声诠释,新兴的石油产业是轮台现代化的象征,1 900平方公里的草湖更是轮台生态系统复苏的明证。轮台,不再是岑参诗歌中"北风卷地白草折"的荒蛮之地。再见轮台,挥手告别轮台人,"峰回路转不见君",路上空留车鸣声。

告别轮台,沿塔里木盆地北部边缘继续驱车西行,经过阿拉尔,抵达阿克苏,下榻库车。库车是中国最西端的一座小城,在天山中部南端,贯穿天山南北的独库公路南疆的起始点就在库车。库车是国家塔里木石油天然气勘探开发的主战场,是国家西气东输的气源地。境内丰富的石油、天然气资源使库车成为塔里木盆地油气构造和油气探明资源的中心,今天的库车是一座蒸蒸日上的石油城。库车系突厥语译音,维吾尔语地名,胡同之意。"因其地为达南疆腹地之要道,故名。"库车,古称龟兹,是古丝绸之路上的一颗璀璨明珠,历史上曾是联系和沟通亚欧大陆的桥梁,中西文化在这里交融。库车,这个西域十字路口的古国还是东方艺术瑰宝——龟兹文化的发祥地,享有"西域乐都""歌舞之乡"的美誉。位于库车县城的库车王府是1795年清乾隆皇帝为表彰维吾尔族首领鄂对协助平定大小和卓叛乱的功绩,专门派遣内地汉族工匠建造而成。王府占地4万平方米,是融中原地区和伊斯兰风格的宫殿。汉唐时期,龟兹是西域36国的大国之一,"西域都护府""安西都护府"相继设在龟兹,领辖西域二十二个都护府及龟兹、焉耆、于阗、疏勒四镇驻军,是中央政府统辖西域的政治、经济、文化和商贸中心。库车境内至今还保存大量的古城墙、古寺、洞窟、烽燧、古墓等珍贵文物。

新疆石窟遍布,但主要集中在古龟兹和高昌地区。龟兹石窟规模数量为新疆之冠,克孜尔石窟是古龟兹国地理位置最西,开凿最早的大型石窟群。克孜尔石窟位于拜城县(古代属龟兹国)克孜尔镇明屋塔格山的悬崖上。克孜尔是维吾尔语的译音,"红色"的意思。克孜尔石窟大约开凿于公元3世纪至10世纪,比莫高窟开凿早300多年。早在公元前1世纪,佛教从印度先传入今天的新疆境内,形成西域佛教后再传入中原。中国佛典翻译中的"佛"字,最早就是间接通过龟兹文译成。石窟是佛教艺术的重要形式,通过建筑和壁画来宣传佛教教义。佛教原本是不主张造像的,造像的出现是受到希腊(通过印度传播)造型艺术的影响而产生的,早起的造像及壁画中裸体和半裸体盛行就是受希腊造型艺术的影响。敛神屏息凝视洞窟内一幅幅保存千年的精美壁画,仿佛是封存千年的史书被打开,似乎在聆听历史的声音在回旋。克孜尔千佛洞以精美的佛教壁画著称,古龟兹国的画师们在克孜尔千佛洞留下了不朽的经典,这些鸿篇巨制记录了大约3世纪到10世纪当时新疆地区历史生活的图景。现在的画家、艺术家再看到这些精美绝伦的壁画时不由得感慨:"这些壁画会让你觉得自己的想象太苍白。"地理位置让龟兹成为佛教重镇,也成就了中国最早的石窟佛教艺术,克孜尔千佛洞被联合国科教文组织认定为人类文化遗产。

告别库车,紧接着的旅程是穿越塔克拉玛干沙漠。有人说:如果爱一个人,就带对方去沙漠,因为那里是天堂;如果你恨一个人,就带对方去沙漠,因为那里是地狱。穿越塔克拉玛干沙漠的这段旅程让我感受到千年亘古不变和日月换新天的巨大转合在时间上只是倏尔之间的切换。长驱650公里来到和库车遥遥相对的塔里木盆地的另一端——和田,这是一段在宇宙万物之初的世界行走的旅程,是一场感悟生命意义的漫漫沙漠之旅。瀚海阑干的死亡地域,鸟飞绝,人踪灭,洪荒之地,死一般的寂静,一切皆永恒,一切皆神性。遮天蔽日的漫漫黄沙是塔克拉玛干的永恒主角,讲述着永恒的神秘和传奇的故事。塔克拉玛干沙漠神秘和传奇的故事也是一首英雄的史诗,这首史诗用沙子酝酿雕琢,粗犷豪放,顽强不屈。广袤无垠的沙漠是地球上的一道风景,更是一种疼痛。沙漠以一种亘古不变的荒芜与长空对峙,在一种对生命的背叛中栖身于祖国的西域,固守华夏的万里疆域,因为这里是中华的国土。一曲《将军令》唱尽千年以来戍守大漠西域的边关将士保家卫国的壮怀激烈:塞上长风,笛声清冷。大漠落日,残月当空。日夜听驼铃,随梦入故里。手中三尺青锋,枕边六封家书,定斩敌将首级,看罢泪涕涓零。报朝廷!谁人听?蓝天映衬黄沙,天地融为一体,从"大漠孤烟直,长河落日圆"的唐诗中寻找"黄沙百战穿金甲"的壮怀激烈,恍惚中看到戍边的将士"醉卧沙场君莫笑"的家国情怀,烽火台三千年绵延不绝的狼烟是由那些面对着"葡萄美酒夜光杯,欲饮琵琶马上催"而毅然奔赴沙场的将士们代代

塔克拉玛干沙漠中的落日

相传。这就是华夏民族的精神，一如沙漠中的胡杨，生而三千年不死，死而三千年不倒，倒而三千年不朽。

在塔克拉玛干沙漠的腹地，有一个神秘的民族守望着沙漠中的一片绿洲顽强地生存，与世隔绝至少400多年。这个被称为"塔克拉玛干沙漠的肚脐"的小小绿洲的神秘性不仅仅在于它遗世独立在世界第二大沙漠的中心数百年，令人更为惊异的是这个生活在沙漠深处的民族没有任何史书记载。1895年，享誉世界的瑞典籍探险家斯文·赫定在当地居民的指引下成功地穿越塔克拉玛干沙漠，他的第一部考察新疆的著作《穿越亚洲》也使世人第一次知晓在死亡之海塔克拉玛干的肚脐之上竟然有一个小小的绿洲，生活着一个与世隔绝的民族。20世纪50年代，于田县政府得知在自己管辖的地盘内，竟然还有一群人生活在沙漠深处不为人所知，便派出工作组前往考察，询问当地居民这里是什么地方？原住民回答是达里雅（意为河流）布依（意为河岸），据说是古楼兰的分支，这支生活在沙漠腹地的古老民族遂命名为达里雅布依人。

这是中国最大的村落，面积有2 000多平方公里，它地处塔克拉玛干沙漠腹地238公里处，一个被称为"塔克拉玛干的肚脐"的绿洲，是中国最难抵达的古村落，是世界上最孤寂的地方之一。在死亡之海的塔克拉玛干沙漠东南边缘，克里雅河缓缓流向沙漠，在沙漠腹地形成一片绿洲，这片绿洲就是达里雅布依人生活的地方，方圆近300公里，极分散地居住着近200户人家的2 000多人。这个与世隔绝的部落至今仍过着半定居半游牧的生活，住所多是用胡杨木建造而成，以馕和羊肉为主要食品，生活简单，通常是几代同堂居住在一起。每年春秋季，会有商贩从几百公里外的县城来到此处进行物物交换，达里雅布依人会用自己的物品从商贩手中换取面粉和其他的生活日用品。沙漠艰苦卓绝的生存环境能孕育伟大而又顽强的生命。达里雅布依人"不知秦汉，无论魏晋"，在恶劣的生存环境生存却视其为最美的家园，他们习惯了沙漠的沉寂，拒绝尘世的纷扰，夜不闭户，路不拾遗，在沙漠腹地的世外桃源幸福地生存繁衍。特别推崇一位捷克作家所说的一段话：国外的富庶生活和自由生活，我都不羡慕，因为我没有参与创造。我还是留恋布拉格鹅卵石铺的小街与小路和走过小街的每一个平凡的、苦难的灵魂……说得那么浅显，那么深切，那么动人，无怪乎许多地质学家都盛赞达里雅布依人生活的沙漠绿洲是人间最美丽的桃花源，无论"黄发垂髫"抑或长髯白须，他们干净的眼神就像初生的大地，他们固执地认为自己是这个世界上最幸福的人。原来衡量幸福的尺度在于自己对幸福的定义。每个人都有仰望星空的权利，这是平等的。1986年联邦德国哥廷根大学教授乔奇·霍夫曼到克里雅河考察后说："我到过世界上很多沙漠，但从未在沙漠中心见到如此迷人的景色。"克里雅河造就了沙漠绿洲，形成罕见的绿色长廊，阻挡了东西沙漠的合拢，延缓了沙漠南下的步伐。同时，绿色植物又滋养了很多野生动物，为广袤的沙漠增添了生气，为雅布依人提供了生存的必要条件。

  曾经去过巴丹吉林沙漠，也去过腾格里沙漠，窃以为沙漠深处的风景都雷同，茫茫瀚海，荒凉寥廓，沙丘的形状波浪般起伏；衰草稀疏，随风晃动，沙海的植物倔强不屈；暮色苍茫，残阳如血，沙漠的景色气象万千。沙漠的前世是海洋，海洋的前世是沙漠。沙漠的风景是单调，单调的风景是沙漠。亿万年的轮回，亿万年的寂寞，沙漠静静地凝望着遥远的星空思索着自己的前世今生，然后告诉天下的芸芸众生：轮回才是永恒。人在旅途，同样的景色往往因人而异，因为同样的风景有不同的人相随相伴，一定会带来不一样的旅途，一定会有不同的火花摩擦，从而获得不一样的感受。此行深入世界第二大沙漠的腹地，惊现一片绿洲，邂逅与世隔绝的达里雅布依人，不能不说是一大惊喜，然穿越塔克拉玛干沙漠的最大兴奋点却是和旅伴们"壮怀激烈"的极限冲沙体验。汪洋中的一条船，沙漠中的一辆车，沙漠之舟"超霸"越野车带着你进入沙漠之行的最高境界——冲沙。

要想看到沙漠极致美丽的景色,就要经历烈日狂沙的吹晒洗礼,就要体验惊险刺激的冲沙运动。人生得意须尽欢,该放纵时需放纵,几十米高的沙坡就像一排巨浪阻挡在眼前,越野车的轮胎放气后,马达轰鸣,竭力冲刺,迎着沙坡以接近垂直的角度一鼓作气冲向几十米之高的沙坡顶,倏尔又急速转弯,以"飞流直下三千尺"的气魄飞速冲下沙丘底部,分秒之间完成坡顶到谷底的切换,自下而上冲向看似不规则的沙丘顶端并在沙峰和沙谷之间自由滑行,漫天飞沙搅得周天混沌一片,如同卷入沙尘暴的中心眼。飞沙扑打车窗,飞沙急速后退,飞沙分流两边,感受风驰电掣的快感,感受荒凉沙漠的激情,感受生命张力的狂野,感受惊险恐怖的爽爆,怎一个刺激了得!钻出越野车,耸立高高的沙坡头,漫漫黄沙静静地躺在大地的怀抱,无声无息乖巧极了。一望无际的沙丘就像未经晕染的宣纸,任凭落日的余晖涂抹色彩。张开臂膀迎接扑面而来的飒飒微风,极目瞭望西边天际"长河落日圆"的壮丽景色,沙漠的粗犷和柔情竟如此和谐地相拥相抱,霎时间眼眶濡湿,抑制不住的热泪在双颊蜿蜒,捧起一掬流沙,任凭它从指缝间流失回归沙漠的海洋,心与沙之间会产生奇妙的联想,你会想象自己就是沙漠中的一粒沙子,你在沙碛中寻找生命的源头。"为什么我的眼里含着泪水,因为我对这片土地爱得深沉……"再度捧起一把细沙对着落日的方向挥撒,沙粒飞舞间,你看到了时光的痕迹,岁月的留念,眼前的飞沙、孤烟和落日你可以拥抱在怀,你很轻易地拥有一片属于自己的天地,贮存一段苍茫的回忆,或许这是你最为期待的瞬间,或许这才是最令你着迷的风景,这或许是经历过极限的冲沙运动后你内心感受的一次飞跃。冲沙的最大魅力就在于远离浮躁的现实,沙尘飞扬的瞬间,聆听动感音乐最大分贝的播放,听觉和视觉,肢体和心境都处在绝对值的刺激之下,进入物我两忘的境界,这就是极限运动的无限乐趣。及至一切归于平静,四仰八叉躺在柔软的沙堆之中,你就是沙,沙就是你,沙与你融为一体,完成沙与你的生命的契合,冲沙的境界就是如此奇妙。躺在沙丘仰望天宇,你会带着哲学的思索寻找生命存在的终极意义,你会瞬间明白人在自然界其实是微不足道的,人类要在自然界生存,那就得顺应自然,生命唯有在尊重自然规律的前提之下才能够代代延续。想起了村上春树的名言:你不可能代替谁负起责任,这里好比沙漠,我们大家都只能适应沙漠。纪伯伦亦有名言:如果你歌颂美,即使你在沙漠的中心,你也会有听众。于是乎,跃身而起,站立在高高的沙坡头放声吟诵边塞诗人流传千年的绝唱今日版:漫漫大漠沙如雪,长河落日圆似盘。羌笛何须怨杨柳,春风已度玉门关。

结束650公里的沙漠之旅，抵达南疆名城和田，一个盛产美玉的宝地。和田位于昆仑山与塔克拉玛干沙漠之间，与西藏自治区接壤，古称和阗，藏语意为"产玉石的地方"。新疆自古就以产美玉而闻名天下，最负盛名的是和田玉。和田羊脂玉，美名扬天下。屈原曾有赞美和田玉的诗句："登昆仑兮食玉英，与天地兮同寿，与日月兮同光。"一位内地援疆工作者在一首《我在和田等你》的诗歌中如此描写和田玉："聚天地之精华，沐日月之光辉，享风雨之滋润，凝山川之灵气。"世人都喜欢和田玉，尤其是和田羊脂玉，民间盛传"人养玉三年，玉养人一生"的说法。来到和田，怎么着也要到白玉河的河滩走走看看。白玉河是和田玉的主要产地。过度开采的白玉河河床大半裸露，坑坑洼洼的河床还有人在俯身寻宝，也许一不小心真的会捡到一块价值不菲的美玉。"我在和田等你，和田是古丝绸之路的重镇，新"一带一路"的明珠，世界玉都丝路名城是人们对它的冠名和美誉。千年不倒的胡杨林，守望着大漠戈壁的无限期待，传承着中华民族的人文品格，尼雅遗址圆沙古城，孕育了西域古国的美丽传说，这条玉石之路，如今已走过了数千年。"和田有艾德莱斯丝绸，"流淌着大漠风尘的异域情调，散发着神秘浪漫的东方气息"，和田地毯享誉海内外，"它巧夺天工色彩艳丽，被称为20世纪最后的工艺"。一首《我在和田等你》，感动天下无数人。我在和田等你，和田好友在电话中热烈欢迎。晚上9点，和田好友钱蔚在和田市的欣明南国城设宴，尽情品尝舌尖上的和田，美酒羔羊，瓜果飘香，醉意醺然，坐在包厢内欣赏台下维吾尔族精彩的歌舞，视觉、听觉和味觉全部被调动起来。夜已深，人微酣，情甚浓，明天将驱车前往刀郎的故乡麦盖提。然不管明天，到明天有多久，该恋着今宵，今宵多珍重，于是乎，所有的酒杯又碰在了一起。凌晨，依依惜别，和田好友馈赠和田大枣、薄皮核桃，这是和田两张新疆特色林果的名片。

　　告别和田，途经叶城。叶城因叶尔羌河而得名，海拔8 611米的世界第二高峰，喀喇昆仑山脉的主峰乔戈里峰（国外又称K2峰）就在叶城县境内。叶城素有石榴之乡、核桃之乡的美誉。"吐鲁番的葡萄哈密的瓜，库尔勒的香梨人人夸，阿克苏的苹果脆又甜，叶城的石榴顶呱呱。"这段顺口溜道出了中国的南疆是著名的瓜果之乡。一杯鲜榨的石榴汁水滋润着干渴的喉舌，这是天下第一甘霖。叶城，一不小心就喜欢上了你。叶城县城内高悬的0号公路的标志告诉你这里是新藏公路的起点，祖国的新疆和西藏通过0号公路紧密相连。叶城为西域三十六国之一的西夜国，历史悠久，境内有众多的文化名胜，公元11世纪建造的喀喇汉王朝的可汗城就在叶城，这座城堡代表着西域

作者在塔克拉玛干沙漠

文化建筑的高峰，远远眺望，气势恢宏。在原址复原的锡提亚谜城再现千年前具有波斯风韵的古城风貌，具有很强的艺术观赏性。叶城的手抓饭脍炙人口，漂亮的维族姑娘也同样秀色可餐，她们穿梭在餐桌间，成为餐厅一道流动的风景线。留下一张合影，将美丽姑娘的漂亮神韵悄然带走。挥一挥手走出餐厅，姑娘隔着玻璃窗送来迷人的微笑，同样用微笑回赠，倘若有缘，还会再相会。

叶城的下一站是麦盖提。麦盖提是著名的刀郎文化之乡，"刀郎"一词是"集中""成堆地聚在一起"的意思，刀郎文化是民间文化，主要表现在歌舞方面。维吾尔族的民间说唱、歌舞表演发端于麦盖提。麦盖提还是刀郎农民画之乡，聪慧的维吾尔族人民在劳动和生活中用敏锐的目光捕捉到了一幅幅精彩绝伦的画面，并将其跃然纸上。幽默中透视矛盾，夸张中宣泄情绪。劳动创造了艺术，艺术丰富了生活，刀郎农民画是我国现代民间绘画艺术百花园中一枝瑰丽夺目的奇葩，古老的民间刀郎绘画已经走出国门向世界展示维吾尔民族的文化魅力。麦盖提的另一张文化名片是环塔克拉玛干拉力赛，北纬39度是拉力赛最重要的一段，世界上每一位顶级赛车手都以参加麦盖提北纬39度的沙漠越野为荣。赛事期间，蕞尔小城走向了世界，今天的西域小城在用自己的文化名片走向世界，将其发展的脚步通过丝绸之路走向世界，让全世界都来了解有着几千年历史的西域之国通过文化的软实力又迎来了西域小城的经济腾飞，它们至今依然闪烁着光辉。今天的西域小城没有湮没在历史的尘埃中，依然是丝绸之路上的一颗颗明珠，镶嵌在塔克拉玛干沙漠的周边。

古丝绸之路上的西域国是一串明珠镶嵌在塔克拉玛干沙漠的边缘，灼灼其华千年。自驾四天，追寻玄奘取经天竺国的线路，沿塔里木盆地一路西行南下，纵贯塔克拉玛干沙漠，穿过无人区，驻足绿洲地，周游西域国，死亡之海叹生命的渺小，塔里木河畔悟生命的起源，胡杨林中赞生命的顽强，沙漠人家歌生命的礼赞，西域诸国思历史的绵长。从吐鲁番到库尔勒、阿克苏、和田直至喀什，这些州府以及其治辖的每一座县城千年来与大漠唇齿相依，历史上著名的西域三十六国至今还有无数的历史遗迹点缀在南疆大地，这些商旅往来的人生驿站无不浸淫着浓郁的西域沙漠文化，如同走进千年的时光隧道，轮台，库车，叶城，莎车，麦盖提……南疆之行，不仅仅是体验南疆的风情之旅，更是一场阅读西域历史的文化之旅。行走在南疆这片广阔的大地，你会发现，这是一段比自由更自由的旅行。

2019年8月8日

风情万种是喀什

不到新疆，不知中国之大；不到喀什，等于没有到过新疆。喀什地处欧亚大陆中部，是中国最西边的行政区，与塔吉克斯坦、阿富汗、巴基斯坦接壤，周边邻近的国家还有吉尔吉斯斯坦、乌兹别克斯坦和印度，被称为中国的"西极"。喀什是塔里木盆地西缘最古老的绿洲和西域三十六国中最重要的国度之一、是古丝绸之路上的一座重镇，也是研究古代西域城市文化的活化石。喀什，古称喀什噶尔，其语源于突厥语和波斯语，含义有"各色砖房""玉石集中之地"等。喀什市是以维吾尔族为主要居民的城市，是中西亚文化交融的十字路口，是中国唯一以伊斯兰文化为特色的城市。行走在喀什的街道，那说着维吾尔语叫卖的商贩，那充满着异国情调的老城街道，你会感觉像是穿越到了异域国度。诗人沈苇曾这样描写喀什的美：喧闹的巴扎、迷宫似的老城、学者和汗王的寝陵、晨光中的艾提尕尔清真寺、经书和香料的气息，建筑内部的无限图案……她的美，是尘土中开放的玫瑰、风中摇曳的沙枣树，是褐色面纱下难以揣度的女性的禁忌与妩媚，是银髯飘飘的老者阅尽人世沧桑后脸上的从容安详，还有孩子们稚气大眼睛中深深的蓝。现代化的步伐推进了喀什的脱胎换骨，喀什老城骨子里却恪守千年不变的生活节奏，敞开胸怀坦然迎接天南地北的来客。喀什老城是一幅全方位展示维吾尔族风情的"清明上河图"，是喀什噶尔的灵魂。喀什老城距今已有2 000多年的历史，最早的记载见于我国西汉张骞所描述的疏勒国，故喀什古称疏勒。富有伊斯兰特色的古老建筑，明媚阳光下的绚丽风景，民族特色浓郁的维吾尔特产将喀什老城打扮得风情万种。喀什老城是一部流淌着维吾尔基因的历史教科书。

西域边陲艳阳天，小城新桃换旧符。喀什老城奇特的自然风光，浓郁的民族风情，灿烂的历史街区构成喀什老城的独特风貌。喀什老城位于喀什市中心，以艾提尕尔清真寺为中心，是一片不规则形状的城区，面积为4.25平方公里，约有12.68万人口。喀什老城的建筑大多充满了伊斯兰和维吾尔族的风情，漫步其中，仿佛走进了中亚的异域，感觉十分神奇。老城内街巷纵横交错，虽没有摩洛哥的菲斯老城9 000条巷子那么夸张，但没有当地人带领，你也有可能会迷失方向。老城街巷纵横，布局灵活多变，曲径通幽，民居大多为土木、砖木结构，不少传统民居都有百年以上的历史，是我国唯一一座以伊斯兰文化为特色的迷宫式城市街区。土石路面的巷道，宽一点的能走驴车，窄一点的两人并肩难行。街巷长一点的有600多米，短一点的最多50米，主要街巷的底层都是商铺，各式维族的手工艺品和维族餐饮琳琅满目，最生动的风景线是现场打磨制作维族的各种生活用品，最能体现维族的生活和生产方式。喀什老城东转西折，南弯北错，迂回曲折，看似"山穷水尽疑无路"，恰又柳暗花明见一巷。老城的民居屋舍颇有特色，两到三层的土木结构小楼有的向下延伸，建成地下室。客厅、居室皆由木质扶梯、楼梯连结。家家都有晾台，位于平面屋顶。每家每户都有庭院，小院内盛开的鲜花和造型别致的建筑物的廊柱、木雕、挑檐上的各式花饰交相辉映，错落有致，幽静清新。有时在两条街巷的相接处会遇到跨街架起的一间小楼，好似门廊，使得小巷平添几分古朴与幽深。在老城迷路就看脚下的砖，只要沿着六角的砖走，定能带着你走出老城，它是行路的方向标，若沿着另外一种四角的砖往前走那就是死胡同。喀什老城的民居允许游客造访，一般民居若家门前的两扇门都打开，则代表男主人在家，单独一扇门打开，则表示只有女主人在家，若看到大门前挂上了布帘，则代表现在家中正有客人来访。行走在老城，分辨脚下的铺路砖是六角形状的还是四角形状的，再观察那一扇扇屋门所代表的含义，觉得甚是新奇有趣，甚是佩服维族同胞的智慧。

　　来到喀什，与喀什老城实实地撞个满怀，一不小心爱上你，因为维族同胞友善的眼神充满暖暖的情谊。著名诗人周涛写道："你可以看穿乌鲁木齐的五脏六腑，你却看不透喀什那双迷离的眼睛。"喀什老城实在是一个难以用文字描述的地方，了解喀什老城需要用一种神圣的情感和虔诚的心灵来投入，需要用你最真诚的眼神和维族同胞们互相对视获得一种彼此能欣慰一笑的心灵感应，你才能够真正地捕捉到这座老城的灵魂。行走在古城小巷，乱花渐欲迷人眼，展示民族风情的各色店铺尽显维族文化的灿烂迷人。行走在老城弯弯曲曲的大街小巷，迎面相遇的维族同胞都会友善地看着你，并送上一抹灿烂的微笑。长长的睫毛下一双闪动的大眼睛里蕴藏的全都是新疆的故事，你会发现老城真正的美在于维族同胞的友善眼神。颐养天年的维族老汉斜倚门框注视着南来北往的游客，一条小狗偎依在他的身边，一双幽深如古井的双眸注满曾经的过往，老人的眼神睿智深沉，恬然自安，透露着一份反璞归真的怡然。天真无邪的少儿满大街撒欢，顺势偎依坐在台阶小憩的汉族爷爷身边来一张民族大团结的合影，那纯洁无瑕的眼神干净得没有一丝杂质，未来就写在他们的眼神里；美丽的维族姑娘是老城一道流动的风景，"巧笑倩兮，美目盼兮""回眸一笑百媚生"，那是你的眼睛，明亮又美丽，叫人难忘记；中年汉子在自家门口专心致志地展示传统的维族手工艺，非物质文化遗产在他们的手里得到了传承，偶尔向游客送来的一瞥充满了对生活的自信，成熟稳重，从容淡定，眼神中流露出气定神闲的淡定。几个阳光少年在阳光下弹起冬不拉，"与君歌一曲，请君为我侧耳听"，歌声把游客的脚步留住，似乎听到他们唱的是"远方的客人请你留下来"。太阳下山了，老城沸腾了，游客摩肩接踵，美食满街飘香，随意择一餐馆落座，维汉两民族用普通话无障碍交流，会心一笑，彼此心心相通。维族兄弟们实成，菜肴点多了，告知剩余的菜不用再上，得到的回答是那就给你们退掉吧。有点惊讶，却是事实。岁月静好，国泰民安，小城故事多，笑迎天下客。喀什老城祥和气息氤氲，弥散着民族大融合的因子。身处喀什老城，似在异域，不在异域，似在边陲，不在边陲。

喀什老城，繁华依旧，隐约之间透露着市井的气息；喀什老城，民风质朴，嘴角漾笑是他们对待镜头的回复。喀什老城的美没有保留，是一种热情洋溢的美，一种浓艳四射的美，一种精心描绘的美。在喀什还有一座朴素无华的"城"，饱经风霜，遗世独立。这是一座由信仰和执着构成的物质家园，是一座维族人世代集居的世俗之城，这座城被称为高台民居，位于喀什老城东北端一处建于高40多米、长800多米的黄土高崖上。高台民居的房屋依崖而建，世居于此的维族人因家族人口多一代，便在祖辈的房子上面加盖一层，这样一代一代，房连房，楼连楼，层层叠叠，形成了四通八达，纵横交错，曲曲弯弯、忽上忽下的50多条小巷，没有本地人带路，外来人进入高台民居一定会迷路。高台民居是我国唯一保存下来具有典型古西域特色的街区，所遇见的房屋都是用泥巴和杨木搭建而成，看上去松松垮垮，实际上非常牢固，许多房子都有数百年的历史了，特别是层层叠加的土砖木结构住宅始终拥有一种独特的魅力。高台民居是喀什展示维吾尔古代民居建筑和民俗风情的一大景观，是喀什这座中国历史文化名城的内涵所在，被誉为"维吾尔族活的民俗博物馆"。有幸看过影片《追风筝的人》，那么你会在高台民居找到许多熟悉的场景。作为我国目前唯一保存下来的一处具有古西域特色的传统历史街区，高台民居成为研究少数民族生活习俗和建筑特色的重要物证。

历史上，高崖的北坡与南坡连为一体，后来被洪水冲断，南北分隔。北

作者在喀什老城与维吾尔族小孩合影

崖即今老城喀喇汉王朝所在地，公元9世纪中期喀喇汉王朝时，就把王宫建在这个高崖的北面，南崖就是现在的高台民居。1 000多年前维族先民在此高台建房安家，相传东汉名将班超、耿恭曾在这里留下足迹。高崖上形成的民居建筑曲曲折折，高高低低、忽上忽下、九转回肠，层层叠叠的屋、迷迷茫茫的路，分不清南北，找不到归途。高台民居的巷道狭窄弯曲，过街楼、小胡同和手工作坊随处可见，生土建筑比比皆是，保留了多处有数百年历史的老宅和清真寺。曾有居民640多户，4 000多人，占地面积5.7万平方米的喀什高台民居才是喀什的灵魂所在，维族兄弟一代又一代的坚韧执着，燕子衔泥般的锲而不舍，用整整600年的时间造就一座普通百姓的城堡，寻常人家的宫殿。好似在庞贝古城遗址面前，又像在秦王汉武朝代，抚摸高台老城的残垣断壁，感慨其画面斑驳，感受其历史积淀，感悟其岁月伤痕，感触其满目沧桑，高台民居的视觉震撼在于亘古和旷远。沧桑和斑驳浓缩成一幅"史前"画卷，让每一位游客的内心受到巨大的冲击。高台民居本身就是一部史诗般的大片，因为高台民居有维吾尔族的灵魂。

　　世间有一种风景叫南疆，丝绸之路上的明珠喀什是最能体现南疆民族风情的地方。个性十足的喀什老城，按照自己的民族文化习俗遗世独立600年，老城代表了喀什这座城市古老的过去、平静的现在。喀什有高台民居建筑，这里是维吾尔族世代居住的地方，房连着房，楼连着楼，层层叠叠。高台民居的风格与阿富汗喀布尔的建筑相似，电影《追风筝的人》围绕着阿富汗富家少爷阿米尔与仆人哈桑展开的故事情节似乎就在高台民居一层层地抽丝剥茧般演绎。喀什老城是一幅展示新疆维吾尔民族民俗风情的长卷画廊，高台民居乃是维族人的栖身家园，艾提尕尔清真寺则是穆斯林的精神家园。

　　喀什的历史不仅仅镌刻在喀什老城、高台民居和艾提尕尔清真寺，喀什还有闻名天下的香妃墓和我国西北地区最大的国际贸易市场大巴扎。香妃墓是一座典型的伊斯兰风格的宫殿式陵墓，是一座伊斯兰圣裔的陵墓，占地2公顷。香妃墓其实是阿帕克霍加家族陵墓的俗称，因其中葬有明末清初喀什著名伊斯兰教"依禅派"大师阿帕克霍加而得名，据说墓内葬有同一家族的五代72人，第一代是伊斯兰著名的传教士玉素甫霍加。阿帕克霍加是墓中的第二代人，曾一度夺得叶尔羌王朝的世袭政权，名望远超其作为传教士的父亲。

　　香妃墓就像一座富丽堂皇的宫殿，高40米，由门楼、小礼拜寺、大礼拜寺、教经堂和主墓室组成。穹隆形的圆顶上有一座玲珑剔透的塔楼。塔楼之巅又有一镀金新月，金光闪闪，庄严肃穆。陵墓高大宽敞的厅堂里筑有半人高的平台，依次是香妃家族五代72人58座坟丘。香妃的坟丘设在平台的东北

喀什高台民居

角,坟丘前用维吾尔文、汉文写着她的名字。坟丘都用蓝色玻璃砖包砌,上面再覆盖各种图案的花布,既表示对死者的尊重又有保护坟丘的作用。陵墓左边,建有大小两座精致的伊斯兰教礼拜寺。陵墓后面,还有一大片坟墓,蔚为壮观。香妃有其人,她是阿帕克霍加的重侄孙女,也是乾隆皇帝40多个后妃中唯一一位维族女子,册封为容妃。香妃是否遍体生香正史没有确切记载,野史渲染得扑朔迷离,好似其为将乾隆三千宠爱集一身的尤物。因香妃来自西域边陲,颇有传奇,故而香妃的故事历来非常迷人,传说她"玉容未近,芳香袭人",别有一种奇芳异馥,沁人心脾。这些坊间流传野史杜撰纯属百姓喜好,也是各类文艺作品用于夺人眼球的亮点,然容妃的俊俏和异域风情深得花心乾隆的垂爱却是事实。香妃薨,遗体护送回喀什亦葬于此,这座陵墓也就被称作"香妃墓"。不过据考证,香妃确切的葬地是在河北省遵化清东陵的裕妃园寝,事实上她的最终归宿是在皇家陵园,喀什的这座陵墓被称作香妃墓,盖因香妃在民间的流传影响而被冠名为香妃墓。

喀什是古丝绸之路上的历史文化名城,也是商品集散地。当年由西安出发的商旅,无论走天山南路抑或走天山北路,均在喀什会合。喀什地处欧亚大陆的中心,是中国与周边国家接壤最多的城市,有红其拉甫等五个国家一类口岸，有着"五口通八国，一路连欧亚"的独特区位优势。巴扎是维族语，意为集市。喀什大巴扎位于喀什市东门，迄今已有2 000多年的历史，从公元前2世纪开始，到公元15世纪，在1 700年的历史长河中，喀什一直保持着商业贸易的顶尖地位。早在公元前128年，张骞出使西域时，来到西域三十六国之一的疏勒国，即今天的喀什市，做过这样的描述：疏勒城居然类似中原的城镇，有很像样的街道和店铺，城里城外，车水马龙。驼队马帮，熙来攘往，行商坐贾，比比皆是，杂货纷呈，琳琅满目。更有趣的是市场上人们的服饰个个绚丽多姿，所操各种语言，闻所未闻，已然是一个繁华的贸易市场。2 000多年后的今天，红其拉甫口岸和吐尔尕特口岸相继开放，打通了古丝绸之路的商贸通道，大批外国游客和商贾、商团络绎不绝来到喀什的大巴扎，带来大量异国商品参加贸易，也从大巴扎采购许多中国商品。今天的喀什，延续2 000年的商贸重镇辉煌而不衰，且越来越红火。

来到喀什，不能不去大巴扎。喀什大巴扎占地250亩，内设21个专业市场，有5 000多个摊位和一条食品街，陈列的商品有上万种。美观舒适的地毯、古朴素雅的土陶、品种繁多的花帽、玲珑别致的乐器让游客流连忘返，还有华丽鲜艳的艾德莱斯丝绸、精雕细琢的银质首饰、色泽暗红的古铜工艺品等具有鲜明特色的维族商品看得人人眼花缭乱。除了本土的特色产品之外，来自中西亚的商品亦琳琅满目，巴基斯坦的工艺品、俄罗斯的铜镜、土耳其的丝巾、吉尔吉斯斯坦的望远镜、沙特的干果，等等，应有尽有，目不暇接。每天涌进大巴扎的人有10余万，各个国家、各个民族、各种肤色的都有。喀什最热闹最繁华的地方就在大巴扎，只要你有足够的时间和精力，你就能在喀什的大巴扎淘到你想要的商品。

大巴扎不仅仅是购物天堂，也是维族同胞交友、聊天的场所。因为大巴扎有数不胜数的商品，大巴扎成为维族同胞的一种寄托。遇到喜事去巴扎，遇到烦闷去巴扎。来到大巴扎，羊肉串、牛肉拉面、手抓饭、烤包子、烤馕等美食香飘四溢，勾引你的食欲，排解你的忧烦，所以维族朋友说：只要去巴扎，一切都不愁。大巴扎还有丰富多样的干果，葡萄干、巴旦木、无花果、薄皮核桃，等等。逗趣的是维族同胞为了吸引顾客的眼球，纷纷打出"爷爷的爷爷的葡萄干，葡萄干爷爷的太爷爷"等生动有趣的广告语来吸引游客的眼球。每当夜幕降临，大巴扎才是最令人着迷的地方，每一个来到大巴扎的人，瞬间开启吃货的模式，兴奋地寻找那舌尖上的喀什。

喀什绵长的历史在静静地流动，熠熠生辉。喀什这座城太深沉，太古老，太热情，太繁复，这座城的内容多得让人难以描述。偏偏就是喀什这座城，竟然和上海有着千丝万缕的交集。喀什和上海，远隔千山万水，却心有千千结。在喀什，可以看到许多来自上海的援疆者分布在喀什各个领域，为建设一个新喀什作出无怨无悔的奉献。在喀什，有我大学的同班同学在上海市对口支援新疆前方指挥部做调研工作，有我的学生被上海市教委委派到喀什，为喀什地区的基础教育作出呕心沥血的奉献。欣闻老师来到喀什，学生蒋枫亲自设宴招待，为老师接风洗尘，在喀什做调研工作的大学同学出席作陪。在遥远的西部边陲，师生见面，同学相逢，这分激动可想而知。

  尼采曾经说过："当我想以一个词来表达音乐时，我找到了维也纳；而当我想以一个词来表达神秘时，我只想到了布拉格。"当我想以一个词来表达岁月时，我只想到了喀什。喀什有老城，有高台民居，有艾提尕尔清真寺，有香妃墓，有大巴扎，这些经典都是喀什的岁月沉淀。凡是过往，皆为序章，一个崭新的喀什正拔地而起。今天的新喀什高楼大厦林立，交通发达，喀什已然成为中国连接中亚地区的桥头堡，"一带一路"的重要枢纽。今天的喀什，繁荣昌盛，祥和安宁。喀什，带走你维族同胞的一片深情厚谊，挥一挥手向你告别。有人说：北疆看风景，南疆看风情。南疆和北疆，都有风景和风情，新疆是永远的风景画册。用明净的心欣赏新疆，会发现新疆真的很美。朋友说：新疆没有毛病，新疆的毛病就是实在太美了，美得让人眷恋，让人去了还想去。朋友所说甚是。新疆，于我而言，你除了远一点，剩下的都是优点。

2019 年 8 月 13 日

世界屋脊帕米尔

横空出世莽昆仑,冰峰万仞插苍穹,群峰连天向天横,万山之祖西域耸——这就是世界屋脊帕米尔高原。帕米尔是塔吉克语"世界屋脊"的意思,地处中亚东南部,中国的最西端,横跨塔吉克斯坦、阿富汗和中国,是昆仑山、喀喇昆仑山、兴都库什山和天山交会的巨大山结,面积约10万平方公里。这里是古代丝绸之路南道、中道通往西亚、南亚及欧洲的必经之地,唐代曾在此地设置葱岭守护所,元代曾在这里设置驿站。50多年前观看过一部电影《冰山上的来客》,对神秘的帕米尔高原有了初始的了解。山河壮丽,气象万千的帕米尔高原,演绎了一段解放军战士阿米尔和古兰丹姆之间历经生死磨难的爱情。影片拍得荡气回肠,带有浓郁的塔吉克族音乐韵味的歌曲《花儿为什么这样红》风靡大江南北,影片中对帕米尔高原的雪域风光更是展现得淋漓尽致。40多年前的一首小提琴独奏曲《阳光照耀在塔什库尔干》对生活在帕米尔高原的塔吉克族有了清晰的印象,具有浓厚塔吉克族风情的乐曲展现了一幅辽阔美丽的草原风光画面,欢腾的乐符演奏出牧民们骑在马上弹琴唱歌的情景,表现了塔吉克族人民欢腾舞蹈的场面。雪域高原帕米尔冰川耸立,那里生活着我国的少数民族塔吉克族,这是我对帕米尔高原的基本印象。

帕米尔耸立在云端,昆仑山耸立在帕米尔,繁体字的"崑崙山""三山"有序排列,形象地说明山山相连组成了"崑崙山"。"崑"是"高"的意思,是"兄长"的意思,还有"裔群"的意思,"崑"还与"坤"字音意相通,即"大地"的意思,在大地上还有高山在申,所以又称为神山。而"崙"则有屈曲盘结的状貌,是大山下连绵不断的山脉,也象征着中华大地上各民族延绵瓜瓞地繁衍。昆仑山,又称昆仑虚,万山之祖,被古代黄河流域的中华先民认为是世界边缘的地方,是华夏民族的龙脉之祖,龙的原型地。古人认为,我们生活的大地是有生命的,龙就是地理脉络,泥土是龙的肉体,石头是龙的骨架,草木是龙的毛发,流水是龙的血液。古人用"风水术"中的五个方法"觅龙、察砂、观水、点穴、立向"来寻找这个朝代的龙脉，以此来宣称君权神授。历朝历代都会对本朝的龙脉进行保护，生怕断了龙脉，导致国家灭亡。龙脉被定为立国之本，龙脉灵气聚集之地是皇家的风水宝地。昆仑山具有"龙脉之祖"的显赫地位。在昆仑山周围，存在着举世闻名的大大小小的山脉，被称为华夏民族的龙脉，这大大小小的龙脉又构成了一幅中华巨龙图。昆仑山向全世界发出五支龙脉，三支在中国，另外两支向欧洲方向延伸。昆仑山又是中国古代传说中的中国第一神山，有瑶池仙境、玉宇琼楼，是西王母居住的地方。神话传说中的西王母为人头豹身，由两只青鸟侍奉。昆仑山，中华民族5 000年文化起源和传承之地，是人文始祖伏羲的王都。中华先秦时期的《山海经》，西汉时期的《淮南子》等古典著作都有关于昆仑山的记载。在昆仑山这片神秘的高原，有着女娲补天、精卫填海和嫦娥奔月的传说，这些上古时期的神话传说影响华夏文化数千年。中国古典文学名著《封神演义》《西游记》，当代经典武侠小说中金庸的《天龙八部》都与昆仑结缘，昆仑山是中华民族的魂。

帕米尔，中国的极西之地，南疆的高原明珠，因沿途多野葱和山崖，古人称为葱岭。帕米尔高原是古丝绸之路的必经之地，现如今为塔什库尔干塔吉克自治县，居民主要为塔吉克族。帕米尔高原的平均海拔4 500米以上，空气稀薄，有世界屋脊之称。帕米尔高原有高耸的雪山，陡峭的峡谷，宽广的草原，清澈的湖泊，纯净的空气，灿烂的文明，就像一幅色调高冷、苍凉壮观的山水画，帕米尔高原的美气势磅礴，被誉为人间最美的一方净土。一条天路沿汉武帝时期开辟的丝绸之路蜿蜒盘旋在盖孜峡谷，这条神秘又传奇的公路历时10年才修建完成，像一条长龙穿梭山谷，《中国国家地理》杂志将这条公路誉为"群山间的绸带"。世界媒体评价这条天路是世界上最美的公路，全球最高耸的跨境道路，世界最惊险的走廊，这就是著名的喀喇昆仑山公路。犹如闯入了一个被掩盖的秘境，发现了一处被历史封存的人间天堂，无数资深探险家沿着这条古代的丝绸之路，这条玄奘西天取经的必经之路去探寻隐藏在帕米尔高原的绝世风景。只有深入帕米尔高原，才会充分体会到它的苍凉野性的大美，你会发现这片距离天堂最近的世界屋脊如同湛蓝的天空一般纯净。

从喀什到红其拉甫的这段中巴公路长415公里，它是帕米尔高原的必经之路，一路之上会经过奥依塔克森林、白沙湖、慕士塔格峰、卡拉库里湖、石头城等著名景点。蜿蜒曲折的盘山公路向西延伸，穿行在昆仑山腹地，西部风光大片拉开帷幕。近距离呼吸帕米尔的气息，感受帕米尔的磅礴气势，在这个高海拔的生命禁区，没有太多的喧嚣，尘世间所有独一无二的美景在不动声色中美得令人心颤。中巴公路边上的奥依塔克森林公园风景区位于新疆克孜勒苏柯尔克孜自治州阿克陶县奥依塔格小镇，地处帕米尔高原的雪山环抱之中，距离喀什120公里。奥依塔克是古突厥语名称，意为"群山中的洼地"。活动冰川孕育了奥依塔克河，融水从冰川的暗河、冰洞涌出，泻入奥依塔克河，称为奥依塔克河的源头。沿河拾步，在河边可以捡拾一些奇异的石头，运气够好，也许能够捡到价值不菲的玉石。奥依塔克河沿山而下，在河滩中造就成片葱茏茂密的沙棘林。奥依塔克公园风景区纵深十多公里，冰峰矗立，河水滔滔，原始森林，高山草甸扑面而来。景区风景优美，集雄、奇、雅、幽、险于一身，聚自然、人文、历史、生态景观为一体，国内外地质学家称为"西域第一生态景观，是新疆自然景观最集中的风景区"。奥依塔克森林公园地处帕米尔雪山的环抱之中，纬度低，森林公园内的阿依拉尼什雪山分布着目前世界上最为壮观且罕见的低纬度现代冰川，其克拉孜冰川则是我国境内海拔最低的冰川，海拔2 804米，夏季，冰川上厚达百多米的积雪会在强烈的阳光照射下发生雪崩，成为这里的一大奇观——冰瀑。近距离乍看低纬度的冰川，那就是煤灰一样的山，黑乎乎地暴露在光天化日之下，难以引起心情的激动，但这就是冰川，上面有冰裂，可以触手抚摸。再仔细观察，黑黑的巨岩表面到处分布着裂缝和坍陷，只有冰川才会有这样的地质现象。此时你正零距离地和冰川面对面，你正处在冰川随时会塌落的境地，你也许正和死神在做伴，十分危险，赶紧撤离为要。似乎经历了一场生死抉择，却也有惊无险，继续饱览奥依塔克森林公园的景色，浑身轻松。眺望雪山雪线和冰川南北西侧的悬崖峭壁，最为著名的冰川北崖的托热瀑布从山洞巨崖凌空而降，跌入深潭，白练悬空，气势壮观。沿奥依塔克河走到出山口完全是另外一种景观，五颜六色的雅丹地貌汇成高原上稀有的浓烈之美，当地的柯尔克孜族称为五色山。

  喀喇昆仑公路提升到海拔约3 400米时，眼前豁然开朗，一座座雪峰绵延不断，就像帕米尔的卫士张开臂膀欢迎着冰山上的来客。镶嵌在群山万壑的白沙湖宛如天空之镜翩然扑来，这是一个被群山环抱波光粼粼的蓝色湖泊。捧一掬清凉之水滋润双颊，瞬间激动得泪流满面，王母娘娘的蟠桃会莫非就在此举行？白沙湖又名恰克拉克湖，是从喀什去塔什库尔干的必经之地。走出盖孜峡谷，在帕米尔高原遇见的第一个湖泊便是白沙湖。由于千百年来高原风沙的侵袭，白沙湖周围的山峰遭受侵蚀风化成灰白色的沙子，形成了沙山，在帕米尔高原洁净的阳光照耀下，闪耀着金属般的光泽。风和日丽的时候，白色的沙山倒映在湖面，恰似一幅抽象派的画作。白沙湖水域面积44平方公里，为数不多的柯尔克孜牧民长年生活于此。不远处有牧民牵引着一头白牛在湖边饮水，恍惚间将这头白牛幻想成唐僧西天取经所骑的白马。1300年前，玄奘西天取经就在白沙湖畔落脚休息，然后唐僧又骑着白马一路向西。中国古典名著小说《西游记》第二十二回"八戒大战流沙河，木吒奉法收悟净"中就有关于白沙湖的描写：流沙河其长万里，宽八百里，河主人是沙僧。流沙河水势汹涌，又被卷帘大将沙僧占据，常人根本无法渡过。有诗为证：八百流沙界，三千弱水深。鹅毛漂不起，芦花定底沉。唐僧就是在流沙河畔收沙僧为徒，顺利过河继续西行。流沙河就是眼前的白沙湖，微风轻抚着细沙在湖面上舞蹈，人的思绪也不由得跟随翻滚，仿佛追怀到了远古的身影，听到了唐僧师徒行走在西天取经道上的回声。"路漫漫其修远兮，吾将上下而求索"，白沙湖畔的沙石印刻着玄奘师徒的足迹，岁月的悠长给白沙湖留下了千年文明的印迹，那是中华文明留在白沙湖的记录。俯身捡拾晶莹白石一枚手心把玩，这是昆仑山的石头，这是玄奘西天取经时留下足迹的石头，遂将蕴含千年历史的活化石珍藏在怀。白沙湖，丝绸之路上有多少风云际会在你的周遭发生？你是千年历史最忠实的记录者。

远处绵延的雪峰洁白无瑕，慕士塔格峰雄踞群山之首，如同擎天柱屹立在帕米尔高原，向上是空远的天，向下是辽阔的地，横亘天宇，倒挂的冰川犹如胸前飘动的银须，又似随风飘逸的银练，故有"冰川之父"的美称。慕士塔格峰的上部很像日本的富士山，终年积雪的峰巅银光泛动，守着永恒的沉寂陪伴着纯净的蓝天，不离不弃，它在西域各民族心目中是一座神山。慕士塔格峰像是被刻意雕琢过的一座巨峰，呈等边三角形，气势雄伟，冰雪亘古不化，完全是天造地设的金字塔，是大自然的天然杰作。晴空万里时，远眺慕士塔格峰，白雪皑皑的山峰夹带着伸向雪线下的道道冰川，壮丽伟岸；天气阴沉之时，慕士塔格峰的身影总是隐没于云纱雾海之中，轻易不肯露出其"庐山真面目"。慕士塔格峰海拔7546米，是生命难以抵达的地方，白雪覆盖的峰顶是慕士塔格峰最神圣的标志，也是生命与死亡握手的地方。这里是地球上一切生命的禁区，这里又是挑战极限、战胜死亡、超越自我的象征。慕士塔格峰吸引了众多国内外的登山家，早在1884年，瑞士旅行家斯文赫定曾四次试图登顶慕士塔格峰，但没有一次能超越6880米以上的高度。半个世纪后的1947年，英国人埃希普顿和他的伙伴又遭到同斯文赫定差不多的命运，在海拔7000米左右的地方败下阵来。直到20世纪的1956年，中国和苏联的联合登山队共31名队员首次登顶成功，成为人类首次征服慕士塔格峰的英雄，1959年中国登山队

33名队员再次登顶成功，慕士塔格峰被踩在了中国登山运动员的脚下，五星红旗在峰顶飘扬。慕士塔格峰在塔吉克族青年男女的眼中是纯洁爱情的象征，塔吉克族赋予慕士塔格峰一种神性，认为它是帕米尔高原的精灵。当一座冰山成为了一种象征，这座冰山也就成为希望之神。仰望慕士塔格峰，那是民族脊梁的象征，千秋万代不摇不动永远挺立在山巅。我不知道为什么会因一座山而心潮澎湃，因一片冰川而百感交集。或许慕士塔格峰是我心中最圣洁之地，但愿我们每个人的心中都能有一份纯真干净之地永葆。朝圣者双手合十膜拜"冰川之父"，心灵将慕士塔格峰的伟岸升华到无限的高度，那是人类千年不变的境界追求，无限的大爱和守望。朝拜神山，心中有了一份皈依，这份皈依源自大爱，这份皈依源自守望，慕士塔格峰就此永驻心田。

帕米尔高原有"冰川之父"慕士塔格峰，"冰川之父"耸立在帕米尔守护着自己的女神卡拉库里湖。一座山和一片湖相依相偎在帕米尔，日日夜夜守望着彼此走向天老地荒。卡拉库里湖位于慕士塔格峰的山脚下，海拔3 600米，水深30米，总面积10余平方公里。卡拉库里湖的柯尔克孜语是"黑湖"的意思，这是一座高山冰蚀冰碛湖，湖水冷冽。卡拉库里湖一天的颜色会变幻莫测，湖水与雪山冰川交相辉映，幽蓝的山脊倒映在幽蓝的水面，湖光山色，使人沉醉迷恋。卡拉库里湖是世界上少有的高原湖泊，四周冰峰雪山环抱，慕士塔格峰等冰峰更为卡拉库里湖增添了神奇壮美的色彩。日出之前，慕士塔格峰和卡拉库里湖泛动着幽蓝色的光芒，太阳慢慢升起，沐浴着霞光的慕士塔格峰先是变成了紫红色，接着是闪耀金色的红光，最后是淡淡的一点粉红，晨曦中的卡拉库里湖湖面波澜不兴，水平如镜，湖水幽深明净，湖面雪山倒映。及至天色发亮，平静的湖面开始蒸腾水雾，湖面薄纱摇曳，朦胧的美缭绕卡拉库里湖，仙境般的帕米尔。不由得惊呼：此景只应天上有，人间难得几回闻。卡拉库里湖是世界上少有的高原湖泊，湖的四周有冰峰雪岭环抱，特别是周围的公格尔九别峰和慕士塔格峰更为卡拉库里湖增添了神奇而美丽的色彩，当地的牧民都说海拔3 600米的卡拉库里湖是这两大高峰梳妆的镜子。风平浪静的日子，皑皑雪峰，绿色草原和湖边牲畜倒映银峰，湖光山色浑然一体，景色如诗如画，成为帕米尔高原又一道亮丽的自然景观。如果你在卡拉库里湖畔许下虔诚的心愿，你一定能够在未来邂逅人世间最坚定的爱情，慕士塔格峰为你向上苍祈祷。每年夏秋季节，卡拉库里湖是登山爱好者的大本营，也是过往旅客参观游览的风景名胜之地。湖畔有毡房、木板房可供旅游者下榻，岸边有小橡皮艇可供游客在湖中自由荡漾，欣赏帕米尔高原的大好风光。千百年来，卡拉库里湖平静地躺在雪峰的脚下，镶嵌在

慕士塔格峰远眺

苏巴什草原上，恰似妩媚的少女依偎在英雄的怀抱。湖边的骆驼、骏马和毡房清晰地倒映在湖水之中，诉说着帕米尔的风情。晚上，美丽的柯尔克孜姑娘和剽悍的柯尔克孜小伙子开始在湖畔燃起篝火，与游客边歌边舞。篝火倒映在湖水中，歌声在山峰间回荡，四周是烤羊肉的香味，令人神往的地方。

屹立于帕米尔高原上的璀璨明珠塔什库尔干塔吉克自治县是新疆海拔最高的县，平均海拔4 000米以上，中国最美的国际公路G314穿城而过。塔什库尔干意为"石头城"，因县城东北的古代石砌城堡而得名。石头城是塔吉克人的先祖在公元初年建立的揭盘陀国都城遗址，位于县城东北角，分为内城和外城。据史料记载，古石头城是公元初期塔吉克人的先祖建立的"揭盘陀国"的都城。石头城建在高丘上，地势险峻，顺石岗形势筑城，用块石夹土垒砌，起伏曲折，呈不规则的方圆形。历史越过千年，石头城早已不见当年的繁华与权威。方圆3 600米的外城，在漫长的历史中遭受严重破坏，2 000年前的城堡轮廓依稀可辨，残存的废墟在落日的余晖下呈现厚重的历史沧桑。内城全部是用大石块堆砌而成，形态复杂，结构牢固。相对于近乎荡然无存的外城而言，内城保留得还比较完整，历经千年的风吹雨打，还能见到裸露出地面的地基、残存的炮台和民居。历史上著名旅行家马可·波罗和高僧玄奘都曾到过石头城，大唐僧人玄奘在《大唐西域记》中就留下了关于石头城的记载，马可·波罗、斯坦因正是借着《大唐西域记》一书的指南来到东方旅行探险。石头城，一眼万年，望穿时光，每年都会吸引无数来自国内外的探险家、历史学家、考古学家和游客慕名而来，是塔什库尔干塔吉克自治县最著名的景点之一。塔什库尔干的石头城还是中国历史上最著名的三大石头城之一，另外两个分别是南京石头城和辽宁石头城。塔什库尔干石头城所在地理环境优越，自喀什、英吉沙、叶城、莎车至帕米尔高原的几条山路均汇集于此，西去中亚的几座主要大山汇集于石头城下都有天然谷道可通行。塔什库尔干的石头城还是古代丝绸之路中道和南道的交会点，是古丝绸之路上一个极具战略地位的城堡，已定为新疆维吾尔自治区重点文物保护单位。遥想昔日的繁盛，这里曾经是古丝绸之路的重要驿站，商贾僧侣络绎不绝。忽而又喟叹石头城今天的荒芜，平生出无限的感慨。逝者如斯夫，世界不存在永恒的物质。石头城在夕阳下保持着千年的缄默，无声地与自然抗争，用自己的残垣断壁向世界证明它们的存在，但它们无法规避走向消亡的那一天。石头城下，是塔什库尔干河谷上的阿拉尔金草原，每年的6月和7月，河谷沼泽的草地绿茵荡漾，牛羊遍地，高原牧场风光这边独好。草原上策马奔驰，回望笼罩在阳光下的石头城，雄鹰在上空盘旋，石头城的轮廓清晰可辨，它还在不挠不屈地向世界证明，历经2 000多年的风吹雨打，石头城依然矗立在帕米尔高原。石头城已然成为帕米尔文化的象征。

　　世界屋脊帕米尔高原山河壮丽，气象万千，奇特的自然景观，多样的生态气候，高耸入云的雪峰，独特的民族风情，共同构成远离尘世的纯净世界。这里是神仙居住的地方，这里是神鹰翱翔的天空，这里就是塔什库尔干塔吉克自治县。塔什库尔干塔吉克自治县是一个气势不凡的县，东面是西昆仑山脉，西面是萨雷阔勒岭，北面是慕士塔格峰，南面是乔戈里峰，周边与巴基斯坦、阿富汗、塔吉克斯坦接壤。塔什库尔干塔吉克自治县的县城只有三条主干道：塔什库尔干路、帕米尔路和中巴友谊路，此外就是进城出城的314、112国道。主干道交会处是"帕米尔神鹰"的雕塑，展翅翱翔，鸟瞰整个县城；文体中心前是"骑牦牛叼羊"，街边灌木丛中是"塔吉克鹰舞"，雕塑不大，凝固的是塔吉克人的日常生活，甚觉亲切。在这片一碧如洗的天空之下，生活着一个古老的白色人种的民族，那就是我国唯一的一个拥有欧罗巴纯正血统的塔吉克族，高鼻深目，有类似西方人的礼节。塔吉克族的祖先据考证来自遥远的古波斯国，历史上突厥人入侵古波斯地区后，不愿被波及的塔吉克人选择东迁搬到帕米尔高原的深山居住，而且规定只能在氏族之间进行婚嫁，保留了较多的欧罗巴人种的特征。世代生息于帕米尔高原的塔吉克族主要从事畜牧业，兼营农业，过着半定居半游牧的生活，自由无疆，似天马行空，追云逐日，被称为"彩云上的人家"。塔吉克族先民的图腾是鹰，至今塔吉克人仍自称为鹰的传人。鹰文化在帕米尔高原上源远流长，奔腾不息，鹰已成为塔吉克族的灵魂所在，力量之源。鹰是自由勇敢的象征，塔吉克族敬佩雄鹰展翅高飞的坚毅勇敢，视鹰为勇士的象征，民族的精神，在自己的服饰、文化、艺术、民居乃至生活中处处体现鹰的形象，他们自豪地称自己为鹰的民族，是帕米尔高原上的雄鹰之子。鹰笛是塔吉克人的骄傲，是塔吉克族乐舞的灵魂。鹰笛就是用老鹰的骨头做成的笛子，塔吉克语称"那依"。鹰笛之声犹如山风呼啸，充满生命的激越与悲壮，即使表达思念或忧伤，鹰笛之声也绝不会呜咽低回，因为是鹰的歌声，是最能传递塔吉克人骁勇而热烈的个性的声音。塔吉克人将鹰当作英雄的象征，以至于将鹰人格化，创造出独一无二的鹰舞。鹰舞就是模拟雄鹰的动作，时而振翅直上，时而展翅回旋，时而收翅降落，舞姿轻松活泼，动作矫健优美，塔吉克族表演的鹰的舞蹈已经被列入非物质文化遗产。入夜，与鹰的民族塔吉克人联欢，围绕着篝火载歌载舞，跟随熟悉的印度音乐，踩着塔吉克人的舞步围绕着熊熊篝火尽情地张扬自己的个性，热情奔放的塔吉克人引领你进入帕米尔高原的狂欢之夜。逗留塔什库尔干的日子里，每天晚上都在塔吉克男孩西尔扎提的帐篷餐厅作客，热情好客的西尔扎提姐弟用丰盛的牦牛肉火锅大餐欢迎远道而来的客人。那是一座典型的蒙古包风格的帐篷，头顶上的蒙古包天窗敞开，仰望帕米尔高原的天穹，品尝塔吉克风味的火锅，畅饮大乌苏啤酒，聆听塔吉克的音乐，兴趣高涨，高原反应似乎也逐渐退减。兴之所至，与西尔扎提姐弟俩合影，相约有机会在上海见到这对塔吉克姐弟，一份和塔吉克的友情从帕米尔高原延伸到东海之滨。

从塔什库尔干塔吉克自治县县城继续一路向西，前方就是红其拉甫边关，又一道国门将留下自己的影像，这份自豪唯有亲临者方能体会。红其拉甫，意为"血谷"，在古代是盗贼出没的地方，也是战争频发之地。"血谷"的平均氧气含量不足平原的50%，最低气温达零下40摄氏度，也被称为死亡之谷。相传在唐僧西天取经之前，曾有一个多达万人的商队因遇暴风雪而全部死亡，至今还有人孜孜不倦地寻找那支商队丢弃的宝藏，这就是发生在"万山堆积雪，积雪压万山"的神秘禁区红其拉甫的一个充满历险和恐怖色彩的故事。红其拉甫的塔吉克人就生活在这样一个古老而又传奇的山谷之中，他们被称为"天上人家"，他们的家园"只有在天上，更无山与齐，举头红日近，俯首白云低"。走进红其拉甫，就好像到了人间仙境，漂亮的塔吉克服饰、美味的塔吉克饮食、矫健的塔吉克舞蹈、悠远的塔吉克笛声，无不让人感受到了塔吉克族的淳朴、善良和友好。

从塔什库尔干塔吉克自治县县城到红其拉甫国界碑有126公里的路程，这段314国道又称为中巴友谊路，全程需要3个小时，沿途都是壮美无比的高原风光，西域风情。红其拉甫口岸，地处祖国西部帕米尔高原的冰峰雪岭之中，中巴国际界碑就位于红其拉甫，这是中国和巴基斯坦的国际边界线，也是中国海拔最高的国门，海拔4 733米。红其拉甫口岸是我国和巴基斯坦唯一陆上通道，1982年我国曾在此立过界碑，1986年中巴两国重新立了两块界碑，一块是中巴国境界碑，一块是中巴友好公路界碑，并于1986年5月1日首次对外开放。两块界碑庄严肃穆，是红其拉甫的一道亮丽的风景线。我曾走过好多国门，如满洲里的中俄国门，额济纳的中蒙策克口岸，伊犁的中哈霍尔果斯国门，等等。每一次站在国门前，都是同样的感受：身后就是生我养我的祖国，我是一个中国人。站在国门前，身披五星红旗，沐浴高原阳光定格一张张照片。中国之大，来到新疆有了切身的感受；国门之高，来到红其拉甫有了切身的体会；国土有疆，走到国门边才有了切身的理解。世界有涯亦无涯，疆域再大的国家，总有尽头，国土再小的国家，也有国家的尊严和主权。世界联系你和我，平等交流最重要。国门的那一侧，有巴基斯坦的朋友用汉语大声问候我们从哪里来，高声回答，来自上海。但见巴基斯坦的朋友在国门的那一边跷起大拇指回答：上海，很远很远，上海，很好很好。骄傲又无端涌上心头。

一条喀喇昆仑公路打通帕米尔高原与内地的交往，行走帕米尔不再是难于上青天，千年前的古丝绸之路早已经称为一条穿越帕米尔的通衢大道，这条穿行在云间，飞驰在深山的喀喇昆仑公路号称是"世界十大险峻公路"之一，也是世界上最高最美的公路，沿途的西域风貌张开怀抱等待着拥抱你，亲近你。整条公路北起中国新疆喀什，穿越喀喇昆仑山脉、兴都库什山脉、帕米尔高原、喜马拉雅山脉的西段，经中巴边境口岸红其拉甫山口，南到巴基斯坦北部城市塔科特，公路全长1 032公里。千年古丝绸之路中重要的一段就是沿着喀喇昆仑公路的方向越葱岭通向中亚地区，这条古丝绸之路连接中亚地区和东方大国的商贸。漫长的丝绸之路，官方设有众多的驿站，喀喇昆仑公路沿线的亚尔特拱拜孜古驿站就是其中之一。亚尔特拱拜孜古驿站虽然仅存遗址，却留给今人无限遐想。距离亚尔特拱拜孜古驿站不远处，是唐僧讲经处。公元629年玄奘从长安出发去西天取经，唐太宗在灞桥设宴为其饯别。公元643年唐僧从天竺归国，曾在此处讲经。默默凭吊，古代中华的

中巴边境红其拉甫口岸

文明依然在帕米尔高原熠熠生辉，中华文明几千年的历史从来没有断绝，绵延不息到今天，作为一个中国人，能不引以为豪？

　　万山之祖、万水之源的帕米尔集浓郁的塔吉克风情和壮美的帕米尔风光于一体，构成帕米尔的风光、帕米尔的文化。自从盘古开天地，帕米尔便呈现自然天生的原始宗教般的神圣。莽莽昆仑千山万壑，雪峰高悬头，碎石大如斗，行走在帕米尔，是一种意志的鼓舞，是一种信仰的支撑，任凭古丝绸之路上千年风云翻卷，无边的辽阔与雪峰的静穆塑造而成的帕米尔高傲地耸立在世界的巅峰岿然不动，与天地日月共存。冰山上的来客云中漫步，鹰的民族热情好客，古丝绸之路文化拾遗，帕米尔高原风光饱览，天上人间的经历让你的心胸豁然开朗，不以物喜，不以己悲。世事万象，功名利禄，云淡风轻，宠辱不惊。帕米尔拥抱着万年的风光，帕米尔承载了千年的历史，帕米尔伴随着慕士塔格峰走向永恒。走过帕米尔天路，何惧前方征途的坎坷和遥远，穿过神山昆仑，何惧人生的风云与诡谲。披着帕米尔的朝霞，带着鹰的民族的庇佑一路披荆斩棘，勇往直前，因为你是从世界屋脊帕米尔高原走来。

2019年8月18日

人间仙境独库路

一条神奇路，一路绝美景。一景一世界，一界一仙境。一次走一生，一生浓一天，一天穿四季，四季景四时。天山就像一道屏障横亘南北疆，不仅隔出了南疆和北疆这两片地理意义上的天地，也造就了南疆和北疆迥然不同的自然风景和民俗风情。独库公路宛如一条巨龙蜿蜒盘旋在天山，在苍茫荒原与高原雪山之间穿行，贯通了新疆南北。独库公路北起石油化工重镇独山子，南下穿过巩乃斯草原，翻越哈西勒根、玉希莫勒盖和铁列买提三个达坂，到达南疆重镇库车，是217国道的早期形态。独库公路沿线物产富饶，有克拉玛依油田，有冷杉耸立的天山林场，有粮油基地伊犁河谷，还有蕴藏量丰富的尼勒克煤田以及珍贵的中药材鹿茸、雪莲等，这些工农林矿原材料都具有十分珍贵的价值，公路建成后能极大地加速其开发和流通。独库公路同时还连接了众多少数民族地区，沿途有哈萨克族、蒙古族、柯尔克孜族、维吾尔族等少数民族世世代代生活在天山南北，独库公路有力地促进了各民族之间的大融合。独库公路的另一个重要作用是带动南北疆旅游事业的发展，成为新疆境内一条最为著名的黄金旅游通道。从北疆到南疆沿途有那拉提草原、乔尔玛风景区、巴音布鲁克草原等享誉疆内外的自然风景区，还有被称为南天池的大小龙池以及高山隧道、现代冰川、莽莽林海、坡地草原、瀑布河流等自然景观。南疆的公路两侧分布着山体被风侵蚀得千疮百孔、玲珑剔透，宛如巨大浮雕的盐水沟地貌，被高耸的红褐色山峰朝拜般环抱的"布达拉宫山地景观"，以及红褐色的天山神秘大峡谷等自然景观。行进在独库公路就如同行走在人间仙境，这条纵贯天山脊梁的史诗般的天路被《中国国家地理》杂志称为中国最美的景观大道，沿途风景美得让人如痴如醉。

全长561公里的独库公路过半以上地段横亘着崇山峻岭，它就像一条巨龙在崇山峻岭穿行，在深山峡谷跨越，攀爬3 000米以上的皑皑雪峰，翻越绵延不绝的巍巍天山。最美的风景在路上，座驾行驶在独库公路，沿途景观的奇、险、壮、美尽收眼底。一路蜿蜒，一路险峻，一路惊艳，车在深山走,人在画中游,断崖、峡谷、雪峰、冰川、河流、湖泊、草原、森林,独库公路汇聚了新疆所有令人震撼的美景,真正做到了天堂美景在身边。独库公路是一首诗,是一首风花雪月的诗,是一首壮怀激烈的诗。行走在这条充满诗意的道路上,让心灵与自然相近,让心灵能超脱世俗,融入空灵澄明,融入星空明月。一路绿水青山、春花冬雪,面对扑面而来的四季景观,尽情释放人性满满的正能量,那是人生最惬意的享受。独库公路有春天的风,温暖和煦;有夏日的阳,炽热豪放;有秋日的丰,硕果金黄;有冬天的洁,高冷冰清。走过独库公路,书一笔盎然春意,迎一轮夏日骄阳,藏一枚秋日丰果,留一帧冰川影像,每一个行者都会感谢独库公路让其在一天之中经历了春夏秋冬,都该明白人生一如独库公路也是一个春夏秋冬的过程。所以说,你应该是一个积极向上的歌者,因为生命如歌,起伏跌宕,声起声落;世象万千,温暖和煦,严寒酷暑;浮华尘世,或浓或淡,或苦或甜,都需要自己用心去品尝,因为这一切都是生活赐予你的一部分,你只能坦然接受,积极面对,这是走过独库公路带给你的哲思。独库公路不仅仅是一幅意味隽永的画卷,在不经意间绘出一幅"一天走四季,十里不同景"的遗世独立风光,独库公路还将往来南北疆之间的路程整整缩短了500公里,它对于沟通南北疆交通、增强各民族团结、开发建设边境、活跃经济,以及巩固国防具有极其深远的意义,横亘南北疆之间的天山山脉因为有了独库公路,天堑变通途。独库公路,连接南北疆的血脉,风景这边独好。

  台湾女作家三毛曾说:一个人至少拥有一个梦想,有一个理由去坚强。心若没有栖息的地方,到哪里都是在流浪。听到很多很多的人都在说,此生未能行走一遍独库公路,那是人生的一大遗憾。于是乎独库公路成为此生心心念念的追逐,走一遍独库公路成为心中拥有的一个梦想,也许独库公路正是心灵栖息的地方。都说一万个人的眼中有一万个不同的哈姆雷特,但一万个人的眼中的独库公路却只有一种评价,都说此生不走一走人间绝美的独库公路,憾莫大焉。终于盼来了可以说"独库公路,我来了"的这一天,行走独库公路的旅程正式开始,生命中的一天时光将和独库公路共同度过,生命中的一天时光将在独库公路上度过春夏秋冬四个季节。其实生命本来就是一趟旅程,每个人都在人生的旅途中,每个人都在不知不觉中路过沿途的风景,于红尘中漫步漫漫人生之路,途经的风景,遇见的人,也许不能一一留住,但是心头却坚信走过独库公路的这份美好定会在我心中常驻。身未动,心已远,告别库车境内的克孜尔石窟,正式踏上中国最美的公路——独库公路,神秘中有兴奋,激动中有憧憬。从南疆的库车出发,座驾穿行在独库公路一路向北穿越戈壁插入雪山，经历一次从火焰到冰山的历程，倾听火与冰的爱恋之歌，让你的整个灵魂在火与冰的洗礼中得到升华。

　　骄阳似火的南疆，公路两侧是一望无际的戈壁沙漠，苍凉荒芜，没有任何的植被。行驶15公里左右，远处高耸的汉代烽火台依稀可辨。公元前60年，汉宣帝刘询设立西域都护府，历史的遗迹和记载是对现实最好的证明，2 000多年前西域就已经正式纳入中国的版图，遂下车在路边的山坡驻留赏景。前方似有"海市蜃楼"时隐时现，远远望去是一座座"金字塔"出现在视野，蔚为壮观。其实这所谓的金字塔是一片雅丹地貌，这里的地貌由于常年风化加上雨水冲刷而形成类似"金字塔"的形状，被冠名为中国金字塔景区。雅丹地貌附近有一条名字叫盐水沟的河流，盐水沟旁边就是一片草原，我们看到的"金字塔"就是这样被冲刷出来的。由于风沙侵蚀，山体被切割成雄浑粗犷的雅丹地貌，但又不太典型，从岩石的纹理辨析，又像是被流水侵蚀的喀斯特地貌。"栉风沐雨"的山体被侵蚀得千疮百孔，神奇的自然风光像城堡又像古墓，这片地质奇观将雅丹地貌和奇异的喀斯特地貌混合一体次第出现，就像在公路两侧陈列着绵延不绝的艺术浮雕，这就是独库公路南疆段著名的克孜利亚景观。克孜利亚是维吾尔语，意思是"红色的山崖"。红色的山体群形成于距今1.4亿年的中生代的白垩纪，经过亿万年的风剥雨蚀，洪流冲刷，形成纵横交错、层叠有序的垅脊与沟槽，近观若人似物，如梦如幻，惟妙惟肖，神韵万端，远看如诗如画，犹似仙天琼阁，状若"布达拉宫"，所以人们又把这种火红色的山地景观称为"布达拉宫山地景观"。这被高耸的红褐色山峰朝拜般环抱着的"布达拉宫山地景观"陡峭险峻，如火焰喷发一般大气磅礴地矗立在独库公路旁。座驾行驶在独库公路不久，对独库公路的首要印象是一条在炎炎赤日炙烤下被沙漠包围、被雅丹地貌簇拥的公路。

　　神秘的"天山大峡谷"是天山支脉克孜利亚中的一条峡谷，火红色的峥嵘奇峰，嶙峋峰峦争相崛起，绵绵延伸峡谷的深处，亿万年的风雕雨蚀才塑造成今日瑰丽壮观的景象，令人有鬼斧神工、奇景天成之感叹，尤其以谷口三座山体（乃头山、丽人山、佛面山）最为壮观。特别在夕阳斜射，朝霞映山的早晚时分，极目远眺，天上人间，红火一片，大有不是火焰山胜似火焰山之奇感，成为古丝绸之路黄金旅游线上一颗璀璨的明珠。大峡谷呈南北弧形走向，开口处稍稍向东南方向蜿蜒，由主谷和七条支谷组成，全长5 000多米，谷端至谷口处自然落差200米以上，谷底最宽处53米，最窄处0.4米，仅容一人低头弯腰侧身通过。峡谷两侧奇峰嶙峋，争相崛起，峰峦叠嶂，辟地摩天，崖奇石峭，磅礴神奇，神洞秘窟，各蕴其意。谷内蜿蜒曲折，峰回路转，步步有景，举目成趣，泉水叮咚，鸟叫蝉鸣，寒暑不侵，游人无不啧啧称绝。整条峡谷犹如一条尾震天山头，口饮库车河，曲身九十九的巨龙劈山而卧，呼风唤雨，神秘莫测。行走在大峡谷，阳光照射下，突兀而立的山峰浑身喷射赤色的火焰如刀削一般夹道耸峙直插云霄，只给天空残留一线空隙，抬头仰视，只觉得陡峭的峰峦随时都会压下来，令人感到窒息、晕眩。"扪参历井仰胁息，以手扶膺坐长叹"，问尔内心何感叹，"畏途巉岩不可攀"，"其险也如此"，故而远道之人纷至沓来。"天山大峡谷"的迷人之处不仅仅在于它的雄奇、险峻，还在于它的幽深、宁静和神秘。深谷之中峰回路转，时而宽阔，时而狭窄，谷内奇峰异石千姿百态，数不胜数。如神犬守谷、旋天古堡、显灵洞、玉女泉、卧驼峰等40多处自然景观形态逼真，栩栩如生。值得一提的是大峡谷除了兼有国内其他峡谷奇峰林立、怪石峥嵘、雄伟壮观等共性外，还具有一峰多景、景趣超凡的独特风貌。身历其境，游走在大峡谷唯美的自然景观，昂起头揉一揉那略显僵硬的脖子，在峭壁夹峙的一线天追寻着天空中白云的踪迹，那一抹在峡谷的上空稍纵即逝飘游在蓝天的云朵风情万种，每一位游客都会产生无限炽热的遐想。人生得以一睹天山大峡谷的奇观，无憾矣，定会在你记忆的储存器中时时回放。天山大峡谷，是任何一位来到独库公路的行者一定会去的地方，它是独库公路在南疆段的一大奇观。

神秘的"天山大峡谷"之所以具有神秘的色彩，是因为它披着神秘的面纱，有些神秘的自然现象当今科学都无法解释清楚。谷内千佛洞峰体脚下，青龙潭及幽灵谷的谷底一带，在拂晓或晚间，瞬时会从谷底升起一团如烟似雾的白气，沿山体缭绕移动呈"之"字形蜿蜒腾空，有时突然会从地下冒出一个状如八卦图的雾状阴阳球体，沿崖壁滚动上升，消失在峰体之中。在神犬守谷景点下的半山腰或千佛洞的悬梯及高层台阶上，乃至峡谷内的客栈里，有时会聆听到谷底行人般嚓嚓的脚步声或敲门声，再侧耳细听，定睛细看，却无声无人。此时此刻，即使是资深探险者也会毛骨悚然，惊恐失色。更有甚者，傍晚只身漫步峡谷，在峭壁摩天、阴森幽暗、阴风惨惨的幽灵谷内，偶尔会听到震撼群山、古怪惊魄的空谷巨响，势如雄狮狂吼、地震山摇，令人大有山崩地裂之恐惧。有科学解释是在两谷相汇处或狭窄幽深的急转弯处的奇特地形，风向风力和谷内外的温湿差异及地球磁场作用等因素形成的"狭管效应"与其山体、沙土层共鸣所致，但此说尚未得到权威科学部门的认可。天山大峡谷不仅有令人不寒而栗的阴声与怪气，还有使人惊恐的神影奇变现象。在紧靠峡谷入口处内侧突兀的崖壁上有一黑色"神犬"面谷

作者在天山大峡谷

而卧，故名神犬守谷。一般季节"神犬"呈黑色，每到七八月份，"神犬"会由黑色变成黄褐色。有趣的是，无论光线如何变化，"神犬"的形状却从不改变；奇怪的是，"神犬"远看是条犬，近看却是怪石悬壁。同"神犬"有类似现象的是深嵌在卧驼峰旁山腰间的灵光洞景点。站在观景台附近定睛仰视，洞内有一身穿银灰色罗裙的"仙女"挥舞双臂翩翩起舞，然走进山体3米远的地方再看洞内时，"仙女"的影像不再出现。据分析，"神犬"和"仙女"的成因皆是在峡谷的急转弯处光和影的神秘杰作。盛夏，在天山大峡谷的谷外骄阳似火，进入谷内，特别是抵达一线天、月牙谷、幽灵谷和冷风洞等景区，瞬间遍体生凉，暑溽全消。除了谷内多泉水溪流，少日光照耀外，还在于谷内有一股忽前忽后、忽上忽下，类似天然空调的神风，万古不散。风向的瞬时变换与谷内的峰回路转，忽宽忽窄及内外温差息息相关，但冷风洞中风力的回旋至今仍是无法解释的谜。天山大峡谷每逢枯雨季节，在谷内第一落差的下方，有一股神奇的含羞水沿着谷底时隐时现，若用手在细沙中轻轻堵拦，溪水则含羞而潜，提脚踩踏，水则向后倒流。这一奇观，中央电视台和新疆电视台先后做过专题报道。

神秘而久远的阿艾石窟距离天山大峡谷谷口不足2公里，高悬于绝壁之上，一直隐匿在天山深处，尔来四万八千岁，不与尘世通人烟。1999年秋，当地一维吾尔族青年上山采药无意间摸进大峡谷，当他登上洞窟右侧的半山腰时，突然电闪雷鸣，骤降大雨。进退两难之时，蓦地发现左侧不远处的峰崖上有一洞窟，为暂避滂沱大雨，他小心翼翼地向洞口靠近。当他钻进洞内环视四壁，惊讶地发现这是一个闻所未闻的千佛洞。当时，洞口堆积了不少泥土，显然是前人有意为之。由于此地属于库车县阿艾乡，故命名为阿艾石窟。经有关专家考证，该石窟始建于公元8世纪的盛唐中期，石窟坐北朝南，面积为16平方米左右。石窟内除正壁中堂式壁画稍有些残缺外，左右侧佛像壁画"十六观"均保持完好。在整个的壁画条幅中，共有汉文墨书榜题及龟兹文题记23处，详细书写着某佛供养人的姓名，由此可以得出在1 300年前汉文化和龟兹文化就开始融合的结论。在公元10世纪后佛教衰亡的历史进程中，阿艾石窟由于地处人迹罕至的大峡谷悬崖上，不易攀登，受到人为的破坏程度可能性不大，故石窟内佛像壁画仍保留着原始构图的细密，色彩绚丽，形象逼真，端正华贵的特色，可与同时代的敦煌石窟壁画相媲美。如今在新疆境内保存较好，具有中原文化风格的石窟目前为止仅此一处，所以阿艾石窟的发现具有极其重大的历史意义。阿艾石窟仅仅就文字记载和绘画艺术而言，在古西域地区迄今发现的300多座佛教石窟中其艺术价值和历史价值就独树一帜；从反对民族分裂，维护祖国统一的角度而言，阿艾石窟应该成为青少年爱国主义教育基地：在1 300年前，中原和西域就是一个大家庭，是一个统一的大中华，独库公路南疆段中天山大峡谷的阿艾石窟就是明证。行走在独库公路，又多了一重新的感悟，独库公路还是一条民族大团结之路。

全长561公里的独库公路弯道多，坡度大，穿峡谷，越河流，过草地，塌方、雪崩、洪涝等自然灾害随时都会发生，地质环境非常复杂。有280公里的路段都在海拔2 000米以上的天上云间行驶，还要翻越4座海拔3 000米以上的达坂。跨越3 700米的铁力买提达坂，穿过3 390米的哈西勒根达坂隧道，不但需要大胆心细，而且需要淡定从容。对于任何一位驾驶员而言，在经过冰雪覆盖的达坂时，都是一种意志的考量。独库公路三分之一的路段四周都是万丈悬崖，一半以上的路段都在崇山峻岭深川峡谷中通过，很多地方都要面临"猿猱欲度愁攀援"的危险地段。公路贴着峭壁蜿蜒向前，行驶在直冲云霄的挂壁公路稍有不慎便会坠入万丈深渊。五分之一的路段底下是高山永久冻土层，行走其间好似在溜冰场上滑冰，令人胆战心惊。千沟万壑的险峻山路令人惊叹：噫吁嚱，独库公路，危乎高哉，穿行在缥缈云间的独库公路，需要有冒险的精神，冒险的背后是独库公路的壮美景色，无限风光在险峰。独库公路还修建了世界上唯一的防雪长廊，可使悬崖上的崩雪翻落到公路旁的深沟，百米长的防雪长廊银光闪烁，夹道欢迎川流不息的过往车辆，不失为独库公路的独特一景。独库公路南疆段还是赤日炎炎似火烧的盛夏季节，转眼间在翻越达坂时又进入六月飞雪漫天扬的冬令时节。"忽如一夜春风来，千树万树梨花开"，漫天雪花空中飘飘洒洒。欣喜万分跳下车，穿着T恤衫奔向公路旁的冰川，张开臂膀拥抱洁白晶莹的雪花，背靠冰川感受晶晶亮、透心凉的奇妙感觉。神奇的独库公路，南边骄阳北边雪，道是有晴却无晴，这就是独库公路的独特魅力。独库公路是一条六月即飞雪的既险峻又神奇的天路。

独库公路跨越了天山近十条河流，天山的雪水滋养着穿行在天山山脉的河流，飞湍瀑流从天而下注入大大小小的河流，欢快地陪伴着独库公路跳跃向前。河流的一部分水系汇成了湖泊，高峡出平湖。被称为"南天池"的大小龙池属于高山湖泊，湖区气温较低，冬季不结冰，夏季很凉爽。大小龙池位于距离库车约120公里的天山深处，海拔2 400米，四周高山耸峙，终年白雪皑皑，雪线以上生长着名贵的中药材——雪莲。山下云山翠柏，绿草如茵，牛羊成群，牧民的毡房点缀其间，偶尔还可以见到雪鸡、黄羊，甚至是雪豹。大龙池水面约2平方公里，由天山雪水融汇而成，水域宽阔，清澈见底，景色优美。大龙池的湖面碧波如镜，天山的雪峰，原始的森林，蓝天和白云，青山与绿草在天山的腹地构成了一幅塞外最神奇的美景，一幅挂在天上，一幅倒映水中。七月的天山正是鲜花盛开的季节，湖畔的草地密密匝匝的小花姹紫嫣红，开得正艳，铺满了绿色的草地，引来了无数蝴蝶和蜜蜂，嘤嘤的鸣声温柔地碰击游客的耳膜。美丽的金莲花漫山满谷灿烂地开着，天山益母草茂盛地生长着，坡地草原悄然钻出好多蘑菇圈，苍翠的松林里还可以看到成堆的松树蘑菇，雪白的羊群在绿茵茵的草地上悠闲着，放牧的柯尔克孜小伙子躺在草地上哼唱着美妙的民歌，演绎着自己的梦想，这里是天山的春天。距离大龙池约4公里的地方就是小龙池，与大龙池一般景色，相映生辉，只是小龙池的面积比大龙池小很多，东西长250米，南北宽100米，形状酷似一酒葫芦。大龙池的湖水随季节有些微的变化，秋冬季节湖心为一条黑色条带，犹如一条巨龙卧在湖面上，给湖水增添了神秘色彩和传说。每当风和日丽时，站在湖边，可清晰地看到自西向东游动的黑色蛟龙，实为湖中生长的墨绿色水草晃动的结果。小龙池出水口附近的浅水区，绿色水草、褐色和黄色的藻类生长茂盛，加之阳光的辐射，使湖水呈现出青黄、绿黄和浅褐色等斑斓的奇幻色彩，犹如九寨沟的五彩池。大小龙池如同两块晶莹剔透的翡翠镶嵌在雪峰环绕的半山腰，天山的深处竟然是一派瑞士山地的风光，怎不令人啧啧称奇惊艳不已。美丽的童话世界就在独库公路的身边不断地延伸拓展，独库公路是一条潺潺流水陪伴，明镜湖泊相拥的温婉山路。

乔尔玛位于横贯天山的独库公路与伊乔公路的交会处，地形险要，南北有依连哈比尔尕山和阿布热勒山的冰川纵横交错，盖于山顶的是平原冰川，填满山谷的是山谷冰川，还有冰斗、冰碛、冰垅、冰丘、冰舌、冰峰、冰谷和冰珠等，整个乔尔玛就是冰封大地的冰雪世界。尚未从赤日炎炎的南疆酷暑中解脱，却又面临"北国风光，千里冰封，万里雪飘"的奇观，冰火两重天，一天走四季，无怪乎满山满坡有众多的游客穿着夏装在冰雪世界欢呼雀跃，神奇的独库公路呈现神奇的人文景观。乔尔玛成为独库公路的一道风景并不仅仅停留在冰川世界，乔尔玛在独库公路中所享誉的盛名还在于独库公路在乔尔玛的冰坂下挖掘出两条隧道，南来北往的车辆顶着冰川川流不息在独库公路，这是独库公路乔尔玛段的一大奇观，这是我国建筑史上罕见的一大奇迹。独库公路修建于20世纪70年代，北起独山子，南至库车，解放军工程兵某部数万官兵耗时10年修建而成。独库公路1983年建成通车，使得南北疆路程由原来的1 000多公里缩短了近一半。独库公路是工程兵战士在四座

独库公路的北国风光

终年积雪的达坂开天辟地,用自己的血肉之躯硬生生开凿出的一条天路,是中国公路建设史上的一座丰碑。为了修建这条公路,数万官兵奋战10年,其中有168名筑路官兵献出了宝贵的生命。他们年龄最大的31岁,最小的仅仅16岁,有些战士牺牲后甚至无法联系到他们家乡的亲人,青山埋忠骨,他们就这样永远地长眠在天山的深处。1984年新疆维吾尔自治区人民政府、乌鲁木齐军区为纪念修建天山独库公路而英勇献身的中国人民解放军(武警交通二总队前身)在独库公路乔尔玛段修建了乔尔玛烈士纪念碑,缅怀那些为独库公路建设而献身的有名字和没有名字的官兵们。这座永久的丰碑,永远铭记筑路的解放军官兵。之后又在纪念碑附近修建天山独库公路烈士陵园,让烈士的英灵与乔尔玛的冰川万年永存。青山埋忠骨,热血照千秋,乔尔玛的冰岩之畔有雪莲竞相怒放,冰上盛开的雪莲在为168位建设独库公路壮烈牺牲的解放军官兵唱响生命的礼赞。烈士陵园,至今仍有一位老兵因为一句承诺,三十年如一日守卫着当年牺牲的班长,八一电影制片厂以他为原型,改编了一部真人电影《守望天山》,他就是独库公路烈士陵园守墓人,2013年度中央电视台"感动中国"人物陈俊贵。聆听陈俊贵深情讲述修筑独库公路的艰辛以及战友牺牲时的大恸,感动得鼻子阵阵发酸。独库公路,平均每5

公里，就有一个筑路官兵的英灵陪伴。鲁迅先生曾说：其实地上本没有路，走的人多了，也便形成了路。筑路官兵们则说：其实天山本没有路，因为需要人去走，是官兵们用指头抠出来的路。独库公路，你是一条中国官兵用血肉之躯建造的英雄之路。

  独库公路不愧为中国最美的公路，无法复制的流动的美组合成一首冰与火的交响曲。这首交响曲演奏出独库公路伟大的自然奇观，演奏出生命的赞歌，让你的整个灵魂都融入新疆的沙漠、戈壁、峡谷、草原、冰川、雪山、湖泊等多种地形地貌组合而成的壮美绚丽的乐章中去。独库公路带领你去寻觅天山大峡谷中的诡谲神秘，引领你去体会高山峡谷的银装素裹的壮丽，去感受苍穹天池中碧海蓝天为一体的震撼，去拥抱高山草原春花盛开的美景，这就是行走在天山的独库公路风景，一幅长达561公里的绝美山水风景画。厚重的味道让你来过一次，终生难忘。所以说独库公路是一条不平凡之路，是一条雄奇之路，一条美轮美奂的地质地貌长廊，一路的美与险让你终生难忘。我们都是独库公路的歌者，暑天骄阳，腊月飘雪，春花灼灼，秋叶金黄，需要我们用心去品尝，用声去歌唱。行走在独库公路，心胸豁然开朗，世界那么大，什么放不下？人生哪有天长地久，真正在乎的是曾经拥有，因为这个世界上走得最急的总是最美的风景，我们要用有限的人生去拥抱世界无限的美景，这才是境界。经过火的洗礼，雪的亲吻，独库公路最后将带给你一道最美的草原风光大片。绿色的海洋，金色的河流，起伏的山峦，白色的云朵，火红的晚霞，满天的星星，人间仙境巴音布鲁克草原、欧亚大陆最美的那拉提草原好似一幅巨大的油画铺陈在北疆大地等着你的到来。车内的音响正在播放《我和草原有个约定》的歌曲，美妙的旋律、优美的歌词描绘草原之子对草原的深情赞颂，感受到浓浓的思乡之情。巴音布鲁克草原，早就闻名你那著名的九曲十八弯美景，我该用怎样的情怀拥抱你？那拉提山地草原，那展翅高飞的雄鹰一定还在等待着我的再次邂逅。夕阳的余晖染晕了天边的时候，我们的双脚踏在了绿茵如毯的巴音布鲁克草原，美丽的草原真诚地欢迎远方的客人留下来。

2019年8月22日

北疆草色绿无涯

　　巴音布鲁克草原位于新疆维吾尔自治区巴音郭勒盟蒙古自治州和静县西北，天山山脉中部的山间盆地中，从和静县出发，沿独库公路行驶可以直达。巴音布鲁克草原和那拉提草原是独库公路沿途最美的草原风光，是一片流淌着奶和蜜的人间仙境。巴音布鲁克草原蒙古语是"永不枯绝的甘泉"，突厥语则为"星星平原"的意思。座驾穿过皑皑雪山环抱的独库公路，眼前豁然开朗，兴奋点刺激神经系统，呈现在眼前的这片广袤无垠的绿色地毯给人忽然来到桃花源的意外惊喜。23 835平方公里的巴音布鲁克草原是中国仅次于内蒙古呼伦贝尔草原的第二大草原，地处天山隆起带的山间盆地，四周环抱的雪山平均海拔都在3 000米以上，为典型的高寒草原草场、高寒草甸草场，也是集山岳、盆地、草原为一体的自然风景区。

　　草原的天边燃烧的五彩云渲染了巴音布鲁克草原，多姿多彩的云极其浪漫，夕阳西下的那一刻将灿烂发挥到极致，给人"入目三分景，七分在内涵"的感觉。落日时分抵达巴音布鲁克，远远望去，一碧千里的草原，星星点点的蒙古包就像是一朵朵白云散落在绿色的草原。各色野花钻出草丛竞相绽放，迎风微微摇曳，深蓝色的天空已经有星星在向你愉快地眨着眼睛，巴音布鲁克大草原生机勃勃。这片蓝天下的美丽大草原是土尔扈特人的家乡。清乾隆年间，土尔扈特、和硕特等蒙古族部落在"东归英雄"渥巴锡的率领下，从俄国伏尔加流域举义东归。古老的勒勒车碾出了蒙古族的光辉历史。马背上的民族土尔扈特人望断天涯路，历经艰辛最终叶落归根回到自己的故土，在蒙古民族的史书上是一段可歌可泣的记载。清政府对归来的成吉思汗后裔安抚优待，特赐予水草肥美的巴音布鲁克草原作为他们生息的家园。今晚下榻蒙古包，细细观察蒙古民族风浓烈的陈设，新鲜又好奇。半人高的炕占大半个蒙古包，圆形毡房由木制的房架、天窗、木门和毡制的帏幪组成。房架可拆分为折叠的壁架和一条条活动的椽子，以便随时随地拆装，这是游牧部落逐水草而生的迁徙特性所致。炕沿置一长条桌，热情的蒙古包的主人早就将切好的西瓜放在长条桌上。炕头有一铁炉子，燃烧的炉火给寒气逼人的草原之夜带来了温暖，真正找寻到了围着火炉吃西瓜的感觉。走进蒙古包就等于融入了草原的风情，盘腿围坐，手抓羊肉、伊力特曲在蒙古包内香飘四溢，喝上一杯浓烈的酒，扯下一块手抓羊肉，顿时斯文扫地，热血涌上脑门，大块吃肉，大杯喝酒，酒不醉人人自醉，脸红耳赤的男儿个个充满血性和刚烈，血性男儿的豪情万丈尽显无遗。远远地有马头琴声传来，幽怨绵长，如泣如诉，浑厚悠远的蒙古族长调伴随着马头琴声在草原的夜空中飘荡，时断时续钻进蒙古包，送来了一缕草原的风情，带来了一丝淡淡的乡愁。蒙古包内的男儿都敛神屏息，慢慢放下手中的酒杯，思乡的琴声让人情不自禁地遥想远在天边的亲人。乡愁是人性使然，身处他乡，酒已干，肉已尽，夜深沉，有土尔扈特人送来卧具，一色花纹的棉被和靠枕，所有人挤挤挨挨头靠着头呈扇形状向两边排列，聆听着思乡的琴声，醉意阑珊中头枕着草原进入梦乡。

  巴音布鲁克的草原在沉沉夜幕的笼罩下进入了梦乡，草原上的生灵在夜色的安抚下都酣然入眠。我悄无声息地走出蒙古包，融入茫茫的夜色，一种惬意感遍布周身。这里的空气清冷而纯净，让人感受到巴音布鲁克草原独特而神秘的气息。被黑夜裹挟的我就像是一个从自然中走出的灵魂，与草原之夜相拥也算作是回归自然。深深呼吸带着青草味的空气，沁人心脾，缕缕微风夹杂着花草的清香拂过你的肌肤，洗涤浑身的倦怠和疲惫。风掠过耳畔有微微的声响传来，再仔细聆听，是清脆的驼铃声从夜幕的深处传来，铃声回荡在宁静空旷的草原更显得清脆悦耳，让人恍惚看到了古丝绸之路上那商贾的驼队从远处走来，向远方走去，又好像是古西域三十六国的龟兹歌舞穿越历史的时空隧道在草原的深夜再度演绎。巴音布鲁克草原的星空深沉迷人，满天星斗像一把碎金撒在夜空，闪闪烁烁，神秘地眨着眼睛俯视宇宙中的这颗星球。遥望北方天穹有一颗闪亮的星星，像一颗闪亮的明珠，耀眼夺目，那是指路明灯北极星。北极星下方连缀7颗闪闪发亮的星，组成一把勺子，著名的天文现象北斗七星在巴音布鲁克的草原被捕捉到了。城市的天空，难以见到北斗七星，城市的天空，难以再现满天的星星。幸运地饱览星汉灿烂的夜空，感谢巴音布鲁克的馈赠。星空之所以美丽，是因为它璀璨在夜间，星空之所以辉煌，是因为它由无数的星星组成。如果只有一颗星星镶嵌长天，那茫茫夜空必孤单无疑。人生也是如此。离开了群体，形单影只，必一事无成。天苍苍，野茫茫，仰望浩瀚星海，静静地坐着，和天上的星星悄悄私语。我在星空的这一端，你在星空的那一端，相隔何其遥远，你永恒灿烂，我昙花一现。多想每天夜晚能和你作伴，你给我带来无尽温暖带来无穷的想象。

空旷的草原是发泄情感的最佳地方，草原在听你诉说，星星在和你作伴，说了很多很多，可惜没有邮递员来传情，但是能够独自拥抱宁静的夜晚，也是一种幸福。《荷马史诗》中描写奥德赛的船队返乡途中，船被吹到一处海边。同伴们吃了当地特产忘忧果之后，竟然忘记了家乡和亲人，忘记了他们上船的目的，他们身居异乡，乐不思蜀。巴音布鲁克草原的星星就像是无数的忘忧果缀满天空，你用你的眼睛在享受，你的享受就像是吃了忘忧果那般沉醉，陶醉在难以自拔的幸福之中，真想能伴随满天的星星走向永恒。作家贝蒂·史密斯有言：人们总以为幸福遥不可及，觉得幸福复杂、难得。不过，一些小事就能让人感到幸福。诚如斯言，一个人孤独地守望着星空，不就是幸福陪伴着你？用一颗明净的心去欣赏万物之美，宛如在心灵深处栽种了一株高雅的幽兰，拥有了兰心的蕙质，你的心便会充盈满足和幸福。幸福并不在乎天长地久，只在乎曾经拥有。天长地久有时候是一种虚假的自我安慰，是童话世界里的童话故事。又想起了秦少游的《鹊桥仙》：纤云弄巧，飞星传恨，银汉迢迢暗度。无端涌动一丝伤感，世界上没有永恒，一如朝生暮死的蜉蝣，亿万年光焰依旧的太阳，任何物质都有起始和终结。今天能在巴音布鲁克草原独自和星星做伴，便胜却人间无数。巴音布鲁克的星空，我和你"两情若是长久时，又岂在朝朝暮暮"。

晨曦微露，美丽的朝霞映红了巴音布鲁克草原的上空，乘坐专车深入巴音布鲁克草原的腹地，一曲《我和草原有个约定》又在车厢内缭绕，好多游客都情不自禁地跟着哼唱：我和草原有个约定，相约诉说思念的情，如今依偎在草原的怀抱，就让这约定凝成永恒。巴音布鲁克是中国最大的高山草原，也是国内最具有草原味道的大草原，地处天山隆起带的山间盆地，是集山岳、盆地和草原为一体的自然风景区。草原上雄伟的额尔宾山东西绵延170公里，南北宽约50公里，将巴音布鲁克草原一分为二，形成两个盆地。巴音布鲁克的千余眼泉水分布于整个草原，与冰雪融化的涓涓细流汇集盆地，形成巴州的母亲河——开都河。古老的开都河穿越两盆地之间，使草原上形成大大小小的牛轭湖、沼泽湿地，孕育着草原上一代又一代的生命。巴音布鲁克草原以秀丽雄奇的山峰、跌宕多姿的瀑布、变幻莫测的云雾、凉爽宜人的夏天吸引着无数中外游客。盛夏时节，翡翠般的草原宛如巨大的绿色地毯，将整个大地覆盖，浓密的牧草有红、黄、蓝、紫等各色野花点缀其间，香飘四野，心旷神怡。绿草无垠的大地洁白的羊群如一朵朵飘动的白云，奔驰的骏马像绿海里涌动的波浪。站在天鹅湖畔的巴西里克山远眺，天空一片湛蓝，白云舒卷自如，雪山晶莹剔透，林木郁郁葱葱，满坡山花烂漫，羊群星星点点，骏马气宇轩昂，毡房散落草原，古老的开都河从天边缓缓向你走来，这是孕育巴音布鲁克草原的母亲河。阳光下的河流波光粼粼，静静地滋润着草原大地。美丽草原的一切要素都汇集于巴音布鲁克，构成了一幅风景如画的自然景观。流淌在草原上的蜿蜒溪流告诉你在新疆并不只有戈壁沙漠，还有柔美的塞上江南。在跨过皑皑雪山之后，蓦地呈现一望无垠的绿色草原，心情顿时豁然开朗。温泉、通天河、白天鹅、草原瀑布、九曲十八弯等美景点缀着巴音布鲁克草原，绘制出一幅如诗如画般的草原美景，随手一拍就是高清壁纸。

草原深处驰名中外的天鹅湖是神秘天鹅的故乡。天鹅湖是一个东西长30公里、南北宽10公里，面积达300平方公里的高山湿地湖泊，是流淌在沼泽湿地中的众多溪流彼此串联形成点点湖泊，并由此形成更大面积的一个天然湖泊。天鹅湖湖区面积达1 000多平方公里，由几百个互相通连的浅水湖组成。天鹅湖海拔近3 000米，四周连绵的雪岭冰峰，构成了天鹅湖的天然屏障。在环抱的雪山中遗世独立的天鹅湖是中国最美的六大沼泽湿地之一，也是亚洲最大我国唯一的野生天鹅种群自然保护区。天鹅湖气候凉爽而湿润，岛上长满了芦苇和野草，密布着许多清泉，水草丰盛，食料富足，非常适宜各种水鸟尤其是天鹅的繁衍生息。每年春回大地的时候，旅居在印度、缅甸、巴基斯坦和非洲南部甚至远到黑海、红海和地中海沿岸诸国的大天鹅、小天鹅、疣鼻天鹅为主的上万只珍禽不远万里，飞越高山峡谷，大江大洋回到北方的巴音布鲁克草原栖息。每年的这个季节，天鹅湖汇聚了许许多多的大小天鹅、疣鼻天鹅等品种，它们在这里安营扎寨，产卵孵化，哺育后代，巴音布鲁克草原成为它们繁衍生息的天堂。和煦的阳光下，湖水、天光、云影、天鹅，构成一幅"片水无痕浸碧天，山容水态自成图"的画卷。这个季节是观赏天鹅的最佳时节，成千上万的天鹅以及70多种珍禽飞翔在蓝天绿草之间，嬉戏于湖沼碧水之中，动静结合的美让游客惊艳不已。一到九月秋风飒飒时，这些新生代就要随着自己的父母展翅高飞，长途跋涉，飞越高山到世界各地去越冬。选择天鹅湖保护区设立的观景台欣赏在湖中游弋在天空飞翔的天鹅，天鹅湖的湖水非常清澈，浮在水面上的天鹅，优雅地用它的长嘴梳理自己洁白的羽毛，怡然自得。空中展翅的天鹅翩翩起舞，体态婀娜，当地的蒙古族牧民把天鹅视为"贞洁之鸟""美丽的天使""吉祥的象征"，认为这是上天赐予巴音布鲁克草原的天使。

巴音布鲁克草原水草丰美，遍地是优质的"酥油草"，哺育着60多万头（只）牛羊，是新疆的牧业基地之一。巴音布鲁克草原还盛产焉耆马、巴音布鲁克大尾羊、中国的美利奴羊和有"高原坦克"之称的牦牛,被誉为"草原四宝",其中的焉耆马更是宝中之宝。焉耆马因原产于焉耆盆地而得名,中心产地在和静县巴音布鲁克草原。主要分布在和硕、焉耆、博湖等地。焉耆马是在蒙古马的基础上渗入中亚马的血统繁育而成,长期选育使得焉耆马颜值相当,匀称结实,长途耐力强,而且抗得住热也耐得了寒,非常适应3 000米以上的高原环境。看到草原上的骏马,总是会有一种策马扬鞭的冲动,"马作的卢飞快,弓如霹雳弦惊",骑着骏马奔驰在辽阔的草原上,张弓射箭,一矢中的,何等快活惬意。英武的蒙古族骑手驾驭着焉耆骏马驰骋在茫茫草原,骏马四蹄翻腾,长鬃飞扬,一阵风般从身边掠过,仰天长啸时那一声声动人肺腑的马嘶响彻草原的上空。应和着悲壮的嘶鸣,四面八方涌出成千上万匹焉耆马,在草原上汇成一股势不可挡的洪流在辽阔的草原呼啸奔腾。长长的马鬃马尾在气流的浮力下随风飘动,万蹄齐发,一匹接一匹,一匹重叠另一匹,凝聚成一个整体,飞快地向前奔跑着、嘶叫着。焉耆马高扬着骄傲的头颅,抖动着优美的鬃毛,在巴音布鲁克草原纵横驰骋。这种万马奔腾的场面让我领略了辽阔草原的另外一种情怀,感悟了骏马驰骋草原的力量。内心震撼之际感慨油然:问苍茫大地,谁主沉浮。八面威风的骑手和驰骋在草原的骏马才是草原的主人。驰骋是一种信念,是前进的灵魂;驰骋是人生的目标,是义无反顾的前进。巴音布鲁克草原,是生命自由生长的天堂,淳朴善良的牧民蓝天下策马驰骋在无边无垠的草原,任性而又潇洒,幸福感爆棚。他们从不羡慕大山之外的世界,他们世代生息在这片草原,他们认为巴音布鲁克就是人间的天堂。大山之外的世界他们从来就没有羡慕,也无需羡慕。

巴音布鲁克最令人叹为观止的是九曲十八弯的绝世美景。不知道天堂有多美,但巴音布鲁克的九曲十八弯真的很美,就像一张天堂明信片,闻名天下的九曲十八弯迷人的风景成为旅行者心驰神往的打卡之地。站在天鹅湖畔巴西克里山顶眺望,泉水和雪水汇聚而成的开都河就像一条仙女的飘带从远方的天际线缓缓向你走来,更像是上苍为巴音布鲁克这个翡翠王国披上的一条圣洁的哈达,这就是闻名天下的九曲十八弯。开都河在《西游记》里称作通天河,开都河发源于天山中部的伊连哈比尔尕山,流经巴音布鲁克大草原,尾闾汇入全国最大的内陆淡水湖博斯腾湖。开都河全长576公里,水量充沛,是新疆一条重要的内陆河流。因为特殊的地势,开都河上游地势平坦,坡度较小,造成了河谷开阔,河道弯曲,犹如走笔龙蛇,素有"九曲十八弯"之美称。曲折之水向东流,千曲百折始到头,开都河的弯道其实多达1 142处,蜿蜒在天鹅湖畔的一段开都河景色绝佳,河流与草原的拥抱竟然创造出一幅

巴音布鲁克九曲十八弯风光

任何画家都无法画出的自然景色，且这一段景观河道不多不少，正好是九曲，九曲河道又回折成了十八个弯道，如巨蟒一般的九曲十八弯就像一个大写的蒙古文字曲曲折折地卧躺在天鹅湖畔的绿色原野之上，给巴音布鲁克草原带来一种鬼斧神工的灵气，一种女神下凡的仙气。九曲十八弯的绝世盛颜是在黄昏即将来临的时候，夕阳渐渐西沉，映红了草原大半个天空，万道霞光射向草原，落日摇金，色彩斑斓，阳光钻出云罅映照在河面上，河面闪闪发光，随着光线折射的不同，一道道金色的光柱透过云彩照射在河面，也不时变化各种迷幻的色彩，弯弯的河道上同时映出了后羿射落的九个太阳，惊叹"此景只应天上有，人间哪得几回现"。巴音布鲁克草原成就了开都河的美丽，开都河又成就了草原的丰美富饶，也孕育了新疆最大的湿地。

巴音布鲁克草原，千百次的回眸就是为了欣赏草原上那独一无二的天鹅故乡，追逐成千上万的焉耆骏马驰骋在草原的壮观场面，更是为了一睹光影下的九曲十八弯胜景。巴音布鲁克草原不仅仅有九曲十八弯和天鹅湖这般如诗如画的美景，还有被称作"雪山银练"的浩腾萨拉瀑布奇观，千奇百怪的奎克乌苏石林景区，当地牧民尊奉为"圣水"的阿尔先温泉、天然森林公园巩乃斯等可圈可点的景观。因为这些草原奇观，巴音布鲁克常常被比作天山中部"王冠上的宝石"，这片富庶之地堪称中国最美的草原之一。

独库公路沿线除了美丽的巴音布鲁克草原之外，还有被誉为欧亚大陆最美的山地草原那拉提。大西洋的暖湿气流滋润了伊犁河谷,故伊犁有塞上江南的美誉。那拉提草原在新疆伊犁州新源县那拉提镇东部,自古以来就是著名的牧场,其中海拔2 000米以上的一片空中草原最负盛名。时间留不住,能留下的只是记忆,暌违五年,再度拥抱那拉提,昨日再现,想起了曾经畅游那拉提草原的点点滴滴。仿佛掉入一个色彩之国,绿意盎然的草原盛开着多姿多彩的绚丽花朵,随风摇曳,灵动摆舞,那拉提草原依旧那么朝气蓬勃。蓝天下飘浮的一朵朵白云,绿茵上撒欢的一群群牛羊,动感十足的那拉提草原。策马飞奔在草原的哈萨克族牧民,潇洒恣意,及至飞奔到我们的面前才看清骑手是英姿飒爽的哈萨克巾帼。那拉提淳朴浓郁的民族风情,绵长悠久的历史文化与高低起伏的绿色原野,草甸、森林、坡地,由丘陵、河流、雪山组成的草原风情构成了那拉提独具特色的空中草原风貌,演绎着那拉提草原的风情万种。

"那拉提"是蒙古语"太阳"的意思。传说成吉思汗西征时术赤率领的中路军由天山深处向伊犁进发了三天两夜,时值春日,山中却是风雪弥漫,饥饿和寒冷使这支军队疲惫不堪。不想翻过山岭,眼前却是一片繁花似锦的莽莽草原,泉眼密布,流水淙淙,犹如进入了另一个世界。这时云开日出,夕阳如血,士兵们大叫"那拉特,那拉特"(太阳)。随着时间流逝,"那拉特"演变为那拉提的读音。那拉提三面环山,巩乃斯河蜿蜒流过,可谓是"三面青山列翠屏,腰围玉带河纵横"。那拉提草原山峦起伏,绿草如茵,既有草原的辽阔,又有溪水的柔美,在新疆浩瀚大漠中,那拉提犹如一块镶嵌在黄缎上的翡翠,格外耀眼。群山俊秀、松林如涛的那拉提草原以其特有的原始自然风貌,向世人展示天山深处一道宛如立体画卷般的风景长廊。这里居住着全国十分之一的以热情好客、能歌善舞而著称的哈萨克族,他们至今仍保留着浓郁古朴的民俗风情和丰富的草原文化。

草原景区的公交专车沿山路盘旋而上,地势逐渐升高,抬眼能够望见雪峰,云雾缭绕,忽而又见艳阳高照,霞光万丈。山坡上是一片黛绿色的茫茫林海,山谷是起伏的草原,草原上清新芬芳的气息扑面而来,风情万种的那拉提层峦叠翠,绿野无垠,这就是那拉提的空中草原,也称为夏牧场。空中草原名称的由来和它的海拔有关系。夏牧场的平均海拔2 200米,是一个山间盆地,草肥水美,每年的六至八月份是夏牧场的黄金季节。那拉提空中草原是一个可以让你的灵魂自由放飞的人间伊甸园,眼睛看到的是草原美景,心中装着的是宇宙天地,在连接天与地的空中草原拥抱天与地,忧思烟消云散。空中草原有好多雄鹰展翅翱翔,自由任性,无拘无束,潇洒放纵。瞬间顿悟:有

那拉提山地草原风光

些鸟儿注定是关不住的,因为它们的每一片羽毛都注满了自由的光辉。

　　走过独库公路,走过沿途风景,一次难忘的旅程,在有限的生命中具有重要的意义。生命,本是一趟旅程,每个人走在生命的途中,每个人都在不知不觉路过沿途的风景。其实,生命的旅程所经过的地方,所经历的事情,都是你生命中的一道风景。风景不唯独是美景。有许多时候,生命若水,石过处,惊涛骇浪;有许多时候,生命若梦,回首处,梦过嫣然。走过巴音布鲁克草原,走过那拉提草原,让自己的心贴近自然,聆听自然界的一草一木,一花一树与你亲切地呢喃;让自己的心跟随着天空翱翔的雄鹰放飞,想象着像雄鹰一样自由地飞翔,诗意地栖息在美丽的草原,刹那间,你会觉得自己的心灵超脱了世俗,融入了空灵与澄明。于红尘中漫步人生路,途经的风景,遇见的人,也许不能一一留住,但是巴音布鲁克草原和那拉提草原带给自己的这份美好定会留驻在心。

2019 年 8 月 25 日

最美青岛八大关

蔚蓝的天与湛蓝的海勾勒出一条优美的若隐若现的天际线，蔚蓝的天与葱郁的山勾勒出一条漂亮的此起彼伏的山际线。海边的高楼大厦，山间的绿树红瓦，象征改革开放成果的摩天高楼和沉淀丰厚历史的百年建筑在山与海的拥抱中和谐交融互为渗透，一百多年的城市发展之路被昨天和今天的建筑串联合并，走在时尚的最前沿，令世界翘首仰望。这座碧海环绕，青山怀抱的城市就是有着"东方瑞士""欧韵之都"称谓的青岛。这座洋溢着青春活力的时尚之都同时还具有中国帆船之都、亚洲最佳航海城、世界啤酒之城、联合国"电影之都"、中国最具幸福感城市、中国品牌之都的桂冠。一百年前，"戊戌变法"的康有为曾如此赞美青岛："青岛之红瓦绿树，青山碧海，为中国第一。恐昔人之仙山楼阁亦比不及，诗文不足以形容之。"诗人闻一多20世纪30年代旅居青岛，用诗一样的语言赞美这座美丽的海滨城市："青岛几乎是天堂了。"

青岛，昔称胶澳，一座依偎在黄海之滨的美丽城市，因其海湾内有一座四季常青、绿树成荫的小岛唤作青岛而得此名。来到青岛老城区，恍若穿越到欧洲的城市，浓浓的欧陆风情弥散在城市的上空，因为青岛在19世纪末曾被德国"租借"。从1860年到1872年，德国最负盛名的地质学家兼地貌学家李希霍芬前后8次来中国考察，他通过对山东的全面调查，建议德国政府占领交通便捷的胶州湾。1898年，德国政府借口两个德国传教士在山东巨野被杀，强行占领山东胶州，并胁迫清政府租借胶州方圆500多平方公里的土地，租期99年。青岛被德国强行租借后，德国人在租界内建造了一系列明显具有西欧风情的建筑，这也就是在世界东方的青岛会有众多西欧风情建筑的原因。

青岛是国家历史文化名城，拥有八大关、栈桥、五四广场等著名的文化景点，老舍、闻一多、沈从文、萧军、萧红等文化名人也曾在青岛讲学或居住。青岛处于黄海外海，适合建立大型的军事基地，是中国人民解放军海军北海舰队的所在地，也是中国重要的海军航母基地之一。青岛海军博物馆由中国人民解放军海军创建，是中国唯一的一座全面反映中国海军发展的军事博物馆。青岛的海岸线属于黄海海域，黄海的生物区系北太平洋东亚区，为暖温带性，海产丰富，青岛的极地海洋世界和海底世界是海洋文化的立体展示和演绎，是全国独具特色的海洋生态大观园。青岛还是中国道教文化的发祥地，拥有道教名山崂山。《聊斋志异》的作者蒲松龄曾两次到崂山游览，并在崂山太清宫、上清宫等庙宇访友旅居，根据流传于此的传说写出了《崂山道士》等多部短篇小说，收录于《聊斋志异》中。

第一次来青岛是20世纪80年代初的暑假，乘坐"长柳号"客轮，五等舱船票往返。在闷热难忍的舱底熬过整整一个夜晚，桑拿浴蒸洗了好多遍，才于次日中午抵达青岛港口。在青岛旅游的五天时间，住宿在学校的教室，印象中是5元钱一个晚上。几张课桌拼成一个铺位，十几个来自天南地北的游客挤挤挨挨在一起。每天的旅游，就是靠两条腿走遍了青岛的各大景点，饱览了青岛的自然和人文风光，累并快乐着。印象最深的是八大关风景区，那一栋栋掩映在绿树鲜花丛中的别墅实在是太美了，惊呼八大关是青岛最美的地方。第二次到青岛是90年代中期，学院组织的暑期旅游。仍然是客轮，四等舱的船票，到了青岛，住的是某机关的招待所，四人一间的客房，但没有卫生间。印象最深的是青岛的石老人海水浴场，细腻的沙滩，碧蓝的海水，跃入茫茫大海，搏击海浪，惊呼太爽了。适逢青岛千里清秋，水随天去秋无际，25年后的金秋时节再次来到青岛，飞机往返，下榻五星级宾馆，大床单人间，景点往返轿车迎送，太奢侈了。

青岛，每一次的到来，总能留下一分惊喜，脚步曾经抵达过的风景区，还会重复打卡。那些昔日光顾的景点，今天再度走近，依旧是那么亲切，百看不厌。前两次都是暑假来青岛，这次却是在金秋时节再度飞临。却道天凉好个秋，重游美景八大关，小楼昨夜又东风，风情依旧八大关。八大关，柔和秋阳浸染，碧海蓝天，绿树红墙，是青岛著名的历史风貌保护街区，位于青岛市南区汇泉东部，太平山南麓，西临汇泉湾，南接太平湾。所谓的"八大关"，是因为这里有八条马路（总计有十条）是以中国古代著名关隘命名，故统称"八大关"。青岛八大关近代建筑为别墅区，有"万国建筑博物馆"的美誉。解放前，青岛八大关是官僚资本家的别墅区，解放后，人民政府对八大关近代建筑进行了全面的修缮，八大关成为中国重要的疗养区之一，许多党和国家领导人和国际友人都曾在八大关下榻。2001年，青岛八大关近代建筑被国务院公布为第五批全国重点文物保护单位；2005年，被评为中国最美五大城区之一；2009年，入选首届"中国历史文化名街"。

作者和朋友在八大关留影

八大关的特点是把公园和庭院融合在一起，到处是郁郁葱葱的树木，四季盛开的鲜花。十条马路的行道树品种各异，看花辨时，闻香识路，一步一景，步移景异，有"一关一树，关关不同"之说。自中山公园往东行走，进入八大关的韶关路。韶关路得名于粤北重镇韶关，为八大关东西三关中的西关。韶关路两侧遍种碧桃，唐朝李商隐有诗赞碧桃：可羡瑶池碧桃树，碧桃红颊一千年。每年的三四月份是碧桃的花期，一街幽红开启八大关一年的花事。春暖花开，整条马路上的碧桃仿佛提前约好似的，齐刷刷一起盛开。满树的白碧桃、红碧桃、粉碧桃，与树下一丛丛黄灿灿的连翘相映成趣，一团团，一簇簇，就么么自顾自地花枝招展，烂漫芳菲，像天上的云彩，海里的波涛，行走其间，如痴如醉，正应了郁达夫"碧桃三月花如锦"的诗句。相传贺敬之走过韶关路时有感而发作《八大关漫步》："碧桃雪松几重关，烽火烟云恍惚间。行到落樱小憩处，又见白鸥搏海天。"

韶关路上碧桃花开刚刚落幕，宁武关路上的海棠花闪亮登场。宁武关路得名于山西境内明代所置宁武关，为八大关东西三关中的中关。宁武关路和韶关路平行，种植的行道树为中国独有的海棠。海棠素有"花中贵妃"之誉，是中国景观树的首选。千年前的唐朝诗人贾岛在观赏海棠花开的时候所写的《海棠》一诗中有这样一幅赏花的场面："昔闻游客话芳菲，濯锦江头几万枝。"春末初夏海棠花开的时候，宁武关路上种植的海棠老树新枝齐齐绽放，开得有款有型，轰轰烈烈。远远望去，一片云蒸霞蔚，如火如荼，令人目不暇接。长长的枝条伸向道路中央，形成一条花海长廊，青岛人骄傲地称为"海棠花路"。宁武关路上的海棠，花期是每年的四五月间，正是八大关一年中游人最多的时候，前来观赏海棠花事的游客摩肩接踵，人们在海棠花下追逐春天的脚步，一对对新人在海棠花下留下永恒的倩影。正是人间四月天，游人从这条通向大海的花街一路前行，在五月骀荡的海风中倾听着世界，在花香浸染的宁武关路尽头与一望无际的蓝色海洋相遇的时刻，回望宁武关路，回望五月的鲜花，领会到了春深似海的磅礴气息。

宁武关路的海棠花还挂在枝头，正阳关路上的紫薇紧跟着绽放。正阳关路得名于明成化年间所设皖西名镇正阳关，是八大关南北七关中的第四关，是八大关最宽的马路。正阳关路遍种紫薇，每逢夏秋时节，正阳关路两旁的紫薇渐次开放，紫色的高雅，红色的绚丽，白色的洁净，花色艳丽，花姿优美。整条正阳关路姹紫嫣红，美丽妖娆。唐朝诗人杜牧曾有诗赞美紫薇："晓迎秋露一枝新，不占园中最上春。"紫薇将整条正阳关路装扮得非常文艺。在这条开满紫薇花的道路漫步，邂逅一簇簇紫薇，恰能与你的闲适心境相契合，美到蚀骨的紫薇花总是随风徜徉，清新馥郁的幽香四处弥散。紫薇花期很长，能从夏天开到秋天，有"紫薇花开半年红"的说法，很多外国朋友将紫薇花开时的正阳关路亲切地唤作"花街"。青岛人则将紫薇称为"痒痒树"，用手轻轻抚摸，它便花容笑颤。正阳关路上楚楚飘逸的紫薇仙子引出了多少浪漫遐想，它的优雅与浪漫如同一生一世的誓约，开启了生命的敞亮之境。

秋风飒飒，秋意渐浓，嘉峪关路两侧诗意浓浓的枫树终于能独占八大关美景的魁首。嘉峪关路得名于万里长城塞外雄关嘉峪关，是八大关南北七关中的第六关。八大关的秋天缤纷多彩，每一条道路都有自己独特的秋景，唯有嘉峪关路的秋景才是八大关最亮丽的风景线。嘉峪关路站在秋的十字路口，吟诵着戴望舒的诗句：秋天的梦是轻的，那是窈窕的牧女之恋。爽朗的秋风带着簌簌的凉意吹开了暗红的秋槿，成排成排的五角枫红颜尽展。嘉峪关路的秋景是浓的，那是绚丽的枫叶浸染天空。一阵秋风一阵凉，秋风吹过，枫叶由绿变红，犹如美人脸上的红颜，又如天边燃烧的彤云。秋槿落，枫叶生，火红的枫树好似明眸唇齿的红装女子，嘉峪关路上成片成片的枫树红叶似火，也有黄叶如金的枫树点缀其间，甚至还有少许绿色隐隐约约躲在红叶的背后。一棵棵枫树彼此映衬，一片片枫叶临风飘爽，一栋栋别墅掩映在红枫的背后，红叶装饰了别墅，别墅衬托着枫树。熙熙攘攘的游人边走边看边照相，若用唐诗来赞美八大关的枫树，就是那句脍炙人口的诗句："停车坐爱枫林晚，霜叶红于二月花。"

八大关的秋天除了有枫叶点缀，居庸关路两侧摇曳着金黄色树叶的银杏也成为深秋的主角。居庸关路得名于北京八达岭长城以南的居庸关，是八大关南北七关中的第二关。居庸关路种植的行道树是地球上最古老的树种——银杏。青岛的春天姗姗来迟，3月底银杏才从严寒中苏醒，萌动展叶，4月中旬至下旬开花。待到盛夏来临，满树绿叶摇曳生姿。寒露时节，居庸关路两侧栽种的160余株银杏树的树叶其中间还呈现鹅卵绿色，但是树叶的周边已经镶上了一层金边。待到深秋时节，树上挂满圆溜溜的果实，一阵秋风吹过，古雅的扇形叶片飘落，地面上慢慢铺上厚厚的金色地毯，绿墙红瓦的公主楼也在漫天金黄的衬托下更显典雅的风姿，成为八大关秋日的一大胜景。深秋的时节，居庸关路是八大关最美的一条道路，金黄色的落叶显现了凄凉陨落前的完美，满地尽带黄金甲，绚烂无比，令人动容。秋天所特有的宁静与激情对于那些孤独的沉思者而言意味深长。南宋婉约词人李清照作诗如此赞美银杏："风韵雍容未甚都，玉骨冰肌未肯枯。"

八大关最有气势的行道树当属紫荆关路的雪松。紫荆关路得名于太行山上汉代所置的紫荆关,是八大关东西三关中的东关。紫荆关是长城的关口之一,位于河北省易县城西40公里的紫荆岭上,为河北平原进入太行山的要道之一。紫荆关路是青岛的"雪松路",雪松挺拔如塔,枝叶婆娑,为紫荆关路撑起绿色的凉棚,遮蔽了两旁的建筑。一棵棵高大巍峨的雪松,姿态端庄大方,被冠以"风景树皇后"的美称。种植在紫荆关路的雪松都有70年以上的历史,整整齐齐恭列于道路的两侧,大枝向四周平展,小枝微微下垂,针叶分层叠翠,不时散发出清香的松脂味。冬天来临,众多树木凋零,身披白雪的雪松郁郁苍苍,挺拔伟岸。每年圣诞节的前后,雪花飘飘时,紫荆关路更是别有一番风情。白雪皑皑的世界里,紫荆关路两侧欧式风情的小楼,再加上路旁的一株株"圣诞树",仿佛是温馨浪漫的童话世界。著名诗人光未然写有一首《紫荆关路小照》的诗:"千手观音着绿纱,雪松夹道吐芳华。一日三回看不足,翠袖相邀最是她。"顺着紫荆关路一直向南走到海边,能够看见八大关著名的欧洲古堡式建筑花石楼。

八大关的马路"七横三纵",临淮关路偏中。临淮关路得名于安徽凤阳千年古镇临淮关,是八大关南北七关中的第三关。龙柏夹道,一年四季郁郁葱葱是临淮关路的一道绝佳景致,一棵棵四季常青的龙柏树干笔直高耸,大枝条螺旋向上伸展,小枝条生鳞叶并弯曲成弧形,树冠为圆锥体状。从正面看,整个树冠宛如盘龙上下飞转。临淮关路地势起伏,路面狭窄,长长的龙柏绿廊宛若神龙见首不见尾,颇有军人仪仗队行欢迎礼的威武气魄。如此气派的道路全国罕见,许多摄影爱好者和游客都纷纷在临淮关路徜徉漫步,取景拍照。耸立在临淮关路的龙柏和紫荆关路的雪松俨如八大关的守护神,在大雪飘飘的严冬方显本色,郁郁葱葱,永葆青春。明代于谦曾有诗赞美龙柏:"节操棱棱还自持,冰霜历尽心不移。"雪落八大关,这是岁月循环的终结与开始,四季常青,不畏严寒的龙柏、雪松与大海和山峦共同享受白雪的浸礼迎接新的岁月的开始,等待着又一个春天的到来。这是八大关的另一种神韵,这是紫荆关路的雪松和临淮关路的龙柏奏响的八大关迎新曲。

武胜关路、函谷关路和山海关路都是南北走向。武胜关路得名于鄂豫交界之大别山上的武胜关,是八大关南北七大关中的第七关。函谷关路得名于河南灵宝北战国时期的古关函谷关,此关因老子出关时留《道德经》五千言而成千古传奇。函谷关路是八大关南北七关中的第五关。山海关路得名于万里长城东端,号称"天下第一关"的山海关,是八大关南北七关中的第一关。山海关路蜿蜒曲折,南望沧海,每个季节都变幻着不同的色彩。三条马路的行道树都是法国梧桐,植物分类学的名字是悬铃木。法国梧桐天生浪漫的特质，树冠舒展，树形优美，为城市行道树种的首选。夏日浓荫蔽日，宽大的叶片遮盖住了树冠上面的阳光，秋季落叶飘飘，飘出满地悠悠的韵律，冬季枝丫遒劲，阳光穿透树枝，温暖着肃杀的大地。再度来到八大关，恰是寒露节气，八大关的梧桐树悄然披上金黄色的盛装，慷慨送来了季节变化的印记。梧桐树的树影斑驳在错落时空的庭院里，在不经意的转角那荫窗透出的阙影美轮美奂。恰巧金色的阳光落在深沉得有些褪色的墙面上，梧桐树叶在一阵萧瑟的秋风中乘着寄托生命的方舟悄然飘落，飘向深深的庭院，会晤正在庭院休闲的主人，树叶在主人的脚跟打着旋儿又继续飘飘，最后是零落成土化作泥。从泥土中生长，又回归于滋养它的泥土，也许这就是轮回。三条关路上的梧桐，唯函谷关路上的法国梧桐最具画面的质感，其树群密集均匀，树干粗细一致。函谷关路行人稀少，环境幽静，不少新人都喜欢以函谷关路的梧桐以及梧桐背后的别墅作为背景拍摄婚纱照。唐诗"梧桐叶落满地阴，锁闭朱门试院深"的意境最符合函谷关路秋天的景致。

八大关美，美就美在把公园和庭院融合在一起。到处都是郁郁葱葱的树木，四季盛开的鲜花。每条关路的街角还都有一座漂亮的公园，公共绿地40多处，面积约6万平方米。地势起伏，花木葱茏的八大关依山傍海，空气清新，环境幽雅，造型迥异的西式别墅及精巧别致的庭院绿地错落有序地分布在各条关路。每一栋别墅各有自己的建筑风格，都有一个大大的庭院，楼与楼之间疏朗有致，毫无重复、拥挤的感觉。楼壁大都有藤类植物蔓延而上，泛出浅浅的绿意，从低矮的院墙探头探脑冒出来的往往是色彩绚丽的小花朵，向过路的行人炫耀自己的俏丽。进入庭院，院中大片领域全被绿色簇拥，这边是绿树，那边是红花，齐齐插插，高矮不一，粗细不同，缀满了整个院子。八大关美，美就美在一幢幢有故事的老房子。占地70余公顷的八大关共有300多栋别墅，汇聚了世界20多个国家的建筑风格，绝大部分兴建于20世纪30年代，只有极少数建造于德国统治时期（1897—1914）。八大关是世界建筑风格扎堆的地方，汇集了古希腊式、拜占庭式、巴拉克式、洛可可式、新艺术、折中主义、田园风等多种建筑风格，多样而又统一。据不完全统计，参与八大关建设的建筑师来自诸多国家，他们带来了海外的建筑思想和实践。八大关建筑中也不乏中国建筑师的杰作，花石楼、东海饭店皆体现了中国建筑师在融合多元文化、展现现代主义风格方面的高深造诣。著名建筑学家梁思成由衷赞叹八大关是"青岛最美的地区"。

八大关的最初规划始于1929年。青岛作为当时全国八大直辖市之一，吸引了大量外国资本和民族资本，人口激增对环境优美的别墅出现更多的需

八大关的建筑

求。青岛市政府将荣成路、黄海路、汇泉路围成的区域作为青岛"特别规定建筑地",由工务局和农林事务所联合勘察绘制了"特别规定建筑区域图",规划设计了10条路,最早建成了山海关路,后来又相继开辟了其他9条路,这9条路曾以山东的一些地名命名,后统一以关隘名为路名,与山海关路共组成10条关路,统称八大关。"特别规定建筑地"开辟后,迅速成为众所趋之的焦点,寓华的外国侨民、商人、传教士与外交官,中国新兴权贵与社会名流无不热衷于在八大关求田问舍,能在八大关获得一席之地俨然是身份的象征。这一趋势在20世纪30年代中期形成高潮,至40年代末,别墅区基本成型,创造了城市开发建设中不可复制的完美范本。"特别规定建筑地"架构了山、海、树和建筑完美的艺术结合,是统一而又协调的整体,成为都市的"桃源"。这片被称为"八大关"的区域,不仅代表了青岛别墅区的风范,还与秦皇岛北戴河、庐山牯岭、厦门鼓浪屿、德清莫干山并称中国五大别墅区,典型体现了近代以来在中国出现的西洋别墅区的历史面貌。

八大关的建筑,从开始兴建到形成规模,历经十几年,矗立起各式建筑三百多栋。八大关的每一栋别墅的背后都有一段历史故事,八大关的每一条关路都有影响深远的别墅站在历史的深处笑看近一个世纪的天下风云。花石楼(黄海路18号)是八大关中最著名的也是最具有代表性的一栋别墅。1930年,侨居上海的俄国著名报业商人涞比池在临海呷角上建造海滨别墅,建筑风格是典型的欧洲古堡式，又融入了希腊式和罗马式的风格，也有哥特式的建筑特色。由于是用花岗岩和鹅卵石建成，故得名花石楼。别墅占地4.5亩，建筑面积753.7平方米，主体建筑共有五层，楼下石阶分为两层，上层6级，下层9级，有石径通往铁栏大门。楼门台阶下为花岗岩石尊，可用于晚间燃火照明，也可用于栽花；正面为圆形和多角形组合而成的建筑造型，侧面有铁尖顶，十分别致，足见设计者之匠心。顶层为观海台，视野极佳，一望无际的蓝色大海就在眼前翻卷浪花。这栋风格独特的别墅庭院内广植花木，楼外又砌有鹅卵石，"花石楼"也就成为这栋别墅的代名词。有关花石楼的传说很多，蒋介石和宋美龄曾在此小住，也有说戴笠也曾在此居住。解放后，花石楼成为接待中外贵宾的馆舍，董必武、陈毅等国家领导人都曾在此下榻。花石楼的建筑风格一直受到艺术家们的青睐和追捧，很多电影和电视剧都在这栋别墅拍摄。

居庸关路10号的公主楼，精巧可爱，周边根据安徒生的童话建造了不少的雕像。也许正是丹麦著名童话作家安徒生笔下的童话故事令人神往，丹麦建筑风格的公主楼在八大关的别墅群中极为出众。公主楼占地面积近千平方米，建筑面积721.9平方米，建造于20世纪30年代中期。1929年，丹麦王子乘豪华客轮"飞欧尼亚号"到青岛游览，见八大关一带濒临大海，风景宜人，适合度假，遂命令丹麦驻青岛领事赵亨先生购地建造了这座丹麦风格的别墅。原准备丹麦公主来青岛避暑消夏，但最终丹麦公主并未来过，公主楼的称呼却从此流传。也有说法是丹麦的玛格丽特公主在此居住过。"公主楼"为北欧田园风格别墅，主楼为砖木结构，屋脊双面陡坡呈尖耸状，有远眺海滨的气窗。墨绿色墙面的楼层窗外，由白绿色马赛克镶嵌饰框边，使得整栋建筑造型简洁、流畅、精巧、活泼。室内起居设施配备完善，并有气派的壁橱，木扶梯、地板及墙裙均质地考究，显示居住者身份的尊贵。室外西南有宽阔的草坪，将主体建筑衬托得更为高雅醒目，别具一格。

山海关路21号的蝴蝶楼掩映在绿荫丛中。这栋粉色小楼，面朝大海，周围是高高的石砌围墙，显得有些神秘莫测。通过铁门，拾级而上，迎面的二层楼房古朴之中尽显典雅。出正门往右拐就是汇泉路，直通第一海水浴场。蝴蝶楼是一栋用哲学语言描绘其建筑风格的折中主义别墅。折中主义风格的建筑是指建筑师任意模仿历史上各种建筑风格，自由组合各种建筑形式，不讲求固定的法式，只追求比例均衡，注重形式之美。蝴蝶楼始建于1934年，由中俄两国建筑师共同设计。剧作家洪深旅居青岛期间创作了中国第一部电影文学剧本《劫后桃花》，1935年电影开拍，这栋别墅是主要取景地。主演是著名的电影演员蝴蝶,她曾在这栋别墅居住,因而这栋建筑也被称为"蝴蝶楼"。蝴蝶楼院内,地面上镶嵌着光彩四射的名贵蝴蝶标本,渲染着小楼这段影史佳话;墙面上悬挂着犹如历史长河的电影胶片雕塑,诉说着电影诞生发展的历程;水晶立柱上伫立着的10座金光闪闪的电影奖的奖杯,浓缩着世界各地对电影艺术的追求,呈现出近百年影史的"蝴蝶之恋"情结。

  八大关的每一栋别墅都是一件富有历史价值的艺术作品,这是青岛弥足珍贵的文化遗产。今天的八大关,很多别墅都被有效地开发,合理保护并开发使用。挖掘八大关别墅的历史文化价值,将文化艺术植入八大关的别墅,让老别墅焕发出建筑的魅力、艺术的青春,八大关走在了前沿。始建于1940年,坐落于居庸关路11号的这座西班牙田园风格别墅,现在更名为西班牙风情馆,传递着最文艺的西班牙故事。西班牙风情馆向人们呈示了西班牙王国的历史传承、西班牙语的特色以及包括西班牙文学大师在内的西班牙国粹。始建于1931年,位于太平角一路21号的别墅原来是比利时领事馆旧址。别墅建在海边一处岩崖之上,推开窗便是汇泉角与太平角环抱的太平湾,现在改建为环境幽雅的书吧,面对大海,喝一杯咖啡,读一会儿闲书,那是极为惬意的享受。老别墅改建成的美术馆、雕塑园以及地质之光展览馆散落在八大关的老别墅,八大关的别墅重放艺术的青春。还有"遇见米兰""遇见凡·高""莫奈花园"等艺术天地,八大关将凡·高、莫奈的文化基因请到欧陆风情满满的老别墅,这种文化组合必然能引起游客无限的遐想。走进老别墅,走近凡·高,走近莫奈,在他们的文化氛围中休憩,你得到的是一种文化的熏陶、思想的升华。因为八大关是一首舒伯特的小乐曲,含情脉脉,温婉中透出贵族的气息;八大关是一幅莫奈的油画,光与色的融合尽显欧陆建筑的雍容华贵。

  八大关的最精美之处就在于优美的景色全部深深浸透在静谧的氛围里,是闹市中少见的世外桃源。沈从文先生在青岛期间,偏爱八大关的宁静安逸,最爱静坐于八大关的某个角落,静静思考。八大关有浓荫蔽天的大树,有芳草萋萋的草坪,有四时不断的鲜花,更有风情万种的别墅。徜徉在八大关,你可以无拘无束地在每条关路边走边看边享受,也可以仰躺绿草丛中,呼吸芳草气息,聆听海涛声声,凝望湛蓝的天空让自己的思绪天马行空。你也可以赤足走在海边的沙滩上,让浪花不断地亲吻你的脚踝,阵阵清凉透过脚心让整个身心都舒坦至极。八大关的景色不仅仅有独特的魅力,更有一种可以释怀情绪的功能,让在红尘滚滚中疲惫的人暂时卸下人生的重负,体验到安静和轻松。八大关,青岛最具人文气息的地方,你是一首诗歌,可以深情地朗诵；你是一首乐曲，可以激情地演奏；你是一幅画作，可以真情地品鉴。来到青岛，一定要到八大关，放缓你的脚步慢悠悠地走一走，走进八大关，和凡·高、莫奈幸运地撞个满怀，和历史风云人物来一次精神层面的邂逅，你才能读懂青岛。

2019年10月8日

黄海之滨明珠闪

每个人心中都有一座城，每一座城都有一个梦。每一个梦幻都是城市的故事，每一个故事都是城市的风情。遇一知心人白首，择一心中城终老，文艺又小资的梦幻。在那座心中的城，揣着如诗的梦，携一位和你同船共渡的人，共同走向天老地荒，童话世界演绎的故事。绵绵青山和蔚蓝大海相依相偎，自然造化和人工雕琢相映成趣，气候宜人，树木繁茂，花香鸟语，空气清新，有一座童话世界般的城市能实现你的梦幻，这座城市是青岛。"十里青山行画里，双飞白鸟似江南"，爱新觉罗·溥杰描写《颐和园》的诗句用来赞美青岛竟然也如此恰如其分。

青岛是一座文化名城，是文人贤士所留恋的地方，留下许多名人的生活痕迹。20世纪30年代，一大批历史文化名人包括老舍、闻一多、洪深、沈从文等都在青岛讲学，著书立说。小鱼山文化名人街区因历史上诸多学者、作家、科学家在此寓居，成为青岛的"文化名人故居一条街"。青岛更是一座风景优美的城市，最具有代表性的就是"红瓦绿树，碧海蓝天"，浓郁的欧洲风情弥散在老城区。来到青岛，恍若有行走在欧洲小城的感觉。除了八大关之外，小鱼山文化名人街区、栈桥、中国海军博物馆、海洋世界、石老人、崂山等都是青岛的文化景观、自然风景的名胜之地。

1898年，戊戌变法失败后，改良派的代表人物康有为在20世纪20年代曾寓居青岛，肇始名人追随的盛况，也由此留下众多名人故居。青岛小鱼山文化名人街区靠近中国海洋大学，是环绕小鱼山而形成的一片区域。历史上，由于大批文化名人在此客居，这片海边山冈成为青岛的文化圣山，分布着康有为、闻一多、老舍、沈从文、梁实秋、童第周、束星北等30余处名人故居，展现了一幅意味深长而又精彩相传的人文图景。小鱼山文化名人街区也是建筑艺术的宝库，中西合璧的建筑充满东西方文化对话的魅力，将文化多样性的历史图景引向远方。青岛是欧亚文化的交会地，内在的奥秘在小鱼山文化名人街区有着生动的诠释。这里分布着大量建于1914年以前的欧式住宅,如总督副官官邸,胶海关税务司阿里文旧宅等,为青岛早期建筑的代表作。20世纪二三十年代营造的法国领事馆旧址、宁文元别墅等皆以欧陆风情为依托。穿行其间,能充分领略到独特的建筑风情,更能触摸到红瓦绿树后面的城市文脉。名人故居驻留的岁月履痕,不仅于光影里呈现美学意义的历史斑驳记忆,而且还有放飞翩然遐想的生命力。纵然斯人驾鹤西去,其故居仍然是一道割不断的文化血脉,使城市的记忆有了纵深开阔的驰骋空间。

走马青岛名人故居,高山仰止,景行景止,都是如雷贯耳的大家。闻一多在青岛大学任教期间,全身心地投入了对《诗经》《楚辞》和《全唐诗》的研究考证工作,完成了诗人向学者的转身。他为《诗刊》写下了《奇迹》一诗,这首诗也是闻一多告别诗坛的压卷之作。1934年到1937年在山东大学任教的老舍正逢他的文学创作生涯的高峰期,长篇小说《骆驼祥子》,中篇小说《月牙儿》《我这一辈子》等都在青岛完成。沈从文的《从文自传》《记丁玲》和《八骏图》也在青岛完成,名篇《边城》也是在青岛构思酝酿。梁实秋在青岛着手翻译后来蜚声中外的《莎士比亚全集》,中国左翼作家,鲁迅的学生萧军和萧红在青岛创作了《八月的乡村》《生死场》。洪深的中国第一部电影文学剧本《劫后桃花》、新文学运动涌现的著名作家王统照的长篇小说《山雨》都是在青岛完成。这些文学作品,都是中国现代文学史上闪闪发光的金子,永载中国文学的史册。舞榭歌台,风流总被雨打风吹去。名人故居,这道城市独特的文化风景,永远不会抹去,这是一座城市的文化丰碑。

每到一地,喜欢逛大学。大学是纯洁的圣地,学术的天堂。大学会走出爱因斯坦和钱学森,会涌现新一代的莎士比亚和汤显祖,会冒出无数推动人类进步的"新星"。大学是人类文明的摇篮。北宋大家张载有云:"为天地立心,为生民立命,为往圣继绝学,为万世开太平",哲学家冯友兰称其为"横渠四绝",这就是一所优秀大学的文化精髓。"天不生仲尼,万古如长夜",人若读书万卷,世事理应洞明。小鱼山文化名人街区也是大学精神的凝聚地,见证了现代大学理想的诸多精髓,并因此而升成了一种博大、深邃而生动的人文气候。中国海洋大学,从1932年至今已有近90年的历史传承,国家首批985工程、211工程的重点建设高校。作为中国现代海洋科学的发祥地,今天已经发展成为中国海洋科研与教育的中心。花园般的校园,优美典雅的建筑,青春洋溢的氛围。感受浓郁的校园气息,在美丽的海洋大学徜徉,曾经的校园生活昨日再现,倍感亲切。闻一多的故居就在校园的东北角,一栋具有南欧建筑风格的别墅,现命名为"一多楼"。有莘莘学子迎面走来,步履匆

青岛栈桥风光

匆,但不忘迎着你的笑容回赠你一个真诚的微笑。小荷才露尖尖角,青春真好,他们是未来,他们中间会走出新一代的童第周和束星北这样的科学家。

  百年栈桥,青岛城市发展的见证。梁实秋说:"要领略栈桥的魅力,最好是沿着这条通往海中的桥走进去。"青岛栈桥位于游人如织的中山路南段,桥身从海岸探入弯月般的青岛湾深处。远远观望,栈桥就像一条彩虹横卧在大海之上,尽头的"回澜阁"仿佛漂浮在大海之上,因而享有"长虹远引""飞阁回澜"的美称。栈桥始建于清光绪十八年(1892),全长440米,宽8米,是青岛最早的军事专用人工码头建筑,现在是青岛的重要标志性建筑物和著名的风景旅游点。栈桥北岸沿线,辟为"栈桥公园",园内花木扶疏,青松挺立,芳草萋萋,设有石椅供游客小憩,欣赏海天一色的风光。循桥渐入,走进大海的怀抱,层层巨浪澎湃涌来,拍打堤岸,激起万千碎玉。栈桥最南端有半圆形防波堤,堤内建有民族风貌的两层八角楼,金瓦朱壁,盔顶飞檐,取名"回澜阁"。"回澜阁"由24根红漆柱子支撑,阁心有螺旋形楼梯,四周净是宽敞的窗户,有"一窗一景,一景一画"之说。凭窗远眺,又是另一番怡人的风景。"落霞与孤鹜齐飞,秋水共长天一色",渔舟唱晚,响穷碧海蓝天,雁阵惊寒,声断黄海之滨,"飞阁回澜"被誉为"青岛十大景观之一"。

行走在栈桥，感受海洋的气息，体验大海的浩瀚，看碧波拍打桥面，观白云飘浮蓝天，赏海鸥飞翔海天，乘游船穿梭海浪，怎一个惬意了得。无怪乎梁实秋对栈桥的美景赞叹不已："观波澜壮阔，当大王之雄风。"青岛栈桥，风情万种，若出其里。又见岸边绿树掩盖红瓦，楼台交相辉映，青岛风貌全景图的展现，好似一幅浪漫欧陆风情画卷遥挂前方。诚如康有为赞曰："青山绿树，碧海蓝天，不寒不暑，可舟可车，中国第一。"

告别栈桥，沿中山路一路向东，海军博物馆遥遥在望。博物馆东临鲁迅公园和青岛水族馆，西接小青岛公园与栈桥相望，南面是一望无际的大海，北面是著名景点青岛信号山公园。青岛海军博物馆由中国人民解放军海军创建，是中国唯一的一座全面反映中国海军发展的军事博物馆，全国爱国主义教育基地。一座海军博物馆，半部中国海军史。曾在威海刘公岛甲午海战纪念馆驻足，1894年的中日甲午海战，北洋水师全军覆没，国人永远牢记这一个多世纪前的耻辱。落后就要挨打！"为了反对帝国主义的侵略，我们一定要建立强大的海军"言犹在耳。青岛海军博物馆有室内展厅、武器装备展区、海上展舰区三大部分。室内展厅分中国人民海军史展室、海军服装展室、礼品展室。武器装备展区有小型舰艇、飞机、导弹、火炮、水中兵器、观通设备、水中坦克等七个陈列群，陈列各种装备150余件。海上展舰区停泊着4艘退役的中型作战舰，其中有为保卫祖国海疆和人民海军建设做出重要贡献的我国第一艘驱逐舰"鞍山号"。"鞍山号"舰是新中国二十大名舰之一，是一艘扬我国威，壮我军威的英雄之舰，是中华崛起的象征。登上"鞍山号"舰，把整艘舰艇看了，栏杆拍遍，暗领会，登临意。扬眉吐气与"鞍山号"舰合影，今天的中国已经从海上大国走向海上强国，从浅蓝走向深蓝，由衷为中华之崛起而自豪。

"没看过海底世界，别说你来过青岛"，青岛的朋友如是说。青岛海底世界位于汇泉湾畔，与依山傍海的自然美景相融合，形成山中有海的奇观。进入"海底世界"，会看到一架巨大的抹香鲸骨，这是世界最大、最完整的抹香鲸骨。海底世界有两个世界之最，还有一个世界最大的鱼缸，主要由潮间带、海底隧道和地下四层观光建筑三大部分构成。海洋科学中，所谓的潮间带是指大潮高潮线到大潮低潮线之间的区域，是陆地向海洋过渡的中间地带，这里生活着很多具有特殊生活习性的物种，形成了独有的生态系统。潮间带景区长35米，由造浪池、四个海水展池和瀑布池共6个展池组成，饲养多种海星、海胆、海龟、章鱼、蟹类等无脊椎海洋生物。海底隧道长86.2米，宽2.5米，隧道拱形玻璃的弧度采用180度的常规角度及窗式玻璃等多种形式相结合的造型结构,行走在隧道中,如同置身于海底,身边有1 000多种不同的鱼类在模拟的"海底世界"游弋,还能一睹人鲨共舞的惊险场面。在地下四层有高达7.6米、亚洲目前最大的亚克力单体圆柱水缸,展示珍贵的珊瑚礁生物。水母馆漂游的水母有的像蘑菇,有的像灯塔,它们的身体透明漂亮,一会儿变成蓝色,一会儿变成粉红色,还有的则是五颜六色,绚丽多姿。海兽馆的前身是南极馆,1996年5月改建成海兽表演馆,产自秘鲁的洪氏环企鹅在此安家落户。海兽馆有斑海豹、南美海狮,它们活泼奇巧的表演令人捧腹。标本馆、海兽馆都各有特色,适合带孩子们游玩,既增长孩子们的见闻,也给游客科普了海洋生物的知识。青岛海底世界集海底观光旅游和海洋科普教育为一体,成为全国独具特色的海洋生态大观园。

毗邻五四广场的青岛奥林匹克帆船中心现在越来越受到游客的追捧,这是一个全新的人文景点,位于市区东部新区浮山湾畔。前往青岛奥林匹克帆船中心的途中,远远望见前方有一个周边摩天高楼林立的广场,这就是五四广场。来到五四广场,广场中央是巨大的呈螺旋状的红色火炬雕塑,被命名为"五月的风"。这里的大海太安静了,静得即使有海风吹来,也看不到海面有起伏的波纹;这里的海太湛蓝了,在阳光的照射下,就像一块硕大无边闪闪发亮的蓝宝石;这里的海太瑰丽了,夕阳西下,绚丽的晚霞染红了极目之处的大海,蓝天下的白云也被染晕上浅浅的酡红。远处几点白帆在慢慢漂荡,近处有许多海鸥在快乐飞翔。广场四周,休闲娱乐设施日臻完善,赢得青岛市民和外地游客纷纷前来打卡。青岛是中国帆船运动的发源地,帆船运动在青岛有着百年的历史,青岛被誉为"帆船之都"。为了迎接2008年的奥运会帆船比赛,青岛市人民政府把北海船厂整体搬迁到黄岛区的西海湾,按照"可持续发展、赛后充分利用和留下奥运文化遗产"的原则,这个为奥运服务的国际帆船中心已然成为青岛市独具海上运动特色的建筑区域,体现了"绿色奥运、科技奥运、人文奥运"的理念。如果不是因为"奥帆赛",青岛或许不会在短时间内拥有"亚洲第一、世界一流"的帆船中心,或许不会在短时间内赢得国际帆船界的认可,或许不会在短时期内借助帆船运动这张体育文化名片持续扩大国际知名度和美誉度。随着"奥帆赛"、沃尔沃环球帆船赛等国际顶尖赛事的纷至沓来,青岛在全球一时间声名鹊起。

来到青岛,怎能不与大海为伴?微风吹拂的海湾,阳光、沙滩、海浪,赤足走在金沙滩,留下深浅脚印排成行,画面感十足的滨海风光。夏日的青岛,主角是蓝色的大海,是海水浴场。青岛有好几个海水浴场,最为著名的是第一海水浴场,又称汇泉海水浴场,位于青岛市汇泉湾内,拥有长580米,宽40余米的沙滩，能同时容纳数万人游泳。汇泉湾海水浴场三面环海，绿树葱茏，现代的高层建筑与传统的别墅建筑巧妙地结合在一起，山海风光无限美，人文景观更为秀。百年之前，汇泉湾是当地渔民泊舟晒网之地，德国侵占青岛后，开辟为海水浴场，并于1904年在浴场后面建造"斯托兰饭店"（今汇泉饭店）以接待外国游客。盛夏，外国游客来青岛避暑者盛众，仅1921年就达16791人次。此后，又陆续建造饭店、舞厅、酒吧、咖啡馆、音乐台等娱乐休憩场所，在海上建造了跳台、浮台、码头，并完善了抢险、救生设备，还把一些空地布置成花园及儿童运动场地。第一海水浴场其设施之完备、环境之优越，居青岛各海水浴场之冠。著名作家郁达夫对青岛如是称赞：恐怕在东亚，没有一处海水在我国沿海各地海水浴场中能赶得上青岛。20世纪80年代初的暑假，我第一次到青岛，在第一海水浴场游泳，但见沙滩上人头攒动，海水里人满为患，整个海水浴场到处都是人，哪里有空间"劈波斩浪"。

到90年代中期，再度来到青岛，朋友力荐石老人海水浴场，遂与学院的其他教师们前往。石老人海水浴场位于崂山区海尔路南端，大唐湾以东，是青岛市区最大的海水浴场之一。石老人海水浴场得名于左端海中一根17米高的石柱，形如老人端坐在碧波之上，由此得名。"石老人"是我国基岩海岸典型的海蚀柱景观，千万年的风浪侵蚀和冲击，使得山脚下的基岩海岸不断崩塌后退，并磨研成细沙沉积在平缓的大江口海湾，唯独石老人这块坚固的石柱残留下来，形成今日之形状。石老人海水浴场水清沙细，滩平坡缓，更为欣喜的是游泳者远不如汇泉湾海水浴场之多。下海搏击浪涛者自由舒展双臂，置身浪涛中，享受冲浪刺激的同时忽有感悟：迎风冲浪自然是余勇可贾，人定胜天只能说壮志可嘉，只有敬畏自然，顺应自然，那才是珍爱生命。今天的石老人海水浴场已经由滨海步行道贯穿始终，并以此串起度假海滩、欢庆海滩、运动海滩、高级会员海滩等四个高质量沙滩活动区域。石老人海水浴场游乐项目也非常多，游客可以乘风踏浪享受水上摩托的刺激，也可以坐海上滑翔伞在空中飞驰，在挑战自我中焕发出昔日的青春风貌。端坐在大海中的石老人也成为石老人景区的标志。

来到青岛，必游崂山。崂山是山东半岛的主要山脉，最高峰巨峰海拔1133米，是中国海岸线第一高峰，有海上"第一名山"之称。在全国的名山中，唯有崂山是在海边拔地崛起，最高峰巨峰（俗称崂顶）耸立在黄海之滨，高大雄伟，有势拔五岳的气魄。山体的态势以巨峰为中心，向东北、东、东南、南、西共五个方向分支放射，东部和南部陡峭，西部连绵起伏。崂山的花岗岩地貌景观独具特色,峰顶耸立,层峦叠嶂,深涧幽谷,壁立千仞,象形岩石千姿百态,比比皆是。崂山的海岸线长达87公里,沿海大小岛屿18个,山海结合部岬角、岩礁、滩湾交错分布。山海相连,海天一色,正是崂山风景的特点,构成了崂山的海上奇观。崂山当地流传一句古语:泰山云虽高,不如东海崂。清代文学家蒲松龄在《崂山观海市作歌》一诗中如此赞美崂山的美景:山外水光连天壁,烟涛万顷玻璃色。

崂山共有十二景,"云海奇观""旭照奇观""彩球奇观"是巨峰的三大奇观。特别是"旭照奇观"绮丽壮美,被列为十二景之冠。崂山第二景"龙潭喷雨"又名玉龙潭,位于崂山南麓八水河中游。八水河流到此处跌落于深潭,水如玉龙,吐雾喷雨,景色壮观。从太清宫北上,行约3公里,明霞洞掩映在绿荫中。明霞洞背后石峰耸立,山高林密,前望群峦下伏,峭壑深邃。每当朝晖夕阳,霞光变幻无穷,被称为"明霞绮散",此乃崂山第三景。在太清宫看海上月出为崂山第四景,万籁俱寂,皎洁的月亮被一团金辉托出海面,溶溶月色倾洒大海,浮光潋滟,玉壶冰镜。岸边清风掠竹,细浪轻拍,景色清幽奇绝,令人神往的崂山奇景"太清水月"别有一番情韵。崂山第五景"海峤仙墩"是指崂山头南部的八仙墩,是由海蚀岩洞组成的奇特自然风貌。由于海浪多年冲击,崖岸断落如厦,崖下海中有十多块两米高的石墩,神话传说八仙过海时在此小憩。此处风劲浪高,极为惊险,被誉为"崂山第一奇景"。自华严寺沿山涧西上即达"那罗延窟",崂山第六景也。这座天然石洞宽7米,高、深各10米,四壁如削,洞顶有一圆洞,颇似火山喷口,天光由此圆孔透入,据僧人说那罗延佛就是在窟中修炼成正果。崂山东部的白云洞景物之清奇,风光之绮丽则又别具一格。白云洞由巨石架成,左为青龙石,右为白虎石,前为朱雀石,后为玄武石。洞石岩顶上有一名为"华盖"的古松,势如腾龙,绿荫冉冉,覆盖全洞,此为崂山第七景称为"云洞蟠松"。狮子峰在太平宫东北,几块巨石相叠,侧看成岭,竖看成峰,状若雄狮,横卧在苍茫云雾中,海风吹来,白云宛若游龙。在狮子峰观罢日出,趁晓雾未开,方可领略崂山第八景"狮岭横云"之妙趣。崂山水库南岸的华叠峰由一层层岩石组成,宛如一座叠石高楼耸立晴空,像一座华表,故名"华表峰",在崂山第九景中称为"华楼叠石"。明道观以南这座奇特的孤峰顶上有一块凌空高悬的巨大岩石,高3米、宽8米,长15米,石面平坦,并刻有双线勾勒的"十"字,传说是南极仙翁和北极仙翁当年对弈留下的棋盘,这就是崂山著名的象形石——棋盘石,这处景观是崂山第十景"棋盘仙弈"。崂山北九水尽头的潮音瀑四面峭壁环绕,东南高壁裂开如门,瀑布从此一泻而下,山谷轰鸣，声如澎湃怒潮，列入崂山第十一景观。蔚竹庵在北九水村东北的凤凰山下，位居海拔550米高处，修竹成林，苍松竞茂，涧溪成韵，泉水叮咚，此景乃崂山第十二景"蔚竹鸣泉"。崂山壮美，行走在崂山的青石板山间小道，一边是碧海连天，惊涛拍岸，一边是青松怪石，郁郁葱葱，崂山就像一幅美丽的画卷展现在游客的面前，既有道家的仙气，又有黄山的神韵，尤其是崂山的十二胜景更引得游客为崂山风光如此多娇而自豪。

崂山是我国著名的道教名山，是道教发祥地之一。坊间传说崂山多"隐君子"，可望而不可见，可见而不可达。崂山自春秋时期就云集一批长期从事养生修身的方士，到战国后期，崂山已成为享誉国内的"东海仙山"。秦始皇东巡，汉武帝两次巡幸崂山都与方士仙道的活动相关。崂山道教是北方全真派，被称为"道教全真天下第二丛林"。著名的道士丘处机、徐复阳、张三丰等都在崂山修过道。同时，佛教在崂山也曾有与道教此消彼长的传播历史，著名的佛寺古刹有海印寺、潮海院、华严寺等，法显、憨山、慈沾等高僧都曾在崂山弘扬佛法。崂山是道教文化的传播要地，道教始于汉唐，盛于宋元，明清不衰。及至清代中期，崂山有道教宫多达近百处，遂有"九宫八观七十二庵"之说，目前保存下来的道观以太清宫的规模最大，历史也最悠久，始建于北宋初年，迄今已有近千年的历史。道以"玉清、上清、太清"为三清，"太清"乃太上清境之界，也就是神仙的天堂。太清宫的全部建筑由"三官殿""三皇殿"和"三清殿"组成，风格清奇简朴。太清宫三面环山，一面临水，多奇峰异石，古树清泉，周围有许多景点和石刻，因此太清宫成为崂山游览中心。崂山，自然景观和人文景观交相辉映，各类景点满山遍布，这样的山，这样的海，令人深深陶醉，无怪乎崂山自古以来就有"神仙之宅，灵异之府"的声誉。

蒲松龄创作的文言短篇小说集《聊斋志异》多次以崂山为背景。游览崂山，都会到传说中的蒲松龄住过的三清殿西关岳祠参观。三清殿前有一株树龄约700年的山茶，高8.5米，树干有1.78米粗，为世界罕见的大山茶树。寒冬时节，满树绿叶翠滴，红花娇艳，犹如落下一层绛血。三清殿中原有白牡丹，高及屋檐，山茶牡丹，两相映照，血红雪白，为三清殿一道奇观。当年蒲松龄寓居于此，写白牡丹和红山茶变成美丽的女子与侬偎书生相恋的故事，孕育出优美的《香玉》，为《聊斋志异》中的佳作。《崂山道士》写的是一位慕道的年轻人，在崂山碰到了一仙人。他凡人眼拙，看不出来仙人的试探，吃不了苦，即使仙人以法术暗示他也无济于事。《崂山道士》寓意深刻，告诉人们无论做什么事情都要沉得下心，谦虚好学，才能取得成就。鲁迅评价

青岛崂山风光

《聊斋志异》虽亦如当时同类之书，不外记神仙狐鬼精魅故事，然描写委曲，叙次井然，用传奇法，而以志怪，故读者耳目为之一新。明末志怪小说，大抵简略，又多荒诞不经，而《聊斋志异》独于详尽之处，示以平常，使花妖狐魅，多是人情，和易可亲。郭沫若评价聊斋为"写鬼写妖高人一等，刺贪刺虐入骨三分"。蒲松龄的《聊斋志异》共有短篇小说491篇，或揭露封建统治的黑暗，或抨击科举制度的腐朽，或反抗封建礼教的束缚，具有深刻的思想内容。描写爱情主题的作品，在全书中数量最多，集中表现了强烈的反封建礼教的精神，通过花妖狐魅和凡人的恋爱表现了作者理想的爱情。"花如解语应多事，石不能言最可人"，《聊斋志异》看来篇篇讲的都是鬼、狐、仙、怪，其实字里行间都充满了真情实感，包含蒲松龄对人生、社会的丰富阅历和深刻智慧。在蒲松龄的笔下，狐仙鬼魅不再狰狞可怕，而是嬉笑嗔怒间情深义重，让人置身于一个浪漫温馨、超尘绝世的别样世界，读来受益匪浅。

青岛，一座历史厚重的海滨城市。在中国近代史上，几乎很少有哪一个城市能像青岛那样对全国乃至全世界产生如此重大的影响。"胶州湾事件"直接促发了著名的"戊戌变法"运动；日本发动进攻青岛的日德战争，取代德国占据青岛，抛出意在灭亡中国的"二十一条"，引发了全国人民的反日运动，促进了国民的觉醒。及至1919年爆发的"五四"运动，更彻底改变了中国历史的发展轨迹，成为中国近现代史的分界线。青岛是一座文化弥散的城市。崂山是青岛千年历史传承的文化名片，百年欧美风格的建筑群是近代青岛的城市名片，从小鱼山文化名人街走出的当代文学大家是青岛璀璨文化的灵魂。青岛是一座风景优美的时尚之都。碧海蓝天，绿树红瓦，山岩耸秀，林木葱郁，映衬着城市的缤纷多彩，青岛人都说自己是"生活在油画里"。鲁迅称为"中国最杰出的抒情诗人"冯至来到青岛后，激动得写下这样的文字："青岛伸出两臂把海抱得紧紧的，吻得密密的，满山上红楼绿树相遮映，清亮极了。巴金赞美青岛的美在于"大海与城市融为一体，在海边随时都能欣赏到大海的景色"。来到青岛，一定要寻找沈从文在《从文家书》中所写的感受："我一个人到青岛那个高处的教堂门前，坐在石阶上看云、看海，看教堂石墙上挂的薜萝。耳听到附近一个什么人家一阵钢琴的声音。那曲子或许只是一个初学琴的那孩子那样。重要的是它一和当前情景结合，和我生命结合，我简直变了一个人，在学习和写作中都会发生极大的影响。"这就是青岛的味道。青岛有四季飘香的味道，有啤酒飘香的味道，有海风吹拂的味道，更有人文气息的弥散，一如沈从文笔下所描写的那种独特的韵致，这才是青岛真正的魅力所在。

2019年10月9日

恩施峡谷叹神奇

地球，太阳系唯一一颗孕育生命的行星，有一道最神秘的纬线。这条纬线充满了各种各样的未解之谜，一代又一代的科学家们坚持不懈地探究其成因，直到现在依旧谜团重重，无法解释，只能想象为宇宙魔力使然，这就是诡异的北纬30度。北纬30度，主要是指北纬30度上下波动5度所覆盖的范围，沿线存在许多令人费解的神奇灵异现象。这里有世界上最恐怖的魔鬼区域和死亡之谷，又有地球上最惊人巧合的人文和自然景观。这条神秘而又奇特的纬线不但贯穿人类历史上的四大文明古国，而且远古玛雅文明遗址、埃及的金字塔、意大利的死亡谷、百慕大三角区也都分布在北纬30度，甚至史书上曾记载的沉没于大西洋的亚特兰蒂斯也在北纬30度。北纬30度沿线还分布着地球上的许多壮美自然景观，中国的黄山、庐山、峨眉山等举世闻名的风景区都在北纬30度，位于长江三峡附近的恩施土家族苗族自治州恩施市屯堡乡和板桥镇境内的著名恩施大峡谷，也在北纬30度。

峡谷，大自然创造的奇迹，刻在地球上的伤痕，酷似一条蜿蜒曲折的纽带在苍茫大地迂回延伸。幽深险峻的峡谷，两岸险峰壁立，直冲云天，犹如一把把竖直的利剑将天分割，唐代诗人有"削成从水底，耸出在云端"的兴叹。地处北纬30度的恩施，东连荆楚，南接潇湘，西邻渝黔，北靠神农，境内几乎都是山地，平均海拔1 000米，且岩溶地貌极其独特。天工造物，特殊地貌造就了大峡谷奇险峻美的地质奇观。2004年8月，中法联合探险队来到恩施，在崇山峻岭之中意外地发现了这条美得令人窒息的大峡谷，遂命名为"恩施大峡谷"。恩施大峡谷是清江大峡谷的一段，全长108公里，总面积达300多平方公里，位于湘渝鄂三省交界处，峡谷内有万米画廊排列绝壁，千丈飞瀑倾泻山谷，百座孤峰傲然耸立，十里深壑曲径通幽，原始森林莽莽苍苍，地下暗河深谷纵横，远古村寨饱经沧桑，是一座喀斯特地形地貌的天然博物馆，堪比美国科罗拉多大峡谷，被地质学家赞誉为"世界上最美丽的大峡谷"。美国CNN称赞恩施大峡谷是中国最美仙境，《中国国家地理》称赞恩施大峡谷是中国最美的地方。

很喜欢王国维的《人间词话》中用《点绛唇》的词牌作的这首词："高峡流云，人随飞鸟穿云去。数峰着雨，相对青无语。岭上金光，岭下苍烟沍。人间曙。梳林平楚。历历来时路。"这首词没有直接描写峡谷的磅礴气势，窃以为还是写出了峡谷的神韵。高峻的峡谷中，烟云缭绕，人的眼光随着峡谷中的飞鸟穿云而去。几座经历风云的青峰，相对而立，寂然无语。朝阳照在峰顶上，深谷中苍烟凝结，云雾缭绕。随着太阳升起，幽暗的峡谷景色渐渐能看清了，刚才攀登过的路径现在都已经在自己的脚下了。这是作者南归浙江海宁故乡，登临峡山，有感而发，模仿姜夔词风而作的一首词。江南的峡山于恩施大峡谷而言，自然是小家碧玉，王国维的这首词婉约柔美，扛不住恩施大峡谷的雄伟壮丽、唯我独尊。沿着清江河，走进北纬30度上的恩施大峡谷，一睹唯有宇宙的魔力才能创造出的恩施大峡谷的绝世美景。恩施大峡谷的气质是"上有六龙回日之高标，下有冲波逆折之回川，黄鹤之飞尚不得过，猿猱欲度愁攀援"的危乎高哉，五大地质奇观"清江升白云""绝壁环峰丛""天桥连洞群""地缝接飞瀑""暗河配竖井"才是恩施大峡谷气吞山河的本我。

很多名山都有云遮雾绕的自然美景，云海翻滚，波涛汹涌；云卷云舒，闲散无序；云开雾散，霞光万道。恩施大峡谷的云大气磅礴，看一眼就能遗忘世上的一切凡俗。风推着薄雾飘浮在恩施大峡谷，弥漫在清江的上空，从清江缓缓上升的雾就像一条腾飞的巨龙，蜿蜒曲折，绵延百里，形态丰润，壮观天下，谓之"清江升白云"。喀斯特地貌一般情形是有绝壁者无峰丛，有峰丛者无绝壁。恩施大峡谷不仅兼而有之，而且面积大，品位高。拔地而起的险峻山峰仿佛被刀劈斧削，四面绝壁凹陷于丛峰之中，也有四面绝壁凸出于丛峰之上，这种绝壁环峰丛的地质现象在地球上只出现在恩施大峡谷。地下水亿万年的溶蚀馈赠给恩施大峡谷众多的溶洞，峡谷沿线有大小洞穴两百多处，天桥连洞群为一大奇观。如板桥的热云洞，洞内的大厅可容纳数万人，有天然的石壁相隔，形成两个洞口。一洞通热风，一洞出冷风，冷热交融，烟雾缭绕，堪称恩施大峡谷又一道地质奇观。恩施大峡谷内的云龙河地缝全长7.5公里，最深达75米，地缝怪石遍布，五彩斑斓，古木苍翠，碧流潺潺，尤其是地缝两岸的数条飞瀑流泉从天而降，如白练一般圣洁，观之令人震撼。峡谷内的天坑与地缝相通，地下暗河纵横密布，仅奉节龙桥河至恩施大峡谷的地下暗河就全长50公里，为世界之最。暗河之上的竖井有108个，形似著名的新疆坎儿井，极为罕见的天下奇观。"山不在高，有仙则灵，水不在深，有龙则灵。"恩施大峡谷群山无仙，却有神仙洞穴；流水无龙，却有白龙升空。仙灵之气弥漫峡谷，吉祥白龙空中遨游。这道地球上最美丽的"伤痕"谷藏奇秀，霞光万千，奇峰、秀水、天坑、地缝、断崖、岩柱群和溶洞等景观应有尽有，无怪乎有专家学者赞叹道：论壮观，科罗拉多大峡谷与清江大峡谷不过伯仲之间；论美丽，恩施大峡谷的沐抚段实在无与伦比。

恩施大峡谷尚属边开发边开放的阶段，300平方公里的风景区唯有七星寨和云龙地缝两个景区对外开放，总面积为23.9平方公里。七星寨景区是恩施大峡谷的核心部分，景区内奇峰异石遍布，主要景点有一线天、一炷香、母子情深、石芽迷宫、石筒长卷、悬棺高升、绝壁栈道、双子座等。一线天又称步云关、七星门，宽60米、高6米、长40米，穿梭其间，抬头仰望，只见一线天。"一炷香"是上帝之手设计的作品，傲立群峰之中千万年，宛如大峡谷中的一根定海神针，守护着这片神秘的土地，成为大峡谷中的镇谷之宝。"一炷香"从地质学上讲，由于长江水系、清江水系长期交错的影响，不断地侵蚀，不断地冲刷，才形成如今陡峭的石柱。大自然是最伟大的艺术家，创造的"一炷香"如此奇特，如此奇美，令人惊讶，强烈的视觉冲击力让人产生叹为观止的感叹。恩施大峡谷类似地质景观众多，"母子情深"惟妙惟肖，酷似一个土家女子正在亲吻怀抱中的婴儿。这深情的一吻，见证了天下母爱的伟大，也是大自然赠送人类的"摇篮曲"雕塑。

石芽迷宫、石筒长卷和悬棺高升都是典型的喀斯特地貌。石芽是喀斯特地表形态的一种，地表露出顶端尖、下部粗的锥形岩体，称为"石芽"，又称"石笋"。石芽的高度一般不会超过数米，分布在岩溶地形的坡边上。在遥远的洪荒时代，恩施大峡谷还是一片汪洋，水中的钙物质不断沉淀形成了当今大峡谷内石筒长卷的地质奇观，细细辨析，还能在石筒长卷中找到海洋化石，石筒长卷实际上是地球历史演化的真实记录。悬棺高升因造型酷似悬棺，故而得名。悬棺是土家族祖先古代巴人的一种葬仪，于春秋战国时期形成，已经有2 000多年的历史。悬棺葬与史前的土家族祖先穴居岩洞生活有关，土家人大多数生活在高山僻壤，他们把高山险峰、崇山峻岭视为生活的依托。因其难以接近、难以触及而产生神秘感，进而把它作为神灵所居或通天之路加以顶礼膜拜。悬棺葬是古代土家人孝道的表现，土家人把死者的灵柩置于高山峻岭的崖穴之间，使亡灵接近神仙天国，是死者升天的吉祥象征。七星寨的绝壁栈道兀然直立于陡坡上，因其险峻引得游客心向往之，更因其观景的绝佳位置而深受游客的青睐。绝壁栈道始建于2006年8月，历时1年零8个月建成。栈道位于山体东侧的直立悬崖绝壁山腰，与绝壁融为一体。

"双子塔"位于"一炷香"石柱旁的山峰,一定是万能的上帝在大峡谷中徒手捏出了这样一对形状对称完美的山峰。恩施大峡谷的景点"双子塔"乃三叠系灰岩经风化剥蚀、溶蚀形成的如芦笋状对称的柱状山体,互不相连,彼此对峙凝望,这是因为岩石本身性质相同,构造裂隙比较规则,大雨沿直立裂隙直接冲刷下形成。对称的两山体,外形几乎相同如同一对"双生子",这在自然界比较罕见,不得不感叹大自然的造化神奇。恩施大峡谷的"双子塔"于2012年4月22日被命名为迪恩·波特双子峰。迪恩·波特是美国著名的攀岩家、极限跳伞家和冒险家,毕生目标是要把各种极限挑战的不可能变成可能。迪恩·波特攀岩的特点是徒手,身上没有系任何保护绳或其他保护装置,一路攀岩至顶,连跟随的摄影师有时都不敢睁开眼睛看他危险的攀岩过程。2012年4月22日下午3时42分,迪恩·波特在无任何保护措施的情况下高空穿行"双子塔",一气呵成在高空走扁带41米,仅用了3分钟的时间就成功跨越恩施大峡谷。挑战成功后的迪恩·波特激动得双膝跪地面对"双子塔"哭泣,留下他生命中的一句名言:"这岩壁简直就是天堂。"遗憾的是迪恩·波特于2015年5月16日在进行一次翼装飞行表演时不幸遇难,年仅43岁。

云龙地缝至少形成于5 000万年前,地缝呈"U"形,全长3.6公里,平均深度75米,宽度15米,目前开放1.6公里。云龙地缝山峦叠嶂,巨壑环抱,雄奇险峻;飞瀑跌落,流水淙淙,厚重幽远。主要景点有:云龙绝壁、风雨桥、时空桥、云龙悬瀑及跌水。行走在云龙绝壁,感觉大自然就像有一把利斧将大山一劈为二,形成这天造地设的大峡谷。大峡谷内长年滴水不断,有好几个瀑布从山顶冲向谷底,蔚为壮观。瀑布在阳光的照耀下,会有非常漂亮的彩虹。行走在大峡谷的风雨桥、时空桥,清晨的微光荡漾在桥上,如仙境般的世外桃源。石桥横跨峡谷两岸,桥面还略带湿润,上面结着墨绿的青苔,细细的露珠洒落在上面。桥下传来鸣琴一般淙淙的流水声,像一首活泼的乐曲在耳畔回旋,此景此乐赏心悦目,进入物我两忘的境地。此生走过不少名山,越过不少大川,跨过不少桥梁,每一次的行走都会带来不同的感受,即使是重复同样的风景,纵然是昨日再现,感受却未必相同。当你经历过一些事情的时候,故地重游,眼前的风景已经和从前不一样了,曾经有过的感伤也许会被当下的一抹微笑替代。

北纬30度上的恩施大峡谷,八百里清江美如画,二十里峡谷绝天下,百里清江画廊是清江流域最美丽的一段,处于长江三峡和湖南张家界之间,全程135公里,人称浓缩版的张家界、诗意化的长江三峡。两岸的美景如同镜

恩施大峡谷风光

中画卷，堪称人间仙境。清江，古称夷水或盐水，是恩施土家族的母亲河。这条"人间最清澈之江"如透明玉带，纵横贯穿于重峦峻岭之中，它时而潜伏地底，时而飞珠溅玉，时而汹涌澎湃，曲折回环，绵延长达八百里。清江有杭州西湖之秀丽、桂林漓江之清澈、长江三峡之雄伟，特别是流经恩施长阳的那段清江，更被文人墨客称为"山水画廊"，自古有"八百里清江美如画，三百里长阳是画廊"之说法。清江是一首抒情的诗，是一首优美的歌，更是一幅迷人的画。烟波浩渺黛江水，高峡绿林曲径幽，三百里清江画廊，境内峰峦叠嶂，数百翡翠般的岛屿星罗棋布，灿若绿珠。乘坐画舫徜徉清江，百里画廊悠闲半日，一幅幅风光大片扑面而来，令人目不暇接。那清透如玉的水绿得毫无瑕疵，带有灵性的江水与两岸青山互为依存，美到窒息。漂泊在江面的一叶扁舟犹如悬浮在空中，飘荡在仙境，一个隐藏在大峡谷的"仙本那"让你惊呼"此景只应天上有"。"舟遥遥以轻扬，风飘飘而吹衣"，我有一江水，足以藏余晖。陶醉于两岸的旖旎风光，享受着如诗如歌般的生活，江山如画，岁月静好。总需要一段静谧的时光，放慢脚步，过一阵慢生活，这人生的美好，莫过于光阴的祥和，灵魂深处的一份安宁。仰望悠悠的天空，俯视碧绿的江水，不问花开花落几度，不管月缺月圆几番，保持一份最初的单纯，把生活写意成轻轻的流云。那一刻，仿佛有一种错觉，绿水如带的清江等待千年就是为了等待我们的到来，我们和清江似乎都置身于一段古老的岁月。我们看到了19万年前的"长阳人"在这里点燃了长江流域人类文明的第一堆篝火，我们经历了4 000年前向王天子在这里吹响了巴国拓土开疆的第一声号角的峥嵘岁月，只是因为此时此刻的我们，身心已经完全融入这美丽的大清江。

  恩施有峡谷，恩施有清江，恩施还有石林。总面积21平方公里的梭布垭石林在恩施太阳河境内，被称为奥陶纪石林。梭布垭石林神奇迷人的自然风光与独具魅力的民族风情的完美结合，像磁石一样吸引着千千万万的游客。整个石林的外形就像一只巨大的葫芦，四周翠屏环绕，群峰竞秀，拥有大小共100多个经典的自然景观，犹如一座海底迷宫，美轮美奂，景区内独特的"溶纹""戴冠"景观更是一大亮点。目前开放的有青龙寺、莲花寨、磨子沟、九龙汇四大景区。梭布垭石林狭缝秘境、化石古迹随处可见，堪称一座远古地质博物馆，经中山大学、中国地质大学的专家考证，确定石林形成于4.6亿年前的奥陶纪时期。一座石林就是一篇厚重的历史，欲说还休，一枚扇贝化石幽幽打开了尘封的往事，仿佛耳边涛声依旧。沧海桑田，陆海变迁，万事万物都有因有果，这些奇特的石头，以自己的肢体语言向世人解说

恩施清江风光

  千千万万年前的种种情感历程，那一支支、一座座、一丛丛巨大的灰黑色石峰石柱昂首苍穹，直指青天，犹如一片片莽莽苍苍的黑森林。感慨大自然的鬼斧神工，劈出了风光旖旎的地貌景观。诺贝尔文学奖获得者鲍勃·伦迪曾说过：有些人能感受雨，而其他人则只是被淋湿。细雨霏霏中游览梭布垭石林，与一位上亿岁的老者对视、交流，除了震撼，唯有对大自然的敬畏。参观梭布垭石林的游客周而复始，日日更迭，梭布垭石林却千年万年屹立地球亘古不变。时势造人，时间造物，人在历史长河为一瞬，物在天地之间为永恒。

  走进恩施，它具有让时间放慢脚步的魔力，它能让天下人都为之痴迷，你或许会沉醉在那片绝美的峡谷风光中，钟情于这里的一方山水不能自拔；抑或着迷于古老而神秘的巴楚文化，探究土家族流传至今的"浪漫女儿会"的起源，一睹素有"世界男子不二心，天下女儿第一城"的女儿城内的民俗民风。作为全国第八个人造古镇，土家女儿城合理且精心地谋划了整体建筑风格，仿古与土家吊脚楼相结合，完美地体现了土家族的民风民俗。在恩施女儿城，倾听过往，回望历史，这里能看到一个民族鲜活的深深足迹；在这里，能看到一个民族大写的"象形文字"；在这里能看到一个民族文明血脉千年的延续；在这里能看到一个民族笑着看生死的浪漫情怀。行走在土家女儿城，行走在土家文化的长河里，土家儿女用歌声唱出一曲武陵赞歌，用双手绘制一幅土家人的画卷。恩施土家族文化是巴楚文化的重要组成部分，恩施女儿城囊括土家人的民风民俗，有恩施傩戏、恩师扬琴、恩施后工号子、恩施板凳龙……丰富的物质文化遗产最能代表武陵山区土家族、苗族的文化生态。乱花渐欲迷人眼，其中的女儿会以歌为媒，最为亮眼。唱不完的卿卿我我，道不尽的缠缠绵绵，古代巴人"关关雎鸠"的原始遗风今日再现，被誉为东方情人节。柔情似水，佳期如梦，女儿会，一个向心上人敞开心扉的舞台，两情若是久长时，需在意女儿会上的你侬我侬。女儿会，郎有情，妾有意的伊甸园。对面那羞涩的男孩看过来，看过来，别犹豫，莫慌张，妹妹正大胆地走过来，与君歌一曲，请君为我侧耳听。唱支情歌给卿听，情定终身，女儿会是女儿城最为亮丽的风景。

恩施土司城是巴楚文化政治生态的组成部分，恩施少数民族建筑的风貌和封建土司制度的严苛让你感受巴楚文化的深刻内涵。土家族历史悠久，为远古巴人的后裔。巴人早年生活在江汉平原一带，后楚人强大，巴楚相争，巴人失败，退入现在叫清江古代称夷水这一带，沿夷水西进，势力一直达到川东地区。巴人于春秋时期建立了第一个奴隶制诸侯国巴子国，后被秦国所灭，部分巴人退居到湘鄂川黔山水毗邻的武陵地区，并与当地的一些部族融合，形成土家族。宋代时称生活在这一带的巴人为"土人"，以后"土人"称外来汉人为"客家"，称自己为土家。行走在被称为"天下无双景，华中第一城"的土司城，舞台上土家儿女正在演出《龙船调》，这部情景剧是土家人以恩施土司时期的生活元素为创作背景，以恩施大峡谷的绝壁景观为舞台景观，融入土家族悠久的历史文化，结合恩施大峡谷的景点特色，讲述了美丽善良的土司女儿爱上了平凡淳朴的土家汉子，为挣脱封建束缚，摆脱世俗眼光，追求忠贞爱情的故事。浸濡在浓郁的巴楚文化氛围，听着流传千年的土家人音乐，思绪被带入《龙船调》演绎的特定主题，这是熟悉得不能再熟悉的主题，这是描写人类爱情的永恒主题。土司的女儿爱上土家平民，其本质就是民间对权贵、对封建礼教敢于反抗的一种象征。

巴楚文化的余韵被保存了下来，遗世独立于恩施大峡谷。我的眼里只有你，因为你连接着恩施大峡谷的前世今生。恩施土司城完整地复制了中世纪的土司建筑。元明清时期，在鄂西南地区留下了丰富的土司文化遗存。土司制度是在秦汉至唐宋时期羁縻制度的基础上发展起来的"以夷制夷"的一种特殊政治制度。土司"世有其地、世管其民、世统其兵、世袭其职、世受其封"。土司制度是历史上中央封建王朝对少数民族地区实行归属中央，权力自治的一种政治管理体制，恩施土司城融古迹与园林建筑为一处，集土家文化精髓为一体，展示了昔日土司制度下的土家人原生态的生存状况。土司文化埋藏着巴楚太多的秘密，因为土司制度是历史上中央封建王朝对少数民族地区实行归属中央，权力自治的一种政治管理体制，就是土司对中央封建王朝纳贡称臣，中央王朝对土司实行册封，准予自治。土司土地不入中央王朝的版图，人口不入中央王朝户籍，土司王就是一个地方上的皇帝，生杀大权在握，称雄一方。走进土司城，神秘的土司制度的面纱被揭开，厚重的历史韵味让人有穿越之感。人类历史发展中，土司文化作为一种政治生态存在偏远的恩施，有其合理性。究其政治属性，颇有启发，是否可以理解为这也是大一统的中央王朝对地方管辖的一种借力，宗族自治是古代国家管理体系的重要补充。

恩施大峡谷和八百里清江的自然景观美得大气磅礴，恩施狮子关的峡谷和绿水则清丽柔美，与之比较，另有一种婉约的风情，前者好似苏东坡，后者堪比李清照。跃上葱茏三百旋，寻访秘境狮子关。狮子关距宣恩县城13公里，为宣恩三大关隘之一，山势雄伟，有大小岩山五座，山形如虎牙交错，其中两座山体，状若雄狮，故而得名。狮子关风景以水上浮桥最为著名，浮桥有着一个非常唯美的名字——廊桥遗梦。风光旖旎的浮桥，全长500米，宽4.5米，顺着蜿蜒的河道建设而成，犹如一条银蛇悬浮于水面之上，穿梭在森林之间，一直延伸至峡谷的腹地。我有一弯碧玉水，足以滋养天下景；我有一座彩虹桥，足以纵览天下景。

踏上浮桥，迤逦前行，眼前豁然开朗。山穷水尽疑无路，柳暗花明又一村。行走在青山绿水间，观两岸，层峦叠嶂，群峰苍茫，白云悠悠，水天一色，人间仙境，令人叫绝。情不自禁吟诵起清代诗人马维翰描写浮桥的五言绝句，由衷赞叹狮子关的网红景点——浮桥：铁锁系两岸，缚桥渡行客，人影漾清波，行空无辙痕。

恩施是一个多民族的聚集之地，女儿城和土司城绘出一幅土家人繁衍千年的人文风情画卷，枫香坡侗家人的生活家园也是恩施民族大融合的一道风景。恩施是世界硒都，枫香坡蜚声中外的恩施玉露硒茶更是恩施的一张名片。远上寒山石径斜，白云深处有人家，恩施侗寨枫香坡，民族风情满山崖。满山遍野的青翠茶园，曲径通幽的乡村小道，喜气浓郁的山乡农舍，翠绿的茶园掩映着粉墙黛瓦、翘脊飞檐的农居，与浅吟低唱的林间小溪相映成趣。一路迤逦访侗寨，一路侗歌迎客来。走过茶园，穿过梯田，山巅之上看侗寨，暖暖远人村，依依墟里烟，山坳茶飘香，溪畔侗歌欢。鼓楼高耸白云端，它是侗族的标志，是侗家人议事和集会的地方。风雨桥架青山间，既能挡风避雨，又能供人休息或迎宾接客，是侗家人最具民族特色的建筑之一。鼓楼之上观鼓楼，风雨桥上避风雨，枫香坡的侗寨，勾勒出一幅如世外桃源般的侗家人幸福的山村生活。恩施，你除了大峡谷、八百里清江和梭布垭石林，你

恩施狮子关浮桥

还有狮子关；恩施，你除了女儿城和土司城，你还有原生态的侗家枫香坡，这才是恩施最完整的本我。

  恩施大峡谷，绝世的风景，自带辨识度，却低调不张扬，直到20世纪才掀开神秘的面纱惊艳天下。有诗赞曰：试问峡谷谁最好？万里归来恩施老。恩施大峡谷，奇山耸峙，险峻挺拔，"连峰去天不盈尺，古松倒挂倚绝壁"；恩施清江水，灵动清丽，温润如玉，就像一条玉带盘缠在群山之间，不离不弃。沉浸恩施大峡谷，于唯美中寻找大地的初始，于磅礴中感悟人生的意义，才能回味无穷，才能不心生缺憾，人生的境界才能随之升华。带着远古的视角欣赏恩施大峡谷的风景，着一身布衣纵扁舟于清江，穿梭于峡谷的群山峻岭之间，享受隐藏在深山的"仙本那"美景，"惟江上之清风，与山间之明月，耳得之而为声，目遇之而成色"，恩施大峡谷的唯美和古老的巴楚文化才能装进你的心田。北纬30度的恩施，神秘的地方，神奇的风景，不知吸引了多少旅行者的目光，不知留下了多少爱慕者的脚印。恩施，一个一生不得不去的地方，它能让你看到一个不一样的世界，不一样的风景，因为恩施隐藏着一个"科罗拉多大峡谷",百里绝壁,千丈瀑布,壮美无比;因为恩施隐藏着一个"仙本那",那清透如玉的水,让人一见难忘;因为恩施原汁原味保存千年不变的巴楚文化,土司城,女儿城,《龙船调》,女儿会;因为恩施能给你带来浪漫的情怀,"振衣千仞岗,濯足万里流",恩施让你放飞自我。恩施,驴友眼中的"湖北小西藏""湖北香格里拉",众里寻找千百度,蓦然回首,却大隐隐于长江三峡边。有一种山水,唯美动人,有一种山水,气势磅礴,恩施的山水是上天赐予地球的惊奇,是大地布施人类的惊喜。恩施,一个神奇的天堂,与恩施相遇,不负时光。

2019年10月22日

凤凰古城有凤凰

武陵山脉青葱叠翠，沱江流水穿城而过，这是一座在沈从文笔下能读到，在黄永玉画中能看到的"边城"。湘西凤凰古城依山而筑，枕河而矗，"城墙俨然如一条长蛇，缘山爬去。临水一面则在城外河边留出余地设码头，湾泊小小篷船"，沈从文的小说《边城》描绘出凤凰古城一幅诗意的画卷。"凤凰于飞，翙翙其羽。"凤凰涅槃，浴火重生。凤凰古城位于湘西腹地，始建于明朝嘉靖年间，自古以来就是一座兵城，也是一座商城。这座沈从文笔下的边城，细腻柔美，临水而建的吊脚楼错落有致，水中倒影宛如一幅水墨画映在江面。走进凤凰，每一扇窗户上都有一双顾盼流芳的眼睛，每一块石板上都有情侣的倩影，每一条小河边都有苗家姑娘洗衣棒槌在石板上带着节奏的混响。200多条古色古香的青石板路串起古城的东西南北，沿街明清时代的特色民居120多栋，各种庙祠馆阁30多座，是中国西南地区文物建筑最多的县份。徜徉其间，"曲径通幽的深街长巷，身旁紧紧依偎的一幢幢青瓦木楼和一户挨一户的小商铺仿佛在述说着几百年来古城的富庶繁华"。（沈从文《边城》）这颗民族风情弥散的湘西明珠将自然的、人文的特质有机融合，透视后的历史厚重感或许正是凤凰古城吸引八方游客的魅力之精髓。

凤凰古城于清康熙年间日益兴盛，历经300多年的风雨沧桑，古城东门和北门的城楼依旧伫立，南门和西门却因战事而被拆除。1940年，国民党第九战区司令长官兼湖南省政府主席薛岳以"城堡一旦落入敌手，反攻不易，且不利于空袭疏散"为由，下令将所有城墙拆除。凤凰东、北二门因防洪需要，仅拆除了城垛碉楼。如今来到凤凰古城，看到的只是东、北二门和连接其间的半壁城墙，这是非功过，历史自有评说，然凤凰古城缺失南门和西门的城楼实乃一大遗憾。凤凰古城的城楼是古城的历史标签，既有军事防御作用，又有城市防洪功能，还含有避邪的含义。东门面对东岭，紧靠沱江，原名"升恒门"，建于清康熙年间。城楼式样，仿照北京前门，用城砖砌筑。城楼巍峨耸立，庄严雄伟，雉堞历历，整齐壮观。北门城楼本名"壁辉门"，建于明朝，康熙五十四年（1715）将砖城改建为石城，保存至今。红色的砂岩砌成的城墙伫立在沱江边，清朝年间的城楼东门和北门拱卫着凤凰古城的半壁江山，锈迹斑斑的城门曾送往迎来多少古城的先贤。

凤凰古城山清水秀，自然风光多姿多彩，新西兰作家路易·艾黎称为中国最美丽的小城之一。沱江是古城的母亲河，依偎着城墙缓缓流淌，世世代代哺育着古城儿女。清澈的沱江水从城中穿流而过，青如罗带，水边的人家将吊脚楼悬空于河两岸，一根根木柱撑起一栋栋小巧玲珑的房子，撑起了一个甜蜜温暖的家，这种吊脚楼前面临山，后面倚水，沿江连绵不断，沿沱江边而建的吊脚楼群集中在东门虹桥和北门跳岩附近，细脚伶仃地立在沱江里，就像一幅永不消失的风景画。古城南侧的南华山国家森林公园总面积2 354公顷，山岭连绵，共有大小峰峦45座，沟涧壑谷72条，山泉水井21处，天坑、溶洞多处。相传南极仙翁在此滴洒神水，留得物华繁茂，当地百姓感念天恩而称誉为南华山。著名南社诗人田星六先生作诗赞之：青山十万翠烟重，第一南华是主峰。四合松涛去不断，时来添打寺门钟。昔日凤凰古八景之东岭迎晖、南华叠翠、奇峰挺秀、山寺晨钟、兰径樵歌皆在南华山。沱江沙湾北岸的万名塔与遐昌阁、虹桥相映，挺拔秀丽，宛若少女亭亭玉立于沱江之畔。塔身映入碧波之中，在水中摇摇晃晃，显得格外灵气动人。万名塔用青砖和混合砂浆以及钢筋混凝土砌筑而成。塔高22.98米，一层直径4.5米，向上每层直径缩小0.3米。塔身为六方七级，每层六个翘角，悬挂铜制风铃。万名塔一层有楹联六副，皆为名人所题，或颂或感，风格各异。如原县长吴官林题联：塔静梧高凌空引凤，河清岸曲流水藏蛟。民主人士田鹤丹题联：喜层层凌云高起，恰悠悠在水一方。

"为了您，这座古城已经等待了千年。"这是凤凰古城的欢迎词。凤凰古城始建于康熙四十三年（1704），凤凰的历史绵延了千年。为了这千年等一回，我们来到了凤凰，去寻找那沽了千年的生命和死去千年的标本。清晨，凤凰古城雨丝蒙蒙，沱江上一抹水雾缥缈，缠绕着临江而矗的吊脚楼群。沱江边伫立四望，两岸美景尽收眼底。小心翼翼走过江上的跳岩，穿越古城厚重的城门，穿越百年的时光隧道，走进了心心念念的凤凰古城。岁月似乎被凝滞，满眼尽是历史的回望，恍惚来到了明清时代。古城的建筑拙朴中带有秀色，建筑风格是传统的，多木板房，房檐斗拱，店铺中陈设着琳琅满目的民族工艺品，浓浓的古意古韵，透出古街深厚的民族文化底蕴。整座古城以回龙阁为中轴。回龙阁古街是一条纵向随势成线横向交错铺砌的青石板路，自古以来就是热闹的街市，连接众多的石板小巷，沟通全城。城内的每一条

沱江边的吊脚楼

老街都用青石板一块一块铺设而成，青条石块记载着古城走过数百年的历史。每一块青石板都历经岁月的包浆，油光闪亮，厚重的历史在闪动幽光的青石板上泛动。一座城楼，是历史；一段古城墙，是历史；一条小巷子，是历史；铺设在巷子的每一条青石板也是历史。也许沈从文、黄永玉乃至熊希龄的脚印都曾印刻在这一条条青石板上；也许彪悍的湘西"竿军"在陈渠珍的带领下也无数次地走过这一条条青石板路。朝阳宫、古城博物馆、杨家祠堂、沈从文故居、熊希龄故居、天王庙、大成殿、万寿宫等明清建筑就散落在一条条逼仄狭长的用青石板铺设的老街，深厚的文化意蕴通过一条条青石板路的传送弥散在古城的每一个角落。都说沈从文将故乡凤凰古镇的山水风情写入了《边城》，书中的茶峒也借鉴了凤凰古镇的格局。古城墙气势磅礴，吊脚楼高低错落，石板路青灰光滑，沱江水清澈碧静……装进你眸子里的这些景观都是凤凰古城给人的第一印象，《边城》中的茶峒也有这样的印象，凤凰和茶峒被沈从文糅合于一体成为不朽名篇《边城》的载体。

中国五千年的历史孕育出了一些因深厚的文化底蕴和发生过重大历史事件而青史留名的城镇，它们的留存，为今天的人们回顾中国历史打开了一个窗口。凤凰古城地灵人杰，名家辈出，和云南丽江、山西平遥古城齐名，素有"南凤凰，北平遥"之美名。来到凤凰古城，沈从文故居是必游之地。沈从文是我国近代著名的文学家、历史学家和文物考古学家，他的一生著述丰富，影响深远，是从湘西偏僻地区走出来的一位乡土气息浓厚的传奇人物。只有在文学大师的故居呼吸他曾经呼吸过的空气，走过他曾经走过的青石板路，触摸他曾经使用过的书桌，才能更好地理解大师文字背后的故事，才能更好地领悟大师文学艺术的魅力。沈从文的故居是一幢湘西民居风格的建筑，二进平房，头进为三间青砖瓦房，中间一间装有通间板门，门楣挂着"沈从文故居"横匾，大门两侧各立有一块石碑，一块碑上刻着"全国重点文物保护单位（沈从文故居）"；另一块碑上刻的是"沈从文故居简介"：沈从文是我国著名文学家、历史学家，故居位于凤凰古城中营街24号，房屋建于清同治五年（1866），为一幢四合院式的平房建筑，占地面积411平方米，平面布局为二进。室内装饰十分考究，是南方宅院的代表建筑。沈从文在此度过了他的少年时代。

走进大门，驻足"沈从文先生简介"前。沈从文（1902—1988），原名沈岳焕，字崇文。祖母是苗族，母亲是土家族，祖父是汉族，他的身上流淌着湘西多个民族的血液。沈从文4岁识字，6岁上私塾，15岁参加土著部队，行迹遍及沅水流域。20岁时离开湘西到北京，一面学习一面从事文学创作。一生著有900多万字的文学作品，大部分作品以湘西苗族的生活为蓝本，被誉为"乡土文学之父"，《边城》《湘行散记》《从文自传》是代表作，一行行流畅深沉的文字忠实地记录了作家成长的历程。沈从文曾两度参选诺贝尔文学奖，被称为我国20世纪离诺贝尔文学奖最近的一位文学家。沈从文经历了1949年的精神危机（1948年受到左翼文化界的猛烈批判）后，基本停止了文学创作，改行从事中国古代服饰的研究，写出了惊世之作《中国古代服饰研究》。参观沈从文故居陈列室内展出的一张张清晰珍贵的图片，它们记录了沈从文步入尘世后所走过的艰难历程。故居内陈设的檀木方桌、藤编靠椅，古老的木质结构架子床，都是沈从文当年使用过的实物。目睹这些文物，眼前似乎出现了文学大师和蔼可亲的音容笑貌，这位伟大的文学巨匠，不仅用心血向世人奉献了900余万字的文学遗产，而且他的憨厚纯正，昭示自我，永远是后人学习的楷模。

敬仰文学大师，参观其故居后，又马不停蹄拜谒沈从文墓园。先生的墓地位于沱江畔的听涛山，其前身是曾任清代贵州提督的凤凰籍苗族人田兴恕为孝敬母亲杜氏修建的花园，故而又名"杜母园"，这里也是文人墨客在凤凰古城休闲观光的场所。沿山道拾级而上，不远处便能看到一块石碑，上写"沈从文墓地"五个遒劲大字。不远处矗立一块石碑，刻有画家黄永玉为

凤凰古城内的沈从文故居

表叔沈从文题写的碑文：一个士兵不是战死沙场，便是回到故乡。墓地建在一块狭长的小草坪上，没有坟冢，只竖立一块6吨多重的天然五彩石，正面镌刻沈从文手迹：照我思索，能理解我；照我思索，可认识人。语句质朴无华却俯仰众生。巨石背面是张兆和的妹妹张充和的撰联：不折不从，星斗其文；亦慈亦让，赤子其人。其联句尾四字"从文让人"透射出先生一生的高风亮德。五彩石背面右侧勒有一行小字：2007年5月20日夫人张兆和骨灰合葬于此。听涛山腰的五彩石成为先生与夫人朴素爱情天老地荒绵延不绝的皈依，仿佛没有了尘世烟火，只有他俩天长地久，静静地望着山脚下流淌不息的沱江水。沈从文晚年常常说，我对这个世界没什么好说的。如今，他和夫人张兆和永久地沉睡在听涛山，聆听大自然的馈赠，那曾经养育他的沱江水不停歇的涛声。

　　掏出在先生故居购买的《边城》，虔诚地翻到第一页：由四川过湖南去，靠东有一条官路。这官路将近湘西边境到了一个地名为"茶峒"的小山城时，有一小溪，溪边有座白色小塔，塔下住了一户单独的人家。这人家只一个老人,一个女孩子,一只黄狗。读沈从文的作品,在欣赏他故事清新的同时,不能忽略文字背后蕴藏的热情;欣赏他文字朴实的同时,不能忽略文字背后隐藏的悲痛。沈从文的文笔很干净,他不像鲁迅那般犀利,也不像张爱玲那般怪癖,他的不朽名篇《边城》,没有跌宕起伏的情节,仅仅是用缓慢的节奏讲述了一个动人的爱情故事,结构是三角形的,翠翠倚窗听雨,沅江碧水寄情,长夜漫漫,慢慢等待,或许明天即来,或许永远不来,一个永恒轮回,一个希望寄托,这样的结尾处理得凄美却又悲凉,这就是先生的风格。不以物喜,不以己悲,迷茫中有幻想,幻想中盼希望。人活着,总要有个盼头,哪怕是渺茫,也绝不言弃,这就是先生的境界。晚上,在凤凰古城欣赏根据《边城》改编的大型实景演出,又一次走进先生描写的《边城》情境。如梦如幻的情景剧《边城》用美轮美奂的实景风光,用苗家人的歌舞习俗真实再现天保、傩送和翠翠那段令人肝肠寸断的情和爱。一片翠竹旁,来来回回的渡船陪伴翠翠翘首远方,守一城烟雨,渡一世情缘,二老傩送,你在哪里?翠翠正翻越青山,绕过白塔,身穿一袭红嫁衣,乘着喜轿向你走来,走向天老地荒,走向沈从文笔下的人性世界。一条溪,流淌千年,冲不淡一份优柔的情;一首歌,传唱千年,道不尽一段缠绵的爱。有生命力的文学作品当与世长存,永远根植在人间,让震撼心灵的华彩美文,滋养我们的精神生命。

近百年来凤凰古城不仅仅走出文学大师沈从文,还走出与沈从文并称为"湘西三杰"的民国总理熊希龄,一代枭雄湘西王陈渠珍。此外,抗英名将郑国鸿、贫家出身的贵州巡抚田兴恕、亦寇亦侠的"青帕苗王"龙云飞等历史上的风云人物也都出自古城凤凰。这些湘西人杰串起了凤凰绵延不断的文脉,他们是凤凰后人的骄傲。没有他们,就没有凤凰的博大精深;没有他们,凤凰的文化就出现断裂层。熊希龄19岁就高中探花,光绪皇帝曾评卷曰:"气行全球,笔撼五岳,横扫七大洲,杰作也!"这位怀揣济世救国之心的"熊凤凰"在1913年出任民国第一任总理。熊希龄故居在古城北文星街的一个小巷里,是一座由堂屋、卧室、厢房组成的平房建筑。故居环境幽静安谧,建筑古老质朴,四方形布局,中有一天井宽坪,是典型的苗族古代建筑样式。1869年,熊希龄就诞生在这栋小院,并在此度过了他的童年。进入宅门,左侧是一个约十平方米的前室,又称会客室,天井东侧为专门的柴房,内有石磨、石碓等农家用具。熊希龄小时候最喜欢到这间柴房去玩,学习推磨和冲碓的技术,从小就培养出一种悉心体察民间疾苦,关心贫民忧乐的高尚情怀。故居正室的木门两边有一副笔力雄健、字迹清晰的对联:一生赤诚爱国盼中华振兴，半世慈善办学为民族育才。这副对联写出了熊希龄忧国忧民的伟大抱负，同时也写出了他披肝沥胆倾注心血办慈善事业为中华民族培养栋梁之材的伟大功绩。三间正室陈列着熊希龄生前生活、工作用过的物件，一张张清晰的图片，一段段生动的文字，记录了熊希龄人生的脚步，演绎着他人生的轨迹，国事家事天下事都在他的文韬武略之中。熊希龄胸藏珠玑，学富五车，在中华民族危难之时，为国家和民族倾注了一生的心血。毛泽东曾评价熊希龄："一个人为人民做好事，人民是不会忘记他的，熊希龄是做过好事的。"周恩来也有中肯的评价："熊希龄是袁世凯时代第一流人才，是内阁总理，熊希龄的事，我看后就记得很清楚。"两位伟人对熊希龄这么高的评价，充分说明熊希龄先生思想情操的伟大和爱国恤民精神的不凡。

在中国的军队中，有一支同乡原籍世代习武的族裔组织的职业兵团，那就是出自湘西古城凤凰的"竿军"。竿军在鸦片战争、辛亥革命、护国护法、国内革命战争、抗日战争中都有激动人心的表现。大大小小的战争在凤凰这座小山城里，产生了许多的军人世家，培养了凤凰人特殊的荣誉感。湘西竿军曾被清廷选拔出20位提督，其中7位成为封疆大吏，21个总兵，43个副将，31个参将。民国时期，竿军又诞生了7个中将，17个少将。新中国的军队中，从竿军走出成长为将军的也大有人在。最后一位"舵爷"龙云飞，竿军的第一任大佬25岁任贵州巡抚的田兴恕都是凤凰人引以为豪的人物。正因为竿军的起源和独特的地域民风，成就了好多最具竿军性格又能长久在湘西叱咤风云的人物。在凤凰人看来，最能代表他们身上山野士气和傲骨浪漫游侠气质的人非陈渠珍莫属。清光绪三十二年（1906），陈渠珍毕业于湖南武备学堂并加入同盟会，到新军第四十九标任队官，在协统钟颖辖下驻军四川百丈邑。1909年，英军入侵西藏，陈渠珍进军驻守工布江达，偶遇藏族姑娘西原，由此衍生出一段感人至深的爱情故事。西原追随陈渠珍，最后病殁青海，这段侠骨柔情的爱恋感天动地。也只有湘西人的执拗和藏族人的痴情才能碰撞出这样的一朵爱情奇葩，远甚你侬我侬的卿卿我我。1919年护法战争兴起，陈渠珍出任湘西护国联军第一军军长，次年又兼任湘西巡防军统领，提出"保境息民"的口号。陈渠珍整军经武，剿抚兼施，发展经济，兴办学校，为自己的家乡作出很大的贡献。这位亦正亦邪，横跨三个朝代的江湖人物，这位100年前就徒步穿越青藏高原经历了汉藏传奇婚恋的奇人，以智慧谋略经营了湘西大半辈子，敢于和大人物叫板，自然得到了"湘西王"的头衔，至今仍为凤凰人拥戴。半个世纪后，这位在刀光剑影与颠沛流离中挣扎多年的大侠，写出了一段以自己为故事原型的旷世雪域奇恋《艽野尘梦》，也正是那些两肋插刀、引颈向刃、视死如归、风花雪月的故事，支撑着这个曾驰骋天地的凤凰浪子走完了最后的生命之旅。正因为他的传奇经历，陈渠珍与民国总理熊希龄、文学大家沈从文并称为"凤凰三杰"的湘西王。

凤凰古城的人文令人景仰，凤凰古城的建筑同样令人赞叹。凤凰的古建筑主要集中在石板老街。长条青石板铺满大街小巷的老街，逼仄街巷两边的建筑古色古香，韵味十足。七拐八弯的街巷四通八达，如同迷宫。店铺林立的商街分布着古城博物馆、杨家祠堂、沈从文故居、熊希龄故居、古城墙等明清建筑。古城博物馆是古城内数一数二的雕梁画栋大院，这套宅院原为清末兵部侍郎陈宝箴的百年老宅。陈宝箴是晚清维新变法的实权派风云人物、新政重臣，儿子陈三立为著名诗人，孙子陈寅恪更是近代国学大师，享有"五百年来第一人"的盛赞，其"独立之精神，自由之思想"的治学理念更为学术界推崇。凤凰古城杨姓家族是杨家将的后裔，其先祖世系为杨业—杨延昭—杨文广—杨邦怀，杨业八世孙杨胜龙三兄弟曾率兵征讨凤凰苗人何车起义，其后代遂定居凤凰。位于古城北边街史家弄入口处的杨家祠堂大门和一般的祠堂不同，侧面而开。原来杨家人信风水，大门斜开，正对着沱江，可以使祖业千秋，万世荣昌，如沱江之水源源不断，兴旺发达。进入大门，抬头可见二重门上的牛头和门上蝙蝠木雕。牛头是湘西人崇拜之物，用以辟邪，保佑平安；蝙蝠则寓意带来福气和吉祥。杨家祠堂为上下两层的木结构建筑，由大门、戏台、过厅、廊房、正厅组成，占地面积770平方米。戏台在正厅对面，单檐歇山顶，檐下饰如意斗拱，高16米，四根台柱雕龙刻凤。戏台正中是"杨母教子"的彩绘，栩栩如生。正殿为杨氏宗族祭祀、议事之场所，供奉杨家祖先牌位，香烟缭绕，庄重神秘，令人心生敬畏。两侧有杨氏家训：祖宗明德远矣，子孙勿替引之。意为杨家声名已经流芳百世，子孙们千万不要给祖宗脸面抹黑。杨氏家族每年定期举行祭祀典礼，献三牲，行三礼，鸣铁炮，奏礼乐，十分隆重。杨家祠堂设计精巧，壁画栩栩如生，整体建筑具有鲜明的民族特色和建筑艺术价值，为湘西重镇最具特色的建筑典范。

吊脚楼是凤凰古城的标志性建筑，湘西"边城"的盎然古意由吊脚楼和绿水荡漾的沱江串起并组成。古朴的吊脚楼，飞檐相勾，黑瓦粉墙。沱江两岸，吊脚楼高高低低错落有致地沿沱江两岸排开，高高的木柱扎根水中，乌黑的瓦片和熏黑的木楼相依相偎，雕花的木窗，挑出各式各样的红灯笼，青山绿水，黑瓦老墙倒映着粼粼波光，悬垂于河道之上，展现淡雅的水墨画意境。岁月的冲刷，时间的洗礼，矗立在沱江岸畔的吊脚楼在古老的韵味上增加了一丝沧桑的感觉。吊脚楼是中国西南地区的古老建筑，最原始的雏形是一种干栏式民居。当人类的记忆尚处于模糊不清的原始时代的时候，有巢氏创造的吊脚楼就作为最古老的民居登上了历史舞台。吊脚楼大都临水而立，依山而筑，采集青山绿水的灵气，与大自然浑然一体。凤凰古城的吊脚楼起源于唐宋时期。唐垂拱年间，凤凰这块荒蛮不毛之地王化建县，吊脚楼开始零星出现，至元代后逐渐形成规模。岁月流逝，斗转星移，建筑物在日月轮回中不断翻新更替，形成了这片蔚为壮观的吊脚楼群。凤凰古城河岸上的吊脚楼群前临古官道，后悬于沱江之上，是凤凰古城具有浓郁苗族建筑特色的古建筑群之一。该吊脚楼群全长240米，至今还居住着几十户苗家人。吊脚楼群的吊脚楼均分上下两层，俱属五柱六挂或五柱八挂的穿斗式木结构，具有鲜明的随地而建的特点。吊脚楼上层宽大，下层占地很不规则。吊脚楼的上层制作工艺复杂，做工精细考究，有雕花栏杆及门窗；下层作为正式房间，雕刻着金瓜或各类兽头和花卉等图案。上下穿枋承挑悬出的走廊或房间，使之垂悬于河道之上，形成一道独特的风景。苗家吊脚楼通风防潮，避暑御寒，是苗族独特的建筑工艺，具有很高的工艺审美的文物研究价值。凤凰古城的吊脚楼群多半保留着明清时代的风格，其壮观的阵容在我国吊脚楼分布的西南区域实属罕见，在形体上不仅仅给人以视觉震撼的冲击，在内涵上能不断引导人们去想象、去探索，因为它是一个民族的文化精灵，它在风风雨雨的历史长河中代表着一个地域民族的魂魄，如同一部歌谣，一段史诗，记载着一个民族风雨飘摇的历史，也记载着苗家儿女的寻常故事。

  风姿绰约的凤凰古城坐落在青山环抱的翡翠谷，依偎在碧波荡漾的沱江边，一座青山抱古城，一湾沱水绕城过，苍翠的武陵山装饰了古城的风情，清浅的沱江水串起了两岸的人文。环抱古城的青山是苗家阿哥，穿城而过的沱江是苗家阿妹，沱江之上的那一座座桥是阿妹挂在脖子上的项链。牵着心爱之人的纤纤玉手，走过那一座座熟悉的桥，"桥上是绿叶红花，桥下是流水人家，桥的那头儿是青丝，桥的这头儿是白发"。沈从文笔下的家乡美轮美奂，打动了多少人的心扉，激起了多少人的尊敬，牵着心爱之人走一走沱江上的石桥，成为一种情爱的象征。这种情，这种爱，化作了无数人的一个心愿：凤凰古城，一生之中必到的地方，追寻着先贤沈从文的脚步，走一走沱江上那一座座桥，爱意浓浓。沱江之上共有十三座桥，除了雨桥在2014年被大水冲垮之外还有十二座桥横跨沱江。十二座桥中，最为著名的就是虹桥。虹桥始建于明洪武年间，有600多年的历史，位于风光旖旎的沱江沙湾回龙潭畔，紧傍吊脚楼风景区，泛舟沱江，远远就能望见其巍峨的身姿。虹桥的两个桥墩呈弧形,恰似一条雨后彩虹横卧沱江,亦称"卧虹桥"。虹桥同时也是一座楼,又名"虹桥风雨楼"。桥上两侧各建有12间悬出桥外的吊脚楼廊坊,开设各类商铺销售古城的特色产品。沱江上的一道道造型各异的老桥新桥、大桥小桥伴随着古城一路的繁盛,涂抹许多文化的色彩,构成了一道独特的人文景观。沱江上的跳岩是桥的一种延伸,风格迥异的跳岩一字儿排在江面,亘古的石块扎根于激流,清澈的江水从石块中倾泻而出,摩肩接踵的游客踩着跳岩擦身而过,形成了沱江上的一道独特的风景线。沱江"跳岩",是湘西特有的交通方式,是进出凤凰古城的主要通道之一,沈从文、黄永玉等文学艺术大家就是从沱江的"跳岩"走向世界这个大舞台。沱江上还有年代久远的木板桥,踩在吱呀作响的桥面,顺着弯弯曲曲的走势抵达对岸,颇能回味古城先民的生活方式。沱江上还有新近建造的高高拱起的仿古亭桥,2011年4月,凤凰籍著名画家黄永玉捐资1 100万元人民币,为家乡凤凰古城的沱江亲自设计"风、雨、雪、雾"四座景观桥,2012年11月,全部建成通行,四座景观桥横跨沱江,傲立江面,向世界展现了凤凰古城的新面貌。

  凤凰的一天很短,短得来不及拥抱清晨,就已经迎来黄昏,迎来古城喧嚣的夜晚,迎来古城一天的高潮。夜幕四合的时候,凤凰古城掀开了美丽的面纱,火树银花不夜天,沱江两岸沉浸在灯火的海洋。绚烂的灯火勾勒出沱江与山城的轮廓,山、水、人、桥、舟船、跳岩、古城墙、吊脚楼……动静相融、相衬,层次分明,色彩斑斓。整座古城美轮美奂,尽显凤凰古城的婀娜迷人风采,人在古城走,如在画中游。古代和当今文化元素互为糅合的虹桥风雨楼璀璨灯火镶嵌,疑是人间宫阙落古城。河岸的吊脚楼也被施展魔法,幻化为一排绵延不绝的灯墙,瑰丽壮观。清澈的沱江水在五光十色里跳跃欢腾,灯火装饰了凤凰古城,凤凰古城装饰了你的梦。一幢幢青瓦木舍霓虹灯闪耀,光怪陆离,变幻成劲爆的酒吧。飞出的歌声和乐声飘荡在古城上空。眼前这街巷,这跳岩,这沱江水,这吊脚楼,这万名塔,这城墙骑楼,这惬意游人,都已不是现实世界中的实景,而仿佛是时空隧道另一端舞动的精灵,在光影的笼罩下,人与物都在感受璀璨世界里个性的自我张扬,古城之夜提供了游人自由翱翔的世界。穿过影绰人群,随意寻一处临水而设的茶肆酒坊,或钻进岸边吊脚楼苗家人餐馆,三五好友低吟浅酌,也可以在酒吧劲歌放飞自我。沸腾的古城,疯狂的古城,这是一只火凤凰,能圆你一个世间鲜有的曼妙梦境。如果说紫禁城是帝王的天堂,那么凤凰古城就是平民的乐园。

2019年11月10日

我见青山多壮美（一）

我见青山多壮美，料青山见我应如是。噫吁嚱，壮哉美哉危哉天门山，气势连天向天横，势拔五岳掩赤城。天门山海拔1 518.6米，享有湘西第一神山的美誉，是张家界的文化之魂，精神之魂。神奇独特的地质地貌，俊美无比的自然风光、博大深奥的文化内涵、异彩纷呈的人文胜迹令天门山闻名遐迩。天门山是山岳型自然景区，位于张家界市永定区境内，是张家界最具代表性的自然景观之一。界有两层含义：一是指领域界限，一是指高山。张家界的风景名胜以山为最，故而张家界的名胜多以族居姓氏再加上后缀"界"为地名，张家界国家森林公园内就有袁家界、杨家界等蜚声世界的著名风景区。张家界之名，最早见于明崇祯四年（1631）《张氏族谱》序言。序言的作者张在昌是永定卫大庸所指挥史张万聪的第六代孙。明弘治年间（1488—1506），朝廷见张万聪镇守有功，将今张家界国家森林公园一带"山林地"作为封地赏赐给他，张万聪举家上山守业经营，由此，张家界正式成为国家地理的命名。清代道光版《永定县志》记载："无事溪发源于张家界。"民国版《慈利县志》记载："索溪上源于张家界。"此处张家界，指的就是当今的张家界国家森林公园一带。

张家界有张家界国家森林公园和张家界天门山森林公园。天门山国家森林公园位于张家界市城区南郊8公里处，是山岳型自然景区。公园总面积96平方公里，其主峰海拔1 518.6米。属于典型的喀斯特地貌。1992年7月，天门山国家森林公园被批准为国家5A级旅游区。天门山国家森林公园以观光游览为主线，沿途可一路经历天门山景区令人惊心动魄的四大奇观。天门山国家森林公园深层挖掘了天门山的文化内涵，将自然景观和文化元素有机融合，完整地体现了湘西第一神山的神奇、神秘、神圣的大氛围和主格调，充分领略天门洞开、碧野瑶台、觅仙奇境和天界佛国四大景区的绝美风光和文化内涵。

天门洞是天门山最具代表性的景观，也是张家界天门山四大奇观之一。

天门洞的成因众说纷纭，由此也称为天门山的四大古谜之一"天门洞开"。天生一个仙人洞，无限风光在险峰。孤峰高耸的天门山有天门洞，位于山体的中上部，是世界海拔最高的天然穿山溶洞，凌空独尊，悬挂于千寻素壁之上，就像一座镶嵌在天幕上的通天之门，成为天下罕见奇景。书法大家启功书写清人俞量模的诗歌镌刻在进山入口处：莫谓山高空仰止，此处真有上天梯。抬头仰视，一条神奇的天路冲向云霄，999级直插云天的天梯送你直上天门洞。据史料记载，三国吴永安六年（263），嵩梁山千米峭壁訇然洞开，玄朗如门，高131.5米、宽57米、深60米的天门洞南北对开，似明镜镶嵌于蔚蓝天幕之上，终年吞白云吐紫雾，景象变幻，神秘莫测，夺尽天地之造化，藏尽天地之神机。吴地国君孙休认为天门洞开是吉祥的征兆，遂易嵩梁山之名为天门山。上苍恩赐神山"天门吐雾"和"天门霞光"的天象奇观，天门洞开时有团团云雾洞中吐纳翻涌，道道霞光透洞而出，绚烂夺目，宛如幻境。天门洞，就像是一首无声的诗，承载了无数人的梦想，也给人无限的想象。历朝历代，多少文人墨客为天门洞倾倒，赋诗赞美这奇绝自然景观，其中最有名的两句诗"天门洞开云气通，江东峨眉皆下风"，即写天门洞的高耸通天、巍峨磅礴的霸气。抬头仰望天门洞，空中有细细的雨丝在风中飘洒，梅花似的散漫，如烟如雾，随风飘飘洒洒，耳边似有轻柔乐声拂过，妙不可言，这就是天门山四大古谜之二的"天门翻水"现象。据传说能用口含住十八滴梅花雨，就能羽化而成仙。四周祈盼成仙者甚众，皆仰首张口，承接来自天界的甘露"梅花雨"。天门洞前举目四望，山间团团云雾翻涌，氤氲升腾，景象变幻莫测，宛若仙境般神奇。神奇的天门洞，梦幻的天门洞，你注定会成为一个永远被世人的眼光所聚焦的传奇之地。能够在天门洞施展绝技是超越自我的挑战，也是全球极限挑战者的向往之地。1999年世界特技飞行大师匈牙利人彼得·贝森叶首次从世界海拔最高的天门洞呼啸而过，精湛的表演技惊全球。2007年，法国著名蜘蛛人打破神话，徒手成功攀越天门，将生与死的绝壁芭蕾如花绽放，天门洞由此成为了奇迹诞生地的代名词。

极具险绝奇观的天门山盘山公路是天门山的第二大奇观，被誉为通天大道。这条盘山公路全长有10公里之多，九十九道弯，暗合了"天有九重，云有九霄"之意，俯瞰时宛若一条飘动的丝带在山间无限延伸。通天大道借山势扶摇直上，九十九道弯，弯弯有美景，盘旋上青云，一百八十度的急转弯此消彼长，层层叠起，依山借壁，海拔从200米急剧提升至1 300米。通天大道态势险峻，空谷幽深，荡气回肠，如巨龙腾飞，似玉带斜挂，蜿蜒迂回穿行在山体绝壁，于惊心动魄中领略天门山的鬼斧神工，被公认为全国十大

张家界天门洞

盘山公路之首。中国书法协会常务副会长沈鹏先生走过通天大道后欣然题词"曲道通天",字体遒劲挺拔,与通天大道的奇绝景观相融为一体。经此通天大道,即可直达上天梯,"会当凌绝顶,一览众山小",天门山的天界气象就在眼前,不是仙境,胜似仙境。天门山九十九道弯的通天大道以"惊、奇、险"著称,多次在国内外众媒体发布的"全球最险公路盘点"高居榜首。对于车手和赛车而言,在天门山通天大道角逐是一项对车手技巧和赛车性能的挑战,是一场惊险而又刺激的赛事。法国车手Romain Dumas用精湛的车技,用时7分38.585秒,游刃有余地完成险峻的天门山九十九道弯,创下了这项赛事的新纪录。他在成功冲线后激动地表示:"在雄伟的天门山上赛车是一次令我终生难忘的经历。挑战前夕,关于这条赛道的信息和用于测试的时间都非常有限,而且这条赛道极为狭窄和曲折。"通天大道通车以来,有多少赛车手怀揣绝技,充满勇气,带着对天门山的敬畏踏上这条令人望而生畏的赛车道,铩羽而归者不少。天门山通天大道是全世界顶级赛车手的天堂,同时也是他们的地狱,意志加绝技,胆大加心细是征服通天大道的唯一法宝。

　　天门山顶古称云梦绝顶,是天门山的至高点,可以乘索道或穿山电梯直达。天门山索道是世界最长的高山客运索道,全长7 455米,高差1 279米,是国内为数不多的高差超过千米的索道之一,也是天门山的第三大奇观。天门山索道犹如一道彩虹飞渡"人间"和"天上",又像一条巨龙腾翔素云苍穹,依山借壁,拔地冲天,成为天门山旅游风景区四大奇观之一,为张家界这一世界级风景名胜区又添绝世奇观。天门山索道以张家界市中心城市花园为起点,缓缓滑过张家界市区,经民间田园风光,顺着山势上下起伏,逐渐抬升,犹如一道彩虹飞渡天上人间,雄伟壮丽的九十九道弯就在脚下盘旋蜿蜒,天门山的壮丽美景一览无遗。28分钟后抵达山顶的原始空中花园,远望群山连绵,云遮雾障,近处山峰巍然耸峙,奇秀峻拔。信口吟诵王安石《登飞来峰》的诗句:"不畏浮云遮望眼,自缘身在最高层。"天门山穿山电梯全程在山体隧道中运行,从天门洞底直达山顶,共12段,扶梯梯级运行总长度为879米,提升高度340米,总跨度为682米,是世界上环境最恶劣、工程最艰巨、施工难度最大、提升高度最高、梯级总长度最长且最具创意的在山体隧道中运行的自动扶梯工程。为了不破坏自然景观,从天门洞的停车场右侧向天门洞方向开挖隧道,然后在天门洞后方再次向山顶开挖隧道,成功创造了世界上在悬崖峭壁的山体内安装电扶梯的奇迹,堪称世界之最,是世界电梯的经典之作。

　　天门山的第四大奇观是玻璃栈道。天门山玻璃栈道悬于天门山山顶西线，长60米，最高处海拔1430米，是天门山风景区继悬于峭壁之上的鬼谷栈道、凭空伸出的玻璃眺望台、横跨峡谷的木质吊桥后打造的又一试胆力作，堪与举世闻名的美国大峡谷玻璃走廊"天空之路"相媲美。为了让游客零瑕疵地透过玻璃桥看到美丽的风景，踏上玻璃栈桥的游客均被要求穿上鞋套，以保持玻璃桥面的透明和干净。这条看着就让人腿软的玻璃栈道在给游客带来胆战心惊的同时，更多的是提供给游客一种战胜自我的刺激和震撼，人和自然界的千山万壑无隔离地融合在一起，脚下是群山涌动，绿浪翻卷，头上是白云悠悠，奇峰相逼，秋阳和煦，随着人流亦步亦趋小心谨慎地踏上玻璃栈桥，蓝天和白云的倒影铺满了整条栈道，天门山九十九道弯的盘山公路就在脚下蜿蜒盘旋，每一位游客在对脚下的透明战战兢兢之余，云间漫步的兴奋和惬意更让每一位游客乐享于踏云而行的快乐；若是云遮雾绕，玻璃栈桥则在白茫茫的云雾中若隐若现。行走在人间仙境，远处更有时隐时现的仙山琼阁，天上人间的美景就在身边，"不敢高声语，恐惊天上人""不知天上宫阙，今夕是何年"的感觉瞬间涌上心田。同行的小哥儿海忠患有恐高症，战战兢兢地走上玻璃桥，紧紧拽住栏杆，不敢越雷池一步，及至沉浸在如梦如幻的仙境之中，海忠竟也忘记了脚下的万丈深渊给他带来的恐惧，忙不迭地俯瞰仰望拍照，并由衷赞叹："太美了，就像在仙境一般。"

天门山国家森林公园保存着完整的原始次生林，森林覆盖率达90%。天门山的山顶相对平坦，面积达2平方公里。天门山顶集中了天门山国家森林公园景点的精华，山顶东部的碧野瑶台景区是天门山原始森林的核心保护区，拥有20多个景点，是天门山四大景区中景点最多的一个。游客行走在碧野瑶台景区的蜿蜒小道，布满青苔的奇石随处可见，珍贵药材也时有发现，有着很多极为名贵和独特的植物品种，其间古树参天，藤蔓缠绕，石笋、石芽举步皆是，处处如天成的盆景，被誉为世界最美的空中花园和天界仙境。碧野瑶台附近有灵泉，据说灵泉之水从山顶左侧岩石缝隙内涌出，注入水池，水满后溢入斜沟，顺沟飞落在天门洞口，天门洞的"梅花雨"就是这样形成的。云梦仙顶位于天门山最高峰，是张家界最高地理坐标，是一座天然瞭望台。天门山原名云蒙山，相传是介于仙凡两界的神山，因"秦始皇赶山填海"而留下，仙界凡尘一步遥，且距仙界最近，"云梦仙顶"因之得名。站在天门山云梦山顶居高临下，视野开阔，晨观日出东方，夕观落日熔金，奇峰秀岭，层峦叠嶂，峰峦造型各异，俯瞰绿浪涌动，仰视云海翻腾，如梦如幻的美景。凌霄台地势高绝，视野辽阔，是天门山景区的最高点。此处地势高绝，云雾缭绕，给人直冲云霄之感。极目远望，视野辽阔，可遥望张家界市区及周边的风光，无限风光尽收眼底，为赏景的绝佳之处，被冠以"凌霄畅远"的美名。凌霄台与云梦仙顶同为天门山顶的观景台，据说古时候天门山被认为是一座仙山，是仙凡两界连通之处，所以常有神仙下凡，凌霄台是神仙下凡的第一站，山峦起伏，白云悠悠，如同仙境，神秘色彩笼罩，让人更有理由相信这一说法。

鬼古栈道全长1 600米，平均海拔为1 400米，起点是倚虹关，终点到小天门。鬼谷栈道既不在悬崖之巅，也不在悬崖之侧，全线均悬于鬼谷洞上侧的峭壁沿线。小心翼翼行走在栈道，群山云雾缭绕，栈道岚气盘桓，仿佛置身于仙界，既能带来美景的舒心，又能体验峭壁带来的惊心。鬼古栈道因鬼谷洞而得名。鬼谷洞乃天门山十六洞中最为著名的洞穴，在天门山山顶西线的一块峭壁上，洞口有一棵罕见的国家一级保护树木——红榧树，当地人又称为"鬼谷神树"。鬼谷洞上距山顶百米，下邻深渊万丈，地势险峻，一般人无法进洞穴一探究竟。神秘莫测的鬼谷洞是鬼谷子隐居修炼之地。鬼谷子是我国历史上著名的"诸子百家"之一，是纵横家的鼻祖，也是卓有成效的教育家，中国历史上所熟知的人物苏秦、张仪、孙膑、庞涓都是鬼谷子的门生。鬼谷子是战国时期人，本名王诩，民间称其为王善老祖，胸有政治家的六韬三略，又擅长外交家的纵横捭阖，更兼有阴阳家的祖宗衣钵、预言家的江湖神算，著有《鬼谷子》一书，又名《捭阖策》。鬼谷子曾居此山洞，修习《易经》，这个洞遂以"鬼谷"命名，洞内石壁上还保存着甲子篆文。史学界评论说，一部战国乱史就是从鬼谷洞演绎出去的。足见鬼谷子其人了得。清人罗福海写有《鬼谷洞》诗一首：桃花流水去飘然，笑入云深访洞天。隐逸流多埋姓宇，纵横术竟出神仙。道书壁上文留篆，丹决炉中火化铅。满耳恍闻钧奏乐，一条瀑泻万峰巅。

鬼谷子的传奇人生使得鬼谷洞一直笼罩着神秘的面纱，鬼谷子由此成为天门山隐逸文化的代表人物之一，传世之作《捭阖策》最能体现鬼谷子学术思想的精髓，由此可见天门山这座风光奇美的名山其文化内涵的博大精深。天门山上的文化品牌"捭阖"是投射古人哲思的一处巧妙建筑，引人冥思遐想。"捭阖"位于天门山山顶西线南段，围合的外壁镌刻着《鬼谷子》开篇《捭阖》全文。"捭阖"为全木质结构，基座呈方形，上面为圆形合围，直径约15米，整体外形遵循了"天圆地方"的理念，"捭"是开启，是公开的大出大进，为阳；"阖"是闭藏，指为达到目的暗中不择手段，为阴。天地之道就是阴阳之道，捭阖之术与天地之道相通。捭阖内部安装了众多按照易经八卦原理摆设的可移动木板，采取"九宫"格式，通过这些木板的推移可演示

张家界天门山风光

捭阖内涵的奥妙,围则合,合则围,阴阳相克而生,以启迪人们穷究世间万物万事相互依存相互影响。曾经有勇闯鬼谷洞的勇士拍下了鬼谷洞石壁上的"鬼谷显影",竟然与世间广为流传的鬼谷子头像有异曲同工之妙,成为天门山四大古谜之三的"鬼谷显影",这个千古难解之谜,引发无数的猜想,至今也无法破解。

  天门山有四大奇观、四大景观,还有天门洞开、山顶翻水、鬼谷显影、野佛藏宝四大古谜,代代相传。传说天门山顶的大榉树下就是野佛藏宝之处。清光绪《永定县乡土志》"天门山篇"有"明季野佛自夹山寺飞锡此山。野佛为闯贼余党,事发,削发为僧,竟逃天诛"这段文字。相传李自成部将野佛当年上山时,带了100多人马和许多金银财宝,雇乘九条木船逆澧水秘密潜入大庸境内,神不知鬼不觉上了天门山。野佛这次出家,并非真正要"立地成佛",而是每日枕戈待旦,拔剑登坛,准备有朝一日"恢复中原""扫平寰宇"。岂料情势急转直下,农民军土崩瓦解,清廷建立,野佛终于忧患成疾而逝。据说,野佛临死之前,将带来的财宝全部分散秘藏于天门山几个秘密去处,并用毒酒将藏宝民工全部毒死。数百年来,不知有多少江洋大盗、香客和神秘僧人都借故上天门山朝拜，实际上是为偷窥地形，寻找宝藏，但无一不是空手而归。"野佛藏宝"的宝藏究竟藏在哪里，始终是个谜。

　　天门山"佛教文化"的核心区域天界佛国景区位于山顶南部，最主要的景点是天门山寺，占地面积一万平方米。这座寺院始建于明朝，香火旺盛，气势浩大，是湘西地区的佛教中心。自民国后天门山寺逐渐衰落，2002年当地政府出巨资重建天门山寺。寺庙坐落在天门山巅西南角原址的一块平坦之地，建筑形式采用清代官式风格，分三进院落，由山门、钟鼓楼、天王殿、大雄宝殿、观音阁、藏经阁、法堂等建筑组成，是湖南省境内海拔最高的佛教建筑群。重建后的寺院气势恢宏，布局紧凑，视野非常开阔，加之山顶常被云雾覆盖，终年仙气笼罩，有一山独尊的气概。2009年6月，天门山寺隆重举行殿宇落成、佛像开光、怀梵大和尚方丈升座大法会，并将一枚佛祖舍利安放在寺内。佛祖的真身舍利在中国现存的并不是很多，十分珍贵，全国仅有杭州雷峰塔、陕西法门寺、北京云居寺、镇江甘露寺和苏州虎丘塔有佛祖舍利安放。天门山寺旁有"天门十六洞"之一的求儿洞，是天界佛国景区的另一个游览重点，有着神奇的传说和悠久的历史。民间盛传送子观音在此显圣，诸多求子的信客抵达天门山顶，必到求儿洞，虔诚祈祷观世音菩萨显灵，庇佑家族人丁兴旺。天门山寺规模虽然无法和少林寺、普陀山、五台山、九华山、峨眉山相比，但依托天门山独特的地形和气候条件，天门山寺在佛教界还是赢得了"天界佛国"的美名。

　　1997年，中国著名歌手李娜游历天门山，雄奇壮观的天门山风景深深地震撼了李娜的心弦，她决定在山上住一段时间，并亲自设计修筑了"李娜小屋"。她在这座小木屋居住的时候，每天早出晚归，在当地人的带领下游遍了天门山。天门山的"仙山文化""佛教文化""山水文化"令她感慨颇多，在长达一个月的时间里，她感受到天籁、宁宙、佛光和音乐的文融，特别是佛教音乐，以独有的庄严、肃穆、恬远带给了李娜宁静、清新、自然的感受，她悟出了天门山寺那副古对联"天外有天天不夜，山上有山山独尊"的深刻内涵，顿然萌生了学佛之念。李娜的密友杜禹说："李娜出家是她经过长期思考作出的理性决定，毫无沽名钓誉之嫌，更没有功成身退的意思。相反，她之学佛，就是对中国音乐界走不出世界的挑战。她是想通过学佛，从佛音中领悟音乐的大智大慧。"在天门山上，面对着美丽神秘的大自然，李娜演唱了专门为她度身定做的歌曲《天门山》："走近你为那亘古不变的誓言，走近你为那遥远如初的梦幻。是什么让我的心如此安宁？我终于看见了天门山天门洞开，我乘朝云欲归去，云如海我化清风又重来，告别昨天让我忘情地走回自然。"这也是李娜最后一次纵情歌唱,随之她就下山,秘密接受剃度受戒,法号释昌圣,从此循迹空门。生命是一场美丽的旅行,旅行途中的邂逅改变了著名歌手李娜的生命轨迹,这也是在美丽风景中才会产生的美丽故事,李娜进入了她的境界。

  李娜在天门山的参悟让她一挥手把人间是非丢弃得干干净净,天门山因李娜的遁入空门而蒙上一层神秘的佛学色彩,这是一种文化现象,体现了天门山千年文化的博大精深,唯有天门山壮美的自然景观在对视觉造成强烈的冲击并在内心产生巨大的震撼才会造就这样的"李娜文化现象"。天门山气象独特,门洞奇绝,植被丰富,历史悠久,是历史文化与佛教文化的神秘载体,是自然景观与人文景观的完美结合。天门山国家森林公园兼峰、石、泉、溪、云、林于一体,集雄、奇、秀、险、幽于一身,终年云雾缭绕,云海景象变幻无穷,山间溶丘、石芽广布,奇石秀木、珍禽异兽繁多,更有飞瀑流泉喷涌而出,被誉为空中原始花园。天门山文化底蕴深厚,大量赞咏天门山的诗词广为传诵,鬼谷子在鬼谷洞修身立学,千古名著《捭阖策》成为中国的文化瑰宝,更有众多神闻传说流传民间,故而天门山被誉为"张家界之魂"。天门山寺闻名遐迩,朝山拜佛者达周边又遍及湘西北,天门山因此成为"湘西第一神山"。千百年来,天门山流传的"天门洞开""天门翻水""天门转向""野佛藏宝""鬼谷显影"和"天门瑞兽"六大难解之谜使得神秘莫测的天门山更显得扑朔迷离。自然界的奥秘并不是人类都能一探其究,随着科学的不断发展,有些谜团会逐一解开,有些谜团的破解也许还得有漫长的等待,也许会永远等待。在这样的一座天门山,李娜皈依佛门,能不理解乎?听得天门山在为李娜疾呼:"噫,微斯人,吾谁与归?"

2019年11月14日

我见青山多壮美（二）

"人间仙境武陵源，峻岭怪石神仙山。三千峰峦五岳掩，八百秀水三湘冠。我欲因之梦仙山，山在虚无缥缈间。青云直上天梯乘，君临天下美景揽。"集"三千宠爱在一身"的张家界武陵源自然景区风光无限，如诗如画，这首七律饱含深情地赞美了张家界绝美的山水风光。张家界位于湖南西北部澧水中上游，武陵山脉腹地，我国第一个国家森林公园就在这里。1992年，由张家界国家森林公园、索溪峪风景区和天子山风景区构成的武陵源自然风景区被联合国教科文组织列入《世界自然遗产名录》。张家界的自然风光兼有泰山之雄伟，华山之险峻，黄山之奇幻，庐山之秀丽。每一座山，每一座峰，每一片云，每一棵树，每一条水都是一道个性独特的风景。俊俏之石如同英武将帅，嵯峨之峰仿佛勇猛壮士，舒卷白云就像山岫情侣，茫茫林海犹如翻腾绿浪，天悬瀑布好似无瑕白练，泱泱碧水恍若天空之镜。看水九寨沟，观山张家界，神奇的山，绝妙的水，被称为中国山水两绝。张家界拥有世界上独一无二的砂岩地貌，它是由石英砂岩为成景母岩，以流水侵蚀、重力崩塌、岩体风化等作用力形成的以棱角平直的高大石柱林为主的自然景观，十里画廊、袁家界、杨家界、黄石寨、金鞭溪等景点都是武陵源自然景区中的人间绝世美景，应验了古人对张家界"奇峰三千，秀水八百"的赞颂，引天下人无数竞折腰。张家界是摄影爱好者的天堂，是风光影视片的天然取景地，张家界的人间瑶池是《西游记》中水帘洞的外景拍摄地，张家界国家森林公园是美国好莱坞大片《阿凡达》的外景拍摄地。

张家界几乎所有的景点都是"野生"的，山是"野"的，奇峰怪石，浑然天成；水是"野"的，蜿蜒曲折，恣意奔流。索溪峪景区的"十里画廊"黛峰屏列，有着丰富的自然景观，千姿百态，就像一幅长长的山水画卷，并排悬挂于千仞绝壁之上，秀美绝伦的自然奇观融入了仙师画工的神来之笔，绘出了绵延5公里的水墨丹青画。入十里画廊约30米，有一石峰恰似一形神兼备的老寿星迎面站立，五官轮廓分明，眉毛长长，眼睛深邃，笑容可掬，左手高扬，欢迎远方来客。"寿星迎宾"不远处有一高达百米的石峰谓之"老人岩"，远观活像一位腰身佝偻的老人，头戴方巾，身着长衫，背着满满一篓草药，就像是药王孙思邈再现。距离"采药老人"100米左右是"仙女拜观音"，大慈大悲救苦救难的观世音菩萨高高在上，盘腿而坐，平视前方，神态慈祥，而19位仙女则低头不语，拱手作揖，虔诚地叩求观世音保佑，为凡间消灾除害，保佑苍生黎民五谷丰登。景观"向王观书"是一座一分为二的石峰，左侧大，右侧小，就像一个人拿着书本在阅读，当地人认为这是向王天子的化身，是土家族起义领袖向大坤在阅读兵书。自画廊西向展望，两座由高到低、南北走向的山峰俨然是一只昂首仰天长啸的猛虎，这就是十里画廊颇有名声的"猛虎啸天"景观。从南天门向对面望去，可见三座瘦削石峰，形如亭亭玉立的女性，这是十里画廊有名的"三姐妹峰"。细细辨析，大姐背着孩子，二姐抱着孩子，小妹正怀着孩子，惟妙惟肖。这条长达十余里的山谷两侧，连绵的石峰累计形成了200来尊似人似物、似鸟似兽的石景造型。"两面神""锦鼠观天"等石峰造型也都是十里画廊中值得欣赏的景观。

　　袁家界是张家界国家森林公园的主要风景集中地，背依岩峰山峦，面临幽谷群峰，自东向西延伸，是镶嵌在武陵源核心景区的一颗明珠，与世界上最美丽的峡谷金鞭溪一衣带水。据考证袁家界名称来源于后唐时期。黄巢起义失败后，朝廷为彻底肃清乱党，四处张榜，捉拿义军。黄巢手下有一名袁姓将士，为躲避追捕，来到这远离人世的深山野岭——青岩山隐居（张家界又名青岩山），他在这里结庐为舍，垦荒种粮，并以自己的姓氏命名其住地为"袁家界"。袁家界是方山台地，平均海拔1 074米，面积约1 200公顷，是以石英岩为主构成的一座巨大而较平缓的山岳，东临金鞭溪，南望黄石寨，西通天子山，北距索溪峪，连接天波府，远望鹞子寨。从山下往袁家界有两条通道，一是走"金鞭溪"中段上"乱窜坡"到袁家界的"后花园"，二是乘"世界第一梯"——百龙电梯至袁家界的下坪，不到2分钟的时间便可直达海拔1 074米以上的山顶。当电梯风驰电掣冲出竖井的那一瞬间，张家界十大绝景之一的"神兵聚会"就像一幅神奇的画卷直扑眼帘，四十八座相对独立的石峰奇伟突立，列队森严，如同一支整齐雄伟的仪仗队等待着张家界最尊贵的宾客检阅。站在袁家界景区的观景台上举目四望，陪同的土家人自豪地说，这里是当年土家族的领袖向王天子率兵起义的地方，所以被称作四十八大将军岩。那群峰中的巨石，就是向王天子，那些密密列队的岩峰，就是向王天子的士兵。南侧还有一位谋臣，正在出谋划策，东侧有三位武士头挨着头，正窃窃私语，议论战事。西侧有一粗壮的石峰，恰似一位骁勇无比的猛

张家界森林公园袁家界风光

将,怒发冲冠,正准备与敌人决一生死。土家朋友继续解说:这里就是当年向王天子与官兵搏斗前的一次聚会,故名"神兵聚会"。

在"神兵聚会"的山顶上,有土家人居住,他们世世代代在山上耕种生活,繁衍生息,这片土家人的家园被称作"空中田园"。极目远望,一幅清新自然的田园山水画面凌空突出,令人向往的袁家界"空中田园"海市蜃楼般悄然而至。空中田园海拔1 000余米,坐落在天子山老屋场小景区中间台地,与袁家界隔谷相望。空中田园后山横卧高耸,至腰部平展,形成小块谷地,出不远处突然下切落空,为万丈幽谷,深不见底,将台地悬于半空。台地梯田层层,约有7公顷,种植水稻。春日夏时,台地泉水盈盈,吐黄纳绿。四周峰峦叠翠,林木参天,白云围绕,宛若气势蓬勃的长卷山水画悬浮空中。空中田园现有原住村民十余户,青墙黑瓦,草树斜阳,菜畦青青,炊烟袅袅,鸡犬相闻,牛铃叮当,润心悦耳,由衷赞叹:真是世外桃源。登临空中田园,清风拂袖,云雾缠身,如临仙境,林间鸣百鸟,高山响流泉,此身在田园,如上彩云端。空中田园该是神仙居住的地方,无怪乎袁家界是远近闻名的长寿之乡。

袁家界的"天下第一桥"也是张家界的十大绝景之一,是整个张家界国家森林公园里一座独一无二的天生桥,也是世界迄今为止所发现的落差最高的天然石桥,它与"夫妻岩"并称为张家界双绝。天下第一桥所跨的两座大山原紧密相连,因中间部分的石质较为脆弱,年年岁岁,岁岁年年,山体受到风化和崩塌作用的影响,又遭受日晒雨淋、流水冲刷、山洪肆虐的冲击,最终在岁月和自然外力的作用下形成了呈现在眼前的这道旷世奇观。"地崩山摧壮士死，然后天梯石栈相钩连。"万能的造物主用鬼斧神工之力将两座山体分隔，推出一块厚约5米的天然石板横空"架"在两座山峰之上。这座天生桥高350米，宽1.5米至3米，长20米，其高度、跨度和险度均为天下罕见，故享有"天下第一桥"的盛誉。横跨两山之间的天生桥，"连峰去天不盈尺，枯松倒挂倚绝壁""其险也如此，嗟尔远道之人胡为乎来哉"？盖因江山如此多娇，绝世景观天下第一桥吸引着普天下远道之人。举步天生桥，手扶铁栏杆，四下遥望，云蒸霞蔚，烟岚泛起，散而复聚，顿生凌空御风之感。又见桥上苍松挺拔，桥边古藤垂挂，桥下深不可测。抬头仰视，青峰缥缈于缭绕云霭；低首俯瞰，奇峰列队于岩壑深谷，林立的岩峰，妖娆竞相展现，密密匝匝争先恐后扑入你的眼帘，令人目不暇接。

从天下第一桥至迷魂台的路途中，有一条长2 000多米的石板游道环绕在悬崖峭壁的边缘，空中俯瞰，这条游道恰似一条用千针万线织就的土家花带，一头系着天下第一桥，一头系着迷魂台，一路行来，移步换景，美景不断。张家界的景以奇峰异石为最，每一座岩峰、每一根石柱都和自然界的某一物象相仿，乃至惟妙惟肖。然远看大石头，石头像某物，近看石头大，石头是石头，所以，观张家界的山石奇峰之景，离不开丰富的想象。插上想象的翅膀，脑海中会映入更多的美景。行走游道，武侯祠、八卦阵、猿人问月、神龟探天、小洞天、情人谷、五女拜帅、南天一柱、阴阳界等绝世美景历历在目。"五女拜帅"景点位于沙刀沟的峡谷中。五根石峰并排而立，活脱脱就是五位准备征战疆场的女将士在临行前拜别元帅。从那刚毅的脸上，可以读出"巾帼不让须眉"的坚强信念，同时也折射出土家儿女刚正不阿的性格。位于袁家界景区南端的"南天一柱"海拔高度1 074米，垂直高度约150米，在张家界三千奇峰中极为有名。"南天一柱"顶部植被郁郁葱葱，峰体造型奇特瘦削，垂直节理切割明显，仿若刀劈斧削般巍巍屹立于张家界，有顶天立地之气势，故而又名乾坤柱。2008年12月，好莱坞摄影师汉森在张家界进行了为期四天的外景拍摄，大量风景图片后来成为美国科幻大片《阿凡达》中"潘多拉星球"各种元素的原型，其中的"南天一柱"图片就成为"哈利路亚山"即悬浮山的原型。2010年1月25日，张家界"南天一柱"正式更名为"哈利路亚山"，当天，数百名土著居民和海内外游客见证了更名的仪式。

袁家界的奇峰令人心驰神往，袁家界的"后花园"也令人向往。隐匿在袁家界景区南边的后花园石峰攒簇，涧水萦回，古木参天，也是一处极好的观景之地。然迷魂台才是袁家界景区最好的天然观景台，自天下第一桥东行

200多米即可抵达。据说任何一位游人来到袁家界，站上迷魂台，那魂儿便会陷入眼前的无敌美景沉迷得不能自拔。上百座石峰在峡谷中静静地耸立，高低错落的翠峰直插云天，万千景象扑面而来。那石柱如楼如阁，如台如榭，如凳如椅，如人如兽，千姿百态，景象万千；那岩峰似天狗望月，海螺出水，将军列队，群贤聚会，气势非凡，蔚为壮观。山坳和峡谷中有机地分割出这一道道美景，使得这些石峰雕凿的自然景象更显得井然有序。为何世人称其为迷魂台？因为迷魂台幽谷绝壁，神秘奇诡，每迈动一步，沟壑幽谷间的山峰都会变幻出万种姿态，让人着迷。迷魂台上神迷魂，美景丛中看美景，眼前这绝世美景好像会舞动，会飞升，会下坠……不由得自问：这就是你的眼睛所看到的景象？纵然你会怀疑自己所看到的万千景象也许是"太虚幻境"，会从心底疑惑这美景的真实存在，最终还是会把你的神思融化在这天下无双的风景里。身处"迷魂台"，已然失去了自我，失去了魂魄，这就是"迷魂台"的魅力。著名词作者梁昌武曾站在迷魂台随口吟咏一首《清平乐》："云雾缭绕，花香鸟语早，南国奇峰何处找，袁家界上独好。千峰穿云高耸，万顷松杉葱茏，石林百态千姿，幽谷碧水淙淙。"

　　武陵源风景名胜区的精华之地，张家界美景最为集中的地方在黄石寨，黄石寨也是张家界最大的凌空观景台，有"不到黄石寨，枉到张家界"一说。黄石寨因整座山像一头勇猛的雄狮，又名黄狮寨。六奇阁、摘星台、雾海金龟、天书宝匣、天桥遗墩、猴帅点兵、南天门等自然景观荟萃黄石寨的风光之精髓。相传汉留侯张良看破红尘，辞官朝廷，隐匿江湖。云游张家界，遭官兵围困，后得师傅黄公石搭救，为感恩遂将其被搭救之地命名为黄石寨。到过黄石寨，此生无憾事。黄石寨海拔1 200多米，乘坐缆车可直达山顶。当你乘坐缆车沿索道缓缓提升的那一刻起，就已经开始观赏黄石寨的美景，一座座个性张扬的峰岩次第映入你的眼帘，渐渐地目不暇接。及至登高望远，周围全都是悬崖峭壁，赋予"凌空观景台"的称谓一点都不夸张。黄石寨的峰巅是一块石英砂台地，东北较低，边缘尽为悬崖，形成高耸入云霄、顶端亦平坦、气势颇雄伟的山寨。地势险要的黄石寨为张家界国家森林公园最大、最集中的观景台，可以观赏峰林、云海、日出等景观20余处，还能看到黑枞垴的原始森林。黄石寨顶端的东部，伸出了一道长度约为100米的山梁，尽头有两块砂岩相叠构成的观景点，下临幽谷，上顶云天，周围铁栏围护，一古松似伞，挺立其上，取名摘星台，非常有意境的名字。登上摘星台，头上白云飘拂，脚下幽谷翠峰。雨天云雾弥漫，晴天白云缭绕，周边峰顶在风云雨雾中无穷变幻。晴空万里之时，立于摘星台，极目楚天舒，一览群山俏；夜幕低垂之时，立于摘星台，银河挂天穹，星汉缀长空。窃以为摘星台是黄石寨最佳观景台之一，黄石寨周边远近高低的景象一览无遗，那峰、那云、那树组合成一幅人间绝世美景簇拥在自己的身边，那些被无数人赞誉的风景就清晰地映入我的眸子里，和学生海忠忘情欣赏奇峰突起的美景，沉醉得不能自拔。有一对同样来自上海的父与子也在摘星台流连忘返，乡音亲切，耄耋之年的父亲主动热情攀谈，误以为我和海忠也是父子一对相伴来到张家界。彼此相约，十年之后再度相逢摘星台，那时候他已经是年逾九旬的老人了。欣然应允，这是一个美好的愿望。

  黄石寨的山骨骼清奇，四周全是刀切绝壁，如幔似锦的翠谷中，每一座岩峰都是古老的艺术珍品，一座座锁骨瘦削的山峰拔地而起，直冲云天，桀骜不驯，气宇轩昂。云雾缠绕的群山中，每一座岩峰都个性张扬展现自我，彼此竞相争奇夺秀，千姿万态，美不胜收。五指峰是黄石寨中的经典奇峰，五根并列的石柱，长短不齐，间隔有致，状若并拢的五指。更令人啧啧称奇的是每一座山峰的石罅都有绿树扎根，苍翠如伞耸立，在逶迤的群峰中营造一片绿色的海洋。美不胜收的黄石寨，奇峰突起，云雾缭绕，不染纤尘，这里是神仙居住的地方，前国家领导人朱镕基的题词"张家界顶有神仙"的立碑就竖立在黄石寨。黄石寨的景观有六奇：山奇、水奇、云奇、石奇、植物奇及珍禽异兽奇，故山巅的观景楼阁名谓"六奇阁"。360度无死角的六奇阁，也是俯视黄石寨砂岩峰林景观的最佳观景台。绕六奇阁环廊边走边赏，黄石寨奇峰异石的神韵全方位呈现，大美风光尽收眼底。层层叠堆的岩峰留下无数痕迹，仿佛刻刀在山石刻下的刀印，随意覆盖的植被又好似神笔勾勒的图案，连绵的群峰争奇斗俏黄石寨，各领风骚千万年。

  黄石寨面积16.5公顷，环寨游的路程有三公里，边走边看，沿途除摘星台和六奇阁之外，还可欣赏天桥遗墩、雾海金龟、天书宝匣、定海神针、三足九鼎、天然壁画等绝佳景点，这座全世界最大的奇峰异石盆景就在自己的脚下，没有一座峰岩是重复的，没有一朵白云是多余的，没有一棵绿树是佝偻的，大自然馈赠于人类如此壮丽美景，此刻在游客寥寥夕阳西下之时与学生海忠双双分享，竟然激动得潸然泪下，由衷赞曰：横天绝顶望奇山，疑是浮生入梦端。峥嵘峭峰似刀剑，刺破青天锷未残。似听得李聃称颂："大象无形"，大山无形；又听得孔丘歌咏："仁者乐山"，仁者爱山。忽生感悟：化有形为无形，化具象之爱为广博之爱，乃人生最高境界也。张家界的山蕴含着中国道家、儒家的哲思，吾焉能不受启迪耳？挥一挥手，依依不舍告别黄石寨，不带走一片云彩，却留下一个永恒的身形，海忠摆了一个雄鹰展翅的造型定格在黄石寨的美景里，作为永久的纪念。雄鹰展翅飞翔在黄石寨，颇有深远的意境。

金鞭溪因峡谷有金鞭岩而得如此别致之名，两岸奇峰屏列，风光如画，嬉戏的鸟兽，古奇的树木，悠然的游鱼，被誉为"世界上最美丽的峡谷"。金鞭岩拔地而起380多米，似锥柱孤标挺立，高出其他峰林之上，上冲云霄，雄伟异常。金鞭岩与其他山迥然不同，从山脚到峰巅，像斧砍刀劈似的，不长树木，明晃晃，高巍巍，呈四方形，整块岩石为石英砂构成，在阳光的照耀下反射出熠熠金光，犹如怒举的金鞭直指云霄，使得这根石鞭被冠以金鞭之名。令人称奇叫绝的是毗邻金鞭岩的一座巨峰酷似雄鹰，鹰首高昂，凌空展翅，其中的一个翅膀有力地半抱金鞭岩，气势雄伟，这就是有名的"神鹰护金鞭"。金鞭溪春天山花烂漫，秋天红叶漫山，但金鞭溪浑然天成的石峰胜景却超越鲜花红叶，每一座石峰都是一道栩栩如生的天然景观，"醉罗汉""花果山""水帘洞""劈山救母""文星岩""三楠抱石""千里相会"，等等，无一不惟妙惟肖，每一个景点都有一个美丽的传说，每一处风光都有一个神奇的故事，尤为欣赏的是"文星岩"和"三楠抱石"。在"劈山救母"东300米处，溪北有一巨峰矗立，上部似人面浮雕，面向东北，面容清癯，宽额短髭，鼻隆唇厚，仰首苍穹，酷似文豪鲁迅在沉思构想。前国家最高领导人观看此峰岩景观也赞不绝口，并说道："也像高尔基。"金鞭溪中游路旁有一嶙峋巨石，高和宽各约5米，一头栽倒溪畔，苍苔蔓生，藤蔓丛丛。巨石当中有3株胸径约15厘米的楠木亭亭玉立，枝繁叶茂，三株楠木各伸出粗壮的根系三四条，长达2米余，自上而下，遒劲刚强，紧紧抱住巨石。巨石与楠木，融为一体，彼此共生，永不分离，给人以遐想和感叹。

金鞭溪是武陵源的一条具有神奇魅力的溪流，是张家界的黄金旅游区，发源于土地垭，从张家界林场场部婉转曲折自西向东流淌至水绕四门，全长5 700米，贯通整个森林公园。山因为云雾才有了灵气，更因为有了流水才有了灵魂，金鞭溪就是森林公园的灵魂。金鞭溪随山而移，穿行在峰峦幽谷云间，迤逦于鸟语花香之中，四季水流潺潺，顺峡谷，缘溪行，群山姿态万千，移步换景，形态逼真，拍案叫绝。溪水纤尘不染，鱼儿欢快游弋，色彩鲜艳的鹅卵石在水中闪闪发亮，活泼的海忠忍不住捡拾一枚揣入衣袋作为对金鞭溪的一份纪念。国家一级野生保护动物娃娃鱼也栖息在这条美丽的金鞭溪，夜深人静之时，金鞭溪会传来婴儿的啼叫声，那是白天蛰伏在金鞭溪的娃娃鱼走出隐匿的水域享受着属于它的金鞭溪，夜色笼罩的金鞭溪才是娃娃鱼的世界。走进金鞭溪峡谷，满目青翠，连衣服都被抹上一缕淡淡的绿色。峡谷

张家界金鞭溪风光

幽深,巉岩俊俏,花香鸟语,猿猱精怪,酣畅淋漓地展现了张家界山水交融之美,无怪乎金鞭溪被称为"山水画廊""人间仙境",被沈从文先生赞誉为"张家界的少女";被吴冠中先生褒奖为"一片充满着童话般的世界"。漫步在金鞭溪美轮美奂的世界,阳光透过树荫斜洒到光滑的青石板上,斑斑点点,光怪陆离,耳畔传来水流漫过岩石的叮咚乐声,还有从树林深处不时送来的空灵鸟鸣,在这座充满负离子的天然大氧吧深深呼吸,干净清爽,一股清澈的纯净送进你的肺腑,一种沉醉的感觉涌上心头,你很快就会融入这片天地,这里就是你最亲近生命的地方。金鞭溪的美让人沉浸其间无法自拔,身处金鞭溪确实感受到了童话的虚幻感。有诗赞美金鞭溪:清清流水青青山,山如画屏人如仙,仙人若在画中走,一步一望一重天。迤逦在7公里的深山峡谷,缘金鞭溪一路缓缓而行,身在仙境里,人在画中走,处处赏心悦目,步步勾人心魄,沉醉灵动山水,饱览清幽风光,深得张家界山水之美神韵,疑是步入武陵桃花源境界,"不知秦汉,无论魏晋"。

　　张家界的出名源于著名画家吴冠中于1980年发表在《湖南日报》上的一篇传世美文《养在深闺人未识———一颗失落的风景明珠》和他的张家界风光画作,世人被画家笔下的奇峰怪石所震撼,从此这座藏在深闺的奇山被世人所知，拥有三千奇峰的张家界也被世人称为"天下第一奇山"。张家界景区很大，随处可见的奇峰怪石是每个景点的共同特点，但每一座山峰又形态各异给人以无限的遐想，每一条碧水又婀娜多姿给人以无限的眷恋，每一棵绿树都倔强生长给人以无限的敬佩。芙蓉国里尽朝晖的张家界，三千座奇峰，峰峰兀自独立，似利剑，似御笔，似玉柱，万千姿态，峥嵘嵯峨，巍然耸立湘西北大地。那石柱、石笋、石幔、石钟乳，千姿百态，奇特诡异，气势壮阔地屹立于云雾之间，其象形名字妙趣横生，令人遐想。八百条秀水，条条缠缠绵绵，似长龙，似玉带，似丝绦，清清浅浅，时缓时急蜿蜒曲折大峡谷之中。那躺在大山怀抱的一条条溪流，时而前，时而后，时而左，时而右，时而窃窃私语，时而引吭高歌，时而似飘带轻扬曼舞，时而如银练缱绻蜿蜒，就像山里的孩子，蹦蹦跳跳，给游客引路，唱着歌儿欢迎你的到来，使你忘却了疲惫，跟随音韵婉转悠长的溪流走向大山的深处，走向张家界的美景。三百里森林笼盖奇山秀水，似大海，似波涛，似绿洲，绿树成荫，遮天蔽日，拱卫簇拥一座座峰岩。岩壁上苍翠松柏挺立，就像忠诚的卫士，守护着亘古的岩峰，不离不弃；峡谷中奇花异草盛开，绿树排列成行层层叠叠地向整座山峰蔓延，闭上眼睛静静聆听，分不清是山风还是林涛在千山万壑奔涌，青山绿水的张家界满眼葱绿恍人眼。阳光漏出云罅，穿过繁茂的枝叶投向林间，森林染上金黄，一片生机盎然。绿荫丛中漫步，吮吸花草的馨香，享受阳光的沐浴，陶醉在如痴如梦的仙境。张家界，美不胜收的张家界，春有百花秋望月，夏有凉风冬赏雪，无论你哪个季节去张家界都会惊叹她神奇美妙的风景。"张家界顶有神仙"，张家界的人间仙境之美誉名扬天下，张家界，神奇的山，秀美的水，葱绿的林，这颗失落的明珠一旦被捧在手心就会爱不释手，怎一个赞字了得。其实清人吴肇端早就有诗赞颂：人游山峡里，宛在画图中。壁爱双屏列，天看一线迪。猿啼声处处，古木叶丛丛。日夕归来晚，泉声两岸风。张家界，其实你早就走出深闺，今天，全世界都认识了你。

2019年11月16日

不负时光走北海

"朝苍梧而夕北海",广西壮族自治区南端的海滨城市北海三面环海,陆地板块呈犀牛角形的半岛,是古代"海上丝绸之路"的重要始发港之一,国家历史文化名城。北海之名来自海城区地角镇的同名渔村"北海村"。由于此地最早开发,人群都是疍家渔民,他们长年集中居住在靠近避风港的村落,该避风港又面向北面海域(北海市是个半岛),故而得名"北海村"。北海又名珠城,自古就是南珠故乡,有着2 000多年的采珠历史。唐代诗人李商隐《锦瑟》一诗中有"沧海月明珠有泪,蓝田日暖玉生烟"的感慨。沧海明月照夜空,鲛人泣泪皆成珠,可见采珠人的不易。北海合浦珍珠更是名扬天下,素有"西珠不如东珠,东珠不如南珠"之称(东珠指日本珍珠,西珠指欧洲珍珠,南珠指北海合浦珍珠),一则"合浦珠还"的传说更让北海合浦珍珠的名声享誉全球。

有着半个世纪友情的老同学每年冬季都南下北海避寒,受邀欣然前往北海小住数日。抵达北海,稍事休整,老同学夫妇即陪同前往北海老街溜达。北海老街,一条有近200年历史的老街,东西方建筑文化的交融之地。那真的是一个充满了想象与回味的地方,想象着漫步在写满了时代沧桑的北海老街,触摸百年老建筑的一砖一瓦,真恐怕一不小心就会走进那个黑白记忆的年代。北海珠海路老街始建于1821年,整条老街至今还保留德国宝森洋行旧址和天主教堂修女院旧址等中西合璧的骑楼式建筑,附近还有英国、法国、德国领事馆旧址,这些老建筑见证了北海曾经的繁华。北海老街繁荣的雏形应该出现在1876年《中英烟台条约》签订以后。不平等的《中英烟台条约》中有增设宜昌、芜湖、温州和北海四处为通商口岸的条款,随着西方列强的领事馆在北海建立,各国的传教士也相继涌入。他们在北海建教堂、学校、医院,同时也将西方的建筑文明带入北海。进驻北海的西方列强基本上都把商业贸易地点放在靠近海港的这条老街,因为需要大量的商铺、住宅、办公场所,西方列强带来海上贸易的同时,也将西方的水泥、钢筋、装饰石板等建筑材料运至北海，一批西洋建筑陆续在北海建成，经过半个多世纪的文化融合，这条初建时只有200米长，4米宽，被称为生平街的北海老街最终形成了如今所见到的长1.44公里，宽9米，沿街均为中西合璧骑楼式建筑的商业老街。

北海老街的骑楼大部分只有两到三层，临街两边墙面的窗顶多为拱券结构。拱券外沿及窗柱顶端都有雕饰线，线条流畅，工艺精美。拱券结构的窗户颇为精致，并被时光烙上了斑驳的色彩。骑楼的方形柱子粗重厚大，颇有古罗马建筑的风格，一根根方形立柱撑起了南北两组空中长廊，长廊既是道路向两侧的扩展又是铺面向外部的延伸。这些骑楼的建筑风格深受19世纪末叶英、法、德等国在北海建造领事馆等西方卷柱式建筑的影响，融入了诸多西方建筑文化的元素。北海老街的骑楼并不纯粹是西洋建筑的简单翻版，中国元素也悄然镶嵌其中。骑楼最精华的部分花墙头，其下部的长方形构图就源于中国古典建筑的匾额，这在纯西洋建筑里是找不到的。中国传统的深宅大院高悬门楣的匾额本应是由书法大家题写的宅院之名谓，而北海老街骑楼的匾额却演变成各种浮雕。从深层文化根源来看，它体内流动着的是中华民族灿烂文明的血液，是东西方文化碰撞的一个美丽结晶。北海骑楼属于粤派骑楼的一个分支，北海曾隶属于广东管辖。南方沿海的骑楼划分为粤派和闽派。粤派骑楼以广州为中心，多以岭南风格为主调，兼有欧洲风格。闽派骑楼受当地传统木雕技艺的影响，骑楼立面上堆满浮雕图案。北海骑楼没有过于繁琐的雕饰，立面简洁，线条流畅，工艺精美，整体和谐，颇有南洋风格的骑楼建筑特色，代表北海西洋街的特有符号。

南国的夏日绵长，且多雨水，绿荫掩映的老街骑楼，既可为行人遮风挡雨，躲避烈日，又可让游客感受浓郁的岭南建筑风情。穿行在北海老街，端详着一栋栋骑楼的外貌，阅读着每一段有关骑楼前世今生的介绍，感觉到历史从未离开过老街。老街的每一栋骑楼都是中西方艺术完美组合的建筑，虽然年代已经久远，墙面略显斑驳，但当日北海的繁华依然可以从老街的骑楼略见一斑，老街的骑楼称得上是北海老城的建筑瑰宝，无怪乎保存完整的北海骑楼老街被历史学家和建筑学家们誉为"近现代建筑年鉴"。著名作家舒乙（老舍之子）认为，北海老街和新加坡国宝级的老街一模一样，应当保护这条极具历史价值的老街。英国建筑专家白瑞德先生认为：北海老街的历史文化价值不但对北海有重大意义，而且对华南地区、全中国乃至全世界都有意义。

北海老街现在开辟成观光步行街，没有车水马龙的景象，一间又一间

山海老街

店铺挤挤挨挨,当年这些经营渔民用品的店铺如今变成了酒吧、客栈、咖啡馆;各种特产小店沿着骑楼往老街的尽头延伸,销售带有北海特色的纪念品,如珍珠、珊瑚、贝壳等工艺品;来自北海地区乃至越南的土特产也琳琅满目。老街最亮眼的一道景观是鳞次栉比的虾饼铺子,现炸现售现吃的虾饼金灿灿,香喷喷,足以让人垂涎三尺。清代文学家袁枚在《随园食单》有载:"虾饼,生虾肉、葱、花椒、甜酒加少许,加水和面,香油灼透。"原来这虾饼竟然还有如此源远流长的历史,看来老街虾饼不仅仅是中国一道传统的小吃,还担当着餐饮文化传承的历史重任。浏览徜徉老街的游客,有很多人手里都拿着一个纸袋包裹的虾饼,边走边吃边看,大快朵颐,矜持不再,生动的市井风貌丰富了老街的内涵,慢节奏的生活羁绊住了游客行色匆匆的脚步。

返璞归真的北海老街,散发着无尽的幽雅韵味和历史的气息,恍若穿越到民国时期的生活画面,感受到一种截然不同的文化氛围。漫步在北海老街,但见沿街白墙黛瓦,骑楼延伸,巍然耸立,错落有致,老人们悠闲地坐在门口打量着来来往往的游客,眼睛里透着平静与安详,他们的身边是一摞摞晾晒着的咸鱼干,那是老街百年不变的风景。在老人们的眼睛里,老街的一切仿佛和他们小时候一样,因为老人们的生活传统没有改变,你可以感受到老街的沧桑古意与现代文化的强烈碰撞与交织,老人们骨子里依然守护着老街昔日的文化风貌,老街昔日的美丽和曾经有过的兴旺他们无法忘怀。

北海有人文景观珠海路老街,北海还有自然景观金海湾红树林。金海湾红树林是我国极富滨海湿地风情和渔家文化内涵的黄金旅游景点,整个景区面积约20平方公里,由红树林观光带、沙滩、主园区以及疍家民俗园四部分构成。在红树林观光带你可以欣赏到热带、亚热带海岸潮间带特有的植物群落(红树林群落),一重重绿色植被像是绵延不绝的山丘,幽秘神奇,倚海而生,百种鸟类、昆虫、贝类、鱼、虾、蟹等生物在此繁衍生息,是我国罕见的海洋生物多样性保护区。2 000多亩的海上森林卫士——红树林潮涨则隐,潮退立现,涨潮时你可以乘坐快艇去看神奇的"海上森林",退潮时你可以跟随疍家人在丛林中挖沙虫、捡海螺、捞鱼,其乐无穷。红树林的果实——榄钱,味甘,微苦,具有清热败火的功效。车螺焖榄钱是一道极具北海风味的菜品,车螺的鲜美与榄钱的甘苦碰撞后竟然意外地脍炙人口,是桂系菜肴中的名菜。金海湾红树林和浩瀚的海天之间是一望无际的迷人沙滩,远远望去像是镶在海岸边的一条金色丝带。沙滩绵延20多里,滩平坡缓,沙质细腻,退潮时宽广的沙滩留下无数的贝类、螃蟹、茶虫,和疍家人一起赶海其乐无穷。主园区滩涂生长着郁郁葱葱的木麻黄树,游客可以坐在树荫下远眺海景,欣赏红日白沙的诗意画卷营造出"落霞与孤鹜齐飞,秋水共长天一色"的自然景象。

金海湾红树林还隐藏着北海的另一道人文景观——疍家文化,这道渐行渐远即将消失的风景线至今仍顽强地生存于北海的土壤。疍民是对中国沿海地区水上居民的一个统称,主要分布于福建、两广和海南地区。一般把生活在水上以打鱼为生的小渔民家庭称为"疍家","以船为家,以海为伴,以水为乐,以运输为业",是疍家人生活的真实写照。疍家人不是一个独立的民族,而是我国沿海世居水上居民的一个统称,自元代以降,疍家人祖祖辈辈漂浮在水上,长年与风浪搏斗,一生处于险恶的生存环境,练就了独特的谋生手段。疍家人居无定所,生命和物资毫无保障,如同蛋壳般脆弱,他们像浮于饱和盐溶液之上的鸡蛋,"荡"与"蛋"谐音,故称为"疍民"。千百年来,这个弱势族群投入大海的怀抱,讨海为生,被称为"海上吉卜赛人"。也有研究学者认为,"疍民"是古越族的后裔,是中国古代最伟大的航海家。

现代社会生存状态的改变，疍家人"以船为家，以海为伴"的传统生活方式终将雨打风吹去。

在渔船上生活的疍家人是北海的一个特殊群体，海上漂泊的疍民千百年来逐渐形成了疍家人独特的生活习性、风俗习惯和宗教信仰。坐落在北海金海湾红树林景区内的疍家民俗园采用实景、图例、文字解说和歌舞表演，全方位向游客还原了疍家人的传统生活风貌，诉说着"海上吉卜赛人"千百年来的生存之路何其艰难，同时也展现了疍家人豪爽、开朗、乐观向上的精神。疍家人以船为生，漂泊大海，世世代代向大海讨生存，大海哺育了疍家人，大海又时时刻刻让疍家人的生存受到威胁。一部分疍家人依岸凌木，植木为椿，架栋为缘，上覆竹瓦，围以竹壁，地铺木板，建造出俗称"疍家棚"的新居，演变为具有新的生活方式的"两栖疍民"。疍家棚离海面约3米，棚前安有小木梯供进出，颇有点湘西吊脚楼的味道。躬身钻进疍家棚，抚摸疍家人生活中的一件件用具，那陶罐，那斗笠，那渔具，都无声诉说着疍家人的艰难生活史。从元朝到清朝的漫长历史进程中，疍民饱受欺凌，他们没有部落，没有田地，以海为生。岸上的原住民严禁疍民上岸，不准疍民读书识字，不准与岸上人家通婚，科举的名册中从来也没有疍民的名字。正是这样一个弱势族群，用自己勤劳的双手和简朴的智慧围海造田，造出了滩涂沃野，创造了咸水种植方法，把陆地从海中一点点围垦出来。今天的疍家人面对现代与历史，创业与传统，不改初心，坚守大海，执着地追寻着蔚蓝之梦，生活红红火火。走出疍家民俗园，看到疍家人在赶海，阳光照耀在滩涂上，照耀在疍家人的身上，恰似前程似锦。

广西有两张文化旅游名片，一张是桂林，一张是北海。"北有桂林山水，南有北海银滩"，被誉为"天下第一滩"的北海银滩是北海最经典也是最受欢迎的景点，号称中国旅游的"王牌景点"。北海银滩东西绵延24公里，海滩宽度在30米到7 000米之间，陆地面积12平方公里，总面积约38平方公里，由银滩公园、海滩公园、情人岛公园、银滩乐园等组合而成。北海银滩由高品位细柔雪白的石英砂堆积而成，其沙细腻如粉，色泽如银，明媚的阳光下，含有石英砂矿物质的沙子银光闪动，因而得名银滩。北海银滩公园坐落于北海银滩中部，沙滩面积8万平方米，浴场面积16万平方米，可同时容纳1万多人下海游泳。银滩公园是优良的天然海滨浴场，平缓无礁，以滩长平、沙细白、水温静、浪柔软，负氧离子高，无鲨鱼闻名于世，空气中负氧离子含量是大城市的50到1 000倍，每年有9个多月可以下海游泳，是中国南方理想的海滨浴场和海上运动场所。有诗赞曰：蓝天碧海浪柔绵，水净沙白细腻宽。坡缓长平光照熠，美哉天下第一滩。

踏上银滩公园，犹如踩在松软舒适的地毯，惬意阵阵。海上各种颜色的浮标，嬉水的游客，沙滩上的各色太阳伞、帐篷，勾勒出银滩五彩缤纷的乐趣，不断地有小萌娃们提着小桶，带上小铲，一路飞奔冲向沙滩的可爱场面，你会忍不住会心微笑。这种纯真烂漫也感染着你，让你童心未泯。日落时分是银滩最迷人的时候，夕阳余晖、石英砂、海水交相辉映，让人进入金银遍地的世界。这时候的银滩，是一场爱开始的地方，也许是情侣们对海枯石烂的执念，银色的沙滩上用彼此的手绘出一个大大的爱心，牵着心中的爱恋之人，站在这个爱心的圈圈里，面朝大海，不离不弃。银滩，浪漫的沙滩。

北海海滩公园有亚洲第一的激光音乐喷泉《潮》，其整体的形状是一个镂空钢球，代表着蜚声海外的南珠形象。"南珠"的外纹雕刻以波浪纹象征着大海的潮水，外有7位美丽的采珠少女围傍，采珠少女飘然舞于空中，形态各异，各具神韵。《潮》之底座是由5 000多座彩灯构成的大型音乐喷泉，华灯初上的时候，悠扬的乐声伴着海潮，空中击舞着美丽的水花，再加上彩灯的投影，美轮美奂。《潮》与位于北部湾广场的雕塑《南珠魂》遥首相望，共同表达了北海人民对于南珠的喜爱，对于海洋的崇拜。《潮》与《南珠魂》也各在一方保卫着北海这座偏远的海边小城，共同见证着北海今天的繁荣与昨日的沧桑。北海银滩情人岛公园拥有原始森林、海湾、小溪、山丘等自然景观，是一个集旅游、娱乐、休闲、度假为一体的全新概念公园，以健康向上的人间情意为主线，以优美浪漫的传说为依托，让游客积极参与其中，加深对亲情、友情、爱情的理解、向往、回味，具有神秘、浪漫的独特旅游情调。北海银滩乐园的中心区域为古罗马圆形广场，并有阿芙罗狄大型音乐灯光喷泉和水上舞台。在欧式风格的圆形立柱之间有古希腊神话中的诸神雕塑，营造出浓浓的欧陆风情。北海海滩公园、情人岛公园和银滩乐园与北海银滩公园组成了北海银滩独具一格的南国滨海风光，引天下游客纷至沓来。

银滩，北海最具浪漫情怀的地方，晴空万里，太阳的万丈光芒照耀在沙滩，细腻的沙子银光闪烁，银色的沙滩上游客如潮，欢声笑语飘荡在美丽的银滩，这是上帝赐予北海的银滩，银滩是北海的自豪。月明之夜，银色的月光洒满沙滩，银滩披上白色的轻纱，徐徐清风中送来海水的喃喃细语，徜徉在银滩的一对对情侣不由自主地沉醉在妙不可言的意境之中，这月色朦胧的银滩，恰似情侣们心中的乌托邦。每个人都有一个心中的乌托邦，一个梦中的世外桃源，也许是砍柴喂马、植桑养蚕，享受"采菊东篱下，悠然见南山"的洒脱；也许是"面朝大海，春暖花开"，享受"天高任鸟飞，海阔凭

北海银滩

鱼跃"的豪放。生活在北海，大隐隐于老街骑楼的一间小房子里，不闻不问世上风云变幻，时光在斗转星移中苍老你的容颜，不改初衷，也依然可以洒脱得很；生活在北海，拥抱蓝色的大海，搏击翻腾的海浪，轰轰烈烈享受人生的乐趣，更可以潇洒人生。银滩赐予你广阔的天地，蓝色的大海，俗世风尘，凡世纷扰在银滩都会化为乌有。享受银滩的美，你的心灵会豁然开朗，所有的烦恼都会抛之脑后。面对银滩，你可以从有到无；离开银滩，你可以从无到有，与银滩相遇，不负时光。

每一座城市都有一条游客必去打卡的地标性美食街，侨港镇上的侨港风情街就是北海美食地图上那个最醒目的地标之一。侨港镇原来是一个全国较大的越南归侨安置点，如今是一个充满魅力的海边城镇，也是北海著名的鱼市。凌晨3点钟，侨港镇集市就开始热闹起来，卸下船的都是让人眼睛发亮的海鲜活产，大部分都提供加工服务。来到侨港镇，不仅能看到上百艘渔船停靠码头的壮观景象，还可以品尝到众多独具特色的越南风味小吃。走进侨港镇，先在海滩边上走，沐浴在晚霞之下，感受夕阳无限好的美景。待海潮退去，斑驳的堤坝裸露在你的眼前，你可以沿着海岸线，登上堤坝，远望海面上一艘艘的归帆，心情随之大悦。风中送来海鲜的味道，勾起的食欲会让你迫不及待地返回侨港风情街，那里有无数的美食在等待着你。侨港风情街是当地人夜间小吃生活的开启地，居住着许多越南归侨。这条美食街并不是很长，一边是渔港码头，一边是金海岸大道，立于一端，可见尽头。漫步其间，一股淡淡的越南风缭绕身边。随处可见的越南斗笠，满大街的越南特产，让人垂涎三尺的越南小吃，浓浓的越南风情羁绊住了你的脚，抓住了你的胃。这里是吃货的天堂，融合了各种北海美食和越南小吃，小店的嘈杂声听起来那么舒服，生活的味道通过视觉、味觉、嗅觉、触觉和听觉立体地呈现在你眼前。这里没有风情万种，这里没有高傲冷艳，这里只有一种最接地气的原生态的生活图景。眼花缭乱的越南小吃扑面而来，让人难以抗拒；种类繁多的炒螺、越式糖水、热带水果口味的炒冰，越南传统美味的煲仔粉，并肩齐眉挤满了整条街。美食的气息弥散在整条风情街，诱惑着来来往往的过客，一份精致的美食摆在你的面前，未动筷子，心已然而醉，你无法拒绝侨港风情街这一道道秀色可餐的美食。方知萧伯纳说得对：任何一种爱，都不比对美食的热爱真切。

  北海，一个美丽的南国滨海城市，冬无严寒，夏无酷暑，气候宜人，空气清新，富氧离子含量高，堪称中国最大的城市氧吧，是我国"十大宜居城市"之一；北海，一个浪漫温馨的海滨城市，风光旖旎，四季常绿，旅游景点众多，涠洲岛、星岛湖、山口红树林以及北海海洋之窗、北海海底世界、普渡寺、冠头岭国家森林公园等都是值得游览的景点；北海，一个历史悠久，文化底蕴深厚的城市。北海是中国古代"海上丝绸之路"的始发港之一，北海的合浦珍珠千百年来熠熠闪光，名扬天下，堪称岭南第一的合浦古汉墓更佐证了北海在历史上的辉煌。北海，一个站在改革开放前沿的城市。北海是我国第一批14个沿海开放城市之一，在中国西南和亚太经济区域中，具有独特的区位优势，是北部湾一颗璀璨的明珠；北海，四季花红树绿，全年瓜果飘香，生活闲适慵懒，是一座有着偏安一方情怀的城市，从来不与外面的世界争宠的城市，最适合慢生活。每一个适合人类居住的地方必然有一个共同的特点：慢。慢生活才能让灵魂赶上我们的躯体。来到北海，生活的节奏自然而然会放缓；来到北海，心无旁骛地守着北部湾，每天都"面朝大海，春暖花开"，与北海相遇，不负时光。

2019年12月20日

海上蓬莱涠洲岛

"海客谈瀛洲,烟涛微茫信难求。"我之语涠洲,"云霞明灭或可睹"。我欲因之梦涠洲,乘风破浪登仙岛。北部湾的海上蓬莱涠洲岛位于北海市东南方向26海里处,与北海银滩隔海相望,海岛四周烟波浩渺,岛上植被茂密,是一颗浮悬在北部湾的南海明珠。3亿年前,涠洲岛还是一片汪洋大海。在250万年之后到7 000年之间,这里发生了至少四期数百次的基性火山喷发,形成了涠洲岛的地层主体。由于火山喷发的岩浆其成分不同,冷却凝固后所形成的岩石也不同,基性的喷出岩为玄武岩,玄武岩一般为黑色,有时呈灰绿色或暗紫色,所以说遗世独立的涠洲岛是一座火山喷发后由玄武岩堆凝而成的岛屿。这中间涠洲岛又多次发生海洋风暴以及地震引发的海啸,再加上平时海水与海岸的相互作用,形成了现今涠洲岛丰富多彩的海蚀、海积、海滩地貌,成为地质专家研究地球与地质科学的"天然年鉴"。

涠洲岛总面积24.7平方公里,最高海拔79米,是广西最大、中国排名第十位的海岛,也是中国地质年龄最年轻的火山岛。从高空俯瞰涠洲岛,岛屿的形状如一把绿色的弯柄汤勺,漂浮在烟波浩渺的南海。众多驴友在走遍千山万水之后对涠洲岛发出深深的赞叹:弱水三千,只取涠洲岛一瓢饮。原因何在?涠洲岛火山喷发堆积和珊瑚沉积融为一体,使得涠洲岛南部的高峻险奇与北部的开阔平缓形成鲜明对比,造就了涠洲岛多姿多彩多态的自然景观。岛屿南部的火山口遗址,岩奇洞深,神秘诡谲;北部沿海,海水清澈湛蓝,海底活珊瑚、热带鱼瑰丽神奇。风光旖旎的涠洲岛自古就被誉为南海蓬莱。蓝色如缎的南海水,坦荡如砥的金沙滩,瑰丽多姿的火山岩,恣意生长的仙人掌,灿烂绽放的三角梅,连绵成片的香蕉林,珊瑚砌筑的农家屋,隐匿丛林的小山村,庄严肃穆的天主堂,一道道的视觉盛宴令人目不暇接,构成了涠洲岛多姿多彩的自然和人文景观。阳光、沙滩、海浪是涠洲岛风景的永恒主角,海钓、赶海、游泳是涠洲岛旅游的经典项目,凭吊、探幽、历险是涠洲岛风光的经典大片,五彩滩、鳄鱼山、滴水丹屏、石螺口、天主教堂更是游客打卡的景点。

　　登临涠洲岛，原住民导游小吴用电瓶车载着我们先游览五彩滩。其滩因为在太阳的照耀下色彩斑驳，故而得名五彩滩。五彩滩又名芝麻滩，因海滩入口处有白色珊瑚碎片和黑色火山碎石掺杂，看上去就像黑白芝麻混合在一起而出名。五彩滩是涠洲岛最漂亮的海滩，景区内长达1.5公里的海岸几乎都发育着海蚀崖，壮阔的地质景观令人叫绝。景区内有一排巨大的海蚀崖高高耸立，崖面被海浪冲刷出一个个海蚀洞，或深或浅，洞口水珠如帘，甚是迷人。海蚀崖的形成盖因古铜色的火山熔浆层层摞积，凝固不动，故而深褐色的崖面一层一层的，呈现出流水般的线条，就像一摞摞高高堆砌的史书横亘在你眼前，记载着千万年来涠洲岛的演变过程。五彩滩在退潮后会露出大面积的海蚀平台，散落着深褐色或深黑色的岩石，千万年前从汪洋大海中冒出的涠洲岛就在于脚下海底火山的喷发，在于火山熔岩的堆凝。大片大片的火山熔岩裸露海滩，熔岩凹陷处贮存着一洼一洼的海水，在蓝天的映衬下，一洼洼的海水倒映着天上的蓝天白云，煞是好看；依附于火山熔岩生存的一簇簇青苔在阳光照耀下竟也生机盎然，感叹地球上任何生命的活力都来自阳光的恩赐。潮起潮落，涨潮时分，五彩滩又是另一番景象，大海在对海岸的不断追逐中绘就一幅幅或抽象或具体的图画。海水漫过火山岩石，温柔地亲吻着火山岩石，遇到突兀而起的巨岩，海潮霎时跳跃，与岩石碰撞出白色的浪花。正可谓"上善若水"，可泽被天下；至强若水，可所向无敌。海因岩的守望有了惊涛拍岸卷起千堆雪的壮观，岩成就了浪，丰富了海；岩因海的拥抱记录了礁岩屹立大海的忠贞，岩被镌刻了沧桑，历练出层次，大自然千万年来执着而又不经意的雕琢成就了今天五彩滩的风貌。狄德罗说：现代的精致是没有诗意的，真正的诗意是在历久不变的原始生态中。五彩滩用最原始最朴实的地质地貌景观吸引着来自四面八方的游客，这种原生态的美纵然粗犷豪放，不拘一格，纵然我行我素，恣意张扬，然相比较那种精雕细琢的美，却更令人流连忘返。

　　千万年前的火山喷发在北部湾涌出美丽的涠洲岛，岛上的鳄鱼山有中国最年轻的火山口，位于涠洲岛的西南端，是整个涠洲岛火山地质景观的精华所在。远远眺望，鳄鱼山景区宛如一只"绿色巨鳄"紧紧抱住熔浆喷薄而出的火山口，似乎那里藏有生命的宝藏。及至站在鳄鱼山，仍然能够看到偌大的火山口静静地躺在鳄鱼山的怀抱，当年磅礴大气的火山喷发景象恍若昨日，闭上双目仍然能够感受到那种天崩地裂的壮观。火山爆发，诞生了涠洲岛，经历了千年万年的沉寂，涠洲岛换来了今天的欣欣向荣，却也留下众多史前的地质地貌遗迹，这就使得鳄鱼山景区内多奇石怪岩。在鳄鱼山景区还有一座纪念明代著名剧作家、文学家汤显祖的汤翁台，游客在鳄鱼山不仅能看到最完整的火山活动遗迹，还可以与汤显祖的塑像合影。汤显祖在中国和世界文学史上有着重要的地位，享有"东方的莎士比亚"盛誉。明万历十九年（1591），汤显祖犯"抨击朝政"之罪，被贬谪到徐闻县衙做典史。赴任途中，汤显祖游览了涠洲岛，在岛上观看了海上日出日落的壮丽景象，参观了岛上的珍珠养殖，看到了传说中的珠池，感慨良多，遂赋诗一首，其中的"日射涠洲廓，风斜别岛洋"这句诗让涠洲这个小岛被世人所识。"一生痴绝处"，无梦到涠洲，涠洲岛的历史也因为留有汤显祖的足迹而引以为豪。

　　沿弯弯山道行走在千万年前熔浆喷薄而出的火山口，史前自然风光一览无遗。从灯塔处沿左边木质栈道走到山底，就能看到鳄鱼山火山口遗址，它是涠洲岛五个火山口之一，最近一次喷发距今一万年。当时喷出的岩浆布满了狭长的海岸，周边形成一片褐红色的火山岩。沿着长长的木栈道曲曲折折，高高低低地向前行走，千姿百态的火山熔岩都是一尊尊千万年不变的雕像，浑然天成。遥望海面，疾风劲舞，白浪翻卷，一浪盖过一浪撕咬着岸边的火山熔岩，继续完成永不停歇的雕琢。蓝天、白云、岩石、浪花在鳄鱼山组成了一幅动感十足的画面，这幅画面何其惊心动魄！边走边看，目不暇接，龙宫探奇、藏龟洞、贼佬洞、百兽闹海、海蚀拱桥、月亮湾、珊瑚沉积岩、海枯石烂等地质地貌遗址都真实地留下了千万年前那场火山喷发的壮美景象。鳄鱼山火山地质奇观以最原始的面貌呈现给这个世界，亘古不变，相对世界中它是一道永恒的自然景观，人类与之相比，何其渺小，沧海一粟。海滩留影，并留下自己刻意为之的几个脚印，作为一份留在涠洲岛的纪念。渐行渐远，往上攀登，居高临下看鳄鱼山海滩，惊涛拍岸，撞击黑色的玄武岩，卷起千堆雪。再回首，凝望脚下的那片海滩，但见海水漫过沙滩，脚印在海水的冲刷下瞬间消失，然海滩依旧是那片海滩；抬头遥看天穹，海鸥飞翔，划过长天，蓝天依旧是那片蓝天。蓦然间感悟飞出脑海，跳出法国作家帕特里克·莫迪亚诺的一句名言：其实我们都是海滩人，沙子只把我们的脚印保留几秒钟。又想起了泰戈尔的那句经典之句：天空不留下鸟的痕迹，但我已飞过。深以为然。曾经来过，你又何必在意是否被记住？记住的终不过是一份虚名。

　　夕阳如丹，染红了云，映紫了海，涂粉了滩，犹如梦幻般的斑斓，这是滴水丹屏落日前的景象。滴水丹屏位于涠洲岛滴水村南岸边，原名滴水岩。滴水丹屏的形成堪称中国火山景观的奇迹，悬崖峭壁裸露的岩层有红、黄、

涠洲岛风光

紫、绿、青，五色相间，纹理清晰。崖顶之上藤树缠绕，红花绿叶倒挂崖头，展现出旖旎多姿的色彩，谓之"丹屏"；因绿树成荫的绝壁上部裂隙间常有水溢出，一点点往下流淌，如朱帘垂挂，称为"滴水"。滴水丹屏浓缩了涠洲岛沙滩、海浪、礁石、海蚀洞、火山熔岩等自然景观，曾被列为"北海八景"之一。滴水丹屏是涠洲岛欣赏落日的最佳地点，晴空万里的日子里，傍晚时分，滴水丹屏海滩的太阳会绽放出一天中最后的灿烂，呈现出最绚丽的晚霞，夕阳西下的涠洲岛，满天的晚霞将海面染成瑰丽的色彩，美轮美奂，仿佛是薄如蝉翼的一份美，稍碰即破；犹如是昙花盛开的一份美，稍纵即逝，多想将这份纯净的美紧紧拽在手心不让溜走。伫立大海边，沐浴晚霞中，如同喝一坛陈酒，醺醺然微醉。极致的绚烂笼罩着苍茫的海面，怎能不抓住这醉人的晚霞，不舍的梦？那是生命的礼花最后的绽放。暮霭悄然四合，心隐隐有些许疼痛，于是乎，赤足走在洁白的沙滩上，与大海，与夕阳，与晚霞为伴，引吭高歌：最美就是夕阳红。难道不是？再美的风景，也比不过你夕阳下，海滩边留下的身影，这才是一种大美。这平凡的时光，这瞬间的大美，正是日后最珍贵的回忆。

　　形状像一个螺口的石螺口海滩既有国内其他海滩的那种浪漫，又有涠洲岛特有的原始与自然。漫长的海岸线一望无际,绵延的海滩一直延伸到滴水丹屏,海浪像一条条长长的白绸带从遥远的海面漂过来,雪白的浪花拍打着银白的沙滩,卷起一朵朵浪花。在石螺口看海真是一种美妙的享受,因为地理位置的原因,石螺口附近的海水含沙量非常低,这里的海水犹如蓝宝石一般。天气晴朗的时候,海里面的珊瑚群、各种各样的热带鱼清晰可见。如果有兴趣,穿上潜水衣,跟着潜水教练一起潜入神秘的海底世界,与美丽的热带鱼、多姿的珊瑚来一个亲密的接触,会让你的涠洲岛之行更为难忘。石螺口海面的海浪都比较小,浪花温柔地抚摸着海滩,海风懒洋洋地划过你的脸颊,让人一下子觉得慵懒,只想坐在海滩边,凝望着大海,默默发呆半晌,无所事事地抬头看看海岛的蓝天,天空仿佛被滤镜滤过,蓝色的天空没有一丝杂质。看着这蓝色的天,蓝色的海,聆听粼粼的潮水轻吻海滩,任凭柔和的海风吹拂脸颊,似乎是远方朋友带来的久违问候,真正感觉到这才是心旷神怡的境界。石螺口的岸边有一块很奇特的火山石,因为长期的海风侵蚀,形状就像一位背着孩子婀娜多姿的少妇,正深情地看着大海,盼着自己的夫君能够出海平安归来。侧身看到了生命的另一半也陷入一种自我陶醉的境界,彼此用眼神交流,看到了彼此的守望,就像一个世纪那么久。时间可以苍老一尊容颜,淡化一些记忆,这守望就像海岩相依,直至天老地荒。

  涠洲岛绿植和花卉遍布,盎然绿色将一栋栋房屋包裹,好似指环王中霍比特人居住的小屋。涠洲岛最令人神往的那栋房屋是一座哥特式建筑的圣殿,因位于盛唐村,又称为盛唐天主教堂,是众多岛民的精神家园。盛唐天主教堂掩映在一片绿影婆娑的芭蕉林和菠萝蜜树林中,高21米,总面积达到2 000余平方米,是广西沿海地区最大的天主教堂。盛唐天主教堂的建造与当时的清政府对涠洲"重开岛禁"有关,清政府因涠洲岛"孤悬大海,最易藏奸"而发出"永久封禁"令,法国巴黎外方传教会利用这一机会,派法国神父上岛传教。据史料记载,当时岛上的移民"几乎全是客家人或从本省其他地方移来的,总数约6 000人,其中三分之一是罗马天主教徒"。由于教徒人数众多,在涠洲岛传教的法籍神父为解决宗教活动场所,于同治八年(1869)在教徒最多的聚居点圣堂村(今盛唐村)建造一座天主教堂,就地取材,用岛上的珊瑚石建造了这座占地面积近1 000平方米的教堂,历时10年时间,于1880年建成这座拥有文艺复兴时期哥特式建筑风格的天主教堂。

  涠洲岛盛唐天主教堂是晚清四大天主教堂之一,享有东方"巴黎圣母院"的殊荣。这座高大雄伟的天主教堂在四周低矮民居的衬托下显得规模庞大,颇有气势。天主教堂的正门顶端是钟楼,高耸着罗马式的尖塔。钟楼有

涠洲岛盛唐天主教堂

一个10多级的螺旋梯，只容一人盘旋而上直达二楼。顶层挂有一口铸于1889年的白银合金大钟，据说是一位信仰天主教的法籍寡妇捐赠。每个礼拜天的上午，教堂的钟声响彻整个涠洲岛，岛上的信徒们听到钟声，都会自觉安静地步入祈祷大厅。阳光透过彩色玻璃和大厅两侧的尖拱大窗洒进祈祷大厅，教徒们就在这"天国之光"中聆听"天主"的教诲。一念天堂，一念地狱，天堂和地狱，在于你的信仰和追求。若无贪念，与人为善，则幸福满满，如在天堂。所谓飞来横祸，有时恰似你的人生财富，抛弃个人得失，何来"横祸"？只能说是你人生多姿多彩的一个插曲。置身教堂，思绪拉得很远。教化是所有宗教的永恒主体，至善是所有宗教散布的福音。盛唐大教堂自诞生的那一天起，就和所有的天主教堂一样，担负起神所赋予的这个神圣使命。大半个世纪的岁月中，盛唐大教堂有好几位虔诚的传教士为了传播"天主"的爱，最终长眠在异国他乡的涠洲岛。百年多后，这座闻名遐迩的天主教堂，还在继续发挥传播"天主"福音的功能。在天主教堂的左侧，是一座两层的券廊式神父楼，是当年神父起居的地方。此外，天主教堂的大院内还设有修道院、医院、育婴堂、孤儿院和学校，从这些和教徒们的生活息息相关的设施可以看出天主教在岛上传播的广泛和影响的深远。

"人生而自由，却无所不在枷锁之中。"（卢梭）人若被超越性的宗教终极关怀和浸润，其人文精神是升华的。教堂是信徒们的精神寄托所在，没有教堂，不做祷告，灵魂无处安放。只有在教堂里，信徒们才会探讨永恒的生命，才会安慰那些遭受痛苦折磨的心灵，减轻他们的痛苦。岁月蹉跎，信仰不忘，教堂斑驳灰黑的外墙诉说着历史和记忆；教堂的石砖、拱门、拱壁和圆顶让人感受到年代感的庄重；高耸的罗马式尖塔有着随时向天一击的冲动，造成一种天国神秘的幻觉。走进教堂，安详、神圣的氛围氤氲，聆听上帝的圣谕，粘连那些云散的幻想，拯救自己破碎的灵魂，境界得到了升华，信仰产生了力量，"无往而不在之枷锁"的制约会逐渐理解并努力适应。这座经历了风雨的打磨、战争的洗礼的教堂，往事已逐渐模糊，唯有建筑孤独地坚守，一如既往地作为时空转换的说书人矗立在湄洲岛。

蓝桥，顾名思义，就是一座蓝色的桥。蓝色的海面上有一座蓝色的桥，想想也富有诗情画意，在来涠洲岛时的客轮上就能看到从涠洲岛伸向大海的这座美丽的钢拱大桥，到了大海中间却戛然而止，就像是一座断了的跨海大桥。由于桥身被油漆成蓝色，这座桥就被称为蓝桥。蓝桥最初的功能是中石化为了建造一座海上油轮码头，后因项目搁浅，便将这座伸向大海四公里的蓝色蛟龙留在了西角村的海滩，成为涠洲岛一处自然和人文交织的新景观。如今的蓝桥成为垂钓爱好者的圣地，也成为海上漫步的网红景点。行走在蓝桥，头上云卷云舒，脚下波涛汹涌，迎面微风徐徐，耳边海鸥鸣叫，远望渔帆点点，神仙一样的感觉。不由得"老夫聊发少年狂"，若能"左牵黄右擎苍"，那真的进入一种人生至高享受的境界。蓝桥桥面上可以通车，在蔚蓝的大海上飞驰人生，海风拂面，惊险刺激，不啻为人生的极限刺激。傍晚的蓝桥，被夕阳染成了金黄色，海面金光闪闪，蓝桥也成为一条入海戏水的金龙。

如果说涠洲岛上的蓝桥是游弋在海上的一条蛟龙，那么耸立在涠洲岛的灯塔就是冲向云天的一条苍龙。这座海上指路明灯高高耸立在鳄鱼山之巅，是涠洲岛上的地标。灯塔是一种固定的航标，用以引导船舶航行或指示危险区域。行驶在茫茫的海面上，见到了灯塔，心里就有了方向，驾驶舵轮的时候就能神闲气定。涠洲岛灯塔是驻岛海军于1956年设立的高15米的铁架灯柱，1969年海军部队将其改建为石柱灯塔。由于原来的灯塔高度不够，建造简陋，导航性能较差，与涠洲岛的旅游景点很不相称，2002年，广东海事局拨款重建涠洲岛灯塔。重建后的钢筋混凝土建筑的灯塔，高22米，设计精良，建造工艺精细，是一个不可多得的建筑精品。它还有一个非常好听的名字，叫"大海的眼睛"。无论你在岛上或者在海上看到灯塔，心里总会漾起一股暖意，因为灯塔为漂泊在海上的渔船渔民指明了方向，灯塔是他们心目中的神灯。如同伸向大海的蓝桥，涠洲岛的灯塔也成为岛上一道不可多得的人文景观，前来涠洲岛的游客，在鳄鱼山浏览火山遗址的同时，都会在灯塔前留影。如果说盛唐村的天主大教堂代表着天主教徒的精神高度，具有象征意义的话，这座灯塔代表了涠洲岛的地理高度，也同样具有象征意义。

"生活不止眼前的苟且，还有诗和远方的田野。我们赤手空拳来到人间，为找到那片海不顾一切。"寻寻觅觅，心中的那片海就在涠洲岛，涠洲岛将你的认知拉长到千千万万年，涠洲岛引领你从千万年前走来，一直走到今天。涠洲岛告诉你，只有在旅途中，才能听到一个声音：这个世界比你想象的更丰富多彩。涠洲岛，一个唯美的小岛，行走在涠洲岛，无数匆匆的步履都会悄然放缓，生怕惊动了涠洲岛千年安详的梦。在这座小岛的角角落落寻找海岛特有的气韵，不用凝视，只需一瞥，就是那用眼角带过的一瞥捕捉到的一个细节，便感悟到了涠洲岛万年积累的尘世缘。你会悄悄地感受那些细节给你带来的享受，你会得出一个结论，在涠洲岛，每一个细节都透着慢半拍的节奏，不论行走在小镇的街道，还是漫步在小岛的海滩，你眼睛里看到的，耳朵里听到的，都是轻柔的气息，就连小贩们的吆喝也是不紧不慢。生活不用太着急，我们有足够的时间和海浪亲昵，我们有足够的时间跟海风起舞，我们有足够的时间在海滩边踏浪，我们有足够的时间沐浴夕阳的余晖，我们需要找一个地方放缓生活的节奏。来到涠洲岛，开启你的慢生活模式，让你的灵魂缓一缓，让你的心静一静，看看书，踏踏海，游游泳，喝喝茶，发发呆，细细品，慢慢游，静静思，深深悟，岁月雕刻的涠洲岛是那般的优美隽永，那般的气势豪迈。抽时间来一次涠洲岛吧，生活需要你做这样的安排。

2019年12月31日

德天归来历险记

自驾中越边境行,芒街、友谊关等熟悉地名一一从眼前掠过,勾起你的万千思绪,遥想当年的历历往事。从北海出发,上兰海高速,一路向西行进,途经钦州,再转合那高速前往崇左境内的德天瀑布景区,全程约400公里。广西境内的合那高速段颜值超级在线,素有"中国高速第一路"的美誉。"天下山峰何其多,唯有此处不成林",沿途典型的喀斯特地貌造就了仙境一般的景象,宛若在山水画廊穿梭。穿过三座大山的百大特大桥像飘在空中一样,桥面与湛蓝的天空,绵延的山川,清新的野花,多姿的云彩完美地融合在一起,自驾车好似在仙境中腾云驾雾般从桥上穿行而过,让人有一种飘浮在空中的震撼,感觉整个人都在腾飞。至崇左境内,下高速后在南国情调包围的山村乡野继续行驶约45分钟,抵达德天瀑布景区。

德天瀑布位于广西壮族自治区崇左市大新县归春河的上游,距离中越边境53号界碑约50米。清澈的归春河是左江的支流,也是中越边境的国界河。归春河发源于广西靖西市新靖镇境内的鹅泉,鹅泉所形成的小河向东南方向流动,流到中越边界第74号界碑处开始流向越南,称为归春河,靖西市在古代叫"归顺州",归春是归顺的转音,因而得名。浩浩荡荡的归春河,一年四季,碧水长流,流向越南后又绕回我国广西境内,最终在边陲小镇硕龙下辖的德天村瞬间爆发,冲破千岩万壑的阻挠,冲出高崖绿树的封锁,如脱缰野马一般,奔腾而下,一泻千里,从高达60余米的山崖跌宕而下,撞击岩石,水花四溅,变幻为气势壮阔的跨国瀑布,划开了中越两国的边界,成就了归春河最激情的表达。德天瀑布呈三级跌落,最大宽度200多米,纵深60多米,落差70余米,是亚洲最大的天然瀑布。远望德天瀑布,似缟绢垂天,近观德天瀑布,如飞珠溅玉,阳光折射下的德天瀑布,则五彩缤纷。雨季时,德天瀑布与越南的板约瀑布连为一体,就像一对亲密的姐妹,袅袅婷婷,携手而立。中越两国的边民在瀑布的下游进行着边贸往来,祥和笼罩。

德天瀑布

花香四季，绿树常青，有山有水的地方风景都会很优美，若还兼有亚洲最大的三级跌落瀑布，优美的风景自然更胜一筹。德天大瀑布的景象雄奇瑰丽，无论春夏秋冬，阴晴雨雾，均各具情态，变幻多姿，其气魄、气势、风采，震魂摄魄，摇动心旌。电视剧《酒是故乡醇》和《花千骨》都将德天瀑布作为外景拍摄地，给德天瀑布赋予了更多的人文色彩。2005年，《中国国家地理》杂志联合全国34家媒体举办"中国最美的地方"评选活动，选出了中国最美的六大瀑布，德天瀑布位列其中，排名第二。来到德天瀑布，时值南国的深秋，天高云淡，万木葱茏依旧。归春河乘坐大竹筏，一江美景揽入怀抱。人随竹筏游，景在两岸走，如诗如画浪漫清雅的所在，步步是景，处处含情，背靠满山梯田古木，遥观瀑布冲天而下，美不胜收的风景令人心旷神怡。看那一江流水，忽遇断崖，飞泻而下，滚滚洪流，折而复聚，连冲三关。瀑布层次分明，水势磅礴，如万马奔腾，激起的烟雾水花在阳光的照射下划出一道美丽的彩虹。仰望瀑顶，群峰浮动，巨瀑如海倾；水沫飞溅，万斛如明珠。真可谓"飞湍瀑流争喧豗，砯崖转石万壑雷"，德天瀑布的磅礴气势震撼远道而来的每一位游客。

上岸，沿归春河一路顺坡向上，近距离欣赏第二级和第三级瀑布。倔强垂坠的河水从数十米高的山崖跌宕而下，撞击着层层岩石，飞流曲折，水花四溅，水雾迷蒙。雾腾腾的水汽在和煦的微风中轻扬曼舞，恰似给山涧林木披上了一层薄薄的轻纱。置身其中，如入仙境。由远而近传来的流水声恍若一曲《琵琶行》，"大弦嘈嘈如急雨，小弦切切如私语。嘈嘈切切错杂弹，大珠小珠落玉盘"。德天大瀑布，壮观天下无，朱玉岩壁溅，清泉石上流，飞溅的水珠就像跳跃的音符，向远道而来的游客演奏一首壮美的乐曲；欢淌的流水就像舞蹈的精灵，向四面八方的嘉宾展示一支空灵的舞蹈，瀑布把自己变成了音乐家、舞蹈家，欢快地演奏着大自然的交响曲，尽情地表演着人世间最美的舞蹈，身临其境的游客焉能不陶醉？

距离德天瀑布不远处，有一座清朝政府所立的"大清53号界碑"。53号碑乃时任云贵总督岑毓英奉清政府的命令，根据《中法天津条约》之约定，经过三年的堪界，于1888年所立。界碑为青石，高不足2米，碑面凹凸不平，碑身正面书"中国广西界"，下附法文。在中国边境所有的界碑中，这座界碑非常有名。据说，当年清政府派两名士卒去立碑，当时的边境地区人迹罕至，两名士卒将界碑背到这里，实在是背不动了，看看天色已晚，还有两天的路程要走，于是就偷偷地挖坑，将界碑随便地立在这个地方，白白丢失了两天行程的土地。本来归春河、板约瀑布都属于中国的领土范围，如今，归春河流域的一半，板约瀑布都属于越南的领土，53号碑由此变成了中越两国的争议之地。历史上，越南一直是中国的属国，53号界碑的竖立，是清政府对越、法两国这种"准主权"的认定，从此，中国让出了对越南的宗主权。此前的1884年，越南和法国签订《第二次顺化条约》，否定了中国对越南的宗主权，改由法国全权管理越南，但这个条约是没有中国政府参加，单方面签署的"准主权"条约。

百年沧桑，风餐雨侵，53号界碑破损严重，两侧各缺一豁口，但仍然竖立在中越两国的边境，界碑上"中国广西界"五个字的刻纹仍工整有力，清晰可辨。一碑隔着两个国家，两国边民往来不断的商贸难以隔断。53号界碑正面所对的土地是越南的领土，背面所对的土地乃我中华人民共和国的领土，界碑前后100米内为两国的边境缓冲区，缓冲区内设有边境自由贸易市场，界碑横跨中间，衍生出别样的边关风情，赋予"德天"独有的人文魅力。这景，想起了越南已故领袖胡志明"同志加兄弟"的话语，犹言在耳；这景，却又让人触景生情，想起了那段两个国家都忘不了的"曾经"。《诗经》云："投我以木桃，报之以琼瑶。"这我们应该都懂。

北海的朋友推荐游览完德天瀑布后，可下榻硕龙镇的老木棉度假酒店，翌日游览通灵大峡谷后再返回北海。德天瀑布景区走马观花三个小时，三叠瀑布全都游遍，时间才刚过下午4点。南国纬度低，日照时间长，此时阳光依旧灿烂。忽发奇想，若趁天色尚好，赶一半路程，是晚下榻钦州，明天回北海就轻松多了，若时间充裕，还可以在钦州走走看看，再到合浦兜兜转转，北海之行的内涵岂不更加丰富？游过国内好多峡谷，错过这通灵大峡谷也无甚遗憾。遂当机立断，驱车返程奔向钦州市。

挥一挥手，愉快地告别德天瀑布。5点左右，驶入合那高速。再行车两个多小时，晚上7点30分即抵达钦州。座驾在合那高速行驶一个小时左右，旷野间暮霭四合，夜幕悄然降临，车速不得不减慢慎行。这一天也真的很充实，早上从北海开车到德天瀑布景区，手握方向盘整整6个小时，德天瀑布景区游览3个小时，又赶着返回，加当下的半程归途，这一整天至少要开车9个小时，且最后的一个多小时是在茫茫夜色包围的合那高速开车。前不见有对面的来车，后没有紧跟的车辆，合那高速公路上，就这一辆"途安"行驶在夜色笼罩的南国边陲。夜间开车，精神高度紧张，不一会儿，疲惫不可抗拒地涌来，禁不住打了几个哈欠。坐在副驾驶的家人开始有意无意地闲聊，耳边缭绕各种各样的奇闻趣事。于是乎精神头又开始打起，一边开车，一边插话，一问一答，彼此互动，赶走了困倦。聊得带劲，忽地看到高速公路的

作者在德天瀑布前的留影

前方高悬一块路标指示牌，明确提醒所有的驾驶员，继续直行是往南宁方向，往右岔道行驶则是钦州方向。光顾着说话，来不及看路标指示牌，待回过神来，驾驶的小车早就径直一路高歌向前，朝南宁方向飞驰。不由得暗暗叫苦，莫非今晚要在南宁住上一夜？看来在车上闲聊也是一把双刃剑，既可以提神，也可以分神。哑然失笑中，只能继续开车，等待着出高速的下一个收费口再掉转头返回高速，重走一段回头路。

南宁是广西的首府，通往南宁的高速为四车道，道路宽敞，路灯明亮，行驶几十公里后到了下一个出口——防城港市的上思站。询问收费站的收费员，该如何返回合那高速去钦州。得到的回答令人哭笑不得，从上思去钦州的高速夜间不通行，正在维修，只能走省道，大约需要一个半小时。无语，离开收费站，重启手机高德导航，规划去钦州的路程，此时才发现，手机的电量只剩下10%。一路之上，家人一直在看手机，连充电宝的电量都用完，她的手机现在也成为聋子的摆设。这辆坐骑，是租用北海一家汽车租赁公司的，车内没有备用接线，我们的手机无法充电。似乎陷入一种窘迫的境地，无奈之中硬着头皮在茫茫夜色中沿着省道朝钦州方向驶去，不断地自我安慰，只要路况可以，谨慎驾驶，最多两个小时也就能抵达钦州市了。谁料上了省道，更是叫苦不迭，从上思到钦州约70公里的省道也在全线翻修，道路坑坑洼洼不断，路障断断续续设置，且有的路段干脆就是黑灯瞎火，只能依靠判断和凭借经验小心谨慎驾驶。仅仅行驶了十几公里，就觉得五脏六腑都要被颠出喉口，这条所谓的省道实实在在就是一条危机四伏的"颠脏"公路（取滇藏公路谐音）！况且车辆还特别多，一辆接一辆的集装箱大卡车来来往往，漫天尘土飞扬跋扈。突然间，一丝恐惧从后背心袭来，整个人突然有一种陷入"四面楚歌"的感觉。在这茫茫的黑夜中，在这路况极差的南国边陲，坑坑洼洼的道路上"蠕动"着一辆小小的坐骑，坐骑里面有两个年过花甲的老人。

又行驶了约莫20分钟，见前方有岔道，一条无疑是通往钦州，另一条却不知通向何方，没有指示的路标悬挂，陷入两难境地，怕贸然择道重蹈在合那高速上偏离钦州驶往南宁的覆辙。手机没了电，无法再导航，外面黑幕笼罩，偶尔有狗吠声传来，身处荒郊野外的岭南丘陵地带，饥肠辘辘，不由得恐慌袭上心头。眼前有路，却敢问路在何方？行路难，路难行，多歧路，今安在？是此时此刻最真实的心境写照。南国游，竟然游到了这般境地，这真是人在囧途也。家人似乎也有些着急，但还是平静地安慰："着急也没有用，咱们就当作是一场人生难得一遇的经历吧。"她摇下车窗，前后看看，好像有了主意:"钦州有港口,这集装箱大卡车都走这条道,这条道应该是往钦州方向,我们跟在大卡车后面走没错。"言之有理,遂稳稳地驾驶,跟着"集卡"一路向前。不一会儿,看到前方有一个小镇,瞬间有一种踏实感。这房子,这灯光,给人送来了安全和温暖,无怪乎有些偏远驿站的门楣会有"宾至如归"的匾额悬挂,这是给旅途中的游子送来的一分亲切的问候,一分实在的关切,只有亲身经历过才会有这样切身的体会。下车,在小镇的一家超市买了面包和矿泉水,顺便询问店主前往钦州的方向。得到肯定的回复,沿着这条省道一直往前行驶即可,这才长长地松了口气。

返回车内,向钦州进发,精神倍增,车速也比先前快了一些。前面有一辆集装箱卡车不紧不慢地行驶,时速充其量在20公里,乖乖地跟在后面行使了好几公里后,还是忍受不了这缓慢车速带来的折磨,试图超越这辆"集卡",将它远远地甩在后面。双手握紧了方向盘,全神贯注前方的路况,确定对面没有交会的车辆驶来,遂加大油门,方向盘大把一转,嗖地一下,"途安"发力,超越了挡住"途安"去路的那辆庞大的"集卡"。尚沉浸在胜利的喜悦中,"悲剧"从天而降,车毁人亡的事故即将发生,并降临在"途安"的身上。就在"途安"超越了"集卡"的一刹那间,还没有并轨到自己的行车道上,只见迎面驶来了一辆大客车,黑暗中没有看清楚这里是一个弯道,故超车时无法判断会有大客车转过弯道和"途安"面对面地行驶在一条车道上。只需要几秒钟,两车就会相撞,只需要几秒钟,一场重大的车祸即将在广西壮族自治区的上思到钦州这条省道的30公里处上演,一场悲剧无法避免。霎时间,头脑一片空白,赶紧刹车,闭上了眼睛,也许后面的故事永远都不知道了。千钧一发之际,对面大客车上的驾驶员也紧急刹车。等到两辆车都停下来的时候,两辆车的驾驶员都透过车辆前排的挡风玻璃四目相望,悬在喉口的心缩了回去,因为彼此都看到了安然无恙的局面,尽管两辆车面对面的距离仅仅间隔几米远。没有听到对方的破口大骂,摇下车窗,表示歉意,对方驾驶员的一声"夜间开车要小心"的嘱咐飘进了车窗。就此别过,彼此消失在茫茫的大地,但其容貌却印刻在脑海,再也不会忘却,那容貌在记忆中化为了警钟长鸣的符号。

一波未平,一波又起,此生在上思到钦州的这条省道行驶,想不到会是一场惊心动魄之旅。特定的时间,特定的场合,组合了众多特定的要素,使得你的生命历程中注定要演绎这一场南国惊魂之旅,这真应验了老祖宗所言:是祸躲不过,该来总会来。继续行驶,又是一段黑灯瞎火的路段。有前车之鉴,小心翼翼行驶,再也不敢贸然超车,只觉得道路两侧有起伏的山峦,还有成片的树林,偶然有零星的房屋点缀。前方有许多辆"集卡"隆隆驶来,远光灯刺得睁不开眼睛,哪里敢迎面开车而过。索性将车停靠在一侧,让对面的霸王车先行而过,我们也借此休息片刻。将座驾停靠在路边,喝口水,再嚼一颗口香糖,稍稍小憩。看看时间,已经是晚上8点了,估摸着还要一个小时才能抵达钦州市。迎面驶来的系列"集卡"车轮滚滚大摇大摆从我们身边驶过,获得几分钟的休息后我们也得再度赶路。手握方向盘,正视前方,挂挡,踩油门,高呼一声:"出发。"谁料车未动,心已惧,活生生被眼前的景象唬了一大跳。引擎盖的右侧竟然趴着一条大黄狗,发动机一响,它竟然冲我们汪汪狂吠,似乎我们挡了它的道。哪有心情搭理这斜刺里冒出的黄犬,油门一踩,方向盘再往左边一打,车轮开始滚动。岂料大黄狗非但不离开,还跳上引擎盖,爪子挠前面的挡风玻璃,吠声震天。真是奇了怪了,不知道哪里得罪了这畜生。和畜生是没法讲道理的,我行我素,只需加大油门,就能甩掉这狂犬。又是一脚油门踩下去,坐骑刚要启动,又冒出一档子奇哉怪也的事情,令人啼笑皆非。只见一个人影从黑暗中跳出来,原来他就一直待在我们的面前,距离车头仅一米开外。借着灯光可以看清楚是一个老年男性,个头儿不高,只见他一边提裤子,系裤带,一边骂骂咧咧,也听不懂他骂些什么,那条大黄狗狗仗人势,更是一个劲地冲我们狂吠不已。有些懵,不知何故?转而恍然大悟,原来这老者正在路边的旮旯里出恭,大黄狗陪在主人的身边。我们的车启动,老者尚未出恭完毕,大黄狗岂不要保护它的主人?如此看来这条大黄狗不是恶狗,它真的是一条忠心耿耿的义犬。

令人哭笑不得的奇遇增添了旅途的话题,精气神一下子倍增,甩下老者和黄犬,精神抖擞地驾车驶向钦州。一路上不停地自我安慰:再崎岖的路,你迈开了步子,总能一步步走完;再平坦的路,你不迈开步子,也就无法走完,俨然是一个胜利者的自我感觉。高声吟诵汪国真的诗句:是男儿总要走向远方,走向远方是为了让生命更辉煌。走在崎岖不平的路上,让每一个脚印都坚实而有力量。猝然临之而不惊,无故加之而不怒,这便是我们的大勇,我们的修养。走向远方,从少年到青年,从青年到老年,我们从星星走成了夕阳。

渐渐地路况开始好转,路灯也逐渐增多,楼房一排排地映入眼帘,距离钦州越来越近了。本以为一场惊险的旅行总算接近尾声,岂料又冒出一个意外竟然会成为这趟旅程的收官之作,我们座驾的油箱亮起了黄灯。真是令人头疼的事情,身处钦州郊野外,何处寻觅加油站?唯一的选择是边开车边寻找加油站。一路开车,寻寻觅觅,有些焦虑,没有见到加油站;凄凄惨惨，有些不安，何处能见加油站？悲悲戚戚，有些哀伤，保佑找到加油站。黄灯在频频闪亮，提示油箱里的汽油快耗尽了，可还是没找到加油站。脱口而出："加油站，你到底在哪里？"看来不能盲目地寻找，还得下车询问当地人附近哪里有加油站。来到一个小店，下车询问。店主还未应答，店内的一个顾客就嚷着："这斜对面不就是加油站？"扭转头，果然，就在斜对面，几十米之遥的地方，中石化加油站灯火明亮。纵然是踏破铁鞋无觅处，得来全不费功夫，可要去加油站，却没这么容易。座驾不能够直接开车到对面，需要往前一直开，然后掉头才能抵达加油站。看似近在咫尺，却还是要行驶好长一段路，可心里面却无法保证油箱里的汽油能否支撑到小车能继续行驶一直开到加油站。人在最无奈的时候，往往第一个想到的就是菩萨，暗暗地祈祷：菩萨保佑，菩萨保佑！等到我们的座驾开到加油站时，看到的提示是油箱里还剩下的汽油只能满足最后一公里的需求，长长地吐了一口气，好险，谢谢菩萨保佑！加满油的坐骑稳稳当当地向着钦州市区进发，等到小车停在预订的宾馆大堂前时，时间是晚上9点15分，从德天瀑布景区出发，来到钦州的宾馆，整个行程总共花去近5个小时，够折腾的。

  进入客房，仰面躺在床上，如释重负，回想这趟从德天到钦州的旅途，正如家人所言：是一次不可多得的人生经历。于是乎也学会自我总结一番：这人生就是一次漫长的旅行，途中会有各种各样的意外产生，有些可以避免，有些则防不胜防。能避免的就尽量避免，不能避免的就积极面对。子曰：不怨天，不尤人，下学而上达，知我者其天乎！将意外当作另一种人生的经历，岂不是获得了一分意外的收获。人生的多姿多彩，有一部分源于人生中的意外。人生如画，所走过的每一段旅程都是风景，路一直在延伸，风景一直在变幻。有的路，任重而道远；有的路，艰难而曲折，但你必须走，无法选择。走完了再回头看，波澜起伏的那一段路程，恰是最美丽的风景。

2020年元月5日

美食美景在顺德

广东佛山顺德自明景泰年间立县,已有500多年的历史。在中国,自古有"食在广州,厨出凤城(顺德别称)"的民间谚语,无数前人的经验总结,创造出琳琅满目的顺德佳肴,顺德成为吃货的天堂。顺德菜属于粤菜中的广府菜系,顺德美味以丰富多样的制作物料著称,以博采众长的烹饪技艺见长,以清、鲜、爽、嫩、滑为特色。顺德美食之风,萌芽于秦汉,孕育于唐宋,成型于明代,兴盛于清中,鼎盛于民初,辉煌于当下,经过千百年的传承改良,形成了独树一帜的艺术风格,获得了"中国厨师之乡"桂冠。顺德的厨师最能用善思的心、巧妙的手,将最普通的食材变成不寻常的美食,将最自然的美味带给每一位食家,这是顺德人的美食哲学,更是一种热爱生活的精神风貌。顺德美食,中国餐饮的一朵奇葩,在南国的土壤绽放。2014年12月1日,联合国教科文组织授予广东顺德"世界美食之都"的称号,顺德菜同时也被由创作《舌尖上的中国》的主力团队担纲制作成为《寻味顺德》节目来介绍顺德菜。

自古以来,文人骚客对美食的描述和赞美成为中国文化不可或缺的一部分,无论涉及怎样的美食,只要入了诗文,这美食不但美味可口且更富有诗情画意。如杜甫的"夜雨剪春韭,新炊间黄粱";苏东坡的"牛粪火中烧芋子,山人更吃懒残残";辛弃疾的"休说鲈鱼堪脍,尽西风,季鹰归未"。每每朗读千古名家的诗词,仿佛能看到诗词中那些活色生香的美食,不由得垂涎三尺。普通人爱吃,满足的是口腹之欲;作家爱吃,还会把食物写得活色生香,进而又描绘出吃的感受、吃的文化,让读其作品的人唇齿留香,回味无穷。袁枚《随园食单》以文言随笔的形式,详细记录了中国14世纪至18世纪流行的326种南北菜肴饭点,是清代一部非常重要的饮食名著,被誉为"美食家的必读书"。清人李渔所撰《闲情偶寄》是养生学的经典著作,其中的"饮馔部"正是李渔毕生讲求饮食之法的专著,林语堂认为该书是"中国人生活艺术的指南"。周作人的《知堂谈吃》让读者领略的不仅仅是食物本身，还有食物背后的知识和精神。梁实秋的散文作品集《雅舍谈吃》，每篇都以一种食物的名称为题目，篇篇精致，充满闲情逸趣，读来常常口齿生津。汪曾祺爱吃会吃在现代文学史上很有名，金庸赞誉他是"满口噙香中国味的作家"，《食事》收录了汪曾祺有关谈吃的散文名篇。"华人谈吃第一人"唐鲁孙遍游大江南北，遍尝中华美味，《中国吃》便是他"吃文化"和"吃艺术"之集萃。《舌尖上的中国：中国文化名家说名吃》精选了林语堂、夏丏尊、周汝昌、郁达夫、俞平伯等近代百位中国现当代作家学者谈论饮食文化的散文、随笔，将中国经典美食与回忆、故乡、风俗、文化等完美地融合在一起，让读者对于中国美食文化、风土人情有更深入的体会。央视纪录片《寻味顺德》详尽介绍了顺德人在美食之上和美食之外的功夫，在无数顺德美食诞生的传奇背后蕴含着顺德人对美食制作的工匠精神，顺德人将制作美食当作对艺术的追求。

  好几个顺德籍的朋友，旅居上海数十年，乡音已改鬓毛衰，然他们对故乡的食物仍怀有无限的眷恋，一旦聊起顺德的美食，他们就不由自主地双目放光，仿佛眼前就摆着一道道家乡的美食。你会看到他们自然而然地咽了咽口水，掰着手指在你面前细数家乡的美食，他们那一份浓浓的乡愁浮现在对家乡美食的回味中。可见，乡愁就是味觉上的思念，无论一个人在外闯荡多少年，即使乡音改变，味蕾依旧顽强地停留在家乡的味道，那种滋味早就根植于心，他们的味蕾很难再接受异国他乡的美食。其实，地球上，任何一个角落的人种，漂泊在外，对家乡情结的维系都凝聚在家乡的味道，家乡的味道永远地抓住了游子的胃。所以有人说，美食和美景，可以抵抗全世界所有的悲伤和迷惘。喜欢美食的人，一定是热爱生活的人，除了喜欢家乡的味道之外，还一定热衷于品尝天下的美食，且乐此不疲。

  顺德是饕餮之徒的天堂，每天涌入顺德的老饕来自五湖四海，顺德的美味抓住了天下食客的心。好几个上海朋友，都是精致的吃货，吃遍各地的美食就是他们的人生目标。他们经常相约去不同的地方，看不同的风景，尝不同的美食，享受幸福的生活，感悟不同的人生。这几个顶着美食家桂冠的老饕，每年总要在顺德小住几天，为的就是好好犒劳自己的胃。味蕾没有沾上顺德美食的味道，嗅觉没有闻到顺德美食的香气，老饕们的生活中就缺少了最精彩的幸福元素。这些老饕们认为，人世间，唯有爱和美食不可辜负，若爱已错过，焉能再错过美食？羡慕老饕朋友们精致的生活，他们的人生晚年如此潇洒。窃以为，美食是一种文化，更是一种不可磨灭的记忆。国人对美食有着最执着的追求，享受美食，上千年来就深深地烙印在了国人的基因里。

上海的老饕朋友，作为专业吃货，觉得顺德的美食有一种巨大的魔力，能够让自己享用之后，依旧念念不忘，每年都想着重游顺德，满足那"好一口"的需求，他们对顺德美味的执着推崇充分证明顺德是当之无愧的"世界美食之都"。

顺德饮食文化源远流长。历史上大批中原人越过南岭，来到了广东，来到了顺德，安家落户于此。中原饮食文化同当地丰富农渔物产的结合，成为粤菜文化和顺德饮食文化的起源。顺德地处珠江三角洲的水网平原，盛产淡水塘鱼、禽畜和蔬果，蚕丝业、蔗糖业的发达使得当地原住民生活殷实富足。乡民在农闲之时，比较注重饮食烹调并互相揣摩交流，美食之风十分盛行，厨艺水平不断提高。很多达官贵人均到顺德聘请掌厨的名家巧手，顺德就此成为粤菜的主要发源地。文化的融合，经济的发达，大大促进了顺德饮食文化的发展，催生了一大批名店和菜式脱颖而出，成为顺德饮食文化的名片。顺德饮食历经上千年的演变和推陈出新，到了20世纪20年代，顺德饮食形成规模，涌现出众多的名楼名店、名菜名点，顺德一时间成为美食的代名词，顺德美食，风靡岭南，影响东南亚。顺德美食传承至今，其美食文化的内涵和美食品种的研发都得到进一步的弘扬和提升，顺德的饮食行业不断汲取我国各大菜系之精华，广泛萃取西方美食之所长，以"敢为天下先"的精神，开拓出新型的经营模式，创造出新颖的餐饮品种。顺德美食，餐饮业的翘楚，引领我国的餐饮文化走向新的高峰，顺德饮食文化，对中华美食的贡献，无出其右。

自驾从北海至顺德，图的就是舌尖上的美味。好友志庆已事先安排顺德新世界酒店下榻，并力荐在顺德香云纱酒店用餐。香云纱酒店位于清晖园东侧，大良步行街旁，地理位置上佳。四楼古色古香的中餐厅提供最地道的顺德美食及精心炮制的私房菜，特别为食客提供即点即蒸的传统而新颖的港式点心。大厅的设计风格以传统的岭南风情为基调，融入现代时尚元素，典雅的装饰风格和弥漫的美食香味让食客走进了美食殿堂，每一位光临的食客在品尝美食并享受至尊服务的同时亦能感受到纯正的岭南文化气息。顺德真的是个吃货的天堂，整个大厅乌泱泱地坐满了来自天南地北的食客，南腔北调的话音时时从耳畔划过。被领座员引入一个不起眼的边角落座，翻阅食谱，眼花缭乱，一幅幅美食照片秀色可餐，每道菜的价格都有点小贵。效尤一把"人生得意须尽欢，千金散尽还复来"的享乐境界，顺德十大美食之一的煎鱼饼和顺德蒸鱼各点一份，脆皮烧鹅、新鲜时蔬也在圈定之内，再配一款港式点心和一盅拆鱼羹，足以饱口福矣。色香味俱全的菜品上桌，优雅矜持地品尝一道道菜肴，顿时感觉到齿颊留香，随即大快朵颐。煎鱼饼甘香爽滑，鱼肉有弹性，以蚬蚧酱佐食更加鲜美；蒸鱼是顺德厨师的一绝，厨师一改平蒸的千年习惯，把鱼背朝天蒸。一道清蒸石斑鱼上桌，鱼从平面静物画变成立体雕塑，给人以生猛新鲜的印象，活生生的一道艺术作品，颇有点搁杯停箸不敢食。脆皮烧鹅油光耀眼，色如红枣，香气四溢，皮脆肉嫩，是顺德口口相传的佳肴。拆鱼羹也是顺德十大美食之一，以鳙鱼为主料，以鱼汤为汤底，辅以其他各种素材，通过顺德传统的烹饪工艺烹制而成的菜品。排行顺德的十大美食一口气点了四道，将上桌的菜品发送照片给上海的老饕朋友志庆，又得到迷津指点，称下次还应该点哪几道菜才不虚此行，又告知明天的早茶该如何选择，一一记下。揉着饱胀的肚子带着十分的满意度离开香云纱中餐厅，行走在灯红酒绿的顺德街头，柔风扑面，这是一个秋风沉醉的晚上的顺德，川流不息的小车灯光闪烁，就像银河从天而降。顺德，佛山市下辖的一个区，竟然也是个不夜城。

　　翌日清早，直奔顺德的大良步行街，光顾民信老铺这家网红种草的小吃店，尝一尝淳厚爽滑的双皮奶。广州、顺德两地，双皮奶是家喻户晓、人人皆知的甜品之王，就像水果中的莲雾、海鲜中的鱼翅一样备受推崇。清朝末年，顺德大良有位叫何十三的农家子弟，在清晨烹制早餐时，不经意在水牛奶里翻了个花样，制作出了一道全新口味的双皮奶甜品，有个识货的老朋友买去了何十三的配方，开了间食档，食客盈门，这大良双皮奶便吃成了传统，吃出了一道名点。大良"双皮炖牛奶"主要由水牛奶、蛋清和糖混合炖制而成，含有双层奶皮，一层甘香，二层清香，甘香嫩滑，别具一格，润肺养颜，堪称绝妙。民信老铺店面不大，装饰简朴，也就几张长方桌，每张桌子可容四位食客，座椅是红颜色的塑料方凳。就是这一间看似简陋的小吃店却向天下食客奉献出一道绝世美味甜品，真可谓"天下谁人不识君"？双双点了一份"双皮炖牛奶"，状如膏，色洁白，质感细腻嫩滑，口味甜香清淡，可热品亦可冷食，男女皆爱，老幼皆宜，是一种营养丰富、全面的优质奶品。意犹未尽，又追加了一道"原只椰子双皮奶"。"椰子双皮奶"在原有的丰腴奶味里增加了一分清甜，椰子的清香混入其中，丝丝侵蚀舌尖，令人回味无穷。哦，还有好多好多奶制甜品，只能留待下次品尝了。

　　尝过了醇厚滑爽的双皮奶，根据上海老饕朋友志庆的提示，赶往基督教大良堂对面的金榜牛奶店一饱口福。这是一间其貌不扬却颇有脾气的家庭作坊，跟民信、仁信相比，更像是街坊小店。门店老旧，店内昏暗，空间很小，只有七八张小圆桌，菜单上也只有几款甜品，但款款都有自家的特色，深得

顺德民信老铺

食客青睐。金榜牛奶店推出的双皮奶，奶皮厚且香，奶底细腻且滑爽，奶香满口，入口甘之如饴；牛奶饮品则口味醇厚，有挂壁，喝到最后口中有奶绒的感觉，想必这都是金榜牛奶店的绝招。金榜牛奶店遵循"愿买愿卖"的原则，老板放言．你喜欢来就来，不喜欢可以去其他家，我无所谓的。酒香不怕巷子深，金榜牛奶店天天人满为患，如果逢节假日来，大概到了下午三点左右，门前就会堆起椅子的门墙，老板告诉食客，所有的甜品全都售罄。有看家本领在身，自然牛气冲天。

　　顺德美食"乱花渐欲迷人眼"。大良野鸡卷以肥肉片制成，特点是甘脆酥化，焦香味美，肥而不腻，是粤菜中知名度较高的菜式之一；均安蒸猪妙笔之处在于蒸，用蒸化去猪的油脂，不伤害猪肉本身的鲜美，皮滑肉爽，香美肥嫩，掳获不少食客；伦教糕色香诱人，轻轻地咬上一口，嘴里瞬间就有一股酒酿的清香滚动；生滚鱼片粥送到你的面前，嘴里的唾津开始垂涎，雪白的鱼片入口即化，鲜美无比；四杯鸡也是顺德传统名菜之一，因用一杯油、一杯酒、一杯糖和一杯酱油这四杯调料调味而得名，肥瘦刚好的三黄鸡，与这四种调料紧密接触后，皮爽肉滑，汁浓甘香。此外还有凤城酿节瓜、家乡酿鲮鱼、大良炒牛奶、龙江煎堆、大良崩砂……都是脍炙人口的顺德美食。大快朵颐在顺德，"不辞长作岭南人"。许多美食，若无预约，就需要耐心等候。享受美食的时间是幸福的，等待美食出炉的时间却是最快乐的。眼瞅着先来的食客品尝美味的那份惬意，你会忍不住咽一下口水。及至等待的幸福送到你的面前，秀色可餐的美食会让你全身的毛细血管贲张，幸福指数爆棚，端详着秀色可餐的美食的愉悦远胜对美食的品尝。来到了顺德，终于认同几个美食家朋友曾经说过的话语：人生苦短，岂可辜负美食和美景。

顺德有美食，顺德有美景。生于斯，长于斯，美食琳琅，美景环绕，幸福至极。蜚声中外的顺德清晖园，位于大良镇清晖路，跻身于中国十大园林行列。清晖园始建于明万历三十五年（1607），顺德杏坛镇人黄士俊高中状元，官至礼部尚书、大学士。明天启元年（1621），黄士俊在顺德城南门外的凤山脚下修建了黄家祠堂、天章阁、灵阿之阁等园林建筑景观。清乾隆年间，黄氏家道败落，庭院建筑日渐荒废，大良进士龙应时购得庭院废址，修葺扩建，植花莳草，渐成规模。嘉庆五年（1800）龙应时病逝，朝廷命官龙应时之子龙庭槐获准回乡守孝三年。龙庭槐将黄氏家族园林的中部拓建成庄园，侍奉母亲居住，并延请当时的知名书法家李兆洛题写"清晖"的园名，取"谁言寸草心，报得三春晖"之意，以示筑园奉母是为了报答父母如日光和煦普照之恩。从龙应时一直到龙庭槐以及龙应时的玄孙，清晖园经历了龙氏家族五代人的扩建和修缮，特别是龙氏第五代后人亲自带领设计师和工匠到苏州一带参观著名的庭园，回来后对原建筑物做了一番大规模的修整，逐步形成了格局完整的岭南园林风貌。抗日战争时期，龙氏家人避居海外，庭院日趋残败。1959年，时任广东省委书记陶铸视察顺德，指示修复清晖园，并收归国有，作为政府部门的招待所。半个多世纪，清晖园园林深锁，凡人难窥其庐山真面貌。如今，再度修整一新的清晖园终于面向社会开放，成为美食之都顺德的另一张文化名片。

清晖园同时又是广东四大名园之一，另外三座古典园林是指东莞的可园、佛山的梁园、番禺的余荫山房。清晖园占地面积为2.2万平方米，集四大名园的岭南园林风格于一身，融古代建筑、园林、雕刻、诗画、灰雕等艺术于一体，又借鉴了江南和北方园林的造园艺术，景内有景，移步换景，充分体现了中国古典园林建筑中雄、奇、险、幽、秀、旷的特点。清晖园整体风格雅致古朴，岭南庭院的精致与江南园林的精巧互为融合，呈现出清晖园布局紧凑，清雅别致，园中有园的艺术风貌。清晖园的造园特色还在于园林的实用性。为适合南方闷热潮湿的气候，整座园林形成前疏后密、前低后高的独特布局，但又疏而不空，密而不塞，建筑造型轻巧灵活，开敞通透，园内数量繁多的建筑物荟萃了中国古典园林的各种建筑形式：亭、榭、厅、堂、轩、馆、楼、阁、廊、舫，利用碧水、绿树、山墙、漏窗、石山、小桥、甬道、曲廊等与这些亭台楼阁的建筑巧妙勾连，形成了大园包小园，园中有园的风格。今天的清晖园集明清文化、岭南古园林建筑、江南园林艺术、珠江三角洲水乡特色于一体，是一个如诗如画、如梦如幻的迷人胜地，散发出中国传统文化的精神和神韵。

清晖园内奇花异草，名树古木与古色古香的楼阁亭榭交相掩映，徜徉其间，满目葱茏，步移景换，令人陶醉，流连忘返。清晖园的主要景点有船厅、碧溪草堂、澄漪亭、六角亭、惜阴书屋、竹苑、斗洞、狮山、八角池、笔生花馆、归寄庐、小蓬瀛、红蕖书屋、凤来峰、读云轩、沐英涧、留芬阁等，造型结构各具情态，灵巧雅致，建筑物多雕镂绘饰，多以岭南佳木花鸟为题材，并配上古今名人题写之楹联，古意盎然，文风弥漫。园中亭台楼阁的大部分门窗玻璃为清代从欧洲进口刻蚀加工的套色玻璃制品，古朴精美，品位无穷。花木配置方面，园内有花卉果木愈百种，除了岭南园林常用的果树，还栽种了苏杭园林特有的紫竹、枸骨、紫藤、五针松、金钱松、七爪枫、羽毛枫等，并从山东等地刻意搜集了龙顺枣、龙爪槐等北京树种，品种丰富，多姿多彩，其中银杏、沙柳、紫藤、龙眼、水松等古木树龄都超过百年。最引人注目的是一株银杏，树龄160年，令人啧啧称奇的是其竟然单株结果，称为园内一绝。美不胜收的清晖园以少胜多，因陈设色，使人大有"所至得其妙，心知口难言"之感受，其情真意趣就在于师法自然，状物于似与不似之间，推人至物我两忘的境界。

顺德有全国重点文物保护单位的清晖园，顺德还有亚洲最大的牌坊公园——顺峰山公园。顺峰山公园入口牌坊为三跨式巨型中式牌坊，整座牌坊跨度88米，总高度38米，基座厚3米，主跨35米，整座牌楼重1.4万吨。牌坊正反两面拱门之间有16条用大理石雕琢而成的龙柱，单条重量就达25吨，全部在门楼上用螺丝栓紧倒挂，营造出凌空而下巧夺天工的气势。顺峰山牌坊规模之大，造型之雄伟、图案之华丽、石艺之精湛均为国内外所罕见，因此享有中华第一牌坊的美誉。明清建筑顺德碧江金楼古建筑群由泥楼、职方第、金楼、南山祠、见龙门、亦渔遗塾、慕祠堂、砖雕大照壁和三兴大宅等多座建筑组成，集中了宅第、祠堂、书斋、园林等功能，保留着干打垒、蚝壳墙、水磨砖、"镬耳山墙"等岭南特色的古建筑实物。碧江金楼古建筑群中

顺德清晖园

最瞩目的当属金楼,又名赋鹤楼。楼内装饰着金碧辉煌的木雕,多取金箔镶贴,几乎包罗了木雕艺术中的所有工艺,故坊间称为金楼。据说清末名臣戴鸿慈将金楼作为爱女出嫁的嫁妆相赠,与民间"金屋藏娇"说法不谋而合。金楼内还保存着当年刘墉、宋湘、王文治、张岳崧等清代名家、进士题写的木、石匾额及多件书画翰墨真迹。

　　顺德的人文景观引人入胜,原生态的自然景观也同样让人痴迷。水乡逢简地处顺德杏坛镇北端,锦鲤江畔,水资源及水环境极为优良。绕村居的水道有十几公里,辖区内的水道达28公里。逢简水乡水光接天,碧波荡漾,曲折迂回,空气清新,远离烦嚣,自然环境和谐。逢简水乡岭南古村落格局犹存,保存着完好的老屋古宅,大族宗祠等明清老屋有百余间,每条巷子都非常整洁,石板古道光滑锃亮,年代感都烙在这一条条石板之上。整个村落古树遍布,鸟语花香,一派诗情画意。河两岸有很多小吃铺,都是本地人经营的,连售卖的蔬菜也是自己栽种,一看就知道是无污染纯生态的有机产品。人们沿河而居,安逸舒适,为喜欢回归自然达到物我两忘境界的人士提供了"尘嚣疆锁"的理想之地。顺德容桂街道树生桥公园有一处自然奇观树生桥,三株巨大的古榕树的气根形成一座奇特的小桥——树生桥。树生桥形成于明代，整座桥有2米左右宽，长度达到6米，是远近闻名的一道胜景。顺德，这座坐落在珠江三角洲的美丽小城，还有生态乐园、花卉世界、宝林寺、李小龙故居等自然和人文美景欢迎你的到来，这些人文和自然景观将美食之都顺德装扮得更加美丽，引得天下老饕在顺德大饱口福之后，再继续大饱眼福。

　　鱼米之乡顺德河涌纵横，物产富饶，让顺德荣获美食之都的桂冠。依山傍水，景色宜人，让顺德享有风景秀美城市的殊荣。享用不尽的顺德美食，百看不厌的顺德美景，顺德，你的每一寸土地，都是一部迷人的传奇。君不见顺德儿女正用自己的满腔激情歌颂自己的家乡：顺德，我立足在娇美如画的顺峰山下，我静穆在佛音袅袅的宝林寺前，敲那晨钟暮鼓，享那国泰民安；顺德，我要那清晖园的夏荷送来清爽，我要那锦岩山的夜月洒遍家国；顺德，逢简水乡里的游船，叩开你朴素村民的心门，中国最美的古村落，讲述你朴素的仁义礼智信。顺德，厨出凤城，味在勒流。伦教香云纱，大良双皮奶，陈村米粉，均安蒸猪……无不显示着专注。顺德的美味名扬天下，叫人如何不思念？顺德，南国清晖园，状元大祠堂，顺峰山牌坊，碧江楼木雕……无不显示着精美。顺德美景闻名天下，叫人如何不憧憬？顺德，美食留住了你的胃囊，顺德，美景抓住了你的双眸。

2020年元月8日

失落惊艳叹围屋

赣州，江西省最大的地级行政区，占江西省近四分之一土地的面积。赣州地区也统称赣南，山地丘陵占到了全市土地的八成以上。九连山与大庾岭沟成了赣粤两省的天然分界线，赣州以及江西的高光时刻都离不开这连绵的山岭。赣州有名山，赣州有好水，章江与贡江的源头在赣州市内，两条江水于赣州主城区章贡区的八境台下相汇为赣江，一路北流，入鄱阳湖，联通长江。五岭以南，珠江支流东江也发源于赣州境内，自寻乌县一路向南入南海。有山有水的赣南地区是客家人的摇篮，客家先民中原南迁第一站就是赣南。赣州人的先祖很多是为了躲避战乱，从中原迁徙到群山环绕的赣州定居，今天，赣州地区九成以上的人口都是客家人。赣南的青山绿水间，最醒目的人文景观是客家人别具匠心的居所——围屋。赣南围屋是集古代祠、家、堡一体，具有鲜明防卫功能的坚固民居。这种易守难攻的围屋就是一座小小的城池，一个封闭的独立王国。赣南客家围屋，这片失落的惊艳被誉为"东方罗马古城""汉晋坞堡的活化石"，它全面展示了客家人的人文历史。现赣州仍有600余栋神奇的客家民居围屋，其中的"关西新围"乃赣南地区最具特色的珍贵客家民居建筑，以"关西新围"为代表的客家围屋被列入了联合国世界文化遗产的预备名单。

《中华古建筑概览》中将客家围屋又称为围龙屋、围屋、客家围等，是客家民居经典的三大样式（客家围屋、客家排屋、客家土楼）之一，是一种富有特色的典型客家民居建筑，是客家民居中最常见、保存最多的一种。围屋结合了中原古朴遗风以及南方的地域特色，被中外建筑学界称为中国五大民居建筑之一。只要在客家人聚居之处，都能见到围屋的踪迹，主要集中地则在闽粤赣地区。客家围屋始于唐宋，盛于明清。两晋至唐宋时期，为躲避战乱，黄河流域的中原汉人被迫南迁，历经五次南下大迁徙，在中国南方的崇山峻岭中与世隔绝，开辟新的家园，故而有"逢山必有客，无客不住山"之说。这些南下的汉人一直自称为是客居他乡的"客"，古代当地官员为这

作者在赣州龙南关西客家围屋

些移民登记户籍时，亦立为"客籍"，称为"客户""客家"，此为客家人称谓的由来。为防外敌及野兽侵扰，客家人聚族而居，建成了自成特色的客家围屋。赣南围屋是客家民居中最具有代表性的建筑，其中以龙南地区的围龙屋存世最多，最为有名，是客家建筑文化的集中体现。

赣州自古就是广东的后花园。自驾从广东入境江西，心心念念憧憬已久的赣南客家围屋。在赣州的崇山峻岭，分布着数百栋形态不一、各具规模的围屋，栗园围屋是龙南现存围屋中历史最长、面积最大、保存最好的一座围屋，始建于明代弘治年间，距今有500年的历史。栗园围屋占地68亩，内有"一祠三厅"，即纪缙祖祠、梨树下厅、栊梃厅和新灶下厅。所有房屋以纪缙祖祠为中心，按八卦图的方位原理布局，由总长1 500米的八卦巷互相联通，内置生门、死巷。当地原住民都把栗园围屋称为"八卦围"，相传这神秘的栗园围与王阳明有关。明正德中后期，江西南部以及与福建、广东交界处爆发大规模民变，时任南赣巡抚的王阳明奉旨平乱。栗园围的先祖李清乃当地有名的乡绅，王阳明当年率军平乱，李清积极辅佐，动员乡民参加剿匪。在剿匪战事胶着之时，李清为王阳明布下八卦奇阵，获得大胜，然李清在战事中受伤回乡。战后，王阳明探望李清，李清正在修建围屋，遂建议李清按八卦布局建造一座攻防相守的城池，并资助一大笔银两，以表彰李清用八卦破敌之功。

龙南围屋千百座，最负盛名的是"关西新围"。"关西新围"位于龙南县关西镇关西村，又称"关西围屋"，建造于清嘉庆年间，有180多年的历史。"关西"地名的由来与王阳明有着密不可分的关联。因龙南通往定南的一座山叫程岭，程岭有一个峡口，正德十三年（1518），王阳明为扼守岭峤咽喉，把住沿海地区通往内陆的交通要道，利用横亘于江西和广东之间山脉连接的天然屏障，在龙南县程岭建造了一座高大坚固的关隘——镇南关。平寇时王阳明将部队驻扎在关隘之西，关隘之西的村镇由此得名关西镇。如今重新修建的关隘为两层建筑，城门作为消防通道，城楼作为游览通道，由登高塔、爬山廊组成，整个关隘全长39米，高21米。200年后，又一批南迁的客家人来到了龙南，看中了由这道天然屏障拱卫的风水宝地，遂在关西建造规模宏大的围屋，繁衍生息。现今，赣南地区最大的围屋——关西新围成为国家重点文物保护单位，"关西新围"旁还有高高的城墙和城楼守卫着这座"固若金汤"的客家围屋，那是王阳明留给后人的一笔财富。

明代大儒王阳明一生走过大半个中国，龙南是他人生旅途极其重要的驿站。正是这次平乱之行，让这位先哲走进了龙南。身为朝廷命官南赣巡抚，奉旨平乱，来到龙南的王阳明却一直在思索平乱之后如何教化乡民。他一路行军，一路沉思，一路抚民，提倡移风易俗，教化民风，建立社学，普及心学，全面进行教化和内治。"随风潜入夜，润物细无声"，王阳明在龙南推行改革带来的良好社会影响和风气使得龙南乡民崇学重教，习文知礼蔚然成风，龙南也成为王阳明"立德、立功、立言"的重要实践地，王阳明"心学"的主要形成地和王阳明学术思想的主要成熟地。事了拂衣去，深藏功与名，这本是侠客世界的追求。但很多时候，事未了，功未成，人已不在江湖，江湖还有你的传说。赣南，有关王阳明的传说流传至今。王阳明在龙南留下了丰富宝贵的文化遗产，还留下了他生活过的众多痕迹。王阳明生前留下足迹的地方，除了老家浙江余姚有他自筑的阳明洞外，就只剩下王阳明在龙南休憩过的玉石岩被誉为"阳明小洞天"。

赣南地区是王阳明"心学"思想体系的形成之地，赣南乡民在王阳明"心学"思想的教化下，民风日趋淳朴。龙南客家围屋承载着赣南客家人的文化，客家人秉承着王阳明"心无外物，知行合一"的处世哲学，坚守赣南山区的围屋世代生存，围屋成为客家人的"桃花源"。客家人因环境的制约和宗族思想的影响，往往数百人聚集在一座围屋中，其血缘关系的纽带相当紧密，他们相互协助又各自独立。一座围屋，就是一个宗亲家族的世界，从娱乐（有的围屋内有戏台）到家族祭祀，从养殖、农副产品加工到水资源分配和私塾教育都力求公正公平。客家人集聚在围屋之内，客家围屋无疑是一个相对完善的独立社区，在围屋这个小天地中，客家人与世无争，与人为善，不对外扩张，不欺压乡民，践行着"知行合一"的生活理念，过着与世无争的生活。旧时的客家先民，不同姓氏之间存在着矛盾和纷争，冲突不断，土著居民的侵袭也时常发生。如此的生存环境，迫使客家人将其住宅建成防御性强、易守难攻的建筑形式。围屋，对外设有作战窗口，对内设有粮仓、水井等生活必需品，能够保证战时屋内人们的基本生存。王阳明有言：破山中贼易，破心中贼难。客家人避中原战乱，"率妻子邑人来此绝境，不复出焉，遂与外人间隔"。客家围屋，屋舍俨然，围屋之内，黄发垂髫，并怡然自乐。深受王阳明心学思想熏陶的客家人在围屋这个客家人的天地中安居乐业，通过良好的教化除去"心中之贼"，所以，"敌人久攻不下""大楼安然无恙"，成为客家后裔永续流传的佳话。

读图时代的今天，任何文化的发扬和传承都离不开图像、实物的表达与叙事，具有独特地域文化的客家围屋也是如此，围屋中客家人独特的文化民俗和汉族支系的情感心态成为赣南文化的一个缩影。风格独立的赣南客家围屋是客家文化的重要载体之一。古老独特的客家围屋一般都有精雕细刻的百兽图案，古朴典雅的明清家具，历经沧桑的农家作坊。客家围屋不仅具有聚族而居、安全防御、防风抗震、冬暖夏凉的功能，而且还有丰富的文化内涵，热情奔放的客家歌舞，独具特色的客家饮食都是客家文化的体现。数百年来，客家人的围屋样式也有一个变迁过程，从四合院到五凤楼再发展为方楼，最后将方楼的四角抹圆，建成了圆楼。"圆"是天人合一的象征，是中国人的宇宙观认识，是古人认识世界的最基本的方式。客家人在"天人合一"的围屋中践行"耕读传家""知行合一"的生活方式，正是他们追求天下大同的集中体现，这样的生活模式正是传统中国人梦寐以求的理想的社会模式，也正是王阳明所推行的"心学"思想体系的实践结果。

客家围屋，其建筑样式为口字形、国字围、套围三种类型，具有极为强劲的防御功能。客家围屋历经几百年的风吹雨打依旧安然无恙，巍然屹立在崇山峻岭中。坚固的民居与精心选址、科学设计、上等用料及匠心施工密不可分。客家人在历史上本是中原汉人，他们南迁至闽粤赣边区的山地后，为防止土著和盗匪的打劫以及猛兽的袭击，所建造的围屋、土楼皆防范严密，甚为安全。大门的门框、门槛都是条石，门板厚重。有的大门上还斜挖嵌有竹筒的护门孔，倘有土匪盗贼攻门，可往下射击和浇开水。还有的大门安装了防火水柜、水槽，若来犯之敌放火烧门，只要一按开关，水便顺门而下，以灭火护门。围屋、土楼本来就坚固异常，为防万一，有的围屋、土楼还夯筑了夹墙。客家民居，不论是土楼还是围屋，所有的房间都以走廊、巷道、楼梯相通，住户生活方便。然而，它们对外则是全封闭的。土楼一般只开一个正门一个后门，或一个正门，两个侧门。围屋则设有门楼，万一有盗匪打劫，只要把门一关，便封闭得严严实实。

自驾车出粤地，入赣境，手机导航龙南"关西新围"的路径。从赣州全南到龙南约一个小时的车程，行驶在万山红遍、层林尽染的山间公路，沿途风景优美，如同走进一个梦境里。远山云雾缭绕，空谷幽静，白云生处藏人家，古诗里描绘的美景在赣南山区随处可见。秋天的赣南山区，以自己的姿态恣意地绚丽着，你的一走一停，都能被时光定格成最诗意的画面。客家围屋如一把明珠散落在赣南的崇山峻岭，600余座围屋在秋阳中也各呈异彩。客家移民的山居耕种，诗书传家，在光阴荏苒中造就了它独特的人文景象。"暧暧远人村，依依墟里烟，狗吠深巷中，鸡鸣桑树颠。"陶渊明描绘的诗一般的意境，随处可见。远远地看到一座巨大的城堡耸立，这就是关西新围。在燕翼围建成120多年后，这座更为雄浑的围屋也在赣南大地矗立，这片失落的惊艳让人欣喜让人雀跃。关西新围的诞生和燕翼围还有一段渊源：关西新围的建造者系关西名绅徐名钧。在他年少时，他的姐姐嫁入燕翼围，他便时常有机会参观这座壮丽的客家围屋并为之倾倒，年少的徐名钧发誓要建一座超越燕翼围的作品。发迹后，徐名钧从清嘉庆三年（1798）至道光七年（1827）耗时近30年，动用百万巨资终于完成了关西新围。一代名绅成就客家建筑遗风，成为赣南轰动一时的盛事。遗憾的是，主人徐名钧还没来得及给新围取名便去世了。徐名钧所建新围在关隘之西，后人因此约定俗成地称这座新建的围屋为"关西新围"。

关西新围位于赣州龙南县城东约15公里的关西圩旁，占地面积7 426平方米，建筑面积达11 477平方米。关西新围是客家人传统的九幢十八厅的宫廷式建筑，号称"天下第一围"，是国内保存最为完整、气势最为宏伟、功能最为齐全的客家方形民居，在赣南所有围屋中最具代表性，人称"散落在民间的皇宫"。关西新围平面为"国"字形，呈长方形，长边为94.75米，短边为83.36米。三层土木结构，每层围屋共79间。二层外墙为带内壁厚50厘米的筑墙，三层用35厘米厚的青砖砌筑。各层均布有火炮眼，屋顶为硬山搁檩小青瓦两坡顶，炮角为两层的歇山式屋顶。整座围屋有东门、西门两座，中间套建一幢前后三进、五组并列、十四个大天井的豪华大宅。与大宅配套的有花园、土屋、边房等建筑，并以廊、墙、甬道相勾连。关西新围大门前有晒坪、池塘、照壁。俯瞰关西新围，其整体结构又像个巨大的"回"字，中间的"口"字部位，是围屋的祠堂。祠堂是围屋居民的"圣殿"，是围屋内建筑档次最高、装饰最华丽的地方。整座围屋以祠堂为中轴线，将围屋内的建筑对称布局。围屋内通道贯穿各列建筑，百余间房屋布局科学，结构严谨，采光、通风、排污都考虑得十分周到，具有安全防卫、防风抗震、调节阴阳、冬暖夏凉等功能。

关西新围可以说体现了赣南客家人对"安居乐业"最理想的状态。青砖砌筑的围墙高达9米，厚达2米，四角均建有13米高的炮楼。从外面看，关西新围冷峻森严，立于围墙之下，举头仰视，斧削刀劈般的围墙高大雄伟，围屋四角各建有一座十几米高的炮楼，密密麻麻的枪眼、炮窗，戒备森严。围墙之内却是生机盎然，一派"田舍之家，斋盐布帛，终能聚天伦之乐"的温馨场面。走进关西新围，就是走进了一个独立王国，走进了一座小小的城池。除了豪华的住宅之外，另配套建造戏台、书房、轿房和9个消防水池，甚至在围屋尔段更辟出一座幽谧的花园，这种富有情趣的设计在围屋建筑中极为罕见，与以往客家围屋讲究大家庭式的开放设计迥然不同。关西新围的总体设计，尊重了家族中各个小家庭的隐私保护，其建筑单元独立，各有门

关西客家围屋外貌

相通。开，为贯通的整体；闭，是自得其乐的小天地。

"风水"在赣南围屋的建造中占有非常重要的地位。据说徐名钧在建造关西新围时，专门从帝都请来了一位风水师来主导设计。为了宗族兴旺，关西新围选址在三面环山而仅留一面出口的壶形盆地上，成为风水学中"四神地"的最佳典范。东门前开凿出月形水池，且围内的排水沟也呈九曲弯行，以达到"聚气生财"的美好愿望。更有趣的是，陈列在关西新围祠堂大门两旁的雌雄大石狮，雄狮左脚握"官印"，象征的是子孙官运、家运发达；雌狮右脚抓"元宝"，象征的是未来的家族财源滚滚。这看似中规中矩的风水景观设置，其实还隐藏着另外的细节，雌狮子身上，隐隐附着两只体形很小的狮子。据说这两只小狮子是围屋主人徐名钧绞尽脑汁的设计，为了表达自己对两位小妾的宠爱，不动声色地在这只雌狮身上做了些手脚，于是出现了大小三只雌狮，即一妻两妾共瞻天下的奇特景观。

在石狮子前驻留片刻，跨入大门，在空荡荡的围屋里兜兜转转，一排排房屋，一个个天井，一条条甬道，风景依旧存在，风情荡然无存。围屋的建造者徐名钧指望着他的子孙后代能在围屋内繁衍兴旺他的徐氏家族，谁料想

100多年后,关西围屋的鼎盛兴旺就被雨打风吹去,他的后人再也不愿被深锁在老祖宗建造的"城堡"里,按照祖训来规划自己的人生。外面的世界太精彩,围屋围不住年轻人的心,围屋里的原住民越来越少,围屋只能成为历史文物供南来北往的游客参观。往事如烟,100多年前的围屋的盛况早就一去不复返,徐家后人对于祖上的辉煌也就停留在那份口口相传的回忆之中,也许只有在缅怀的时候,才会对这片"失落的惊艳"产生一种自豪。今天,想了解围屋前生今世的是那些远道而来的围屋之外的人,除了历史学家、建筑学家等专业人士之外,大部分的造访者都是在围屋客串一把,他们来过一次后很难再度跨进这曾经固若金汤的围屋大门,围屋的日渐式微不可阻挡。在围屋东游西荡,见到一位年过六旬的农妇在井台边汲水,随意攀谈,交谈甚欢,农妇竟热情相邀去她的家小坐。迈进一道大门,再穿过一条甬道,农妇指着一排房屋称这就是她的家。农妇和她的丈夫在政府的指导下利用围屋接待游客,搞农家乐。正逢旅游淡季,游客寥寥,寂寞得心慌,故农妇很乐意与远道而来的不速之客攀谈。农妇说她家在赣州城和龙南县城都有房子,三个孩子都在赣州工作,第三代也都在赣州上学。"这围屋越来越空荡了,"农妇絮絮叨叨,"我嫁到徐家四十多年了,那个时候,能踏进关西新围的门,做徐家的媳妇,太高兴了。现在的年轻人,谁还愿意住围屋?老祖宗哪里知道围屋会有今天的命运?"农妇眼神黯然,说话的语音也有些伤感,她想起了围屋曾经有过的辉煌。"我们两口子还是对围屋有感情的,我们在围屋里生活了大半辈子了。"和农妇告别时,听到她幽幽地补充了一句。围屋曾经带给她的那份荣耀足以让农妇引以为豪,但时代发展到了今天,围屋,历史上承载的辉煌注定不再,围屋无法重铸辉煌,其象征的一个时代早就结束。关西新围这座集防御性、娱乐性、宜居性的"城堡"今后的走向只能成为历史文物驻留在赣南大地,它的辉煌只能在历史中得到记载。

  围屋的历史作用渐行渐远,客家人对围屋的情感不会磨灭。围屋分布在赣南山区,客家人的心也随之留在了赣州大地。赣州,是客家人的再生之地,因为历史上,赣州曾经是客家人南迁的第一站,所以在赣州落地生根的客家人始终对赣州怀有感恩之心。从中原迁徙而来的汉人在赣南地区站稳了脚跟,安居乐业,赣州,结束了从中原迁徙南下的汉人那种"吉卜赛"式的生活。客家人在赣南山区生存繁衍也让赣州改变了历史走向和地理风貌。今天的赣州地区有90%的人口都是客家人,有600多座客家围屋散落在赣南山区,所以说,赣州是一个没有办法隐姓埋名客家文化的城市,赣南是一个正在让隐姓埋名的客家文化重放异彩的地区,赣州和客家人、赣南大地和客家文化互为依存。赣州，本来就是一座历史文化名城，保存千年的北宋古城墙使得赣州有"江南宋城"之誉。登临宋城望阙台，俯瞰章江水，心如潮涌。"郁孤台下清江水"，中间多少词人泪，"靖康之耻"刺痛辛弃疾，一阕《菩萨蛮》，千年一叹爱国情，词家之绝唱。赣州下辖的赣南地区同样是一片历史传奇之地，这里是王阳明政治理念实践、心学思想形成、心学弟子传承、乡约制度实施、书院教育仁化之地。所以说，爱国的种子千年来一直在这一片土地埋藏，"知行合一"的心学文化百年来始终在这一片土地光大。辛弃疾的国殇之痛也同样刻印在客家人的心头，爱国的种子一旦在赣南的土地发芽，客家围屋就会打开封闭的大门，客家儿女就会"以天下为己任"。千年之后，星星之火点燃了赣南人民骨子里的爱国之情，客家人走出围屋卷入革命的洪流，秉承"知行合一"的信念，一批又一批的热血青年从客家人的围屋，从赣南山区走出，投身大革命的洪流，赣南成为红色故里，将军之乡。赣南中央革命根据地在红都瑞金创建，赣南兴国县有56名开国将军诞生。赣州，真的是一座有容乃大的城市，赣南，真的是一个包容天下的地区。赣州有蒋经国先生工作过的痕迹，经国先生在赣州从政六年，推行"赣南新政"，多少也受到王阳明"心学"的影响。他为赣南百姓谋福祉，赣南人民记住他，其居住的旧址保存完好。赣南有客家人千年生活的踪迹，有众多的客家围屋，历史的活化石散落在赣南的崇山峻岭间，至今熠熠闪亮。

曾经去过福建永定，参观过客家人居住的土楼，惊叹客家人的建筑文化。今途经赣南，参观了"关西新围"，更深入地解读了客家这本书。生动感人的客家历史是一部永远也读不完的百科全书，是客家文化的象征，跨上下千年，金戈铁马，壮怀激烈。"南朝四百八十寺，多少楼台烟雨中"，赣南六百客家围，多少风雨斜阳中。连片的老建筑就是一部展开在阳光下的古书籍，以其厚重的历史感与独具魅力的文化品位诉说着客家人的历史。房屋被风化的外表都是时间积累下来的印记，屋顶的瓦片栉风沐雨数百年，如今用浓郁的历史古韵骄傲地向世人宣称：我就是活着的历史。客家围屋，独具特色，这是中国建筑史上的一朵绚丽的奇葩，在世界建筑之林也有一席之地。客家围屋不仅是客家人的历史，也是赣州的历史，中华民族的历史。随着"水泥森林"时代的来临，建筑设计雷同，千城一面，特色消亡，客家围屋也风雨飘摇，岌岌可危，围屋建筑的保护迫在眉睫。赣州，正承担着这份历史使命，矗立在这片土地上的客家围屋历经风雨数百年，不会消失在赣南的地平线。

2020年元月11日

河西走廊话长城

甘肃武威到敦煌有一条夹在青藏高原和蒙古高原的狭长通道，通道的南面是连绵不绝的祁连山，北面是苍茫荒凉的戈壁滩。这条狭长的通道至今还有长城逶迤相伴，因地处黄河以西，形似走廊，故称作"河西走廊"。这里有巍峨神圣的雪山，浩瀚苍凉的沙漠，粗犷原始的戈壁，辽阔壮美的草原，五彩缤纷的森林，纯净安谧的湖泊，沃野千里的田园……水蓝色星球上除海洋外的所有自然景色河西走廊均囊括其中，一道道风光大片让你陷入美的海洋中深深陶醉。

河西走廊作为东西方文化交流史上的一条黄金通道还有厚重的文化堆积，因为河西走廊是闻名世界的丝绸之路的重要通道。绵延河西走廊的长城就像忠实的卫士守护着河西走廊的安宁，忠实地记录河西走廊2 000多年来的灿烂文化。丝绸之路经过河西走廊抵达敦煌后分为南北两路，北路穿汉代长城出玉门关逶迤西域，南路越阳关翻葱岭一路西行，南北两路最终汇聚于中亚的撒马尔罕继续西行直达罗马。2 000多年来，不同的文化、不同的文明、不同的宗教在河西走廊和睦共处，共荣共存，一个个文化交流和民族融合的画面在河西走廊切换。2 000多年来，几乎与丝绸之路同时出现在河西走廊的汉代长城，目睹一时多少豪杰穿梭来往于河西走廊，这些伟大的使者沿长城西行，奔走于河西走廊，弘扬华夏文化，传播世界文明，促进民族交流，推动经济发展。河西走廊留下了他们一行行的踪迹，人类历史上一个个伟大的文明就此在河西走廊诞生，守护河西走廊的汉代长城是这些历史的忠实见证者。一条河西走廊，几乎将2 000多年的华夏文明折叠于此，河西走廊令人心生敬畏之情，守卫河西走廊的伟大长城同样功不可没。

河西走廊东起乌鞘岭，西至玉门关，东西长约1 100公里，如同一条巨人的手臂，向西握住广袤的新疆，向南挽起巍峨的青藏高原，片片绿洲勾许着塞内与塞外，把西部中国和中原地区融为一体。保卫河西走廊的通畅与安宁，是历朝历代统治者的重大国策。从汉武帝开始，历朝历代就动用国力，沿河西走廊修建长城，让长城成为河西走廊的屏障。河西走廊有多长，长城就有多长。行走河西走廊，沿途长城遗址时隐时现，嘉峪关以西为汉长城，嘉峪关以东为明长城。与学生沈啸从敦煌出发自驾行驶在河西走廊，沿途进入视野的汉长城历经千年的栉风沐雨，一段段残垣屹立在戈壁荒漠中，高高凸出的几个墩台乃原先的敌楼和烽火台，它们就像一座座时间博物馆，向后人娓娓地叙述河西走廊的故事。停车，伫立在2 000年前的历史活化石前，一声喟叹：万里长城今犹在。

　　凡是过往，皆为序章。往事越千年，河西走廊曾经的辉煌转眼间都埋入历史的尘埃，只留下一个个可歌可泣的历史故事影响着后世之人，令人遥想当年的风起云涌。自秦汉以降，不屈不挠陪伴着河西走廊见证华夏文明一直到今天的唯有那一处处、一段段的长城遗址，中华儿女用双手堆砌的万里长城见证着一个个走过河西走廊的历史风云人物，见证着他们促进河西走廊兴盛繁荣的画面。今天，作为坚固的军事防御功能的长城，虽然永远失去了它的历史作用，但作为伟大的建筑至今还屹立在中华大地，成为中华民族团结的符号。中华文明和中华文化储存着河西走廊的文明基因，也蕴含着万里长城的文化密码。

　　万里长城被西方称为伟大的墙（Great Wall），这道东西走向的伟大城墙，修筑的时间整整持续了20多个世纪。公元前1000年的周王朝时期，中国进入第一个寒冷纪元，北方逐水草生存的游牧民族为了躲避寒冷和饥饿便南下与农民争夺资源，游牧文明与农耕文明引发冲突。为了防范北方少数民族的入侵掠夺，周王朝分封的燕、赵、秦等诸侯列国的君主们纷纷建立一种烽火台的信息传递系统，便于瞭望和通报北方游牧民族南下入侵的动向，及时采取防范手段，这就是万里长城的雏形。公元前221年秦始皇统一六国，财富积累更为快速，统治者急需有力的抗御措施来保卫国家的财产。秦始皇命大将蒙恬率兵30万，在原来燕、赵、秦等战国长城的基础上增建并修补了一条完整的长城，这是中国历史上第一次大规模的修建长城。十多年后，一条西起甘肃岷县（临洮），东抵今朝鲜半岛（辽东）的秦长城横亘在大秦帝国北方的边境。由于秦长城的总长度超过万里，后世称为"万里长城"。

　　汉朝初年，匈奴再度强盛，以运动和速度见长的匈奴骑兵像草原上的旋风一样自由来去，神速不断，侵扰华夏。刚刚建立政权的汉王朝在近半个世纪的时期内依凭秦朝留下的长城勉强抵御强大的匈奴，同时采取和亲的政策，与匈奴结盟，脆弱的初生王朝获得了暂时的喘息机会。汉武帝即位，国力逐步强盛，胸怀宏图大略的汉武帝两次派遣张骞出使西域，想联合西域各国共同抗击匈奴，西汉王朝与西域诸国正式开始平等友好的交往，为后来西汉政府设置西域都护府，使西域正式归属西汉政府管辖打下了基础。与此同时，一条通过河西走廊连接中原和西域的丝绸之路也正式打通。为保障丝绸之路畅通和西北边陲长治久安，汉武帝派遣骠骑大将军霍去病降服河西地域的匈奴，并相继在河西设置两关四郡（玉门关、阳关；武威郡、张掖郡、酒泉郡和敦煌郡），同时为防止匈奴南下侵扰，汉武帝开始在河西大规模修建长城。据《史记·大宛列传》记载：汉始筑令居以西，初置酒泉郡以通西北国。《后汉书·西羌传》记录：及武帝征伐四夷，开地广境，北却匈奴，西逐诸羌，乃度河湟筑令居塞。初开河西，列置四郡，通道玉门，隔绝羌胡，使南北不得交关，于是障、塞、亭、燧出长城外数千里。

河西走廊的汉长城共分三段筑成。东段修筑最早也最完整，史称"令居塞"，东起永登县滨河处，向西北绕过民勤县北部，西过永昌、山丹、张掖之北后一直抵达酒泉以北的金塔县境内。中段是酒泉至玉门关之间的边塞，东起金塔县境内，西越敦煌西北至玉门关。西段是敦煌至盐泽之间的边塞，东起玉门关，西沿疏勒河向西，经哈拉湖抵达盐泽（今新疆罗布泊）。多年以后，一条西起盐泽，东至永登的汉长城贯穿在汉朝的北部边境，汉长城成为守护河西走廊安宁的千年卫士，这条与丝绸之路走向惊人一致的汉长城为后来丝绸之路的繁荣提供了安全保障。汉长城的修筑为汉王朝赢得长久的和平，河西走廊的畅通，丝绸之路的繁盛，使得中原的经济、文化对西域产生了深刻的影响，西域各族从那时开始逐渐纳入中华文化。此后的各个中原王朝，都把修建长城作为国家防御的重要措施。

大明王朝建立，开疆拓土成为明太祖的战略宏图。明洪武五年（1372）明太祖派三路大军北征，主力军屡遭挫败，还不断地遭受北方游牧民族的骚扰。朱元璋采纳朱升"高筑墙、广积粮、缓称王"的建议，放弃武力统一草原诸部落的策略，转而推行战略防御政策，不惜耗费巨大国力大规模使用砖石砌筑长城，在北方实施设郡、军镇、筑城堡、立卫所、建关隘、置墩台的防戍部署。明长城的真正价值在于防御漠北游骑，没有明长城，驻守边关的将士对漠北的骑兵入侵一筹莫展，整个华北平原就难以进行正常的农业生产。一道城，抵御了异族的入侵；一座关，打开了民族的交流。长城关隘乃大明王朝边防前沿的军事据点，战争时期，可起到封锁关隘御敌于长城之外的作用，而在和平的岁月里，打开关隘则促进了边境地区贸易交流的繁荣，嘉峪关是明朝修建的万里长城最西端的一座关隘。

天下第一雄关嘉峪关坐落在河西走廊的中西结合部。40年前的暑假曾去

嘉峪关城楼

过山海关，站在山海关的城楼，遥望嘉峪关的方向，曾默默叨念，何时能一睹天下第一雄关的伟岸。一跨40年，在这2020年的暑假即将要走近嘉峪关，山海关与嘉峪关终于握在了自己的手心，此时此刻一种别样的情愫萦绕心头。一路自驾行走在河西走廊，天马行空的思绪在四十年的时间长河里跳跃，脑海里翻腾着一幅幅和长城相关联的画面。夕阳西下，绚丽的晚霞笼罩在河西走廊的上空，1 200多年前王维所看到的"长河落日圆"的景象在眼前上演，令人震撼的壮美风光。停车，师生俩欣赏落日前的最后一抹壮丽，夕阳依旧在，逝者如斯夫。倏尔残阳坠落，暮霭四合，忽有参悟，殊不知存在的都是短暂的，消失的才是永恒的。

万里长城与丝绸之路在祁连山下、河西走廊的咽喉之地交会，嘉峪关横空出世挺立于此。嘉峪关因虎踞龙盘于嘉峪关市西5公里处最狭窄的嘉峪山上，故而被誉为"天下第一雄关""河西第一隘口"。嘉峪关建筑雄伟，城关两侧的城墙横穿沙漠戈壁，北连黑山悬壁长城，南接天下第一墩，因此嘉峪关还有边陲锁钥之称谓。其实这"天下第一雄关"仅仅是一个明代的概念，宋元之前，嘉峪地区有关无城，设立的关卡只起到稽查来往行人的作用。明朝初年，大破元军的征虏将军冯胜从酒泉骑马西行40里，涉水过"九眼泉"登上嘉峪塬，见这里地势险要，南面是白雪皑皑的祁连山，北部是连绵起伏的黑山，两山之间只有15公里的距离，嘉峪塬如同河西走廊这条连通东西"大河"的中流砥柱。为加强西北的边防，冯胜决定在此修建关城，上表朱元璋，称嘉峪塬"此咽喉要道，令关踞其中，当固若金汤"。朱元璋遂下令于公元1372年建关城于嘉峪山西塬，不久，九眼泉地区平地而起一座黄土夯城，周长220丈，高两丈，宽一丈，关以山名，称为嘉峪关，这就是嘉峪雄关最早的雏形。

这里是真正的大漠戈壁，背负着民族安宁，承载着未来希望，沐浴着历史沧桑的万里长城在嘉峪关稍作停顿后继续向东向南蜿蜒迤逦，而在嘉峪关以西，汉代的长城依然在漫漫的风沙中倔强地挺立。嘉峪关，一手牵系西汉帝国所建造的汉长城，一手挽起大明王朝新建的明长城以及秦始皇建立的万里长城，横空出世在河西走廊最狭窄最险要的山谷中，独领风骚数百年。嘉峪关关城的总面积33 500余平方米，由内城、外城、罗城、瓮城、城壕和南北两翼的长城组成。长城全长60公里，城台、墩台、堡城星罗棋布，壁垒森严，形成五里一隧，十里一墩，卅里一堡，百里一城的防御体系。从建关到成为坚固的军事防御工程，嘉峪关的建成经历了160多年的时间。

现今的嘉峪关，内城外墙勾连环接，箭楼角楼相倚相望。仰望雄关，关楼在风沙的侵袭中岿然不动，雄视朔方。岁月刷尽了烽火烟尘，湮灭了鼓角争鸣，雄关在阳光的映照下折射出历史的沧桑与悲凉，令人遥想曾经戍边的将士赋予雄关无畏的血性，无限的豪迈和无尽的乡愁。这个历史上兵家必争的军事要塞，更是丝绸之路的必经关隘，张骞、霍去病、班超、玄奘、王维、林则徐、左宗棠……千百年来，不断有英雄人物从这片厚重的土地上走过，他们带着梦想，带着希冀，在金戈铁马中实现着自己的、民族的、国家的伟大理想。登嘉峪关城楼，望长城内外，苍茫荒凉的戈壁滩，空旷寂寥的大草原，白雪皑皑的祁连山，塞北的风光古朴中不失凝重，苍凉中透着醇华。千百年来，在这片土地上，冷兵器时代的金戈铁马曾壮怀激烈，演绎出一首不教胡马越长城的战争史诗，确保了长城以内农耕文明的兴盛，同时也隔绝了游牧文明与农耕文明的交流。然历史最终走向农耕游牧天下大同的世界，长城牵手迎来游牧文明与农耕文明融合的盛世景象。长城，中华文明的历史见证，见到你，我多少觉得自己适应了这个世界。这个世界，远比想象中的宽阔。

悬壁长城位于嘉峪关关城北约7公里处石关峡口北侧的黑山北坡，始建于明嘉靖十八年（1539）。石关峡口是古代通往西域的一处隘口，是嘉峪关古代军事防御体系的重要组成部分，素以天险著称。这段长城因城墙自山上陡跌而下，险峻处如攀绝壁，远观似长城倒挂山脊，俗称"悬壁长城"。1987年，悬壁长城重新修缮，由漫道、垛墙、墩台组成。沿漫道而上，跨四百多级台阶能直达峰顶。廉颇老矣，不敢攀爬，然学生沈啸跃跃欲试，哂笑为师者：不登长城非好汉。亦当仁不让，拾级而上。行至半程，气喘吁吁，原地歇息片刻。后面有嬉笑声传来，一群莘莘学子快步如飞攀登山道，转眼就走在我们的前面。羡慕地望着他们的背影对自己的学生沈啸说道："年轻真好。"攀登在前的一个男孩闻言回首，将一个纯真的微笑送给了我和沈啸，返身走到我的面前，似乎想助我一臂之力攀登长城。男孩那真诚的眼光看着我，清澈的眼神干净得没有一丝杂质。也许是受到男孩青春活力的感染，疲惫一扫而光，笑着摆手，师生俩紧随男孩一鼓作气登上了峰顶，来到了风景这边独好的烽火台。使人疲惫的不是远方的高山，而是鞋子里的一粒沙子，不由想起了伏尔泰的这句名言。烽火台，男孩和他的同学们欢声笑语，青春洋溢，

和敦煌男孩郑强在悬壁长城前

他们在庆贺自己攀上悬壁长城的最高处。随意交谈,得知这些学生来自敦煌,我和沈啸从敦煌来,无意中对敦煌的孩子产生几分亲切感。

挥手道别,先学生们而下山。途中,仰身取景拍照,忽见那敦煌男孩从山顶快步而下,在接近我的那一刻,突然改变方向,冲向台阶旁的悬崖,就在俯冲的惯性达到最高潮的那一刻,男孩双手紧紧撑住长城的垛口,在我身后的不远处站定。学生沈啸善意提醒:"下山慢点走,你刚才很危险。"男孩很是腼腆地回复沈啸:"我怕撞到你们。"瞬间,沈啸和我对这个善良的男孩都充满好感,这悬壁长城的山道两旁是陡峭险峻的山体,一个疏忽,后果不堪设想。一路下山,与男孩有说有笑,甚是融洽。男孩得知我和沈啸来自上海,且都是教师,非常尊敬。他告诉我们,今秋读高一,三年以后一定要到上海来读大学。

山脚下,悬壁长城立碑处,沈啸用相机为男孩和男孩的同学们合影,我和男孩也合影一张。彼此互加微信,得知男孩大名叫郑强。回上海后,沈啸将照片发给郑强。一个多月后,教师节来临,我和沈啸收到了来自敦煌的礼物,是郑强同学快递的各色敦煌农副产品,他还留言祝我和沈啸教师节快乐,并表示三年后考取上海的大学再和我们相见。我和沈啸衷心地祝福郑强,希望他心想事成,彼此相见在上海。悬壁长城与男孩的一次邂逅,男孩的一个下意识的举动让我和沈啸念念不忘这个可爱的男孩。郑强和他的同学们,他们就是筑起我们新的万里长城的一块块砖瓦,有了他们,万里长城永不倒。

长城是中华民族的脊梁,墩台是民族脊梁的支撑。万里长城墩台无数,长城第一墩是民族脊梁的第一道支撑。长城第一墩矗立于讨赖河边近56米高的悬崖之上,东临酒泉,西连荒漠,北依嘉峪关,南望祁连山,是关南最主要的一座墩台。长城第一墩又称讨赖河墩,于明嘉靖十八年(1539)由肃州兵备道李涵监筑,是嘉峪关西长城最南端的一座墩台,也是明代万里长城最西端的一座墩台。

寥廓的戈壁滩,两段残存的土坯长城遗址远远地拱卫着长城第一墩,长城第一墩孤独地蹲守荒漠。这一道城墙曾经是戍边将士守卫疆土的一个依托,这一座墩台曾经是万里长城不倒的一个依托。塞外的劲风划过耳廓呜呜作响,仿佛在诉说茕茕独立的长城第一墩辉煌的经历,似乎在提醒这里是古战场。岁月流逝,残缺不全的第一墩依旧用它的存在无声诉说着它的前世今生,讲述着长城墩台的贡献,表达着万里长城的传奇,一种肃然起敬油然而生。你唯有站在第一墩前,才能彻悟它所肩负的重任,才能体会万里长城的伟大所在,才会因长城第一墩享有长城源头的声誉从而感觉到它所具有的无穷魅力，内心才会有一种强大的震撼。想起了陆游的悲壮词句：秋到边城角色哀，烽火照高台。悲歌击筑高酹酒，此兴悠哉。

长城第一墩遗址有一个地下展厅，令人意外的是展厅外有一段玻璃栈道，站在玻璃栈道眺望绝壁之上的墩台，两岸的岩壁如同刀劈斧削，垂直陡峭，脚下的讨赖河万马奔腾，滚滚东去，震天的轰鸣犹如历史的厮杀声在耳畔回荡，其气势如此壮观，其地势如此险要，真切地感受到长城第一墩作为咽喉关口的重要性无出其右。突然之间看到这气象万千的景象在眼前拉开帷幕，这幅壮观的动态画卷确实令人的内心震撼不已。今天，作为军事防御功能配套设施的长城墩台，它和长城一样，永远失去了它的历史作用，但头顶万里长城第一墩的桂冠，它具有一种象征意义，第一墩被赋予丰富的历史文化内涵，长城第一墩也必然被载入史册。

别离长城第一墩之际，迎面看到在悬壁长城相遇的敦煌男孩郑强和他的同学们。再次偶遇，都有些欣喜，第一墩前再度话别，语重心长："如果我们的祖国是长城，将来的你们就是长城的墩台，因为墩台是长城的脊梁。"男孩自然明白话语的含义，用力点头。学生沈啸也鼓励敦煌男孩好好学习，三年后相见在黄浦江畔。郑强很肯定地点点头，说一定会到上海来读大学。衷心祝福敦煌男孩三年后能梦想成真，你们是国家的未来，你们是长城的脊梁。有你们，祖国的万里长城就有坚实的墩台依托。

告别嘉峪关返道西行，沿河西走廊继续追寻长城的遗址。河西走廊，丝绸之路，汉代长城，三者保持统一的步伐由东往西延伸，这是历史的必然重叠。在今天的河西走廊还现存烽燧、墩堠1 000余座。烽燧的作用是预警，是当年大汉王朝防御体系的见证，它们一个个矗立在河西走廊，至今还能感受到昔日大汉帝国的有力心跳。分布在河西走廊的汉长城遗址以及烽燧、墩堠其东西走向的多分布在长城内外的关隘峡口、丝绸古道的堡寨村庄附近；南北走向的多分布于焉支山、合黎山、黑山南麓的辽阔田野和广袤草原。按照其功能和类型主要分为兵墩和田墩。兵墩专司守望示警，防止敌人来犯；田墩用于守备清野和通信联络。这些汉长城及沿线的烽燧，有力地保障了河西走廊的畅通，让中原和西域连为一体，为今天的中华版图打下最扎实的基础。因此，河西走廊的长城是汉代河西完整的军事防御体系的重要组成部分，也是西汉王朝构建河西乃至整个北方防御工程的历史缩影。

河西走廊寻长城，拜谒长城玉门关。玉门关，顾名思义就是西域的玉石经过这个关口运送到中原。"羌笛何须怨杨柳，春风不度玉门关"，由此而得名的玉门关在唐诗中是独特的存在。玉门关不仅是诗人笔下具有实物意义的

作者和沈啸在长城第一墩

军事要塞和边关隘口，它更是一种保家卫国，征战沙场的精神体现。往事越千年，汉唐时期的辉煌早已被沙土深埋，曾经的喧嚣已变成一首哀怨杨柳的羌笛在城头孤独地萦绕，以文化符号长留人间。和沈啸折回西行，一路奔向至河西走廊的最西端，去追寻那遥远的屹立在玉门边关的汉代长城，然后返回敦煌市区与徒步三天走戈壁的学生丁雁以及他率领的"读行无疆走戈壁"的团队会合。

来到千年玉门关，漫漫黄沙中至今耸立在玉门关的汉长城似游龙浮动，它和残存的烽燧遗墩相依相存，组成一幅凝聚边塞沧桑的历史风云图。斜阳下长城的残壁断垣闪耀着历史的光芒与玉门关遥遥相望，这就是一部鲜活的历史教科书，中华文明几千年来存留的奇迹在汉长城的背后绚烂无声地绽放。伟大的汉长城，唤醒了人们对历史的记忆，中国文化的基因密码被破译。汉长城成为超越地理界定的文化符号，成为丝绸之路上一颗耀眼的明珠。捧起一把张骞留下脚印的黄沙，抚摸一片王昌龄倚墙歇息的城墙，悄悄地和历史上那些穿过汉长城，走出玉门关的先贤们进行一场超越时空的对话，聆听他们的壮怀激烈，跟随他们上溯历史长河的源头，让眼前重现昔日的时光，沉浸在中华民族辉煌的历史中不能自拔。此时此刻，岁月给你带来了生活的质感，让今天的你和遥远的过往达成了默契。这上下两千年的历史空间，激发人们无限的诗意想象，该有多少话题在汉长城前恣意发挥？这历史想象的空间实在是太大。

来到玉门关的天南地北的游客，无不怀着崇敬的心情仰望屹立在荒漠中的汉长城。然一幅不和谐的画面在身旁出现，一个无聊的游客站在汉长城前，他也许认为这残败的汉长城没有欣赏的价值，俯身捡起戈壁滩上的碎石，用尽了吃奶的气力一次又一次朝几米开外的汉长城投掷。跟随他的一个男孩，竟也效尤其所作所为，如法炮制，还开心地叫嚷："投中了，投中了。"他们把汉长城当作投掷的靶子来取乐，文化缺失的游客对自己命中投掷的目标居然还高兴得很。是可忍孰不可忍，义正言辞地斥责：这汉长城是国之瑰宝，你们的所作所为是无知，是破坏。旁边的游客纷纷叫好，也都批评不文明游客的破坏行为。这个无聊的游客朝我瞪了一眼，带着男孩悻悻地离开，甩下一句话：多管闲事。有些悲哀，为那个男孩悲哀，因为他被他的家人拽着离开的时候，也回过头来瞪了我一眼，不知他将来长大后会是怎样的品性。联想到在嘉峪关悬壁长城碰到的敦煌男孩郑强，他们都是祖国的未来，他们将来都应该成为撑起万里长城的脊梁，但这个男孩，能行吗？无知和愚昧不仅仅是毁了一个人那么简单。

长城，国之瑰宝，中华之魂，长城的后代必须秉承长城的精神，薪火相传，长城的精神才能扎根于长城后代的心间，伟大的长城才能永远屹立于世界的东方。长城，从山海关到嘉峪关，万里长城长又长。长城，从嘉峪关到玉门关，万里长城长更长。沿河西走廊西行，秦时明月汉时关一路陪伴你前行。从先秦到秦汉再到大明，跨度2 000多年，历代历朝修建的长城随处可见。你在河西走廊偶然看到的那些破残的土墙、土台，其实就是长城和烽火台的遗址。在今天的河西走廊西端的甘肃省安西县境内还保存汉长城150公里，这段长城东起甘肃玉门蘑菇滩，沿甘新公路南侧，疏勒河北岸，迤逦向西，与敦煌境内的西碱墩相连。历经千百年来的风雨剥蚀，依旧巍然屹立在戈壁荒漠中，堪称中国保存最为完好的汉长城之一。2 000年的风雨镌刻在长城，岁月的包浆丰富了长城，长城给后代留下气势恢宏的历史篇章，长城这部人类历史上的伟大史诗，长城的后代责无旁贷地永远继承和传颂。

物换星移，长城作为军事防御的历史使命于公元17世纪结束，但万里长城在中国历史上，对政治、经济、军事、民族交融、文化交流、中西方交通和科学技术发展等方面所产生的影响极其深远。我无从想象，未来将会把长城雕刻成何种模样。我知道这个世界上所有的存在都是短暂的，只有消失的才是永恒的，但是消亡的物质作为一种文化存在，一定会永远伴随着人类。今天，长城已经作为中华民族不屈不挠的精神象征，作为中华文化连绵不绝的象征，作为中华儿女团结融合的象征，作为中华后代共同发展的象征，长城提供给我们的是一种多向性的载体，长城2 000多年的历史早就转变为一种中国文化，融会于中华民族的血液，作为中华文明的象征世代传承。万里长城今犹在，不见当年秦始皇；河西长城今犹在，不见当年汉武帝，但长城的精神永在，长城的文化永在。

2020年9月28日

北魏重镇新武川

又到内蒙,北国风光扑面,塞外秋意渐浓。行驶在阴山深处的千年"白道",遥想当年西汉大将军李广,为抗击匈奴南下侵犯,挥师北上,"不教胡马度阴山",豪情顿生。蜿蜒曲折的白道连接古代中原和北方大漠,也连通着分处阴山南北的蒙古高原,促进了农耕民族与游牧民族的交流,见证了农耕文化和游牧文化的冲撞。阴山白道还是中原通往蒙古、俄罗斯的必经之路,这条世界级的文明传输带是东西方文化交流史上的黄金通道,享有"丝绸之路""驼马茶道"的美誉。走白道,出阴山,昔日的北魏重镇武川张开双臂欢迎你,这座历史悠久的塞北名镇,坐落于农耕文明与游牧文明的交会处。2 000多年前,匈奴人曾盘踞于此和秦汉对峙抗争数百年。武川一路向北,可直达边城二连浩特。二连浩特是连接蒙古国和俄罗斯的口岸,武川处在这条重要的国际通道的十字路口。

以大青山为照壁的武川蕴含帝王之乡的雄浑气象,多少世界级的政治家、军事家和艺术家在武川的历史舞台走过,贺拔岳、高欢、宇文泰、独孤信、宇文恺、独孤伽罗……一时多少豪杰,在武川大地各领风骚,深刻影响了当时历史的进程,历史的星空至今闪耀着他们的光芒。武川,草原的门户,文明的渊薮。民族和平交往的年代,武川左手牵阴山南的大汉王朝,右手挽大漠北的游牧部落,白道成为阴山南北两种不同文明的交融通道。秦汉时期,农耕民族与游牧民族经常处于战争状态,边塞战火在阴山南北燃烧,点燃战争导火索的是漠北的游牧民族匈奴人。匈奴是一个由众多游牧民族逐渐演变、融合而成的部族,发祥地在今天的内蒙古河套地区和阴山一带,他们曾经是亚洲大陆上最强大、幅员最辽阔的游牧部落。从先秦时代开始,他们冲出蒙古高原,肆无忌惮地掠夺安定富庶的农耕国家,成为大汉帝国最强悍的敌人。汉朝大将军李广率领汉军长驱直入过武川一路杀向漠北,骠骑将军霍去病收复河西走廊,封狼居胥,翦除了横亘在东西方之间的这支可怕的力量。匈奴人战败,远走不可知的他乡寻找生存之路,随之崛起鲜卑族游牧部落在黄河以北建立了新的帝国，由拓跋氏创建的北魏王朝设武川为军事重镇。及至历史走到了20世纪的抗日战争年代，武川境内的大青山成为中华国土地理位置最北的抗日根据地。历史是一根隐形线，只有看到被它串联起来或者是交织在一起的那些事件，我们才能认识到曾经真实存在的过往，才能看清楚武川的地理位置在军事上的重要性。

千年古镇武川的前世今生如此波澜壮阔，令人浮想联翩。座驾在阴山腹地稍作停留，身披晚霞环顾连绵群山。微风吹起，婆娑作响，喧嚣声被无限缩小，此时你的世界里只剩下自己一人，前不见古人，后不见来者，念天地之悠悠，独感慨而长叹，一种原始的意味令人很自然地遥想起先民们在阴山生存的画面。从石器时代开始，先民就在阴山的岩石上留下一个个神秘的图案，大约2.1平方公里的范围内，共发现5万多幅岩画，刻画的时间至少延续上万年。阴山岩画刻录了先民的生活轨迹，揭开了游牧民族的历史。时光的节奏缓慢地走到了秦汉时期，游牧民族为了生存屡屡南侵，掠夺中原大地农耕民族的财富。草原文明和农耕文明的千年冲突，根本原因就是争夺粮食满足民族自我生存的需求。穿越几十个世纪的风雨，对漫长的岁月做一次深情的回望，阴山留下的一首首慷慨激昂的人间悲歌让华夏后裔铭记这段历史。往事越千年，欣逢盛世，古老的中华大地，长城内外，万象更新；阴山南北，生机勃勃。今天的阴山，纵然萧瑟秋风今又是，但换了人间。最是一年好光景，行走在阴山，满目秋色晃人眼。大自然真是一个神奇的画家，一个转身，不经意间你就能获得意想不到的美景。在这绿肥红瘦的意境里编织梦想的武川，诠释灵魂的诗意，展现生命的律动，但觉眸底生烟雨，脚下踩韵律。原来真实的世界是可以这样的，它打开了你的心扉，让你明白何谓豁然开朗。感谢武川朋友的邀请，得以走一走秋意渐浓的阴山，沉醉于绚烂飘逸的秋色赋，忘却尘世间所有烦恼。沉醉半晌，收回纷呈的思绪，再度俯瞰阴山深处的千年白道，古朴中不失厚重，苍凉中透着醇华，冷兵器时代的金戈铁马曾壮怀激烈，演绎一首首悲壮的战争史诗，然阴山牵手，历史最终走向农耕文明和游牧文明彼此握手天下大同的和谐世界。阴山，中华文明的历史见证，见到你，我多少觉得适应了这个世界。这个世界，远比想象中的宽阔。

武川遥遥在望。2 000多年前的武川，天似穹庐，笼盖四野，天苍苍，野茫茫，风吹草低见牛羊。2 000多年后的武川，依旧是草原宽广，牛羊成群，沃野田畴，燕麦飘香。武川的地理纬度，武川的土壤条件被科学家公认为是全球最适合裸燕麦生长的地方。裸燕麦即莜麦，是当今养生谷物的翘楚。经科学研究，莜麦植物脂肪丰富，食用后能分解出一种亚油酸物质，具有治疗高血压、动脉粥状硬化、冠心病等功效。此行武川，正是为了去见证一位武川籍的企业家在三年前对我做出的承诺，这位企业家在自己的故乡将一座燕麦加工厂孵化成文化产业园区，不仅将裸燕麦的研发提升到一个崭新的高度，而且将草原文化的推介也做到极致，成为武川一张靓丽的文化名片。

武川，内蒙人戏称"五川"，自诩比四川还多一川。秦汉时为匈奴游牧场所，北魏时设置武川镇，为漠南六镇之一。明末为蒙古族阿勒坦汗部游牧地，清光绪年间设置武川厅，民国初年改为县。武川县政府所在地可可以力镇，简称"可镇"。武川南临大青山山崖，可可以力，蒙古语为"青色的山崖"。游牧与农耕的两种文化历经千年的磨合最终走向交融。明代以降，武川为蒙古族的游牧之地，同时农耕文明在武川得到兴盛，商业文化也随之繁荣。清乾隆年间，武川成为归化城（今呼和浩特市）通往新疆与蒙古地区的必经之地。大清王朝康乾盛世时代，商人在可镇开设商铺，逐渐形成商业集镇。中国近代史上著名的"走西口"，武川亦是一个重要的驿站。一批又一批的移民背井离乡越长城，北上口外的蒙古地区，在阴山南北安家落户，艰苦创业，他们给处于落后游牧状态的内蒙古中西部带去了先进的农耕文化，使得当地的整个文化风貌发生了根本的改变。伴随着走西口移民的进程，口外的内蒙古地区以传统单一的游牧社会演变成旗县双立，牧耕并举的多元化社会，武川在走西口的历史嬗变中也成为一个蒙汉回满等16个民族和谐相处共同发展的地区。

千年古镇武川，物产丰富，人文蔚起，山川厚重，田园沃衍，阴山群峰拱卫，昆都仑河穿越。每年的七八月份，一片片油菜花在武川构成了一道怡人靓丽的风景线，满山遍野的金黄色是这个季节的主色调。碧绿的原野被分割成多种色彩相间的色块和线条，如同画家用浓重的笔墨勾勒出一幅幅摄人心魄的作品，给人以无限丰富的遐想。开阔的缓坡上黄灿灿的油菜花儿一直蔓延到天边云际，悠闲的彩蝶和勤快的蜜蜂在黄澄澄的油菜花骨朵丛中翩翩起舞辛勤劳作。满山遍野的油菜花儿优雅地谢幕，夏的热烈尚未在武川尽情绽放，一场秋雨又给武川带来秋的浪漫。空山新雨后，天气晚来秋，秋雨将可镇的大街小巷洗涤得一尘不染。漠北的秋雨来得迅速，走得急促，转眼间蓝天白云，秋阳高照。行走在可镇，在一块刻有北魏重镇武川的石碑前留影，感受古老和悠久给武川带来的历史厚重和年轮亘古，石碑就像是一部厚厚的史书幽幽打开尘封已久的武川历史，诉说着武川的过往。武川，漫漫岁月中，铁血雄关铸锁钥；悠悠历史中，沧桑历尽新颜换，这座昔日的北魏重镇还保存着草原文化的千年遗风，还没有被过度开发和包装。停止脚步，在街头多品一会儿小镇原生态的风貌，心头竟会漾起一种"近乡情更怯，不敢见来人"的情愫。武川，经别三年，再度见到你，站在你的街角，徘徊于街头，似乎触摸到了你不安跳动的脉搏，第六感觉告诉我，武川在悄没声中酝酿着一次剧变，武川即将迎来华丽的转身。忽有所悟，此行武川，将要去参加一座燕麦加工厂的落成典礼，这座燕麦加工厂是武川的新希望，它彰显着一位本土企业家的家国情怀，这位胸有宏韬大略的企业家大名孙注。

　　三年前，我和孙注驻足在武川这片土地上。一片废墟前，孙注指点江山："武川是南下中原，北上草原的过渡地带，也是阴山白道向北通往白云鄂博、锡林郭勒等大草原的重要通道，我们将在这里矗立起一座草原之门，它就是燕谷坊。燕谷坊是一座现代化的燕麦和马铃薯的加工基地，被加工的燕麦和马铃薯的成品、半成品将从燕谷坊流向全国各地。"孙注的眸子里似乎看到了三年后即将落成的燕谷坊。1 000个日夜的奋斗，孙注和他的合作伙伴们终于梦想成真，我也被盛邀参加燕谷坊落成的庆贺典礼。千里迢迢奔赴武川，我还想证实孙注的另一重承诺。孙注说宾客走进草原之门等同于走进草原文化博物馆，用自己的视觉、听觉、味觉、嗅觉接受草原文化的洗礼和馈赠。孙注为燕谷坊的蓝图勾画了一个草原文化的生态环境，屹立在武川的燕谷坊将成为草原文化的名片。然不进入燕谷坊，又怎知燕谷坊的草原文化几许？

　　一路繁花相伴，农耕文明与游牧文明的十字路口伫立，远远望去，一道亮丽的风景线扑入你的眼帘，气势恢宏的草原之门燕谷坊赫然矗立在蒙古高原的阔野。建筑是空间的语言，一部优秀的建筑作品，就是一种艺术呈现，一种文化传承。燕谷坊，总建筑面积近9万平方米，其建筑外形就像一本打开的画册，一部翻阅的书籍，绚丽的色彩描绘着草原文化的美景，空间的语言诠释着草原文化的精髓。燕谷坊又像一个顶天立地的巨人张开双臂敞开胸怀欢迎天下客，"我有嘉宾，德音孔昭"，开放的空间彰显燕谷坊有容乃大的襟怀。在这寥廓的北方大地，横空出世的"燕谷坊"更像是一艘待命远航的战舰，随时准备出征，乘风破浪，走向世界各地。走进草原之门，极具震撼力的雕塑在广场高高耸立，两匹跃入半空的骏马迎向前方，奋蹄疾驰。骏马奔腾的方向是广袤无垠的草原，那里才是它"马作的卢飞快"的疆场。燕谷坊的正立面由一根根拔地而起的石柱支撑，这一根根立柱恰似列队有序的仪仗队伫立在草原之门欢迎五湖四海的宾客。还没有踏上高高的台阶步入燕谷坊，我就看到了灿烂的草原文化在燕谷坊熠熠闪光，让我有梦想。拾级跨入燕谷坊，进入一个令人耳目一新的世界，开启一场草原文化之旅。

燕谷坊园区

　　燕谷坊以现代农业的三产项目形成产业集群,立志建设成内蒙古一二三产业融合发展的示范引领性企业。迈入草原之门,如同走进千年武川,草原文明留存的文化就在这匠心独运的建筑内绚烂无声地绽放。燕谷坊带给你的这场视觉盛宴跨越上下2 000年的历史长河,令人震撼。浸濡浓郁的草原风情,只觉得时间是静止的,心灵是空明的。在这样的氛围里,会忘却世间的一切,所有喧嚣、烦乱,各种忙碌都在此刻停顿,只想停下脚步,给自己一个浪费时间的理由,让灵魂也有歇息的时间。想起了英国哲学家罗素的名言:你能在浪费时间中获得乐趣,就不是浪费时间。徜徉燕谷坊,整个心田都灌满草原文化的氧气,你能够抛开所有烦恼的思绪,去感悟文化的魅力,去思索生命的意义,这时间真的没有浪费。驻足在一座座叙述草原文化的浮雕前,那色彩与线条之间流动的乐章,带领每一位参观者穿越了久远的历史长河,重现昔日永恒的时光。这些浮雕,保留了人类遗失的那些记忆,穿透力极强,草原文明的基因密码被破译,成为超越时空界定的文化符号。凝眸浮雕上的"昨日再现",那是历历在目的草原文明的具象;抚摸浮雕上的人物,就是触摸中华几千年的文明,那是民族大融合的盛景浓缩。2 000多年前农耕民族与游牧民族为生存而征战的历史早就深埋在广袤的草原,一曲中华民族大融合的绝唱却在燕谷坊的大厅回响。

武川,上下2 000年,白驹过隙的时间。欣逢新时代,只争朝夕的岁月。新一代武川人思天地一隅,叹岁月蹉跎,创千秋大业,这是孙注这样的武川企业家的使命。三玉川茶道文化馆(大盛魁晋风文化馆)与孙注促膝而坐,有些疑惑:"为何名大盛魁晋风文化馆?"孙注笑曰:"大盛魁是清代山西人开办的对蒙贸易的最大商号。我是山西人,当年我的祖上走西口,来到内蒙安家落户。"恍然大悟,为孙注敬茶:"原来你是新一代的晋商。"孙注摆手笑笑:"与老祖宗相比,差远啦。"好奇孙注的故事,又询问:"你原来是体制内的,怎会选择自主创业?创业毕竟是一条布满荆棘的道路。"孙注沉思许久才缓缓说道:"我在探索生命的意义,我想知道生命究竟是什么?"生命究竟是什么?两千年前,西方的柏拉图和东方的庄周都在思考这个问题。延续到今天,孙注又抛出这个命题,且试图破解这古老命题,这是新时代给思想者带来的一种觉醒。觉醒者往往是推动这个时代往前走的先行者,他们意识到,创造就是一种觉醒,一种变革,是对本身拥有的颠覆。70后的孙注,觉醒到改革开放带来千年不遇的契机,大盛魁的辉煌必然重现。他不愿意将自己锁在体制的笼子里。明明有着栖身的角落,过着安逸的生活,却觉得自己的心无处安放,还是要一厢情愿地跋山涉水,辗转在尘世,山一程,水一程,穿过时光的轩窗,回归素简,从零开始,走上路漫漫兮其修远的创业之路。有些鸟儿注定是关不住的,因为它们身上的每一片羽毛,都注满了自由的光辉,孙注就是一只有理想有抱负的自由的鸟儿。孙注的祖上走西口从山西来到内蒙,他的血液里还流淌着晋人的基因,晋商敢为天下先的精神一直在激励着孙注要做一个有抱负有追求的人。

孙注从体制内走出来了,他站在属于自己的土地上和武川对话。播下希望的种子,付出真心,付出勇气,等待种子的发芽、生长。艰难的创业之路,历经无数的坎坷和波折,最终苍天眷顾执着的追求者,让孙注在最深的绝望里遇见最美的风景。草原之门燕谷坊,一个响亮的名字在内蒙大草原回荡,燕谷坊的创业者们骑上骏马"的卢"走向广阔的市场,很快,纽约证券交易所即将敲响燕谷坊在纳斯达克上市的钟声。"我是创业人,不破楼兰终不还;我是武川人,此心安处是吾乡。"孙注微微闭目,那条布满荆棘的创业之路让他感慨万千,"当你做对的时候,没有人会记得;当你做错的时候,连呼吸都是错。"人到中午的孙注,不再是那个洒脱不羁的热血青年,创业的艰辛在他的眼角堆起了皱纹,岁月让容颜慢慢老去,心却变得更加成熟淡然。面对成功,孙注懂得了世间种种:"人生一世,也不过是一个又一个二十四小时的叠加,在这样宝贵的光阴里,我必须明白自己的选择。"这是台湾作家三毛的一句名言,明白孙注引用这句话的内涵。以茶代酒敬孙注:"创业,也是一场修行,这场修行应该是你人生中最宝贵的财富。"孙注微微一笑,起身邀请我随意逛逛,感受燕谷坊的文化氛围。

"草原的秘密"场馆,孙注为我奉上一杯蒙式奶茶,侃侃介绍:"蒙式奶茶,蒙古语称'苏台茄',主要用鲜牛奶和茶叶熬制而成,口味独特,回味悠长,孩子们都亲切地称作额吉(妈妈)奶茶。喝蒙古奶茶是蒙古族的传统饮食习俗,除了解渴之外,还是补充人体营养的一种主要方法。若有客人来到蒙古包,热情好客的主人首先斟上香喷喷的奶茶,表示对客人的真诚欢迎。"一边品味甜中微咸的奶茶,一边观赏熬制奶茶的一道道工序。氤氲的茶香在四周弥散,我闻到了蒙古包内特有的味道。一杯奶茶,让蒙古民族彪悍的心性里多了一分柔肠,我看到身边有两位手捧奶茶的蒙古汉子,他们的眼神里泛动着些许温情。喝奶茶,佐以各式奶制品,大快朵颐中感受草原文化的魅力。奶食是蒙古民族的食品之首,也被蒙古民族视为珍品。蒙古人以白为尊,视乳为高洁吉祥之物。"奶食馆"内有蒙古族钟爱的珍馐展示,奶汁原纯,奶茶飘香,奶食绵密,奶酒爽口。捧一杯奶茶,老饕们可以在"奶食馆"消遣半晌,尽情享受大草原的馈赠。

中国文化的传承不仅仅是唐诗宋词、京昆戏曲,中国烹饪酿制的舌尖上的美味也是中国文化的代表。自人类文明有文字记录,饮食文化即成为所有民族的主要文化。曾有学者推论,人类历史都是在嗅着盐的味道前行。人类的迁徙促成了食物的相聚,食物的离合见证了人与人之间的离散。一方水土养一方人,一方人的口味就是家乡的味道,家乡的味道就是时间的味道,亲情的味道。这些味道在漫长的时光中和故土乡情融合在一起,分不清哪种是滋味,哪种是情感,可见中国人对食物的感情多半是思乡、是怀旧。历史走到今天,人类对饮食的需求并不仅仅满足于果腹,健康的养生理念成为一种时尚追求。把诗情和浪漫在燕谷坊挥洒,将养生和美食在燕谷坊糅合,这是燕谷坊饮食文化的创意。内蒙古有三件宝:山药、莜面、大皮袄,武川也有三件宝、莜麦、土豆、山羊肉。燕谷坊的北魏风情美食街将名扬天下的莜面文化做到了极致。这条美食街汇聚武川当地特色美食风俗,各色小吃在这条古意悠然的美食街香气四溢,尤其是武川招牌莜面更令食客近悦远来。源味武川品牌馆,武川特产的样品展示区,馆内融合了几十家武川农副企业的产品,琳琅满目。走进源味武川品牌馆,等同于在翻阅武川饮食文化的说明书,北方饮食文化的豪爽霸气之风将整个展览空间塞满。此外,天一莜面楼和俄罗斯咖啡厅也都有各自的餐饮文化特色。

燕谷坊展示的草原文化是多元的。万里茶道文化走廊是继古丝绸之路衰落后在欧亚大陆兴起的又一条重要的国际商道，这条绵延近三个世纪的万里茶道牵起了中国大汉口和俄罗斯恰克图的经济纽带，促进了中西方交流，使得沿线的各族人民均有受益。漫步这条文化走廊，聆听发生在这条漫漫长道上各种各样的故事，每一个故事都是一段东西方文明交流的佳话。万里茶道揭示了一个人类发展史上的真理：世界只有开放，文化必须交流，这个地球才能走向更为文明的境界。蒙元文化是草原文化最重要的组成部分。伟大而历史悠久的马背民族蒙古族是活跃在亚洲北部蒙古高原上的古老游牧民族，蒙元文化馆展示的绚丽多彩的蒙古族服饰是蒙元文化的精髓，蒙古马靴、金银器具、珠宝首饰、马头琴、蒙古刀和马奶酒酒壶都是蒙古族传统文化的体现。辟一个场馆，解读草原文化，是燕谷坊的匠心独运。"草原的秘密"场馆有独特的草原造景设计，采用多种立体显示技术，环抱草原美景，让用户身临其境，体验安静闲适的草原生活。"敕勒川，阴山下"，一首北朝民歌《敕勒歌》描述了游牧生活的壮丽图景，令人遐想无限。燕谷坊内的敕勒川蒙古部落以蒙元文化装饰为主，提供传统蒙餐，还原草原牧民的待客之礼仪，给予游客沉浸式体验，感受马背民族的淳朴生活。燕谷坊，一座名副其实的文化园。

燕谷坊还是一个爱国主义的教育基地。抗日战争时期，作为全国19个抗日根据地之一的大青山抗日游击根据地就建立在武川。大青山抗日根据地是全国著名的老少边地区，乌兰夫、李井泉、王若飞等老一辈无产阶级革命家在这里留下光辉的足迹。大青山抗日根据地有效地打击了日伪军的嚣张气焰，牵制了日伪军的西进南下，成为陕甘宁边区和晋西北抗日根据地的北部屏障。此外，根据地还建立了连接苏蒙的秘密交通线，成为中共中央与共产国际联系的重要桥梁。在燕谷坊红色武川文化教育基地，更多人将会了解武川人民的抗日事迹和顽强不屈的抗日精神，从而引发人们更多的爱国主义情怀，培育和弘扬社会主义核心价值观，深入发掘红色资源和传统文化的时代价值，进一步传承红色基因。由衷赞叹企业家孙注的家乡情怀和文化底蕴，将绵延几千年的草原文化层次分明地折叠于草原之门燕谷坊。想起了凡·高所言：我不知道有什么可以确定的事，但看到星星让我有梦想。草原之门燕谷坊就是孙注梦想蓝图的最终体现。

燕谷坊内一路参观，不觉时光流逝半天。重回大盛魁晋风文化馆，促膝而坐。添杯沏茶，茶香氤氲，呷茶一口，回味无穷。孙注侧目微笑，他很想聆听我一路参观的感受。略加思索，说道："燕谷坊是一本书，每一个场馆都是一个篇章,所有的篇章都突出了燕谷坊的文化内涵,主题是弘扬草原文化,推广养生燕麦。"孙注依然微笑不语,似乎想继续倾听我的更多感受。"其实人生也是一本书,封面由父母决定,精美也好,粗糙也罢,别太在意,要知道,一本书最精彩的还是它的内容。以赤子之心,去书写心底的梦,认真对待每个段落,每个章回,每个诗篇,这就是吾将上下而求索的过程,这就是人生。"思索半响之后,又补充这么一段自认为很有哲理的话语,"你的人生很精彩,你现在已经很富有,你迎来了人生的高光时刻。"孙注微微摇头,并不完全认可我的评价,他随手翻阅茶桌上的一本书,若有所思:"我的家乡给了我创业的平台,我的家乡助力我创业成功,我要学会感恩。一个懂得感恩的人,他的人生才精彩,他才是天底下最富有的人。"

草原之门在武川打开,燕谷坊这部传奇作品在武川产生巨大的溢出效应。孙注还在继续追梦,追寻他的教育之梦。他援引清华老校长梅贻琦曾说过的一句话:"所谓大学者,非谓有大楼之谓也,大师之谓也。"近年来燕谷坊通过武川县教育发展基金会的平台资助数百万用于改善武川中小学的硬件设施,孙注认为做得还不够,他还想请全国各地的优秀教师亲临武川,为家乡的中小学教师授业解惑,同时委派武川的教师到全国最优秀的学校进修实习。年复一年,造就一支优秀的师资队伍,武川就能看到辉煌,这辉煌远远胜过一座燕谷坊。孙注的父亲是教师,他的太太也是教师,出身教师世家的孙注深知这样一个道理:知识不存在的地方,愚昧就自命为科学;教师不存在的地方,无知就变成为聪慧。教育是振兴国家之本,教育是通向人类思想光辉的天梯。没有人类思想的光辉,外界的一切是没有意义的。今天的武川矗立起草原之门燕谷坊,明天的武川将矗立起一座精英教师的灯塔,在武川的校园点燃人类思想的光辉,人类思想的光辉是引领人类走向科学大道的灯塔。两千多年前,儒家至圣孔子从曲阜出发,日夜兼程,来到洛阳,向老子问礼求道。孔子不耻下问,是为了更好地向他的弟子传经布道,这是孔子的教育追求。"为天地立心,为生民立命,为往圣继绝学,为万世开太平",孙注认为北宋教育家张载的"横渠四绝"理应成为教师的座右铭。

人类的伟大,就在于斗转星移,梦想的追求百折不挠,亘古不变。孙注的肺腑之言:我们无法丈量生命的长度,却可以增加生命的厚度,在不那么丰厚的时间维度中,应该好好思考生命存在的意义。振兴武川的教育,正是孙注和他的合伙人共同追求的目标,是他们生命存在意义的具体体现,因为他们的人生磁场相同。朗达·拜恩在《力量》一书中写道:每个人身边都有一个磁场环绕,无论你在何处,磁场都会跟着你,而你的磁场也吸引着磁场

企业家孙注

相同的人和事。曾国藩说过：一生之成败，皆关乎朋友之贤否。一个人的磁场圈子，决定了一个人的成败，和磁场相同的人在一起，彼此有共鸣。终于明白，创业成功的孙注完全可以在人类生物链的顶端享受荣华富贵，为何他认为自己的事业还没有成功？他有他的人生格局。一个人的格局映衬着他的世界，影响着他的一生。心中有大格局的人，他的人生注定是一个不断思考不断觉醒不断改变的过程。人生如逆旅，我亦是行人，也许孙注的名字冥冥中暗合了他的命运，人生的逆旅中，他注定是一位不寻常的行人。路漫漫其修远兮，吾将上下而求索，这是孙注的宿命，也是他的使命。回首向来萧瑟处，可有风可有雨。艰难的创业之路一路走来，成功的皇冠最终被孙注的团队摘得，孙注完全可以抖落一地的风尘，微笑着转身，在自由的小船里撑起一支长篙顺着幸福的河流舒坦前行，一路花香鸟语，春风扑面。然人生的格局却让孙注选择逆流而上，依旧砥砺前行。诗经云：知我者谓我心忧，不知我者谓我何求？走进草原之门燕谷坊，豁然开朗，明白孙注的何求所在。位卑未敢忘忧国，成功更思报家国，孙注和他的合伙人有这种人生格局，他们懂得感恩，他们才会情系武川的教育。

2020年10月18日

金风送爽走陕北

自驾从内蒙的呼和浩特一路西行，和随行的弟子小海（李海忠）虔诚拜谒成吉思汗陵后，两人又直奔陕北榆林，心心念念黄土高原深处的盛世美景。在榆林靖边，隐藏着中国最美的丹霞地貌，它被誉为中国的波浪谷。来到陕北，还要走一走我们这一代人心目中最敬仰的革命圣地延安，杨家岭、枣园、宝塔山、延河水是"红都"的光环。印象中的陕北就是沟峁纵横切沟的黄土高原，一排排的窑洞镶嵌在贫瘠的高坡。千百年来，陕北大地，荒山秃岭，绿意难觅，沟壑纵横，黄土漫漫，放眼望去，满目疮痍。美国记者埃德加·斯诺在延安采访期间，曾不止一次地望着陕北的高山与沟峁，一边感叹它是风神的杰作，是艺术家抽象的涂抹，一边又悲哀地说：人类能在这样恶劣的自然条件下生存，简直就是一种奇迹。驾车从鄂尔多斯进入榆林，由蒙古高原转向黄土高原，车内一曲信天游循环单放，大气撩人的歌声仿佛让我看到了头扎白羊肚巾的陕北汉子挥鞭牧羊引吭高歌的场景。贫瘠的山梁如凝固的波浪，纵横起伏地伸向远方，陕北汉子站在空旷的黄土高坡，遥望近在咫尺却难以逾越的前方，一曲信天游冲破层层阻隔，将他歌声中寄托的希望送到远方。陕北，独特的地貌和风土人情如同磁场般将我和小海深深吸引，迎接我的应该是沟壑峁梁，窑洞排排，信天游声声，安塞鼓点点，想象着站在高高的山梁，放眼黄土高原，吼一声秦腔，唱一曲《兰花花》，竟然觉得好生浪漫。

八月的时令，博大厚重的黄土高原金风送爽，陕北大地袒露出迷人的秋色，最先送入眼帘的竟然是满眼绿意晃人眼的景色，脑海中留存的陕北印象荡然无存。黄土高原森林茂密，山清水秀，两千年前的黄土高原盛景难道今日重现？这景象应该是史书中记载的秦汉之前的黄土高原。中国历史上，历朝历代由于战争、人口迁徙等人类活动的破坏，曾经水土丰饶的黄土高原最终走向贫瘠。自汉唐以来，黄土高原屡遭人为破坏，但总体来说黄土高原的生态环境还存在一定的良性。北宋以降，黄土高原遭受的破坏是毁灭性的。

历史上北宋王朝是一个积贫积弱的王朝，西夏李元昊称帝，大宋王朝的西北部地区日趋紧张。黄土高原"四面边声连角起，千嶂里，长烟落日孤城闭"。天降大任于范仲淹。范仲淹从南方调往陕西，受命为陕西经略安抚副使。范仲淹在陕北选拔将领，整顿军队，修复堡寨，加强防备，陕北边防得到巩固。在加强军事防备的同时，范仲淹还大兴屯田，发展生产，招抚"熟羌"，争取民心，这是一位具有战略眼光的政治家与军事家的深谋远虑，客观上稳定了大宋王朝的边境安宁。与此同时，过度开发黄土高原，采伐林木，开垦农田，黄土高原的生态系统遭受破坏。黄土高原生态环境破坏最严重的时期发生在大明王朝。由于军事防守的需要，明王朝先是在黄土高原的北部，也就是陕北的延安、榆林以及山西北部地区实行"屯垦戍边"的政策，黄土高原掀起了更大规模的毁林开荒高潮，黄土高原的生态环境遭遇前所未有的浩劫。到了清朝，掠夺性的屯垦政策更为严重，黄土高原林草覆盖的地区都被开垦为农田，无休止的轮番开垦，加之黄土高原自古以来的广种薄收，终于使黄土高原的生态环境被破坏殆尽，从此，黄土高原展现在世人面前的就是粗犷苍凉的旷世原野。今天，黄土高原穿越两千年的时空，握手秦汉，再度将山清水秀揽入自己的怀抱。盛世来临，黄土高原换了人间。

  陕北榆林街头徜徉，街道整洁，绿树成荫，高楼林立，繁华不逊江南三线城市。榆林的神木煤田是世界七大煤田之一，榆林还有中国陆上探明的最大整装气田——陕甘宁气田，榆林被冠以"中国科威特"的称号。榆林古称"上郡"，始于春秋战国，兴于明清，为明朝九边重镇（延绥镇）驻地，康熙帝亦赐榆林"两守孤城，千秋忠勇"的刻碑。榆林是一座中原文化和草原文化融合的城市，"南塔北台中古城，六楼骑街天下名"是对榆林城区传统建筑布局的形象描述。鳞次栉比的四合院是榆林城市的主角，是这座古城的魂。走在长街短巷、高墙低檐的四合院中，看着宽阔的庭院，逼真的石鼓、石狮、雕花的抱柱和典雅的屋檐，内心会深深地陶醉。明清四合院是老城街道两侧的重要组成部分，这些传统建筑让榆林享有"小北京"的称谓。另外，榆林还散落着大量独具特色的古代建筑，如保存完好的古城、戴兴寺、香炉寺等。地处军事要塞的榆林作为古代军事重镇经常遭受战火的洗礼，狼烟不断，在榆林的市内和郊外，还可以看到很多军事上的城楼、城墙，还有一段古长城遗址，这些文化遗迹最能代表榆林的塞上文化。如此奇特的城市建筑串联起榆林上下千年的历史，这在神州大地实属罕见，这也是榆林被称为国家历史文化名城的重要标志。榆林位于陕西省的最北部，黄土高原和毛乌素沙漠的交界处，是黄土高原和内蒙古高原的过渡区。榆林东临黄河与山西省隔河相望，南接延安，西连宁夏、甘肃，北与内蒙古鄂尔多斯接壤，系陕、甘、宁、内蒙和晋五省区交接地。从地理位置上看，榆林一直是北方游牧文明和中原文明的交会点之一。榆林往北不远是大漠草原，榆林往南不远就是繁华的中原汉地。依大漠，踞高原，北瞰河套，南蔽三秦，榆林自古成为兵家必争之地。悠久历史的榆林距离西安500公里，在一千年前，这500公里的两端一头牵起的是繁华的京都，另一头牵起的是苦寒的边塞，特殊的地理位置使得榆林留下了一处处文明的遗迹，也积淀了邑境深厚的民族战争文化、军事戍边文化和蒙汉民族互通的边贸文化。

榆林有数不清的文化印记和不一样的美丽风景，厚重的历史积淀必定是璀璨的文化。榆林下辖的县很多都大名鼎鼎，比如"米脂的婆姨绥德的汉""清涧的石板瓦窑堡的炭"。米脂历史上最有名的可能就是明朝末年的闯王李自成了，他领导农民战争、推翻了明朝、建立了大顺政权。在这块边塞土地上，有着热情奔放的大秧歌，高亢激昂的信天游，千姿百态的绥德石狮子，细腻秀美的三边剪纸，等等；在这片黄土地上还有长城穿越而过的红石峡风景区、中国最大的沙漠淡水湖——红碱淖风景名胜区、中国的波浪谷——龙州丹霞地貌风景区，等等。波浪谷最先是指美国亚利桑那州北部朱红悬崖的帕利亚峡谷，这是一个由五彩缤纷的奇石组成的风景区，三十年前才被美国的几位摄影爱好者发现。这片丹霞地貌因其砂岩上的纹路像波浪一样，所以这片地方被他们叫作"The Wave"，即波浪。在同一纬度上，我国陕北的波浪谷更是惊艳了整个世界，它隐藏于毛乌素沙漠的边缘，在靖边县东南22公里处龙洲乡的闫家寨子。靖边龙州丹霞波浪谷是中国干旱地区最典型和面积最大的丹霞地貌景观，其岩石的复杂层面是一亿五千万年前侏罗纪就开始沉积的巨大沙丘组成，在数千万年的风力和雨水的冲刷下才演变成孤立的山峰和形态各异的奇岩怪石，被称为时光的年轮。

从内蒙入陕西，为的就是一睹榆林波浪谷的盛世美颜。行进在黄土高原，一路之上绿色葱茏，盎然的绿意始终和我们形影相随。这片裂缝交织依然的土地如今被无边的绿色覆盖，不知怎的竟然会有漾起一种失落之感，脑海中形成的对黄土高原固有的思维让我执着地认为脚下的这片土地应该将它那种简单、枯燥的土黄色呈现给我，千百年来在这深重的沟壑里生存的每一个个体也都应该有着和这片土地一样的肤色，那才是我心中认定的黄土高原的画卷。但是黄土高原变得葱绿了，变得滋润了，只有身临其境，才能感知黄土高原的变化，黄土高原的变化分明预示着华夏重生的希望来了。眼眶感觉到有些濡湿。为什么我的眼里常含泪水？因为我对这土地爱得深沉。同行的小海也由衷感叹黄土高原的变化，绿浪翻滚的黄土高原颠覆了他原先的认知。黄土高原的万木葱茏预示着华夏民族的再度复兴，作为华夏民族的后裔，行走在黄土高原，自豪洋溢心头。停车，站在广袤的黄土高原，俯身捧一把黄土，有一种想低头去亲吻它的冲动。这里的黄土孕育着华夏文明，华夏民族的始祖轩辕黄帝就是从黄土高原走来，才有了中华民族五千年文明的出现。翻阅历史，上古时期，轩辕黄帝"习用干戈，以征不享""修德振兵，治五气，艺五种，抚万民，度四方"，华夏民族正是从黄土地上出发向四海征战，越过千沟万壑，走向辽阔，才有了九州，才有了天下至中的中原大地。《史记·五帝本纪》中交代轩辕黄帝驾崩后葬于桥山，叶落归根。黄土高原，华夏民族的发源地，华夏民族的根在黄土高原。

继续行进，根据导航的提示抵达龙州波浪谷景区。这里是目前陕西规模最大的一个丹霞地貌景区，当地人称为"波浪谷""红石峁"，也叫靖边红砂岩峡谷。波浪谷景区尚处在初期开发阶段，以一号景区地心丹霞及一线天、二号景区火焰丹霞和三号景区水上丹霞为主。波浪谷主景区为一条红色的大峡谷，峡谷宽50多米，两岸峭壁好似斧劈刀削，参差的红砂岩在风雨剥蚀下呈现出千奇百怪的姿态和色彩，在不同的角度和不同的时间又会呈现不同的景色。犹如时光年轮，波浪谷记录下亿万年风霜的洗礼，积淀着厚重的历史与文明。艳阳当空，苍穹碧透，跌宕起伏的山头是红色的堆涌，一目山川画卷开，一号景区远观峰峦雄伟，近看峡谷幽深。置身一线天，更能体会其中的妙不可言。二号景区的火焰丹霞如九曲黄河的形状，游走其间，方能一窥波浪之貌。年轻的小海，忽上忽下，跳跃在一座座红色的山头之间，他将一幅幅波浪谷的照片发给远方的亲人，一迭声地说道，来到陕北的波浪谷，何须再去美国亚利桑那。二号景区的水上雅丹，小巧玲珑，景色精致，犹如放大的山水盆景，嫣红"波浪"与碧绿水面交相辉映，难以置信黄土高原的山谷间匿藏着这般旷世奇景。波浪谷的最美时刻当是雨后天晴时，阳光下的红砂岩其色泽会更加鲜艳，壮观的景色像大地喷洒炽焰烈火，似山峦披上红色霓裳，视觉震撼马上转变为心灵震动。波浪谷，无论是美的梦幻和轮回，还是美的壮观和磅礴，"色如渥丹，灿如明霞"的波浪谷正从时光隧道的深处向我们走来，置身其间，每一位游客都有足够的想象空间。

龙州的红砂岩大都被厚重的黄土所覆盖，经过陕北黄土高原千万年的大风吹袭和季节性的暴雨强有力的冲刷，红色山岩逐渐显露，是大自然中的风和水在漫漫岁月中雕琢红色砂岩，黄土高原终于涌出这叠状结构的波浪谷。红色的山石就像泥石流一样呈现出一种水流状，一圈圈、一坨坨、一弯弯地

学生李海忠在陕北榆林龙州波浪谷景区

向沟壑中涌去。沿着沟边的红色石头一直往下走，在宽阔之处能看到巨大且平整的石壁，从上到下均为红色，颜色深浅基本一致，及至站立在亿万年形成的地貌前，就像是同远古时代来了一次亲密的接触，内心被深深震撼。一层层、一卷卷、一盘盘的石头在夕阳的渲染之下分外鲜红，一条貌似峡谷的河沟横在眼前，红色的石头全部呈流水状凝固于此，像一株株红色的冰挂，又似一股股封冻的岩浆，与沟底一处处流淌着细流及远处山顶上的风车构成了一幅美不胜收的画面。感谢造物主在人世间留下如此瑰丽的宝藏，波浪谷，你的每一条皱褶都是一道涅槃重生，你的每一道纹理成就一次羽化登仙，你的每一抹色彩展现一笔旷世奇景，远古时代的造山运动与沧海更迭经过千万年的酝酿，你最终向世人展示这塞上丹霞的风采神韵。人类的历史与整个地球的地质变迁比起来只是一瞬间，波浪谷是时间与空间留在地球上的烙印，波浪谷是全人类的自然遗产。深深浅浅的足迹，斑斑驳驳的沧桑，远远近近的砂岩，疏疏淡淡的伤感，夕阳余晖下，血色残阳里，经历着岁月侵蚀的波浪谷正在无声诉说金戈铁马的伤痕与苍凉，这美丽的丹霞地貌上处处有人为的雕刻痕迹，甚至有游人刻上了自己的名字，隐藏在边塞风沙里的波浪谷安然无恙千千万万年，今天却陷入过度消费的境地。陕北生态脆弱，保护波浪谷刻不容缓。

　　一曲信天游，送我延安走。宝塔山高耸，延河水长流。延安，中国革命的圣地，宝塔山，中国革命的第一塔。"几回回梦里回延安，双手搂定宝塔山。千声万声呼唤你——母亲延安就在这里"，信口吟诵贺敬之创作的长诗《回延安》。延安，寻梦千里，穿越浩瀚，多少年向往延安的万千情结今天终于能在黄土高原的飒飒秋风里纵横翩飞。进入安塞境内，远远地看到黄土高城之卜卧有一尊安塞大鼓，满山的郁郁葱葱映衬安塞大鼓的红火，在柔和的秋阳下显得分外亮眼。仿佛看到头扎白羊肚巾的陕北汉子正敲起奋进的鼓点，这尊极具象征意义的安塞大鼓在欢迎你来到革命圣地延安。延安，一座历史文化名城。历史的潮汐造就了延安丰富的人文资源。延安是中华民族重要的发祥地，据说人文始祖黄帝曾居住在这一带，掩映在苍松翠柏中的轩辕黄帝陵，是炎黄子孙寻根祭祖的民族圣地。延安，曾经卷动世纪风云的一片神奇土地，1935年10月，中共中央和中央红军胜利抵达吴起镇，延安成为中国革命的落脚点和出发点。20世纪40年代中国革命走向胜利的历史画卷就在宝塔山下，延河水边绘就。延安，中国革命根据地城市中旧址保存规模最大、数量最多、布局最为完整的城市，享有"中国革命博物馆城"的美誉。

　　穿过延安繁华的街市，在距延安城西北约2公里处，小海和我来到了杨家岭。和所有的陕北窑洞一样,杨家岭的窑洞也是依山而挖,一溜三五孔排列整齐,或独居一两孔隐于山腰。杨家岭的窑洞是中国革命的摇篮,是走进中国革命史册的最辉煌的篇章。来到延安,不能不走进杨家岭的窑洞,不能不感受和领悟曾经发生在这里的点点滴滴。这普普通通的窑洞,让中国共产党人度过了艰难的岁月。窑洞内点燃的油灯,如沉沉夜空中明亮的北斗,指引中国革命走向胜利。

在杨家岭革命旧址中,中央大礼堂是一个具有重大历史纪念意义的建筑。建于1942年的中央大礼堂采用凸式结构,充分体现了中西结合、美观大方的时代风貌。可容千人的中央大礼堂采用四个大石拱为梁,这是延安当年唯一没有使用木梁或木柱的大型建筑物。主厅的这种结构是因为延安的石材取之不尽,且陕北石匠砌拱的技术高超。礼堂两侧的标语是"坚持真理,修正错误",会场后面有"同心同德"四个大字,大厅两边挂有24面党旗,代表着中国共产党已经走过24年的历程。和小海分别在讲台前站立,各自拍下一张具有象征意义的照片。走出中央大礼堂,再度回望,庄雅古朴的中央大礼堂经历了近80年的烽火硝烟,依然风姿如旧,巍然屹立在杨家岭,成为爱国主义教育的基地,继续传播红色的基因。

延安宝塔山海拔1 135.5米,是融自然景观、人文景观、历史文物、革命旧址为一体的著名风景区。矗立山顶的宝塔始建于唐代,高44米,共九层。1937年7月,中共中央进驻延安后,这巍然屹立的宝塔成为中国革命圣地的象征,成千上万的爱国进步青年,在那国难当头的岁月里,历经千山万水,从全国各地奔赴延安,寻找救国救民的真理。塔旁有一口明代铸造的铁钟,高约150厘米,上部有佛教常用的莲花纹饰,下部有道教常用的八卦纹饰,是佛道融合观念的体现。中共中央在延安驻扎时,曾用它来报时和报警。宝塔山上还有长达260米的摩崖石刻和碑林,石刻岸面整齐,岸石完整,属于难得的石刻艺术,其中以范仲淹的隶书"嘉岭山"和"胸中自有数万甲兵"等题刻最为著名。抗日战争和解放战争期间,延安是中国革命的总后方,宝塔山也闻名遐迩,成为历史名城延安的标志,成为民族精神的图腾。游览宝塔山,既可以欣赏古代艺术瑰宝,也可以切身感受革命圣地的精神。"几回回梦里回延安,双手搂定宝塔山",巍巍宝塔山,滚滚延河水,经常出现在诗人、画家的作品中,人们讴歌宝塔山,实际上是在怀念延安岁月,歌颂延安精神。乘坐电瓶车来到宝塔山,绿树成荫,花香鸟语,宝塔山成为延安的一张旅游名片。不远处传来铿锵有力的宣誓声,和小海循声而往,向阳的山坡上一面鲜红的党旗在秋阳下飘扬,绿荫丛中几十位年轻人举起右手庄严地向党旗宣誓：我志愿加入中国共产党……响亮的宣誓声飞出宝塔山，飞向延安城，中国共产党又新添了新鲜血液。登上塔顶，延安全城风貌尽收眼底，滔滔延河水蜿蜒流过市区，一座欣欣向荣的现代化城市就展现在自己的眼前。耳畔又听得一曲《山丹丹花开红艳艳》飘荡在宝塔山：一道道的那个山来哟一道道水，咱们中央红军到陕北……

枣园革命旧址位于延安城西北8公里处，1944年至1947年3月，枣园为中央书记处所在地。导游向我们娓娓介绍枣园的概况：枣园原为地主的庄园，中共中央进驻延安后，为中央社会部驻地，遂改名为"延园"。园内原有几排窑洞和一些果树，1942年陆续修建了几栋"品"字形小洋房，还在山上修建了几十孔土窑洞，栽种了一些果树和花草。1943年10月，中共中央书记处由杨家岭迁驻枣园，社会部搬往后沟。枣园景色秀丽，环境清幽，园内树木葱郁，绿草如茵，"幸福渠"横穿园林而过。枣园革命旧址是红色旅游中的重要环节，景区现开放了中央书记处小礼堂，"为人民服务"讲话台，中央医务所、幸福渠等景点。幸福渠位于枣园院子右侧靠近山坡处，从院子中间穿流而过。渠长6公里，建成于1940年4月，可灌溉土地80多公顷。这条渠把枣园川的旱地变成了水浇地，庄稼连年丰收，于是取名为"幸福渠"。枣园见证了中国共产党在这一历史时期的许多重大事件。中共中央书记处在此居住期间，继续领导整风运动和解放区军民开展大生产运动，筹备了中共七大，取得了抗日战争的胜利，并为抗战胜利后争取民主团结、和平建国同国民党进行了针锋相对的斗争。

从1937年至1947年，延安一直是中共中央所在地和陕甘宁边区首府，是中国革命的指导中心。延安革命旧址还包括凤凰山中共中央旧址、王家坪中共中央军事委员会、八路军总司令部旧址等。延安是中国革命的圣地，延安的每一寸土地都有不寻常的经历，延安的每一处遗址都有动人心弦的故事。挥别宝塔山，亲吻延河水。延河就在我面前静静地流淌，斗转星移，春去秋来，延河水"逝者如斯夫，不舍昼夜"。今天的延安，左手高擎革命圣地的熊熊火炬，右手紧握千年历史的文化积淀，成为黄土高原一颗闪亮的明珠。韵味醇厚的陕北风情文化根植于黄土地，粗犷豪放的安塞大鼓，高亢激昂的陕北民歌，古朴精美的民间剪纸，热烈欢快的陕北秧歌，延安的黄土风情和底蕴深厚的文化艺术成为革命圣地延安旅游的新亮点，一个崭新的延安从时光深处向我们走来。

从榆林到延安，行走在黄土高原，就像是行走在回家的路上，因为黄土高原是我们华夏民族的根，生活在黄土高原的黄皮肤的中国人创立了中华

延安宝塔山

文明。路遥在《平凡的世界》里写道：黄土高原，曾经是原始森林。黄土高原，现在是千沟万壑。今天的黄土高原，可以将路遥笔下的"千沟万壑"改为"万木葱茏"。黄色不再是它唯一的主色调，生机勃勃的绿意给黄土高原送来民族复兴的希望。黄土高坡远看是一幅大气磅礴的画；近听是一首高亢激昂的歌；深悟是一部中华文明的经。黄土高原，你是我们炎黄子孙的老家，我们的炎黄祖宗就躺在你的黄土里，炎黄后裔的身体里流淌着黄土高原的基因，黄土高原蕴含着中华文明的密码。站在时空交点，再一次回望黄土高原。历史的风华曾在这里凝滞，战火的烟云曾在这里弥漫，行者的呐喊曾在这里回响，红色的火炬曾在这里点燃，绿色的种子又在这里燃起希望，这就是华夏的黄土高原。美哉，壮哉，黄土高原，我中华民族的故乡。

2020年10月20日

风光无限川藏路

　　全长2 000多公里的川藏公路历史上曾是茶马古道，它所穿越的青藏高原东部的横断山脉地区是世界上地形最复杂和最独特的高山峡谷地区。6 500万年前，印度板块与欧亚板块猛烈碰撞，青藏高原剧烈抬升，大地互相挤压、紧缩，形成大规模的皱褶与断裂，横断山脉横空出世。空中俯瞰横断山脉，山连山，山接山，摩肩接踵，紧密相连，许多山峰海拔都超过6 000米，最高峰贡嘎山海拔7 556米。高山上发育出巨大的冰川，数量达1 961条，其中有著名的海螺沟。海拔上升，雪山连绵，其中有四姑娘雪山和稻城亚丁的仙乃日、央迈勇、夏诺多吉雪山。横断山脉还借助冰川融冰，形成了上千个高山湖泊，在中国各大山脉中，横断山脉是观赏雪山倒影的最佳地方。横断山脉的高山垭口云雾蒸腾，从印度洋吹来的西南季风和从太平洋刮来的东亚季风被横断山脉拦截，云海茫茫，蔚为壮观。水汽丰沛，降水充足，横断山脉植被丰富多样。这里有世界上垂直自然带最丰富的地区，从山地森林到高山灌丛再到亚冰雪带的高寒荒漠，在不同海拔高度各得其所。动物种类的丰富更加引人注目，金丝猴、长臂猿、小熊猫、白唇鹿、岩羊，这些世界珍稀动物都在横断山脉生存繁衍。1869年法国传道士在横断山脉发现了大熊猫，这种呆萌的生物一经发现迅速引起了世界的好奇。横断山脉横断了东西，却也同时开启了南北沟通的孔道。6 000年前，黄河流域的一支古人，沿着温暖湿润的横断山脉河谷不断南迁，在之后的演化中慢慢形成了包括藏族、彝族在内的多个族群聚居区，社会学家费孝通于1980年前后提出"藏彝走廊"这一历史民族的区域概念。横断山脉，群山密布、江河纵横，物种丰富，民族多样，自然景观如此密集的横断山脉，还有九寨沟、梅里雪山、玉龙雪山和泸沽湖等世界级的风景区。沿川藏线行走在横断山脉，与全世界最美的风景来一次亲密的约会，今天如愿以偿。

　　迤逦横断山脉的川藏公路被誉为全球最美的公路，它的惊险程度让人一生难忘，它的旖旎风光让人一见倾心，它的民族风情让人一生铭记。川藏公路沿线雪山环抱，云雾缭绕，江河清澈，层林尽染，各色民居点缀其间，原生态风光无限壮美。有人说，如果没有信仰，不如把行走川藏公路当作自己的信仰，每一步都是行走在朝圣的路上。行走川藏线，沿途时会飘来一片片云，那一片片像大海一般翻腾的云，会打开每一位行者的心扉，让你明白何谓宽广。行走川藏线，用心灵去感受淳朴的人文风情，用眼睛去欣赏原始的自然风光，尘世间所有烦恼会让你忘却，从此不必再牵挂。行走川藏线，你会有朝圣者的感觉，你的身心得到了净化，你终于明白真实的世界原来是可以这样的。川藏线最美的风景在金秋十月，从成都出发，行走在川藏线的川西一段，经雅安、泸定、康定，过新都桥至理塘到稻城最后入滇抵达香格里拉。

四川之美在川西，川西之美在甘孜。甘孜藏族自治州俗称康巴地区，是除了西藏以外的中国第二大藏区的心腹地带，是中国最著名的风景走廊。甘孜离尘世最远，离天堂最近，是灵魂深处一片永不消失的净土，是一个走过路过，却永远也看不够的地方。甘孜拥有圣洁高耸的雪山，古朴幽深的海子，绿草如茵的草原湿地，流水潺潺的小溪，逼仄险峻的峡谷，如此多娇的江山，引无数游人竞折腰。甘孜不仅风光优美，还拥有底蕴深厚的康巴文化、情歌文化、格萨尔文化、香巴拉文化和宗教文化。甘孜是格萨尔王的故里，是仓央嘉措的精神归宿，是大香格里拉的核心区域。行走川西的每一天，都是在和全球最美的风光拥抱。

有"东方阿尔卑斯山"之称的四姑娘山风景区坐落在四川省阿坝藏族羌族自治州小金县境内，距离成都220公里，被称为成都的后花园。四姑娘山因四座连绵的山峰而得名，山体陡峭，直指蓝天，冰雪覆盖。主峰幺妹峰海拔6 250米，仅次于蜀山之王贡嘎山，人称蜀山皇后、东方圣山，是邛崃山脉最雄奇的险峰。四姑娘山景区内有陡峭险峻的山峰，苍翠茂密的森林，绿草似毯的草甸，蜿蜒曲折的溪流，含烟凝碧的高山湖泊，时而出没的珍禽异兽，还有晶莹璀璨的现代冰川，从山顶一直延伸到海拔4 000米的高山草甸，构成了独具特色的高远山地风光。

按自然形势和景色分布，四姑娘山风景区划分为双桥沟、长坪沟和海子沟三个风景区，其中双桥沟风景最为集中最为迷人，雪山、牧场、草地、森林组成的一幅立体风景画让游客心驰神往。双桥沟风景区占地面积216.6平方公里，全长34.8公里，全程通公路，还有观光木栈道，是三条沟中唯一不用骑马的线路。景区分为三段，可观看到几十座海拔4 000米以上的雪山。前段为杨柳桥、阴阳谷、白杨林带、日月宝镜山、五色山等奇景。中段为撵鱼

四姑娘山风光　摄影：东望（何巽吉）

坝，包括人参果坪、沙棘林、尖山子、九架海等景点。后段为牛棚子草坪和长河滩等景点。这些大自然鬼斧神工创造出来的奇观充满神奇的传说，显露着独有的灵性。极目蓝天处，一座座雪山就像身披白色婚纱的新娘，静静地等待新郎的到来。清风载着白云在蔚蓝的天际旅行，云儿自由自在游荡，无所羁绊地缭绕在雪山，骄傲地留下自己的身影。在风儿的宠溺下，云儿又任性地飘向远方，不再回头。似听得云儿在歌唱：我是蓝天最大的王，恣意流浪在天穹。缱绻群山万壑间，我就是追逐雪山的新郎。我相信那云隙中的光一定是高原上佛的眼睛，那暗处一定是佛留在草原的身影。佛在指点迷津，身心世界什么都海阔天空，了自其中永无尽意。佛让人参悟出生命既在现实里，也在虚幻里，由此让你明白白云洒脱的缘由。

　　长坪沟景区内不仅有秀丽的自然风光，还有关于四姑娘山神奇的传说和嘉绒藏族几千年来形成的民族风情，是四姑娘山景区原始生态游和民族风情游的最佳去处。全长29公里占地面积100平方公里的景区内原始植物种类非常丰富，植被保存完好。成片的原始森林里，古柏高大挺拔，青松枝密叶茂，杉树、杨柳密密匝匝，遮天蔽日。阳光穿透树冠，洒下万缕金光，长满青苔的沃土诉说着特有的幽静与原始，俨然一幅林深不见人，清泉石上流的诗情画意般的美景图。海子沟全长19.2公里，景区占地面积126.4平方公里。海子沟内有10多个高山湖泊，湖水清澈见底。清风徐来，漾起千层碧波，万点晶莹。蓝天和白云都将自己最美丽的身影留给这高原上的小海，四面山色层次分明地栖息在碧水之中，安详而快慰。无鳞的远古鱼类因此保留下来，成为人们今天了解这块土地的活化石。站在方圆十几公里的大海子边，看高原黄鸭在水面飞翔，让生命归于永恒。

告别四姑娘山景区，重走红军长征路，翻越海拔4 100米夹金山，那是红军长征攀登的大雪山。夹金山，是邛崃山脉南部的高山，位于宝兴县西北、阿坝州懋功县以南。夹金山峰云雾缭绕，积雪终年不化，气候变幻无常，时阴时晴，时雪时雨，忽而冰雹骤降，时而狂风大作，有神山之谓。为纪念红军的壮举，宝兴县建成一座夹金山公园，园内，一座红军长征翻越夹金山纪念碑高耸入云，熠熠生辉。夹金山，昔日荆棘丛生的小道正在被宽敞的公路取代，我们的座驾翻越夹金山时，正值山顶在拓宽公路，堵在山顶两个多小时，体验了夹金山的风云突变，阴晴无常的气候，对红军长征翻越夹金山的艰难困苦有了切身的感受。

走川藏线就会通过二郎山。四川雅安市天全县境内的二郎山是青衣江和大渡河的分水岭，以陡峭险峻、气候恶劣闻名全国。二郎山是川藏线上的第一道咽喉险关，素有"千里川藏线，天堑二郎山"之说。二郎山隧道开通，从此天堑变通途。穿行全长8 660米的二郎山隧道，抵达泸定县，沿着湍急河流奔向泸定桥。1935年5月29日，中国工农红军途经泸定桥，以22位勇士为先导的突击队，冒着敌人的枪林弹雨在铁索桥上匍匐前进，一举消灭桥头守卫。飞夺泸定桥战斗打开了红军北上抗日通道，谱写了中国革命史上和世界军事史上惊险奇绝的战争奇迹，泸定桥从此成为中国共产党重要的历史纪念地。

渐行渐远二郎山，贡嘎山峰顶寻觅人间天堂海螺沟。雪山、云海、蓝天，纷纷招手，我来了，海螺沟！我行遍世界所有的路，逆着时光行走，只为今生与你邂逅。青藏高原东缘的极高山地贡嘎神雪峰，其山脚下的海螺沟以低海拔的现代冰川著称于世，沟内蕴藏有大流量沸热温冷矿泉，大面积的原始森林和大量的珍稀动植物资源。海螺沟位于泸定县磨西镇，贡嘎山东坡，是青藏高原东缘的极高山地，距离成都280公里。海螺沟以2 850米的低海拔现代冰川著称于世，晶莹的冰川从高峻的山谷铺泻而下，巨大的冰洞、险峻的冰桥使人恍若来到了神话中的水晶宫。海螺沟是亚洲最东低海拔现代冰川的发现地，其大冰瀑布高1 080米，宽0.5米到1 100米，是中国迄今为止所发现的最高大冰瀑布。海螺沟真正的魅力所在是夕阳西下的那一刻，远眺夕阳映照之下的贡嘎神山，雪山披上金色的光芒，在湛蓝的天空下熠熠生辉，光与影笼罩下的贡嘎神山展现出盛世美颜。那一瞬间只觉得时间仿佛都停止，那神山分明就是佛祖身影的再现。膜拜神山，庄严而肃穆，内心顿时有一种超越自我的觉醒。

不同的大地雕刻师造就不同的地貌。海螺沟的现代冰川震撼人心，海螺沟，一个被绿色拥抱的世界，连绵的群山和幽静的山谷中林涛翻滚，莽莽苍苍的原始森林秋意正浓。海螺沟原始森林面积达70多平方公里，是我国古老与原始生物物种保存最多的地区之一。海螺沟原始森林独特的地理条件使得沟内高差达6 000米左右，沟内由此形成了多层次的气候链、植被链和地壤带，将2 500多种从亚热带至寒带的野生植物集中在一个风景区内，沿着环游山路徐徐行进，可以清楚地感觉到身边植物的无穷变幻。从山谷挺拔的棕榈、青翠的竹林到原始森林的参天古木、野生杜鹃，直至高海拔的色彩缤纷的草本野花和地衣类植被，令人目不暇接。各种野生观赏植物争奇斗艳，将海螺沟装点成五彩缤纷的世界。海螺沟同时也是世界众多珍稀动物的栖息地。走进海螺沟的深处，秋的氛围在视觉和听觉中悄然延伸。海螺沟，深秋的脚步还是蹒跚着来了，也许一个昼夜交替，漫山就会红遍。脚步悄然放缓，用心去领略它的宁静，感受它的柔和，理解它的不被尘世所惊扰的心态，才明白那种众里寻它千百度，它却处在灯火阑珊处的意境。回首远望，贡嘎金山银装素裹，低首环顾，苍莽森林绿意盎然，贡嘎神山静谧寂寥，高处不胜寒，无边林海涛声依旧，勃勃满生机。

康定，甘孜州的州府，具有悠久灿烂的历史文化，是川藏咽喉、茶马古道重镇、藏汉交会中心。康定是一座三面坏山的小城，湍急的折多河穿城而过，颇具民族特色的建筑错落有致地排列在河岸两旁，衣着鲜亮的藏族同胞悠闲地徜徉在街巷。一曲《康定情歌》让这座川西高原的小城名扬四海，甘孜州神奇壮丽的自然风光，璀璨深远的康巴文化皆因康定这扇门而被打开。打开这扇古老大门的钥匙，正是这首蜚声中外的《康定情歌》。第一次听到这首《康定情歌》快有半个世纪了，那是红色风暴席卷中国大地的年代。那一个深秋，那一个夜晚，听到了这首《康定情歌》，沉浸在情歌炽热奔放的意境中。相约有朝一日在康定放声歌唱《康定情歌》，康定，遥远神秘的康定，就此贮存在彼此的心房。为了前世今生的这个约定，跨越近半个世纪的时空，康定情歌广场唱《康定情歌》，可惜没有邮递员来传情，听情歌的人在那遥远的地方，她是心中的卓玛。卓玛，远隔千山万水在大洋彼岸的卓玛，当年唱《康定情歌》的卓玛，可听得见康定情歌广场传来的《康定情歌》？卓玛，我的卓玛，无论天老地荒，我听得见你心跳的声音。卓玛走来，胜过雨巷走来的丁香，回眸一笑百媚生，眼神牵着你的灵魂走，那是一位清纯靓丽的藏族姑娘。情歌广场，卓玛为你捧上一碗香喷喷的酥油茶，舌尖上缱绻着万般甜蜜和柔情。情歌广场，听得卓玛在唱《康定情歌》，如碧玉一般温润优雅的声线，声音漂亮得没有一点儿人间烟火气，给人的感觉就是空灵，思绪回到了近半个世纪前的那一个深秋，那一个夜晚。入夜后，一弯月亮挂康定，银色的月光洒在你的床上，梦境中再度邂逅卓玛。摇动所有的转经筒，不为超度，只为触摸卓玛的指尖。晨曦中，一曲"跑马溜溜的山上"飘入窗棂，推开窗户，梦中的卓玛正在情歌广场向你招手微笑。哦，卓玛，我的卓玛。

  新都桥位于川藏南北线的分岔路口，北通甘孜，南接理塘，是川藏南线318国道的必经之地。秋天的新都桥是摄影家的天堂，光与影的世界。经历春与夏的积淀，秋的绽放终于迎来了新都桥的高光时刻。秋是绚丽人生最后的灿烂时光，丈量大地的脚步伸向十里画廊新都桥，童话般超凡脱俗的仙境，美出了天际，不负美誉地满足着人们对天堂的幻想。站在高山的肩头遥望新都桥的秋色，一个亦真亦幻的充满秋意的世界展现在眼前，绚烂的色彩激动着每一位游客的心房。金黄的柏叶，银白的雪山，开阔的草原，湛蓝的天空，起伏的云海，交织成流畅的色彩线条。新都桥，如诗如画的世外桃源，失落的人间天堂，仿佛一个人承包所有芳华染晕的绚烂飘逸，便纵有千种风情，更与何人说？新都桥的清晨最为迷人，晨曦剖开薄雾，阳光钻出云罅，镀满屋顶、树梢、草坪、山峰，一个个典型的藏寨依山傍水散落在公路两旁，浅浅的小河绕着寨子缓缓流淌，光与影的变幻打造出新都桥的盛世美景，惊呼：此景只应天上有，人间哪得几回见。新都桥，我宁愿错过全世界，也不愿错过你。

  挥一挥手，说声再见，不带走新都桥的一片云彩，新都桥的美景已不可抗拒地嵌入脑海中的储存记忆。西行向理塘，寻找情诗王子仓央嘉措的足迹。六世达赖仓央嘉措，他们说你是一个孤独的诗人，他们说你有一颗忧郁的灵魂。12年前在拉萨八廓街玛吉阿米二楼的窗口，遥望雪域高原的深蓝色苍穹，一场穿越时空的对话在你我之间悄然展开。你让我转山转水转理塘，理塘有你灵魂的寄托。理塘是四川甘孜州的一个县城，距离成都有600多公里，海拔高度4 000米以上，是世界上海拔最高的城市之一，对于当地的藏族人来说，除了雪山，理塘就是最为高远的世外秘境。穿过理塘隧道便来到了理塘的东城门，城门上写着"世界高城理塘"。理塘，最好不相见，如此便可不相恋。最好不相知，如此便可不相思。转山转水转理塘，不可抗拒地到了理塘，对仓央嘉措的这首诗有更深地理解。"白鹤啊，请借我一双翅膀，我不会远走高飞，只到理塘转转便回。"据说这是仓央嘉措遇害前写的最后一首诗，关于这首诗有很多版本的传说。有人说理塘是仓央嘉措的故乡，也有人说理塘是仓央嘉措情人的故乡，比较靠谱的说法是仓央嘉措写这首诗是预示他的转世灵童将在理塘出现。仓央嘉措遇害后，第七世达赖喇嘛出现在理塘。理塘有康区规模最大的黄教（格鲁派）寺庙，还有非常辽阔的毛垭大草原。《中国国家地理》杂志曾将川西高寒草原评为中国最美的六大草原之一，理塘便是川西高寒草原的一部分。

　　川藏线沿途有很多高海拔的高山垭口，每处垭口都设有观景台，供游客泊车休息，观赏高原美景。理塘和雅江的分界处卡子拉山耸立，海拔4 718米，被誉为"云中牧场"。高海拔的草场，植被稀少，草甸更显开阔，山花烂漫的草地碧水悠悠，牛羊成群，帐篷和寺庙塔林互相交织，高寒草原秋天的绮丽斑斓景色令人难忘。卡子拉山是川藏线上的著名景点之一，与剪子弯山、脱洛拉卡山一起组成了雅江到理塘之间的高海拔天险。剪子弯山和卡子拉的垭口串联着丘状高原与高山峡谷之间的过渡地带，这两个垭口具备地理分界线的作用。有人如此评价卡子拉山和剪子弯山这对姐妹垭口：从这里开始，我们如同撑杆跳高运动员，一下子跃入了川西独特的山原地貌分布区。站在卡子拉山垭口观景台举目四望，群峰尽伏脚下，层峦叠嶂，一层更比一层远，一层更比一层浅，重重叠叠的山峰犹如大海的万顷波涛，汹涌壮阔，一直延伸至天边，真像行走在天路之上。川藏线上14座垭口，唯有卡子拉山有这样的壮阔景色，高山之巅，你和天空是如此之近，仿佛一伸手就能触摸到那片童话中的蓝色。翻越卡拉子山，雾气渐散，瞬间云海茫茫，每一朵云彩都是一首绝妙的诗歌，每一道霞光都是优美的散文，这气象万千，这风云诡谲，令人血脉贲张。云遮雾绕冲破，湛蓝清朗迎接，世界的神奇就是这样组成。谁言高处不胜寒，大美就在最高最远处。不畏浮云遮望眼，只缘身在高山巅，信口吟诗一首，馈赠卡子拉：苍茫云海翻，寰宇霞光闪。云舞霓裳衣，霞拨金镂簪。浮云煮成茶，彩霞织成弦。我饮云徘徊，我歌霞翩翩。

　　旅行向远方，灵魂赴自由。千万里，千万里的追寻，来到了稻城亚丁。亚丁国家级自然保护区位于四川甘孜州稻城县香格里拉镇，由"仙乃日、央迈勇、夏纳多吉"三座雪峰和周围的河流、湖泊、高山草甸组合而成，是中国保存最完整、最原始的高山自然生态系统之一，享有全世界最纯净的地

亚丁景区风光　摄影：东望（何巽吉）

方，水蓝色星球上最后一片净土的盛誉，据说这里才是英国作家詹姆斯·希尔顿心目中消失的地平线——香格里拉。稻城亚丁，你有五彩缤纷的森林。恍若"森林歌手"希施金画廊的展现，这位俄罗斯油画大师画笔下的森林秋色，亚丁能给予所有的诠释。稻城亚丁，你有巍峨神圣的三怙主雪山。仙乃日（藏语为观世音菩萨）、央迈勇（藏语为文殊菩萨）、夏纳多吉（藏语为金刚手）三座神山各自拔地而起，呈三角鼎立。终年白雪皑皑、一尘不染的三神山，山腰间林海茫茫，飞泉瀑布高悬，山脚下宽谷曲流蜿蜒，湖泊纯净安谧。悠长奇绝的山路穿越晨雾伸向天边，山间坝子散落着玛瑙般的海子，在阳光的抚慰下海子浅浅地苏醒，荡漾起阵阵的涟漪。俊俏的山峰围绕着秀美的湖泊，坚硬与柔美碰撞出审美的盛宴，所有的一切都会让朝觐者陷入美的海洋中。行走在山间的木栈道，环绕身边的是茵茵的草场，鲜花怒放；潺潺的溪流，叮咚歌唱。亚丁如梦如幻的美景里，似见得仓央嘉措脚步沙沙声，一首《在最深情的秋天与你相逢》耳畔萦绕：夕阳中，金色的叶子轻轻擦拭我们相拥而泣的泪水，我担心你会拂尘而去，飞进水中的月亮。仓央嘉措悲秋的心境成为伤感深秋的文化符号，留在了中国古典诗词大全的扉页。稻城亚丁的秋，有一份浓烈，还有一份恬静，就像一首理查德·克莱德曼演奏的

《秋日私语》，流淌的音符中滑动秋的轻盈的旋律，秋的氛围在视觉和听觉中无限延伸。稻城亚丁秋的神韵让你不由得匍匐跪拜，将胸膛与大地贴近，把灵魂与天空相融。亚丁，一个编织神话、激发诗意的雪域圣地，想说爱你不容易，今天终于走进了你。

如果你喜欢一个人，一定要陪她去朝拜牛奶海和五色海，这是稻城亚丁最著名的圣湖。海拔4 500米左右的牛奶海又叫俄绒措，位于央迈勇山脚下。牛奶海是一个古冰川湖，面积0.5公顷，四周雪山环绕。传说每年春暖花开之时，湖水会像牛奶一样洁白如琼浆，因而得名牛奶海。牛奶海近岸边的湖水略带有黑色，因水底都是久远植物的积淀，往里湖水则呈现浅绿色，湖中央便是晶莹透蓝的水面。五色海藏名"纳卡措姆"，意为"山顶之海"，又名登崇措，舍利海，意为吉祥海。五色海是藏区著名的圣湖，据说能"反演历史，预测未来"。五色海有很多宗教上的传说，佛经中将五色海与西藏的羊卓雍措排列在等同的地位。海拔4 600米的五色海隐藏在牛奶海右侧的一个陡坡之后，位于仙乃日和央迈勇这两座神山之间。五色海由于光的折射，产生五种不同颜色而得名。每年七八月，湖底各种植物茂盛，在阳光的照耀下会呈现更多的颜色，也有人称为七色海。五色海湖底还有许多不规则的网状花纹，那是湖底植物死亡之后形成的花纹。

一条崎岖陡峭的山路从洛绒牛场向天空延伸，圣湖牛奶海、五色海就在路的尽头。眼睛向往天堂，身心却在地狱，在险峻的山路徒步5公里，路坑、马粪、水洼、陡坡都是无形的路障，高原反应缺氧的折磨对朝拜者更是严峻的考验，有多少人对这最后的5公里望而生畏遗憾地与牛奶海、五色海擦肩而过，这是一条勇敢者的道路。拖着疲惫不堪的躯体，带着伤痕累累的身心，坚韧不拔一步一步向前挪步，所有的艰难都是为了最后的美景。有一万个理由让你望而却步，唯有坚持下去，梦想之门才会为你打开，最美的风景在前方，最难的道路在脚下，一路艰难跋涉，只为那诗和远方。当那一刻，牛奶海扑入你的眼帘，仿佛是一块碧玉镶嵌在雪山之中，纯净安详，牛奶海的美让你的呼吸瞬间停止；当那一刻，五色海成为你的视像，仿佛是魔术师亮出的一手绝活，现代冰谷下伸至五色海的湖畔，雪山倒映湖面，色彩奇幻的五色海让你热泪盈眶。那一刻，多少战胜极限的胜利者会匍匐在大地，对着神山仙乃日（观世音菩萨）央迈勇（文殊菩萨）顶礼膜拜，失声痛哭。感谢大慈大悲的观世音菩萨，是你保佑我见到了圣湖牛奶海和五色海；感谢佛界的师者文殊菩萨，是你给了我智慧，让我战胜凡间的重重困难。

川藏线，一条流动的风景线，让人毕生向往。由川入藏，前方还有林芝、拉萨等着你。川藏线，隔山不同天，一天有四季，不走一次川藏线，无从领略它的魅力。人若如初初若世，天地我心空灵境，你宁可错过全世界，也不能错过川藏线的美景。跨越亿万年时空，才演变出川藏线前世今生的地质密码，幻化出神奇瑰丽的生态景观，编织出悠远厚重的人文画卷，保持着地球上几近绝迹的纯粹风光，这是行者仅仅行走在川藏线其中的一段所看到的沿途风光。行走在川藏线，那感觉似乎就是从现代走向原始，从文明走向神秘，从茫然走向虔诚，也或许是从今生走向那不可知的未来彼岸。原来三次元的世界是这样的，只是人类在强行按照自我的意愿改变着直接的本我。也或许再经过一次沧海桑田的巨变，世界又回复了原来的三次元。还是别想着改变世界，顺应自然才是唯一，大道至简。

2020年11月25日

泸沽湖畔摩梭人

泸沽湖，迷人的湖光山色，失落的人间仙境，母系氏族社会的最后一片净土。泸沽湖，摩梭人的家园，归隐者的天堂，人类社会结构演变的活化石。走进泸沽湖，探寻母系氏族最后的秘境，感受人类原始的文明，领略摩梭人的奇特风情，这是萦绕心头的一个久远的梦。暮霭四合之前从丽江赶到泸沽湖，天边酡红如醉，群山环抱中的泸沽湖，落霞与孤鹜齐飞，秋水共长天一色。泸沽湖，此时此刻，落日熔金，暮云合璧，人在何处？斯人恰在泸沽湖畔女神湾看日落。女神湾是泸沽湖中一个安静的湖湾，因正对着格姆女神山而得名。在静谧的湖边等着夕阳西下，看着落日的余晖从远处逐渐消失，享受着难得的闲暇和安逸，大半天舟车劳顿带来的疲乏瞬间消失。湖畔踱步随意行，湖光山色揽怀中，苍茫暮色中，薄雾渐起，广袤的湖面神秘莫测，黛色的峰峦连绵起伏，一条蜿蜒的苍龙与一片静谧的湖水相拥相抱，一幅清丽淡雅的水墨画卷徐徐展开。清浅的时光里携一缕清风在泸沽湖畔享受天人合一的意境，看着渔夫和猪槽船在夕阳里的剪影，心景合一，人景合一，泸沽湖傍晚的美景，在美好的心情中氤氲，一时竟然忘却朋友正在下榻的宾馆迎候。

泸沽湖，位于四川省盐源县与云南省宁蒗县交界处，为川滇共辖。纳西族摩梭语中"泸"为山沟，"沽"为里，泸沽湖意为山沟里的湖，属于横断山系高原断层溶蚀陷落湖泊，湖面海拔2 685米，为云南省海拔最高的湖泊。泸沽湖略呈北西—东南走向，南北长9.5公里，东西宽5.2公里，湖泊面积约50平方公里，最大水深105.3米，平均水深40.3米，是中国第三深的淡水湖。泸沽湖以典型的高原湖泊自然风光和独特的摩梭母系氏族文化形成了特色突出的自然景观和人文景观，沿岸居住的摩梭人保留着母权制家庭结构形式，独特的"阿夏"婚姻，原始淳朴的民俗风情，魅力无穷的自然风光为这片古老的土地披上了一层神秘而美丽的色彩，被人们称为"神奇的东方女儿国"。

下榻泸沽湖畔的"星畔水奢"民宿，简约的装饰风格处处体现出返璞归真的意蕴，快乐来自简约，简约重塑生命。匠人们精心打造的"室内桃源"非常注意点线面的灵活运用，现代手法与传统元素互相融合，营造出一个灵感自由释放的空间。大堂内的诗情画意留住的不仅是一方风景，更是留住了时间，酝酿了清欢，滋生了闲趣。临湖而坐，倚窗迎接泸沽湖，一曲《森林中的一夜》耳畔缭绕，整个身心沉醉于湖光山色之中。昨晚送走彩霞满天，今晨迎来云卷云舒，身披满天朝霞，捧一杯清茶泸沽湖畔再度踽踽独行。草在结它的种子，风在摇它的叶子，五彩缤纷的鲜花在身边洋洋洒洒地绽放，蓝天下的朵朵白云任性遨游，湖面上的叶叶扁舟随意漂流。随意择湖畔一木屋小憩，一座小院一把椅，一卷闲书一杯茶，坐在湖边，凝视湛蓝的湖面，想起了亚里士多德的"大自然的每一个领域都是美妙绝伦的"这句名言。泸沽湖让人心醉的画面动静结合：山色葱茏空灵，湖水轻拍堤岸，鸟儿自由飞翔，花儿竞相绽放，清风浸润心扉。没有世俗烦恼，没有物欲横流，什么也不想，什么也不做，给自己的人生留点儿空白，任由时间大把大把地从指缝间溜走，让生命的这一段时光安静素简，这就是幸福。这里的时光就是这样的不紧不慢，以一种特有的节奏，让都市人品味慢生活的魅力，这心无旁骛的慢生活，才是至高的精神愉悦。岁月静好，恍惚间就有了"结庐在人境，而无车马喧"的隐居之感。

  泸沽湖自然风景美不胜收，泸沽湖人文风情更是令人神往。泸沽湖在世人面前蒙上一层神秘的面纱就是因为湖畔居住着摩梭人。摩梭人现有人口约5万，他们有本民族的语言，但没有文字，归属为纳西族一支。作为世界唯一现存的母系氏族社会，摩梭人至今保留着男不娶，女不嫁的走婚制度。千百年来，摩梭人用走婚的形式追求爱情，维系老祖母在母系氏族社会的最高权威。放眼全球，这都是不可替代的世界文化遗产，是人类社会结构演变的活化石。摩梭人是先秦甘肃、青海一带的古戎羌人。据记载，在古羌族中被称为"牦牛种"的越西羌是摩梭人的族源。战国时期，为躲避秦国威胁，这个羌人部落有个叫邛的首领率领族人逃离故地，他们沿大渡河、雅砻江南迁最终定居于当今的盐源、宁蒗一带。擅长狩猎的羌族以丰盛的水草、食盐和锐利的石器作为民族法宝，当今的摩梭人居住的泸沽湖正是出于其先祖的生活习惯。摩梭人定居在泸沽湖地区的时间从南北朝时期开始计算，也至少有1 500多年的历史，他们遗世独立于泸沽湖畔，是泸沽湖畔最古老的土著居民之一。

  不与外界通人烟的封闭环境，让摩梭人几千年来恪守宗亲制度的远古密码，且这些远古密码的基因至今还在他们的血液里流淌。摩梭人是以女性为核心的母系大家庭，最高权威就是家庭中的老祖母。最早对摩梭人关于祖先母系继嗣和女性中心观的记载来自《后汉书》，"冉……贵妇人，党母族，死则烧其尸"，这"冉"就是永宁摩梭人的祖先。通过这条记载可以看出摩梭人的母系制度已有悠久的历史。在摩梭人的母权制家庭，母系血缘是家庭维系的基础，其血统也以母系计算，母亲主宰一切，女性在家庭中有着崇高的地位。家庭里的成员全都是一个母亲或祖母的后代，所有成员都是母性血缘的亲人，姊妹的孩子就是自己最亲的孩子，不分彼此。家庭的中心是妇女，生产资料都归母系家庭所有，财产均由女性继承，家长也是由家中能干的妇女来担任。在摩梭人的母权制家庭中，无男子娶妻，无女子出嫁，女子不离不弃，终身生活在母亲身边，夜晚则会待在自家的花楼等待那千金一刻的到来，用走婚的传统维系氏族人丁的繁衍。

　　泸沽湖畔的摩梭博物馆是中国唯一反映母系氏族社会民俗的博物馆，作家莫言为博物馆题写馆名。走进博物馆，有一摩梭女孩迎接我们，她是摩梭博物馆的讲解员。我们笑称她是"阿夏"，女孩一点也不恼，而是笑盈盈地向我们解释摩梭人是如何走婚的。走婚在摩梭语中叫"色色"，意味走来走去，它形象地表现出走婚是一种夜合晨离的婚姻关系。摩梭人走婚也必须建立在郎有情，妾有意的基础之上。青年男女日间多为集体活动，通过歌唱、舞蹈向心上人表达心意，具有感情基础后，男女双方才能约定"走婚"。走婚时，男方只能在入夜后偷偷潜入女方的花楼，摩梭人的这种走婚形式只依赖感情，与经济等一切外界条件均无关。走婚时，男性称女情人为"阿夏"，女性称男情人为"阿注"。一到夜晚，阿注会来到阿夏的花楼前，花楼是摩梭成年女性的房间。传统上阿注会骑马前往，但不能从正门进入花楼，必须用独特的暗号和阿夏暗通款曲，得到阿夏的响应之后才能顺着阿夏提供的梯子上楼翻窗进入花楼，再把帽子等具有代表性的物品挂在门外，表示两人正在激情，他人不得干扰。与女方一夜缱绻后，在天亮之前必须分别，这时阿注可以从正门堂皇离开。阿注若依依不舍，于天亮之后或被女方家的长辈叫醒之后再离开，会被视为无礼。阿夏和阿注走婚生下的子女男方无需分担，但父亲和子女都知道彼此的亲子关系。生父会在孩子满月时公开举办宴席，承认彼此的血缘关系，避免发生同父乱伦。摩梭人走婚，但不乱婚，也不是从一而终，中间可以换人。当阿夏不再愿意为阿注开门，便宣告双方这一段走婚关系结束。此后，女方可以再找他人走婚，男方也可以另寻走婚对象。摩梭人走婚的对象不止一个，但在同一段时间里只有一个，只有一段情感结束后才可以进行下一轮的走婚。

"阿夏"引我们来到摩梭人一座所居住的木楞房，微笑着告诉我们：摩梭人家独具特色的木楞房很能够体现女性在这个大家庭中的核心地位。摩梭人的传统住宅皆用圆木或方木垒墙，以木板覆顶，每栋楼房都是两层，这种以四合院为主要建筑形式的摩梭民居分正房、花楼、经堂、门楼，其建筑结构与宗教信仰、婚姻形态和家庭组织相匹配。在摩梭人的大家庭中，老祖母是一个家庭中的亲情纽带，权威象征，因此整个房屋结构中最核心的地方便是祖母房（祖母的卧室），摩梭人称为"依咪"。祖母房的位置一般是坐北朝南，是母系大家庭成员中最主要的起居室，房内设有烧柴火用的火塘，家中的粮食、肉食都储藏于正屋的夹壁中，同时家中的贵重物品也置放于此屋。祖母房是摩梭人家中取暖、烹饪、饮食以及进行人际交往、商量会谈、宗教祭祀的重要场所。跨进祖母房，可看见一左一右两根粗大的顶梁柱，摩梭人分别称作瓦杜梅（女柱）龙杜梅（男柱），瓦杜梅是右柱，龙杜梅是左柱，表示摩梭人的家庭是由女性和男性共同支撑起来的。

祖母房中最显眼的是两个火塘，靠近神龛的叫上火塘，对面的便是下火塘。火塘象征着"地门"，长年不熄，意味着摩梭母系家族的生生不息，是生命意象的象征。火塘上方的采光和排烟口象征着"天门"，阳光从"天门"穿过，投射的光线被视为连接天与地的轴线。火塘对于摩梭人有着至高无上的神圣作用，它象征着摩梭家庭的魂灵。火塘上有祖先和神灵的座位，摩梭人称为"让吧啦"，一年365天的餐饮，摩梭人在每一顿用餐前，都会盛一点最好的也最干净的食物放在"让吧啦"，祭拜祖先，祈求神灵的庇佑。火塘里的火一年365天都不会熄灭。于摩梭人而言，有家就有火塘，有火塘就有温暖，所以年迈的祖母，阿米（姨妈）等家庭成员都常年围坐在火塘边，谈天说地。火塘是摩梭人家庭生活的中心，敬神、吃饭、待客、聊天、出生、死亡、做法事等都要在火塘边进行。

摩梭人祖母房里还有两扇门，一扇为前门，门槛比较高，门框比较低。摩梭人认为门槛是佛的肩膀，决不能踩踏门槛，必须一步跨越；门框低矮一是为了不让小鬼跳进来，二是任何人进门都需低头弯腰，哪怕你的身份再高贵，都得降尊纡贵，这是对主人家佛堂的尊重。祖母房内老祖母的床头还有另外一扇时常紧闭的生死门，门后是一间几平方米的空房间。家里有女人生孩子时会被要求进入这扇门，老人过世也会被抬进这扇门。摩梭人认为，人怎么来的就怎么走，顾名思义，这扇门就唤作生死门，每个人都从这里生死轮回。

祖母房的左前方是经堂。摩梭人信奉藏传佛教，经堂是他们供奉佛像、烧香祭祖的地方。在经堂，你会看见摆放悬挂摩梭人信奉的达巴神龛、经筒、铜锣以及家族成员的老照片，三面木墙满满装饰着坛城画、度母像、喇嘛教宗师像，红绿蓝金的色彩，富丽而庄严。祖母房的正前方是花楼，摩梭语为"尼扎意"，这里是母系大家庭中成年女性的卧室，也是摩梭男女青年走婚的小屋。花楼的分布大部分是转角楼的形式，分割成2—4个单独的小房间，但凡家庭中建立了走婚关系的成年女性，每人均可分得一间。祖母房的右前方是草楼，也就是牲畜棚。草楼的底层是畜厩，上层储存草料。据说摩梭人的牲畜很听话，白天放出去，晚上能自己认路回来。一座小小的四合院，朴素雅致，有柴米烟火，家常礼节，还有浪漫走婚，家族繁衍，更有传统秩序，权威信仰，千百年的母系文化就在摩梭人的四合院中代代传承，他们在泸沽湖畔坚守着自己的文化和信仰，泸沽湖的生态环境让摩梭人的文化生态得到了很好的延续。

　　感谢阿夏的讲解，让我们了解了很多有关摩梭人的生活习俗。走出博物馆，突然间冒出一个念头，想和阿夏合影，阿夏含笑答应。和阿夏挥手告别，阿夏友善地提醒我们，可以去里格村落走走看看。摩梭人的房舍主要分布在湖湾和里格半岛，闲逛摩梭人聚集的里格村落。古朴的木楞房沿着蜿蜒曲折的湖岸依次排列，村里有十来户人家。独特的地理位置使得里格村与别的摩梭人部落有不一样的湖光山色，小小的里格半岛更为游人所喜爱。年长的"阿注"衔着旱烟管，蹲在屋檐下，悠闲地打量着来来往往的游客，在他的眼里，他是在观赏着一道流动的风景。迎面走来一位漂亮的"阿夏"，她送给我们的一个浅浅微笑，就像是泸沽湖面飘来的一缕柔和的秋风，在你的心头拂过，却经久不散。我的同行伙伴小海忍不住与她合影，"阿夏"落落大方，含笑答应。小海拽着我又在花楼前驻足，小海在感受原始宗教文化的遗韵，也许别有一番滋味在小海的心头。今天，用于走婚的花楼后窗又将开启，母系氏族社会延续的灿烂之花又将绚丽绽放，传承摩挲文化的那激情四射的一刻会眷顾哪位阿注？又会由哪位阿夏拉开帷幕？其实历史走到了今天，泸沽湖不再遥远，摩梭人也不再神秘。我们正处在社会转型、经济一体、文化融合的时代，现代文明已经开始冲击摩梭人固有的传统，摩梭人的生态文化正在悄然改变。

　　摩梭人从古到今的生存活动都与独木舟密切相关。摩梭人的独木舟由一根粗大的圆木掏空砍削而成，状如猪槽，便称为猪槽船。猪槽船不仅用于捕鱼捞虾捞猪草等生产劳作，而且是阿夏相约走婚的重要工具。荡桨泸沽湖的

和摩梭女讲解员在摩梭博物馆前

男女青年两船相遇,以歌传情,一唱三叹;同舟共语,娓娓倾谈,人在轻舟里,船在水上漂,情在心款升,月上柳梢头,人约黄昏后。1943年著名学者李霖灿描写里格村的风光时也有猪槽船的描写;里格是一个内港,在外面有两列青山环抱挟持。碧波如油,猪槽船悠然如梦地向青山缺口外滑行。忽然碧波千顷如童话般突兀出现,过于离奇的惊喜使人很快地便滑入梦境中。来到泸沽湖,除了开车环湖游或者在湖畔漫步之外,体验一把手划猪槽船漫游泸沽湖的感觉那是必须的。这种来自远古时期的小舟如叶片般漂荡在碧波或草海中。高峡出平湖,船儿在水清如镜的湖面荡漾,四周是葱绿的青山环绕,那种浪漫的意蕴和潇洒,会让你怀疑自己置身在"不知有汉,无论魏晋"的桃花源里,你会忘却了时间,忘记了自己。

来到泸沽湖,走婚桥必须走一走。走婚桥是摩梭男女约会的地方。白天,走婚桥上,成年男女相聚走婚桥,以舞蹈、唱歌的形式对意中人表达心意,夜晚,两情相悦的阿夏和阿注在花楼绽放爱情之花。走婚桥和猪槽船是摩梭人传递情爱的媒介,是一种流传千年的文化存在。走婚桥有两座,其中一座是有着近百年历史的老桥,部分木结构已经腐烂或毁坏,散落在草海中,遂弃用。紧邻老桥又新建一座木结构新桥,桥长300余米,造型优美。走婚桥位于泸沽湖东南部分的湿地公园上,这里是泸沽湖面上唯一的步行桥,桥下生长着茂盛的水草,被称为草海。草海就是长满水草的高原湖泊,它是泸沽湖的子湖泊,与母湖泸沽湖紧紧相连,占据上万亩的水面。草海是镶嵌在泸沽湖东面的翡翠,各种各样的水生植物、水中动物和珍禽异鸟构成绝美的自然景观。草海内芦苇如墙,水路错综,红衣白裙的摩梭姑娘划着猪槽船出没其中,悠扬的"啊哈巴拉"民歌在草海回荡,这份逍遥令人心生羡慕。

每年的5月到10月,泸沽湖的水面便会绽放出纯白的小花,洁净淡雅,三片雪白色的花瓣聚拢在一起,簇拥着一抹黄色的花蕊。花瓣的丝纹都像极了贝壳的纹路,还没有完全盛开的花瓣就像是三瓣贝壳互相聚拢,颇有些神秘。盛开的花朵,贴在水面上的时候会呈现透明的效果,怎么看都是极美的。这些小花像朵朵白云漂浮在水面,随波浮摇,在阳光下熠熠生辉,形成了泸沽湖一道有名的奇景,人们给它取了一个富有想象力的名字——水性杨花。水性杨花学名海菜花,是沉水植物,可生长在4米的深水中,是我国特有的一种濒危水生植物,对水质污染很敏感,一旦水质受到污染就不能生长。海菜花还能吸附泥沙和水中的氮、磷等物质,起到净化水质的作用,所以,海菜花又被人们亲切地称为"环保菜"。据说在云南的9大高原湖泊中唯有泸沽湖才能寻觅到它的踪迹,因为这种花对水质要求非常高,必须生长在没有污染的水域。泸沽湖的水非常清澈,能见度最深能达到12.5米,是可以直接饮用的清澈湖水。

泸沽湖是一个高山湖泊,四面环山,格姆女神山海拔3 754.7米,是泸沽湖四周最高的山峰。来到泸沽湖,除了了解摩梭人的母系文化,泛舟游湖之外,格姆女神山也是经典的旅游线路。泸沽湖形如半月,只有登临女神山才能窥见泸沽湖的全景。摩梭人把格姆山神化,看作是女性的化身,顶礼膜拜。每年农历的七月二十五日,转山节来到时,摩梭人都要上女神山祭祀女神。从山头到山脚,转山的队伍形成一条条色彩绚丽的长龙,《女神歌》响彻云霄。摩梭人的"转山节"即狮子山祭,已经有1 500多年的历史。作为隆重的节日,摩梭人在这一天会带着丰盛的美酒佳肴,盛装出行,前往格姆女神山进行朝拜。格姆山因其形状像一头将前腿伸入泸沽湖的卧狮,故而又得名

夕阳下的泸沽湖　摄影：东望（何巽吉）

狮子山。相传格姆山是由一位摩梭村寨美丽善良、心灵手巧的姑娘的身体幻化而成，其灵魂则变成身穿白衣，身骑白马的女神，她年年月月飘巡在格姆山上，保佑永宁及泸沽湖地区的人畜平安，五谷丰登。由此可见，格姆山在摩梭族群中的女性核心地位。从达祖纳西村后面的转山古道，经柏香林，可抵达山顶的女神庙和女神洞。进入山洞，在幽暗的彩色灯光映照下，石钟乳显得光怪陆离，格姆女神的真实容颜在你攀爬过几级台阶突然之间映入你的眼帘，这一刻，女神形象深深地铭刻在每一位虔诚的朝拜者的心坎。居高临下俯瞰泸沽湖全貌，形态各异的里务比岛、洛克岛一览无遗，尼塞村、小落水村、大嘴村分布有致，这些都是泸沽湖可圈可点的游览景点。

摩梭文化因其特有的母系氏族制度、阿夏婚姻以及宗教信仰闻名于世，被誉为"人类文化中的活化石""东方女儿国"。走进泸沽湖，感知一方美妙的山水；走近摩梭人，感受一幅民俗风情画卷，这幅长长的画是这个拥有悠久历史的族群所传承的摩梭文化。特定环境是传统文化生成和保持的土壤，摩梭文化就是特定社会和自然条件的产物。特定环境丧失或改变之后，传统文化必然难以生存或维持原样。摩梭文化在历史上曾多次受到其他民族文化的洗礼，但其母系文化仍然以强有力的生命力在泸沽湖畔传承，即使在土司制度盛行时期和"文革"时期，摩梭文化也都没有造成根基上的冲击。泸沽湖地区的旅游业尚未迅猛发展起来之前，摩梭文化还是保持着相对的完整性。泸沽湖地区的旅游业蓬勃发展是一把双刃剑，它不仅使摩梭人的摩梭文化被世界所认识，从中带来的经济效益也使得摩梭人赖以生存的环境发生了巨大的变化。在旅游业的发展中，摩梭人独特的母系文化是吸引游客的重要资源，而旅游发展带来的父系主流文化及其价值观对摩梭母系文化也造成了强烈的冲击，支撑摩梭人母系文化的大家庭开始摇摇欲坠，现代文明开始冲击摩梭人千百年来的固有传统，摩梭人的生态文化悄然改变。旅游开发打破了摩梭家庭"舅掌礼仪母掌财"的职权分工，家庭管理实权逐渐从女性转移到男性。在外界文化的冲击下，女性地位有所下降，"男尊女卑"的观念开始出现在摩梭人的生活中，由摩梭女性所支撑的母系文化日渐式微。终有一天，摩梭人的母系文化会最终消失，其实这一天正在快速到来。不知道是该为今天的这种文明进步感到高兴，还是该为昨天的一种文化即将消失感到无语。

2020年11月28日

我在丽江等着你

  又到丽江，一别16年。丽江，这片神奇而又美丽的土地，有着圣洁的雪山，汹涌的江河，险峻的峡谷，清澈的湖泊，宽阔的坝子，幽静的古镇。数百年历史雕琢的丽江古城，古风古韵，古意阑珊，成为滇西北高原的一颗璀璨明珠，天南海北的游客涌往丽江，享受原生态古城提供的视觉盛宴。来到丽江古城，停下脚步，就是为了消磨时光，给灵魂一个歇息的理由。身处丽江古城，时间是静止的，心灵是空明的，"一米阳光"小坐，一壶清茶相伴，就会忘却世间一切，所谓喧嚣、烦乱都在此刻停顿，只求在这一片宁静的天地坐上半晌，抛开所有烦恼的思绪，用心感受丽江的魅力。来到丽江，就是等着太阳把我们晒醒，你可以在小旅馆的露台上慵懒地欣赏古城的风貌，你也可以沿着青石板路随意溜达，走在这样的路上，不能着急，没有目的，走街串巷，寻找丽江旧时光。你也可以在四方街聆听纳西族演奏的古乐，被称为"中国音乐的活化石"的纳西古乐，既具有古朴典雅的江南丝竹之风，又糅进了纳西族传统音乐的风格，形成了独特的韵律，被鉴定为中国的唐宋遗韵。你也可以选择一间酒吧或茶室，坐在门前的长条椅上，聆听脚下的小溪叮咚歌唱，任由垂柳的枝梢拂过脸庞，一壶清茶就能消磨一个下午。夜幕来临，灯光璀璨，即使一个人也不觉得孤单，来来往往的游客就是眼前流动的风景。在丽江，最值钱的是阳光，最不值钱的是时间。在丽江，晒晒太阳，发发呆，再舒坦不过。在丽江，泡泡酒吧，微微醉，再惬意不过。在丽江，遇见自己，遗忘过往，让午后的一米阳光照进心中最柔软的地方，治疗心头隐隐的痛。在丽江，与君歌一曲，请君为我侧耳听，尽情放飞自我，再爽快不过。丽江，这是我的印象丽江。

  丽江古城又名大研镇，与四川的阆中、山西的平遥、安徽的歙县并称为中国"保存最为完好的四大古城"，是中国以整座古城申报世界文化遗产获得成功的两座古城之一（另一座为山西平遥古城）。这片"古纳西王国"坐落在丽江坝中部，地处滇、川、藏的交通要道，来往的马帮入川进藏都将此作为重要的休憩驿站。丽江古城作为丝绸之路和茶马古道的中转站，至今有着近900年的历史。一般认为丽江始于宋末元初建城，由丽江木氏族先祖将统治中心由白沙镇迁至狮子山，开始营造房屋城池，称"大叶场"，也就是现在的丽江古城的前身。公元1253年，忽必烈（元世祖）南征大理国时，曾驻军于此。由此开始，直至清初的500年，丽江地区由中央王朝管辖下的纳西族木氏先祖及木氏土司世袭统治。丽江古城的最大特点就是没有城墙，古城利用四面的高山作为城市的天然屏障起到防御的作用。因为木氏首领认为木氏统治的丽江被城墙四面围住就成为"困"，很不吉利，遂不建城墙。没有城墙束缚的丽江古城，大街小巷以四方街为中心顺水流而向四面八方辐射，依山势而修建街道，房屋重重叠叠，连绵不绝。明代地理学家徐霞客在《滇游日记》中描述当时丽江城"民房群落，瓦屋栉比"，可见丽江古城的繁华。无处不在的小桥流水，光滑洁净的青石板路，手工建造的土木结构的房屋，构成了丽江古城独有的自然淳朴风格。兼有水乡之容，山城之貌，古朴如画；城中有水，山中有城，山水一体；大街宽敞，小巷幽深，街巷密布；道旁河畔，垂柳拂丝，鲜花绽放，这就是丽江。走进丽江古城，随意拐入一条小巷，寻访一户人家，一不小心，你就走进一幅有着数百年历史的画卷之中。丽江古城体现了中国古代城市建设的成就，是中国民居中具有鲜明特色的古城之一。

君到丽江见，人家尽枕河。丽江古城流水纵横如织，环环相扣，号称"东方威尼斯"。源于黑龙潭的地下水融入古城后变成无数支流，灵动地穿梭在古城的街头巷尾。四通八达的水系穿街绕巷，布满全城，就像人体的血管一样将古城的纳西民居建筑串联在一起。纳西民居大多随流水走势定位，临水的民居，每家每户都有小桥横跨河流之上与街道连通，古城造型各异的小桥多达350座，小桥流水人家成为古城极具韵味的大景观。丽江古城，是水做的骨肉，漫步其间，水的流向就是你的向导，每一条街巷都有清澈的溪流陪伴着你，温润着古城的每一处街角，见证着古城的变迁，承载着纳西的文化。潺潺的流水不舍昼夜，洗尽古城的铅华，充满着诗情画意。灵动的流水恰似淌不尽的柔软时光，900年来一如既往迎接每一天的日出日落。丽江古城没有被城墙包围，丽江古城却被流水包围，丽江古城有容乃大，泽被古城的流水承载了周边的文明，吸收了异域的文化。据考证，云南内地的汉文化由南往北传播，传到丽江为止；青藏高原的藏文化由北往南传播，也传到丽江为止，丽江将南北两地的文化兼容并蓄，形成了独树一帜的纳西文化，使得丽江古城盛极800多年而不衰。漫步丽江古城，在时光的深处悄然苏醒，突然会迷失自我，找不到归来的路，遍布大街小巷的流水就是最好的向导：

顺水进城，逆水出城。冲出古城重重包围圈的出路就是逆流而上，冥冥之中感觉到这样的布局有一种大智慧隐藏。独爱丽江古城长流水，水是丽江的灵魂，秋风吹皱丽江的秋水，水随秋去天无际，秋天的丽江清朗惬意。临水的酒吧小坐，耳畔缭绕的歌声都是轻扬的，有老狼的，有罗大佑的，这样的歌声能让你的思绪飘到很远，一直飘到玉龙雪山。手握一杯柠檬水，就能度过一个美好的下午，犹如那首《漫步》：让它自然地来吧，让它悄然地去吧，就这样微笑地看着自己。

  丽江古城依山就水而建，青山绿水围绕的这座规模宏大的古建筑群在玉龙雪山下繁荣了800多年。建筑本身就是社会生活的物化形态，折射出一个民族或一个地区的经济文化、风俗习惯和宗教信仰。丽江处于滇、川、藏三地交会处，古城的建筑在布局、结构和造型等方面按照纳西民族的传统文化并有机结合了中原古建筑以及白族、藏族民居的优秀传统，进行了大胆创新发展，形成了本民族独特的建筑风格。丽江古城的房屋承袭明清时期的建筑特色，风格融合北京四合院的韵味及江南水乡的情趣，院落多坐北朝南或坐西朝东，以利于采光、挡风和避寒暑。自由灵活、不拘一格的建筑风格，于自然之间呈现蓬勃的生命张力和灿烂的民族文化，为今人留下一笔丰富的文化遗产。古城的建筑全部为古朴的院落民居，房屋结构简洁粗犷，庭院布置和房屋细部的装饰丰富细腻。不论是古城的街道、广场、水系、桥梁，还是庭院小品、民居装饰、楹联匾额、碑刻条石，都渗透着纳西人的文化修养和审美情趣，充分又具体展现了地方民族宗教、美学、文学等多方面的文化内涵、意境和神韵。古城中至今还保存大片明清建筑，"三坊一照壁，四合五天井，走马转角楼"式的瓦屋鳞次栉比，既突出结构布局，又追求雕绘装饰，外拙内秀，玲珑精巧，被中外专家誉为"民居博物馆"。四方街是丽江古城的中心，茶马古道上最重要的枢纽站，也是滇西北地区的集贸和商业中心。四方街是一个约4 000平方米的梯形广场，形状就像一枚知府大印，由土司取名四方街，含"权镇四方"之意。四方街以彩石铺路，清水洗街，日中为市，日暮涤场的独特街景而闻名遐迩，6条五彩花石街依山随势向外围辐射，街巷相连，交通四通八达。四周店铺客栈紧密环绕，逐层外延，形成稠密而又开放的格局，古老的集市就这样孕育了城市最初的雏形。尼采说：当我想以一个词语表达音乐时，我找到了维也纳；当我想以一个词表达神秘时，我只想到了布拉格。我说，当我想以一个词来表达城镇的幽古时，我看到了身边的大研镇。丽江古城，诗中镇，画中人，神秘的东巴文化缭绕，幽古才是它的灵魂。

  君到丽江见，花团锦簇拥。五彩缤纷的鲜花在古城洋洋洒洒地绽放，

"乱花渐欲迷人眼"。丽江是一座鲜花簇拥的古城,每一条街巷都被鲜花点缀,四处氤氲的花香,多了几分柔美,几分温馨。走进古城,就像走进了鲜花盛开的世界,走进了花园装扮的迷宫。纳西文明的历史烟云,东巴文化的神秘韵味都悄悄隐藏在美丽鲜花的后面。姹紫嫣红的花儿在秋天和煦的阳光下自由怒放,一抹垂柳的绿色钻进鲜花的海洋,一缕微风轻拂而过,绿柳抚摸花的娇媚脸庞,"百花成锦柳飞绵,缠席清明上已前",恍惚徜徉在春天的胜境,只有淡淡的桂花香味才让你感觉到自己是在春天里的秋天。殷红的三角梅,鹅黄的千叶菊,恣意绽放,浓墨重彩,分外妖娆。丽江无处不飞花,五颜六色的鲜花,光彩夺目,显得那样雍容华贵,妩媚娇艳,飘飘然,芳香扑鼻,千百朵的鲜花簇拥在一起,犹如数不清的蝴蝶微微张开翅膀,停在空中,凝然不动。盛开的菊花露出鹅黄的花蕊,而那些含苞欲放的就像羞涩的少女,在等待着惊艳亮相时刻的到来。一树树三角梅,灿烂多姿,清香宜人,在日光里含笑绽放,在秋风里摇摆身姿。粉红的花瓣,金黄的花蕊,一朵朵,一串串,团团相依,簇簇拥抱。古城丽江,河岸两边,民宿客栈,酒吧茶馆,街角广场,无不鲜花簇拥,丽江是座鲜花城。随绿水徜徉,看花开两岸,"绿艳闲且静,红衣浅复深",恍惚间又回到了16年前的一幕场景:掩映在绿树红花之中的古老建筑掀开门扉,"一米阳光"里走出袅袅婷婷的美少女,拂柳丝,过石桥,那嫣然一笑不由得让你心旌荡漾。这一城的花事,让你着迷;这美女的笑靥,让你神往。丽江古城的每一扇门窗里都会有一个美好的故事酝酿,让你不由得放缓脚步,想去探究,想去聆听,想去创造。在那个春风沉醉的晚上,"一米阳光"临窗而坐,啤酒花散发的聊天因子在丽江古城的"一米阳光"发酵,一场邂逅演绎出一段喝酒打发时光的伙伴组合,在一个陌生的地方找到了一种久违的感动,这就是旅行带给你的收获。丽江就是这么一座有魅力的古城,人海茫茫相遇在丽江,转而彼此相忘于江湖。

最是一年好光景,金秋再访丽江城。丽江古城,庭院深深深几许,帘幕无数重;巷子长长长几多,清明上河图。如同穿越时空,走进明清,丽江古城是一段由古老和原始编织的梦境。古风犹存的街道,时光镌刻的巷子,展齿印苍苔,青石写历史,深宅传文脉,柴扉有故事,丽江凝固了古镇的时光,惊艳了游客的目光。当今,工业化的火炬代替了萤火虫笼罩了天空,人类社会提速狂奔,奋进的鼓点刺激着所有个体的神经元,社会越来越崇尚简约,生活节奏越来越加速,丽江古城却恪守800多年的传统,马帮时代的生活轨迹依稀可辨。独自穿行在古老的城郭,丽江古城旧貌新颜,青石板路上马蹄印的岁月包浆犹存,隐隐飘来的纳西古乐在古城的上空回荡,亘古不变的承载着土著的希冀，纳西的文化还在丽江古城的溪流里流淌。心静如水的你冥冥之中会听到神灵的召唤，恍惚来到一个与世隔绝的仙境，又仿佛面对一个远古的梦幻，你的心会突然平静下来。丽江古城的那些美好的遇见，化作一首缠绵的爱歌镌刻在诗意般的流淌时光里，化作一段顿悟的佛音抚慰你心灵的伤痕。丽江古城，最富有诗情画意的是纳西人家的院子，那是一种匠人们精心打造的"室内桃源"，庭院深深的纳西人家，一直静悄悄地恪守从远古时代沿袭下来的淡泊与沉静。在这里，生命似真正安逸的水滴，叩响音乐般清越的声响，阳光暖暖地洒在身上，身边就是潺潺的小溪，柳枝不经意地拂过脸颊，心无旁骛的你会闻到碧树绿叶的清芬。醍醐灌顶：慢节奏的丽江让你学会不争不抢，脚步走得不疾不缓，从容不迫。豁然开朗：曾经想牢牢抓住的，来到了丽江，你懂得慢慢地放下了，曾经痛过的，慢慢地伤口愈合了，不是不痛，也不是遗忘，而是释怀。大彻大悟：我们都是这里的过客，擦肩而已，不仅仅是我们稍纵而逝的岁月，还有许许多多生命中再也无法挽留的随风往事。庄子说：人生天地间，如白驹过隙，忽然而已。佛陀曾问：我从哪里来？我要去哪里？人生茫茫，归去来兮。丽江，这座慵懒的古城，最适合心灵疗伤。离开丽江的时候，你会放下一身的风尘。

　　丽江古城是一个寻找艳遇的浪漫之地，人这一生有一次偶然的艳遇也是生活的一抹色彩。于红尘中漫步人生路，途经的风景，遇见的人，也许不能一一留住，但是这份相遇的美好，定会在我们的心中停留多年。青石板路上有一美女款款踱步向你走来，回眸一笑，惊艳定格，让你心情愉悦半晌。"一米阳光"酒吧倚窗而坐，点一杯"爱在丽江"浅斟，心情懒散。忽而门外飘来一阵香风，那行走在青石板路上送来回眸一笑的美女在你的面前落座。在丽江，这样的不期而遇被称为"艳遇"。"爱在丽江"碰在一起，彼此浅浅一笑，同是天南海北人，相逢何必曾相识。丽江的艳遇就是这样随意，丽江的艳遇只是一次浪漫的邂逅。在丽江，也有偶尔的一次艳遇变成刻骨铭心的思念，"一米阳光"最爱创作这样的故事。"一米阳光"是当地一处自然景观的传说。在玉龙雪山上有一个神秘的山洞，每年只有一米阳光照进山洞，如果有情侣沐浴到这短暂而珍贵的阳光，就能获得永久的爱情。这个美丽的爱情传说，后来在编剧的笔下幻化成千折百回的现代爱情故事。16年前的融融春日，曾来到丽江，"一米阳光"消费时光。邻座的女孩送来浅浅一笑，一个碰杯的动作引出海阔天空的话题，惊叹彼此如此投缘，竟生出依依不舍的情愫。挥手道别许下愿，此生彼此若有缘，他日丽江再相见。一别16年，又走进一米阳光，还是那个座位，在秋天里等待那个春天的约定，纵然是一个没

丽江古城景色　摄影：东望（何巽吉）

有结果的约定，依旧等待。静静地坐着，寻找并不遥远的记忆。一别16年，沉醉于丽江古城芳华染晕的绚丽烂漫，便纵有万般思念，更与何人说？绚丽的色彩中执着地寻找一双清澈透亮的眸光，多想迎着期盼的目光说一声"丽江，我们又来了，又见面了"。16年前的邂逅似乎还历历在目，那"回眸一笑百媚生"的惊人一瞥出现在眼前，"我与春风皆过客，你携秋水揽星河"，重温那次美好的遇见只能停留在自我设定的意念中。我问佛：为何不能把握每次美好的遇见？佛曰：留人间无限爱，迎浮世千重变。万法皆升，皆系缘分，偶然的相遇，蓦然的回首，眼光交会的刹那，已注定彼此的一生。缘起即灭，缘生已空。醍醐灌顶，释然。"一米阳光"忆当年，感慨油然而生每个人的一生，都有一些说不出口的秘密，挽不回的感情，触碰不到的梦，难以忘记的爱。如果遗憾总是无可避免，那么就顺其自然，随遇而安吧。

玉龙雪山下的大研镇是一座百变的古城，白天散漫闲适的市井气息在夜晚幻化成激情四射的狂欢氛围。夜晚对于一个行者来说弥足珍贵，夜生活拉开激情的帷幕，积蓄一天的能量会在这个时刻爆发，在狂欢中撕裂白天温文尔雅的包装，回归野性的自然。落日熔金，丽江古城被晚霞浸染，古城隐隐约约浮现躁动，最后一缕日光隐藏在玉龙雪山的背面，古城星星点点亮起了灯火，五彩缤纷的灯光水面漫溢，升腾起缕缕烟雾，变幻着色彩，美轮美奂。狮子山观景台俯瞰这座世界文化遗产灯红酒绿的夜景，一片辉煌的灯海，星汉灿烂，若出其里。五彩缤纷的灯光勾勒出古城壮观的轮廓，不知丽江宫阙，今夕是何年？火树银花不夜天的丽江古城，迎来激情四射的时光。一股股人流从四面八方涌向古城，沿街建筑悬挂的大红灯笼引领你走进纸醉金迷处。夜幕笼罩下的丽江古城，褪去百年古城的沧桑外衣，当代人的生活方式赋予丽江古城狂野劲爆的张扬个性。丽江古城的酒吧一条街是古朴和前卫交融的魅惑，越是夜深越迷离。酒吧门前的大红灯笼在微风中摇曳，倒影在溪流里柔柔软软，震耳欲聋的鼓乐桀骜不驯地飞出酒吧的窗户，驻唱歌手声嘶力竭的嗓音将你带入人类的洪荒岁月，乱哄哄你方唱罢我登场，一个比一个劲爆。丽江古城的夜晚，有多少个酒吧开启激情四射的演出，民谣、摇滚、流行乐，竞相争斗，迎接又一个狂欢之夜的到来。走进酒吧，或许是来寻求刺激，或许是来发泄情感，或许是来释放重压，或许是来寻找艳遇。灯红酒绿之中，摇滚音乐之中，痴迷舞步之中，觥筹交错之中，一个孤独的灵魂遇到另一个孑然一身的游子，一个眼神的交会就将彼此的距离拉近。在最容易邂逅的地方从来不会询问彼此的出处，陌生的人儿，三三两两地闲坐，一个碰杯，彼此便敞开心扉互相倾诉。来到酒吧，你会忘却现实生活中所面临的压力，你会忘却曾经记忆深刻的伤痛往事。斟在高脚杯里的红酒都是一样的滋味，互相传递的都是同样的衷肠。来到丽江，泡一回酒吧，释放积压在心头的负能量，瞬间陡然一身轻松。曲终散场，一个摆手权当告别。既然人间世事恍如浮生一般，何不让刚才所发生的随风而逝？彼此潇洒转身，消失在茫茫人海。

丽江的骨是玉龙雪山，丽江的魂是纳西古乐。来丽江，不能错过纳西古乐的欣赏。广泛流传在纳西民间的纳西古乐是纳西族人民在接受以儒道文化为代表的中原文明影响下而创建的艺术结晶，也是世界上流传至今的最古老的音乐之一。据考证，这种古乐起源于公元14世纪，极有可能是中国唯一保存下来的宋朝时期皇室贵族创作的宫廷音乐，被称誉为音乐"活化石"。纳西古乐是一部表现纳西族民间的大型风俗性安魂乐曲，源自汉族的洞经音乐和皇经音乐，原来有汉族经文配唱，传到纳西民间后，逐渐演变为单纯的乐曲。纳西古乐成为很多人到丽江旅游必须享受的一道文化大餐。丽江古城纳西古乐的演出，有三个明显的特点：一是曲目古老，二是乐器古老，三是演奏人员年老。"三老"古乐被形象地称作"看100岁的老人用200年的乐器演奏700年的乐曲"。今日丽江，现代化的生活元素越来越多，网红直播，酒吧茶肆，遍布古城，走在时尚潮流前端的丽江古城还是有一方阵地固守着纳西

作者在丽江茶馆　摄影：东望（何巽吉）

文化的传承，纳西古乐的袅袅余音，至今还缭绕在丽江古城的上空。每晚8点，纳西古乐准时开演，一群耄耋老人在舞台上坚守着民族文化的传承，遥远的唐宋音乐向我们缓缓走来，我们跟随纳西古乐走进了中国的历史，走进了纳西人的生活场景。古老的纳西音乐，历经500年依然弦音不断，那是因为有一批纳西古乐的传承人，使得纳西古乐经典流传。宣科，这位纳西古乐的传承人更是功不可没。20世纪80年代，纳西古乐在丽江古城首度公开演出时，许多观众听到一半就会离场。宣科凭借着他惊人的演讲天赋与英语能力，为观众一曲曲地介绍纳西古乐，使得观众慢慢地了解，吸引着来自世界各地的听众。今天，又到丽江，一如既往地欣赏纳西古乐的演出。纳西古乐，守望着悠远的岁月、历史的印记，谱写着丽江的诗篇、纳西的画卷。舞台的背景还是一幅幅人物肖像的黑白老照片，且又多出好多幅黑白照片，那是演奏纳西古乐已经仙逝的音乐人。纳西古乐的传承，似乎步入"前不见古人，后不见来者"的尴尬境地，越来越多的黑白照片在舞台的背景出现，一个个纳西古乐传承人的生命历程结束在丽江的舞台，不由得有些唏嘘。"总把新桃换旧符"，纳西古乐盼新人。

丽江古城除了有纳西古乐演奏会，还有其他多姿多彩的民俗娱乐活动，东巴仪式、占卜文化、纳西族火把节等民俗活动，都是纳西文化的具体体现，800多年的古城因为有纳西文化的浸濡，才会显得古老而又有生命的张力。美丽的高原古城丽江，一个古朴纯真而充满诗情画意的地方，一个经历岁月沧桑而风云依旧的地方，披着纳西文明的历史烟云，罩着神秘美丽的容颜，沿着条条茶马古道向我们走来，一直走进我们的梦境。今日丽江，昔日的茶马古道早已清洗岁月的风尘，马帮的记忆遗落在逝去的时光，沧桑古旧的青石板路与粉墙黛瓦的屋宇在岁月的抚摸中悄然褪色，历史的包浆化作书写丽江骄傲的墨汁，努力还原一幅800年的古城风貌，古老的东巴文化继续散发它独特的魅力。站在岁月的彼岸回望，泛黄的记忆依稀能在古城找寻到点点滴滴。历史与现实交融，时间与空间并存，丽江已然从马帮的歇脚驿站演变成灯红酒绿的休闲场所，今天的丽江古城被视为中国最会享受的地方之一。世俗和商业将其打扮得花团锦簇，花枝招展的丽江与原来心目中那接地气的纳西古城风貌越来越遥远。今日丽江，带来了前所未有的繁华，也带来了很多的遗憾。丽江，回不到过去。我问佛：为何世间有那么多遗憾？佛曰：这是一个婆娑世界，婆娑即遗憾。没有遗憾，给你再多幸福也无法体会快乐。

2020年12月10日